江戸遺跡研究会編

江戸の祈り

信仰と願望

吉川弘文館

1　大名屋敷の「地鎮め」

①輪宝　②「永楽通宝」金銭
港区・萩藩毛利家屋敷跡遺跡出土資料（東京都埋蔵文化財センター提供）
〈口絵 1〜4 について，目次後の解説参照〉

①

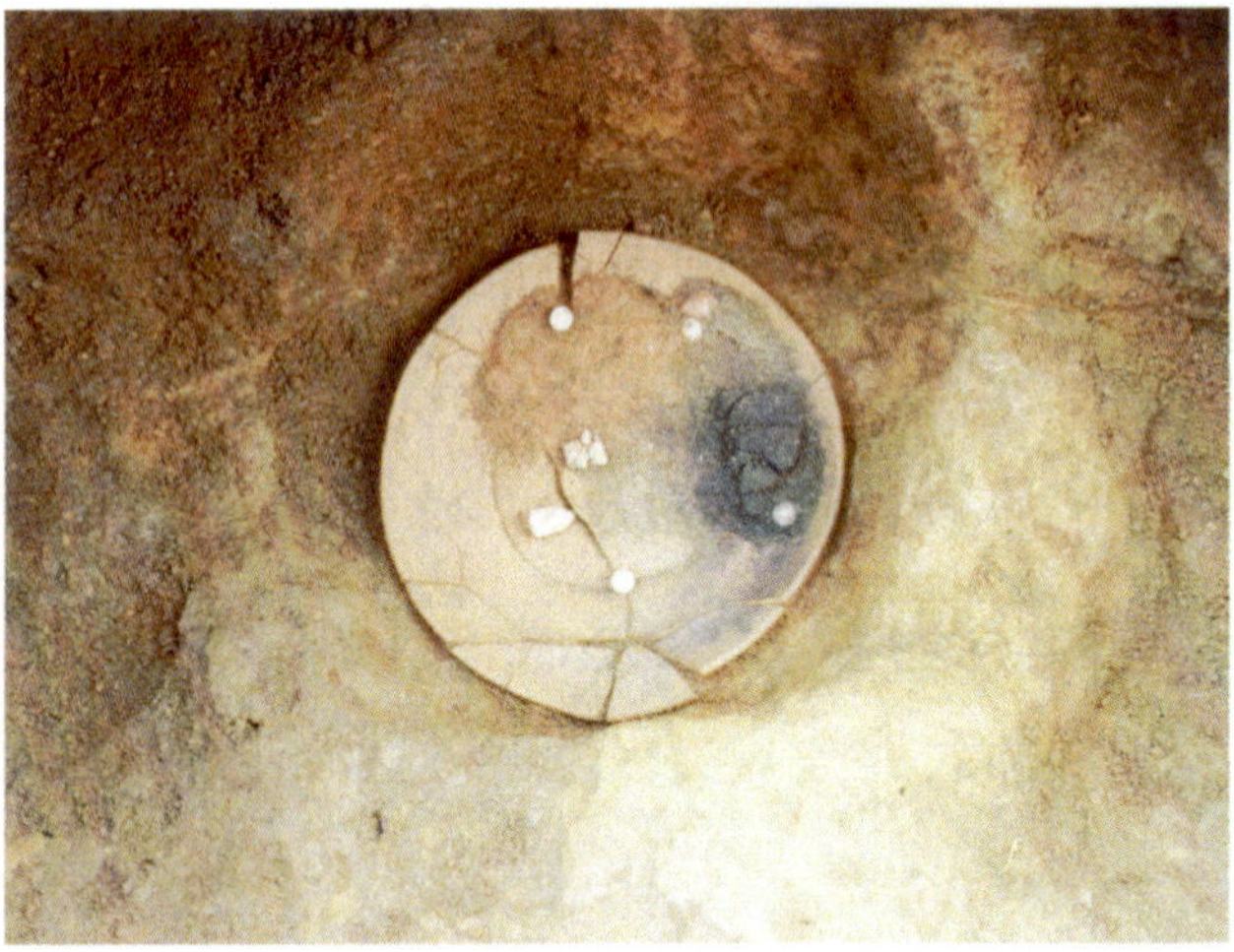

②

2　江戸近郊の「胞衣納め」と「地鎮め」

①胞衣埋納遺構　②地鎮遺構
（豊島区教育委員会提供）

①

③

②

3　富士塚の胎内遺構

①地下ホールの南壁と横穴　②横穴奥の祠　③大日如来像
目黒区・新富士遺跡（目黒区教育委員会提供）

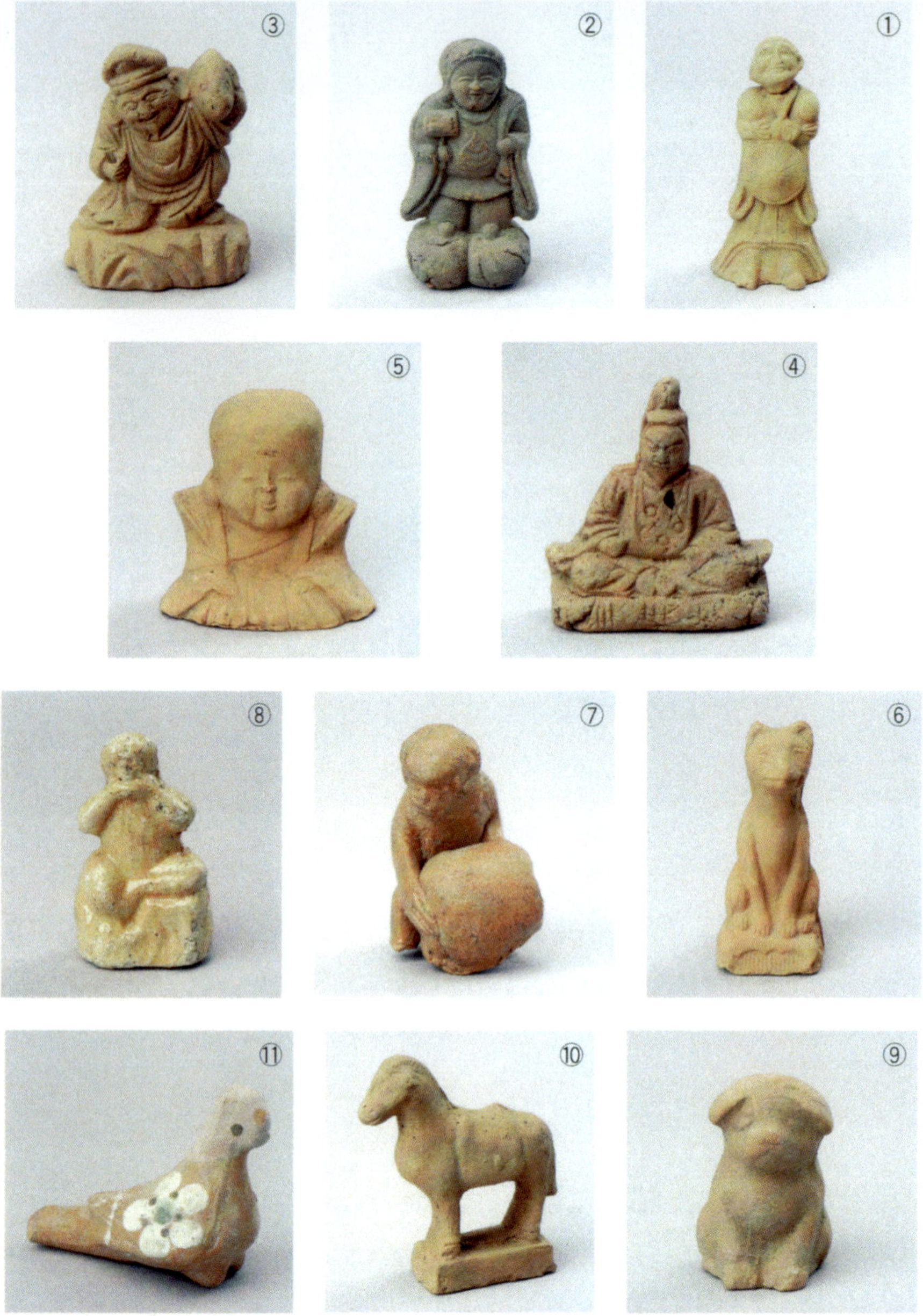

4　土人形に込められた「祈り」

①立西行　②大黒　③恵比寿　④天神　⑤福助　⑥狐　⑦⑧猿　⑨犬　⑩馬　⑪鳩笛
文京区・東京大学構内遺跡出土資料（東京大学埋蔵文化財調査室提供）

はしがき

本書は、江戸遺跡研究会第一五回大会『江戸の祈り』（二〇〇二年一月）の成果を、その後の動向をもふまえて纏めたもので、大会成果の刊行としては、第一回大会の『江戸の食文化』、第五回大会の『江戸文化の考古学』、第九回大会の『墓と埋葬と江戸時代』につづく四冊目となる。

本研究会は、一九八六年に、江戸遺跡の発掘を担当する者があつまり、情報交換・学習の場として発足した。当初江戸の「御府内」が中心であった江戸の発掘も次第に全国に広がり、当研究会の参加者の輪も広がってきた。その中で、江戸時代においても、発掘によって知ることができる部分が、十分に多いことを立証してきた。

さて、「地方分権」の流れのなかで、文化庁は一九九五年〜一九九八年にかけて、地方への権限委譲にさきだって、これまでの文化財行政を大きく変えかねない「指針」をうちだした。その一つは、これまで「埋蔵文化財」と呼んできた遺物を、「出土品」と言い換え、一定の基準を定めて廃棄を積極的に認めたことであり、もう一つは、「近世」の遺跡はその自治体にとって「必要と思われるもの」に限って調査すればよいとしたことであった。

一九六〇年ごろから、日本の経済活動は上昇の一途をたどり、それにともなって発掘調査の件数・面積ともに際限なく増加してきた。それが、平成にはいってからの経済の「停滞」にともない、重荷となってきたことは事実だろう。

しかし、遺物についていえば、基準を定めて廃棄するということは、とりもなおさず今の人間の価値観でモノを選別することに他ならない。だが、埋蔵文化財が文献史料などと異なる特徴は、人の価値判断をほとんど交えず、偶然地中に残ったものという点であって、ここに発掘史料が人々の日々の具体的な暮らしを復元するうえで、きわめて重要な意味があるといえよう。この意味で、文化庁の「選別」の方針は、発掘史料の基本的な特徴をみずから捨てさるものといわざるを得ない。

また、「地域にとって必要と思われるもの」が、地域にとって有益なもの、すなわち「地域の活性化」につながる観光資源になりうるものに限られてゆくだろうことは、目に見えるようである。具体的には、その地域の「誇り」である城跡などは発掘調査を行うが、庶民のくらしを知るために欠かせない、町や村の跡については「割愛」されるおそれが大いにあるし、実際近年の埋蔵文化財行政を見わたせば、その傾向は顕著になりつつあるようにも思える。

このような動きに対して、私たち江戸時代の発掘調査にかかわるものは、地下から見つかるものから何がみえてくるのかを明らかにしつつ、江戸遺跡の切り捨ての方向にたちむかってゆく必要があろう。

本書の内容については、「基調報告」に述べられているので、さらに触れることはしないが、発掘の成果をもとにした江戸の復元にいささかなりとも貢献し、その有効性を示しているとすれば、望外の喜びとするところである。

二〇〇四年九月

江戸遺跡研究会

世話人代表　寺島孝一

目次

口絵解説

1　大名屋敷の「地鎮め」

屋敷跡中央に位置する地鎮遺構から検出された一七世紀中ごろの所産と考えられる遺物。

①は青銅製の「輪宝」。全面に剣などの模様が彫られ、表面は鍍金されている。輪の外周に八カ所配された突起は先端が三つ股に分かれており、「三鈷輪宝」と呼ばれる真言密教の地鎮を示す遺物である。

②は「永楽通宝」金銭。二枚出土し、銀銭も一枚検出された。三枚とも字体は共通しているが、渡来銭のものとは異なる。これらのほか、寛永通宝銅銭七枚、土器皿一八枚も伴っており、寛永十三年（一六三六）の屋敷拝領からそれほど降らない時期に、地鎮祭を執り行って埋納されたものと考えられる（関口論文参照）。（東京都埋蔵文化財センター　伊藤　健）

2　江戸近郊の「胞衣納め」と「地鎮め」

豊島区はその一部が朱引き地にかかっているが、この部分を含め、ほぼ区内全域で町人地や大名下屋敷・旗本屋敷などの調査が進められている。

①は、巣鴨遺跡サンヨービル地区（巣鴨四丁目）における胞衣埋納遺構の検出状況である。この地区は町人地である巣鴨町上組の一角を占める位置にあたり、右側が旧中山道（現地蔵通り）である。大形の「かわらけ」二枚を合せ口にしたものが一一組、通り沿いに列をなして折り重なるように埋められていた。旧中山道沿いの近世巣鴨町部分の調査では、道沿いで胞衣埋納遺構が検出される事例が数多く見られ、当時の町場における出産習俗を考える上で興味深い様相が明らかにされてきている（土井論文参照）。

②は、津藩藤堂家下屋敷・抱屋敷跡の一部にあたる染井遺跡加賀美家地区の調査（駒込三丁目）で検出された陰陽道の占術に則った地鎮遺構である。「かわらけ」は二枚を合せ口にした大・小が二段に重ねられており、いずれも上皿に九星（一白・二黒・三碧……）、下皿に五行（木・火・土・金・水）が墨書されていた。上段のかわらけ中には何も遺存していなかったが、下段のかわらけ中には、水晶・ガラス玉・砒素塊などとともに白砂・黒砂・赤砂が残されていた。この遺構が検出されたのは藤堂家下屋敷部分の北西隅にあたると考えられ、この位置にかかわる地鎮めの痕跡ではないかと考えられる（関

口論文参照）。

〔豊島区教育委員会　橋口定志〕

3　富士塚の胎内遺構

目黒区新富士遺跡は、文政二年（一八一九）に山正廣講によって築造された富士塚「目黒新富士」に因んで名づけられた遺跡である。ここからは都内の江戸期の富士塚で初めて階段部、地下ホール、長さ約六メートルにおよぶ横穴からなる胎内遺構が発見されている。

①は地下ホールの南壁と横穴。南壁面のローム層には笠印や「六人」「又三人」「中」などの文字が刻まれ、脇には石製台座が転がっていた。②は横穴奥の祠。関東ロームを彫り残して作られており、正面には笠印、横穴の壁面には「竪川同行」などの文字が線刻されていた。この祠の直下の床下からは、水平に埋葬された状態で「大日如来」像（③）が発見された。高さ五三センチ、「智拳印」を結んだ金剛界大日如来で、額の白毫などに金箔が施され、台座部には笠印や「浅草平右ヱ門町」「文政三年　辰　五月吉日」などの文字が刻まれていた。

この胎内遺構は富士山の胎内くぐりを模したものと考えられ、江戸時代の民間信仰としての富士講の姿をうかがわせる遺構である（植松論文参照）。

〔目黒区教育委員会　横山昭一〕

4　土人形に込められた「祈り」

土人形は江戸では一七世紀後葉から多く見られるようになる。それらは子供の玩具であるが、さまざまな祈りや信仰が根底にある。

人物を表したもののうち①の「立西行」は盗難除け（首は落ちても荷は落ちぬ）であるが、②の「大黒」は五穀豊穰・福神、③の「恵比寿」は漁業守護神・福神、④の「天神」は学問・書道の神様、⑤の「福助」は福徳神である。

動物をモチーフとしたものも多く、⑥の「狐」は農業神・開運・福徳・稲荷神の神使、⑦・⑧の「猿」は庚申信仰を表すとともに厩の守護神でもある。⑨の「犬」は安産と子どもの魔除け、⑩の「馬」は子どもの立身出世を願ったものであり、節句飾りとしても用いられた。また⑪の「鳩笛」は乳幼児の虫封じに与えられたといわれている。

〔東京大学埋蔵文化財調査室　安芸毬子〕

第一五回大会『江戸の祈り』によせて——基調報告——

橋口定志

江戸遺跡研究会第一五回大会では『江戸の祈り』というテーマを設定したが、これには、まずわれわれが「都市江戸」を考えるときに、発掘された遺構・遺物、特に遺構に基づいた都市の構造を議論するだけではなく、そこに住んでいた人々の心性を知る必要があるのではないか、そしてこの心性の部分を考えたい、という発想が根底にある。ここでは、これに迫っていくのにはどのように取り組んでいけばよいのかということを考えてみたい。もちろんこのような側面については、これまでも等閑に付してきたわけではなく、例えば本会の第九回大会『江戸時代の墓と葬制』の基調報告で古泉弘氏は「近世の集団的思考形態を捉えることが、考古学による近世墓制研究の、大きな目的の一つ」であると言っている。

要するに、当時の人々がどういうことを考えていたのか、それは当然江戸の町作りの中にも反映しているわけであろうが、そういう視点を明確にした上で議論していく必要があると思う。しかし、実は近年の考古学研究をはじめとする歴史学研究の中で大変気がかりな点は、われわれは近代・現代の価値観、もしくは近代・現代の思考回路・判断基準に基づいて、その範囲の中で前近代社会のいろいろなものを考えていすぎではないだろうかということである。

二

つまりわれわれの思考回路の中だけでものごとを考えているのであって、必ずしも当時の人たちが、どのように考えてモノを作り、また行動していたのか、そういう点が十分に議論できていないのではなかろうか、ということである。

例えば筆者自身がここしばらく関心をもってきたいわゆる「埋納銭」もそのよい例である。中世から近世にかけて、大量の銭を埋めた遺構が出てきて、これをどう解釈するかについて議論がなされているが、銭貨自体の分析についてはかなり進展してきているのに対し、「当時の人たちがそれをなぜ埋めたのか」という側面については、〝備蓄銭〟という評価が先行してしまい、なかなか全体的な議論になっていないのである。

この埋納銭・備蓄銭をめぐる問題については、一九九四年に帝京大学山梨文化財研究所で行われていた『考古学と中世史研究』というシンポジウムの第五回として「中世から近世へ」というテーマで開催された際に、故石井進氏が、ロシアの歴史家であるグレーヴィチの発言を引用して（『「中世」から「近世」へ』名著出版、一九九六）、備蓄銭論への警鐘を鳴らしている。ちょっと長くなるが紹介しておきたい。グレーヴィチは「所有の様態を魂のない物体と見る考え方は、古代や中世の社会における所有物と所有主の関係を研究する場合には不適当であることが多い。古い時代には、物は呪術的性格を賦与され、しばしばその占有者の人格の一部分を体現した。占有者の『成功』『幸運』などがその占有物に乗り移った。川や沼の岸辺に財宝が埋められ、あるいは水中に沈められたのは、現世の目的のためにいずれ再び利用しようとしたからではなく、それら占有物に物質化された持ち主の幸運が決して侵害されないようにとの願いからであった」と述べ、さらに「以上のことはあるいは周知といえるかもしれない。しかし、それにもかかわらず、今日にいたるもなおこうした現象の近代主義的解釈が横行している。例えば、ヴァイキングの時代には、何千という財宝が何十万という銀貨とともにスカンディナビアの大地に秘匿されたのだが、この行為を純粋に経済学的カテゴリーで説明しようとする歴史家たちがいる。（中略）魔術や宗教、人間の本質に関する諸観念の領域を、経済史家の眼で見ることが正しいのだろうか。そうした解釈が教えるのは、われわれ現代人の意識であって、ヴァイキングのそれではない」という風に言っており（『歴史学の革新』平凡社、一九九〇）、石井氏はそれを引用されたのである。

実は、今われわれが考古学的にさまざまな分野から前近代史の研究に取り組む時、このグレーヴィチが指摘しているような視点が意外に忘れられていると感じられてならない。そうした問題に何とかアプローチしていきたいということで、最初はテーマを「江戸の精神文化」としていたのである。したがって、曲折の議論を経て最終的に選択された「江戸の祈り」というタイトルについても適切であるかどうか、かなり迷いがあった。しかしいずれにせよ、その中で前近代の人たちの思考回路、つまり彼らがどのように考え、どのようなことを遺したのか、そうしたことを何とか摑まえられないだろうかと考え、そのための糸口を大会の中で、ぜひ見つけていきたいと思ったわけである。

大会では、こうした観点からの報告をお願いした。しかし言うまでもなく、ここでは、先ほど述べた近代的合理主義の範疇では捉えきれない中・近世人の精神文化の諸側面の再検討という私の方からの提起自体も、そのような考え方で前近代史研究を見ていくことに意味があるのかどうか、ということも含めて検討していく必要があろうと思っている。

したがって今回は性急に結論を出そうとか、例えばどの辺で、中世から近世、もしくは近世から近代へ転換してきたのか、というようなことを具体的に摑まえようとは思っていない。本大会の報告では、いろいろな分野におけるいろいろな切り方で、いろいろな考え方が準備されている。それを基本的な認識として全体で共有し、むしろ、これからそういう問題を考えていく出発点になればいいのではないかと考えている。

そういう意味で、ここから新たな視点での前近代史研究の出発点が準備できれば望外の喜びである。

なお、以下に本大会の趣旨を説明した文章を掲載しておいた。基調報告の内容は、この開催趣旨に沿ったものであり、参照されたい。

開催趣旨

近世都市史研究の課題として、第一〇回大会（『江戸の都市空間』）では主に遺跡論・遺構論を視界に据えた議論を展開した。しかし、その中で江戸市民の遊興の場（おおよそ江戸と周縁部）を取り上げる形で、都市論は単に都市の構造のみに目を向けるのではなく、その生活者である都市民などの担った文化をめぐる諸様相を視座に入れる必要があることを示唆しておいた。

そうした課題の一つに〝信仰〟をめぐる分野の研究がある。第九回大会で取り組んだ葬送墓制をめぐる諸検討は（『江戸時代の墓と葬制』）、それに迫る考古学的手法の代表的なものであろう。

だが、〝信仰〟にかかわる分野の研究は、政治・経済史主体の文献史学研究の中では、従来は傍流に属すものとして位置づけられてきたように思う。一方、考古学研究の分野でも、葬送墓制研究に代表されるような主として社会構造研究等の素材（分析対象）として取り上げられるか、「仏教考古学」「神道考古学」等のいわば宗教考古学という個別分野に押し込んできた感がある。その中で、近年の研究動向に限っても、前近代史研究を標榜しながら、当該時代の社会や物質文化を、無原則（無意識）に近代的価値観に立脚して分析する傾向の存在することが感じられる。こうした傾向のあることを含めてわたくしたちは、前近代社会に生きた人々がどのような思考回路を持って行動したのかという視点に無頓着ではなかったか。その意味で、今日的課題として、近代的合理主義の範疇では捉えきれない中世人・近世人の精神文化（信仰）の諸側面を、改めて見直していく必要があるように思われる。そうした視点を踏まえることによって初めて、新たな当該時代像を構築していくことも可能となるのではないだろうか。

この課題に一気に迫ることは、今日の研究史的到達段階に制約された多くの困難が予測される。そこで、江戸遺跡研究会第一五回大会では江戸の都市民の生活の中に息づいていた信仰をめぐる諸問題を中心に取り上げ、可能な限り学際的な取り組みを意識しつつ論点整理の糸口を探ってみたい。大会テーマを『江戸の祈り』とする所以《ゆえん》である。

近世修験の考古学

時枝　務

はじめに

修験道《しゅげんどう》は山岳修行で得た験力《げんりき》でさまざまな宗教活動をおこなう宗教で、中世前期に成立し、後期に組織化された新しい宗教である。近世には聖護院を頂点とする本山派と醍醐三宝院を本山とする当山派が全国的な教団で、そのほか出羽三山を中心とする羽黒派や英彦《ひこ》山を本拠地とする彦山派などの地方教団がみられたが、いずれも村落や都市に定住する里修験が基底をなしていた。

里修験は地域住民の要望に応えてさまざまな宗教活動をおこなった。鎮守の祭祀を掌る神職のような仕事、病人に薬を投与する医師のような行為、家相や人生を占う易者のような活動、そして祈禱をして呪符を与える拝み屋稼業と、実に多岐にわたる活動を展開していたのである。

しかも、里修験は農漁村で活動したばかりでなく、江戸のような都市でも盛んに活動した。むしろ、呪術的色彩の強い修験道は、現世利益を求める都市民にとって、きわめて魅力的な宗教であった。修験道の系譜を引く富士講や木曾御嶽講《おんたけ》が江戸市民に受け入れられたのもその呪術性への魅力ゆえであった。近世の修験道が江戸の宗教を考えるうえで重要な位相を占めることは疑いない。

ところで、本稿は考古学の立場から近世修験の実態に迫ることを目的とするが、周知のように考古学は宗教のような目に見えない対象を扱うのは苦手である。正直なところどこまで対象に迫りえるかはなはだ疑問であるが、考古学の立場から近世修験を語ることができるかどうかという実験を試みることで、江戸の宗教についての議論のための素材を提供したいと思う。

一　近世の山岳修験

霊山の寺社　修験道の聖地として栄えた山岳にはかならず修行の拠点となる寺社があった。規模は大小さまざまであるが、祭祀対象となる堂や神社のほかに定住可能な院坊が設けられ、行場へ続く峰入道が整備されているのが一般的なあり方である。その例は出羽三山・田束山《たつがね》・日光山・八菅山《はすげ》・戸隠山・石動山・白山・大峯山・伯耆大山《ほうきだいせん》・英彦山・求菩提山《くぼて》・阿蘇山など枚挙に遑《いとま》ないが、大部分の遺跡は十分に調査されていないため、現状ではかつての姿を復原することが困難である。

それらの寺社では中世から近世への移行期に大きな変動があったことが知られる。

栃木県日光市の日光山では、天正十八年（一五九〇）の小田原役で衆徒が後北条方の壬生義雄《みぶよしお》軍に加わったため豊臣秀吉から領地を没収され、中世的な寺社勢力が解体した。さらに、慶長十八年（一六一三）に天海が貫主に就任し、元和三年（一六一七）に家康の遺骸を祀る東照宮が創建されるに至る（中川一九七九）。その過程で、二社一寺を中心とする大規模な造成がおこなわれ、日光山は景観を一新したと推測される。

　長野県戸隠村の戸隠山では、永禄七年（一五六四）に越後の上杉氏が侵出してきたために武田氏の支配下にあった筏ケ峯《いかだがみね》（現小川村）への移転を余儀なくされ、文禄三年（一五九四）になってようやく旧地に復帰することができた。しかし、移転前には本院一九坊・中院三四坊・宝光院二七坊の八〇坊であったものが、復帰後には本院一二坊・中院二四坊・宝光院一七坊の五三坊に減少しており（米山一九七八）、寺社勢力としての衰退の実態を数字から読み取ることができる。

　白山山麓の福井県勝山市平泉《へいせん》寺では、天正二年（一五七四）に一向一揆による放火で一山三千坊といわれた寺院が灰燼に帰し、かろうじて法灯を維持できたのは玄成院のみであったといわれ、大部分が廃墟と化した（河原一九七七）。阿蘇山頂の熊本県阿蘇町と白水《はくすい》村にまたがる古坊中《ふるぼうちゅう》では、天正十三年に島津氏が阿蘇氏を攻略したのを契機に衰退したが、慶長四年（一五九九）に加藤清正によって再興された。しかし、それは阿蘇社を阿蘇谷へ、院坊を黒川へと分離し、ともに山麓に移転するというものであった（熊本県教育委員会一九八〇）。移転後古坊中が遺跡となったことはいうまでもない。

　このように、霊山の寺社は中世に寺社勢力として発展したために、中世末から近世にかけて世俗権力の介入を受けて衰退を余儀なくされた。その変化の様相は地域によってまちまちであるが、離散した僧侶や修験者は地域社会に定住して生き延びた可能性が高く、近世における里修験の増加の背景をなしていることが予想されるのである。

　遺跡の多くは比較的良好に保存されているが、本格的な調査が実施されていないものが大部分で、遺跡の実態を詳細に知ることができない。ここでは、そうしたなかにあって比較的調査が進んでいる石川県鹿島町石動山を例に、山岳修験の寺社のあり方を検討しておこう（図1・2）。

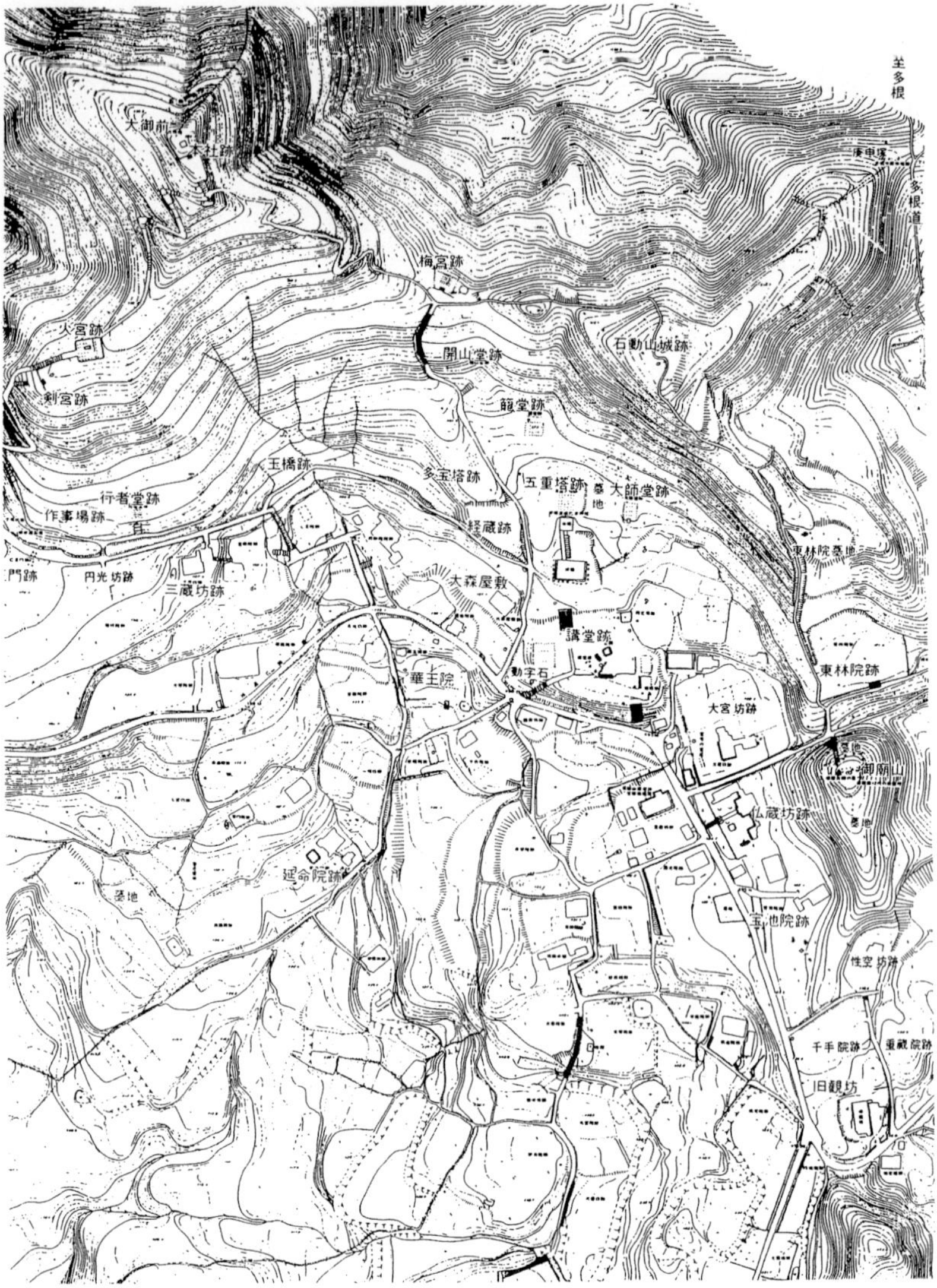

図1　石動山の堂塔・院坊跡の分布（石川県鹿島町教育委員会 1995 による）

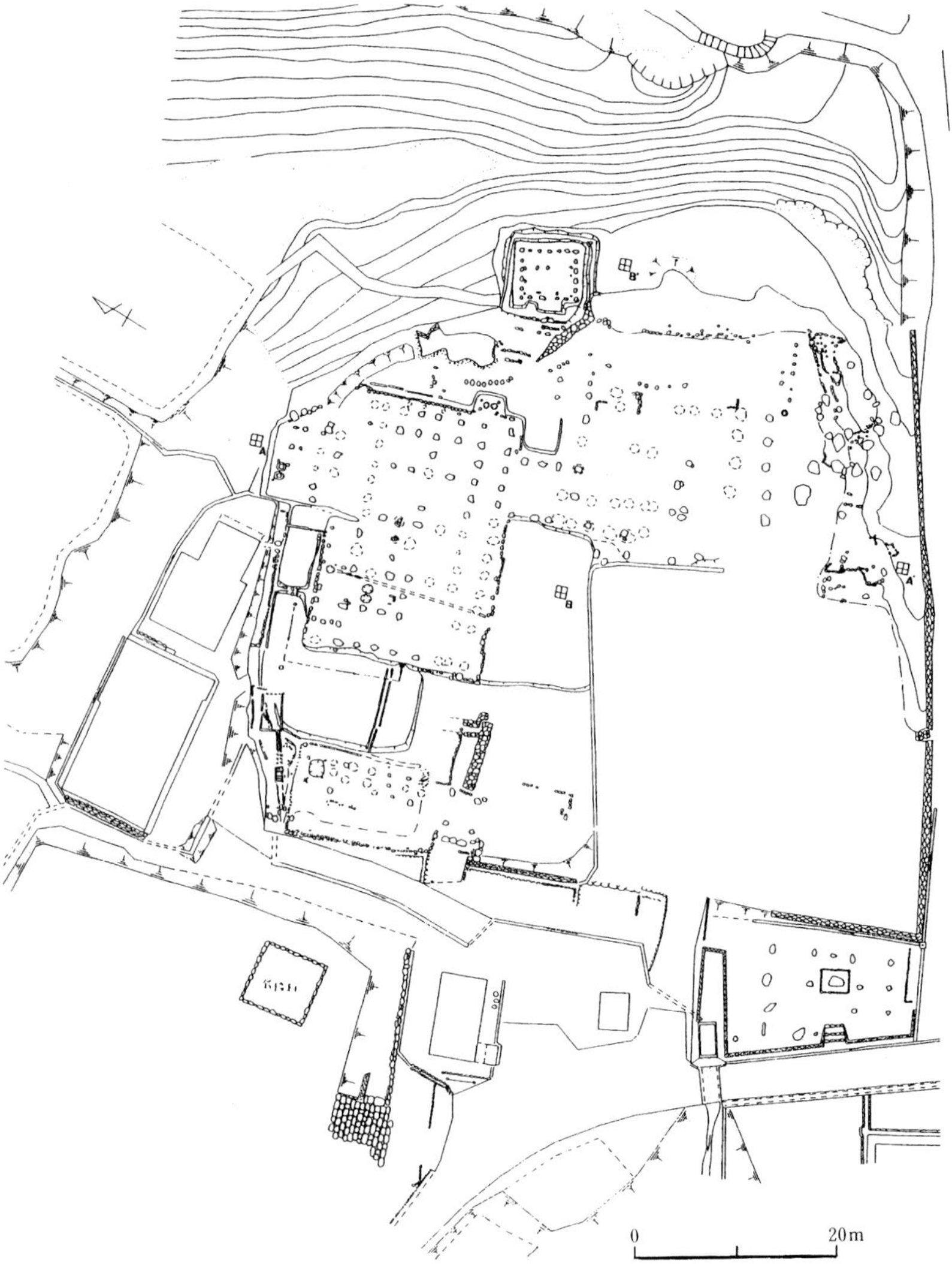

図２　石動山大宮坊平面図（石川県鹿島町教育委員会 1995 による）

かつて筆者は石動山の寺社の伽藍《がらん》構成を、主峰大御前《だいごぜん》の山頂から山腹にかけて営まれた主要堂塔跡、その麓の緩傾斜地を中心にひろがる院坊跡、周辺の山中に点在する行場や拝所などに区分し、それらが同心円状に配されるあり方を中世的な形態と考えた（時枝一九九二）が、現在ではむしろ近世に整備されたあり方として捉えるべきであるとみている。それは、第一に石動山固有の理由として、近年の由谷裕哉の研究によって五社権現が近世に成立した可能性が高いと判断され（由谷一九九四）、第二に各地の伽藍類型を比較すると、こうした同心円的な区分を神道や仏教の霊山を含めて近世の霊山に多く見出すことができるからである。高野山や平泉寺に典型的にみられるように、中世には独立性の高い「谷」ごとに寺社がまとまり、それらの連合体としての一山を形成していたものが、近世になると明確な中心をもつ形態へと推移した可能性が高いのである。石動山でも堂塔や院坊の創始は確実に中世に遡るが、その時点でどのような伽藍類型であったかは、発掘調査が不十分な現状では知ることができない。地表で把握できる院坊跡などの分布は、あくまでも近世から近代に廃絶した時点での状況を示しているに過ぎないのであり、どこまで遡ることができるかわからないのである。

ところで、近世の石動山における伽藍配置は、山頂部に五社権現の神域があり、その麓に修験者の僧域が配され、僧域の南側に行場などが点在する自然域が広がるという構成をとっている。神域と自然域は連続しており、本来一体のものであった可能性が高く、そうした聖なる空間に囲まれるように僧域が存在する構成になっている。五社権現の門前には数軒の商店が並ぶ小さな町場があったことが「石動山古絵図」によって知られるので、神域と僧域の境界付近に世俗的な場、いわば俗域が配されていたことになろう。俗域は外から石動山を訪れる参詣者が最初に足を踏み入れる場所であり、そこを通り抜けて神域へ至る仕掛けは、参詣者を意識して作られたものであると考えられる。つまり、石動山の伽藍構成は山外の一般信者を考慮したものであり、修行者主体の中世的な修験道から救済儀礼に重きを置く近世的な修験道へと変化する過程で生み出された可能性が高いのである。

宿と山小屋　行場などが所在する自然域は、神域とは区分されているが、やはり神仏と関わる聖域であり、それゆえに修験道ではそこで修行することによって神仏のもつ超自然的な力を獲得することができると考えられてきた。修験道の寺社は、聖地に設けられた行場で修行するための拠点として設置されたものであるから、本来の中心は寺社ではなく、自然域のなかにある聖地であったはずである。しかも、行場は専門的な宗教者にのみ開放された空間であり、一般人が自由に立ち入ることのできる場ではなかった。

大峯山では大峰連峰を縦走する峰入道沿いに七十五靡《なびき》とよばれる聖地が設置されており、行者はそこで修行しつつ進むが、なかには豊富な湧水をもつ宿泊可能な場所が含まれており、それを宿《しゅく》と呼んでいる。小篠《おざき》宿や深仙《じんぜん》宿などが代表的な宿であるが、そこでは一〇世紀の黒色土器が採集されており、宿の起源がそのころまで遡ることが推測できる。しかし、宿が修験道教団にとって重要な存在となったのは、小篠が当山派、深仙が本山派の峰中における本拠地とされた中世後期以降のことであることはいうまでもない。近世には、深仙灌頂《かんじょう》のような秘儀を伝授する場として宿が重要性をもつに至っており、教団組織にも大きな影響を与えるほど重要な場となっていたことが知られる。

こうした宿は、大峯山のみでなく、出羽三山、日光山、英彦山などでみられ、修験道の行場で広く採用されていたことが確認できるが、あくまでも専門的宗教家である修験者のための施設であった点に特色がある。

ところが、近世になると一般人の霊山への登拝が広くおこなわれるようになり、日帰りできない山岳では宿泊施設としての山小屋が必要不可欠なものとして整備されることになる。修験者の修行は参籠行《さんろうぎょう》でも山岳練行でも、何日も山中に宿泊するのが基本であったが、一般人の登山では山麓と山頂の往復が基本であったため、山中泊が一泊のみの場合が多い点で大きく異なっていた。こうした修行形態の差を考えれば、宿と山小屋を単純に同一視することは躊躇《ちゅうちょ》

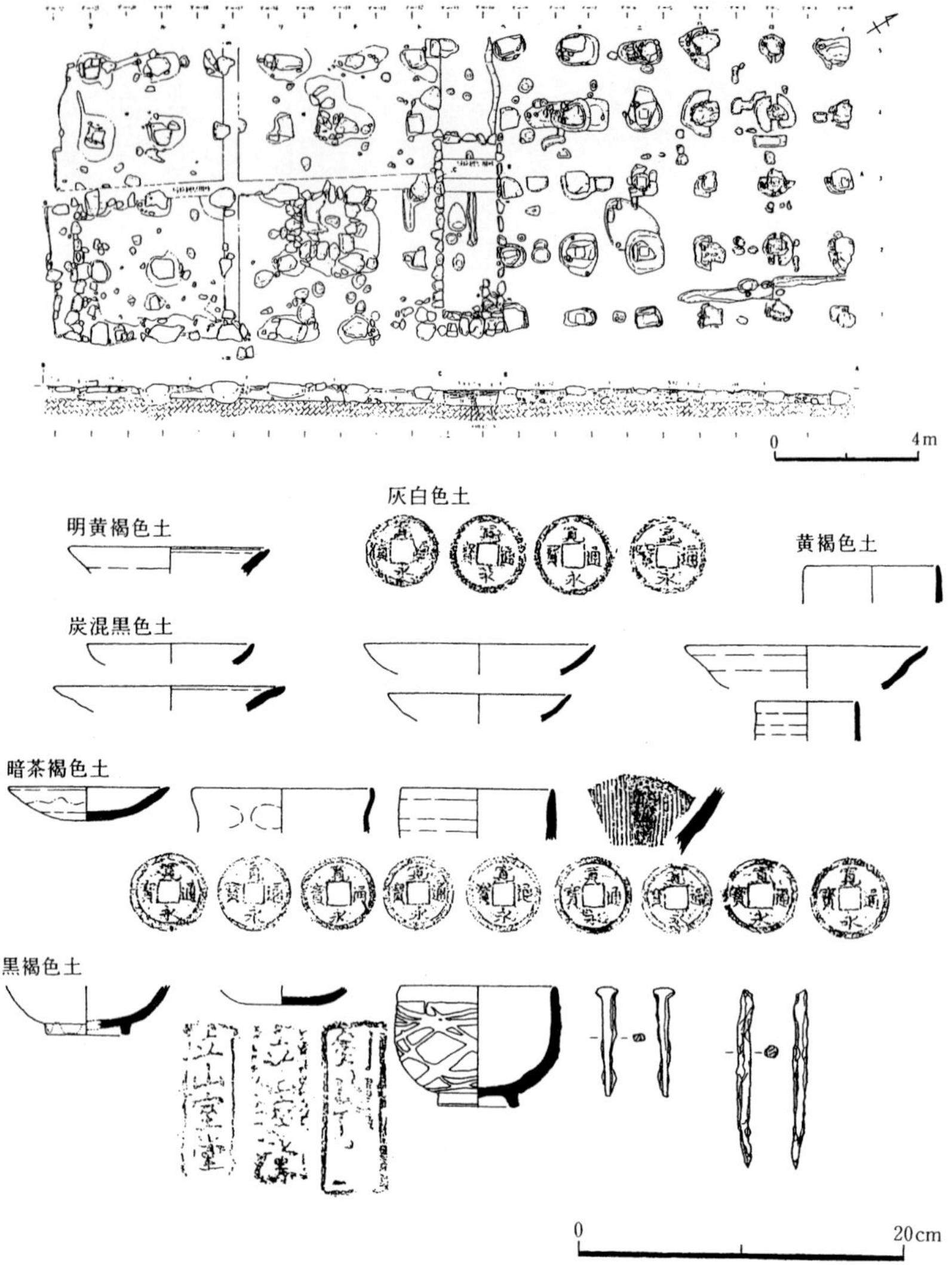

図３　立山室堂の建物跡と出土遺物（立山町教育委員会 1994 による）

されるが、施設自体は機能的な一致もあり、類似した形態になることが多かった。

富山県立山町の立山室堂は、一五世紀末から一六世紀初頭に二間四面の小規模な堂宇が建立されたのを嚆矢《こうし》に、北室では一七世紀に桁行《けた》三間梁行《はり》二間の建物が建設され、一八世紀に桁行五間梁行四間の建物に建て替えられ、再建と前後して新たに桁行五間梁行四間の南室が建設されたことが発掘調査によって確認されている（立山町教委ほか一九九四）。中世末期の堂宇が神仏を祀る宗教施設であるのに対し、北室・南室は登山者のための宿泊施設として建設されたもので、しかも近世の焼印などが出土していることから一般信者が利用したと判断できる（図3）。一八世紀におこなわれた増築は、立山に登る信者が増加したためにおこなわれたものと推測され、立山信仰の隆盛と山小屋が密接な関係にあることがうかがえる。一般信者は山麓の芦峅寺《あしくら》や岩峅寺《いわくら》の修験のもとで一泊し、修験に出自をもつ中語《ちゅうご》と呼ばれるガイドに引率されて登山し、室堂に宿泊して山頂を極めたのである。その機能は、北室・南室が一九八六年に室堂山荘が新築されるまで使用され続けたことに象徴的に示されているように、今日の山小屋となんら変わるところはなかった。山小屋は中世の宿に起源をもち、内部に神仏を祀るなど古くからの伝統を引き継いでいるが、一般信者に開放されていた点で、宿よりも現在の山小屋に近い性格をもっていたといえよう。

二　里修験の考古学

修験道の寺院と墓　近世の修験者は、おもに村や町などの地域社会に定住し、村人や町人を対象にさまざまな宗教活動を展開していた。その活動拠点となったのが修験道寺院であるが、通常寺院と呼べるような整備された施設ではなく、本尊を祀る堂宇をもつことを除けばなんら民家と変わらないものであった。そのような寺院建築と民家の狭間に置かれている修験道寺院の特性もあり、実態の具体的な調査が進んでおらず、発掘調査された例に至ってはほとんどないのが現状である。

現存する旧修験道寺院の遺構は、基本的に本尊を祀る仏堂と修験者が生活するための庫裏《くり》からなり、庫裏は民家と同様であるが、境内に仏堂を有する点で寺院として認識できることが知られる。静岡県森町飯田院内の当山派修験南閣院跡では、台地上に本堂、谷底に庫裏が配され、本堂前に護摩壇《ごまだん》、本堂と庫裏の間の傾斜地に墓地が営まれている。南閣院の例は天社神道や陰陽道《おんみょうどう》とも関係があるため一般化できないが、寺院・墓地・護摩壇などが複合しているあり方は普通のもので、里修験の遺跡を考える際の参考となろう（山本一九九八）。

南閣院の護摩壇は方形の基壇に円形の炉を配したものであるが、田束山では調査者は八角形に復元しており、さまざまな場合があったことが推測できる。屋外の大規模な護摩壇は、いうまでもなく修験道固有の採燈護摩（柴燈護摩）に使用されたものであり、修験道の修法の実態を示す遺構として注目に値する。田束山では護摩壇の周辺から多数の石英片が採集されており、点火の際に火打石が欠けて飛び散ったものと推測され、儀礼の一端を具体的な遺物を通して知ることができる（大谷女子大学資料館一九九八）。

修験者の墓地は土壙《どこう》墓が主体で、農民などの墓地と基本的に変わらないが、錫杖《しゃくじょう》や袈裟《けさ》金具をともなう例が多くみられ、埋葬時に修験装束《しょうぞく》をまとっていたと推測される（図4）。江戸幕府は修験道を祈禱宗教と規定し、修験者が独自に葬儀を営むことを禁じ、他宗の僧侶による引導を義務づけていた。そのため、早くから自身引導を主張する動きが修験者の間に生まれ、檀那《だんな》寺《でら》と修験者の間で相論がしばしば発生し、その結果として修験者の家族に限り修験道の作法による葬儀が承認されることが多くみられた。錫杖の副葬や結袈裟《ゆいげさ》の着用は、おそらく修験道の作法に基づくもので、修験者自身による葬儀が執行されたことを示すものと考えてよいであろう。

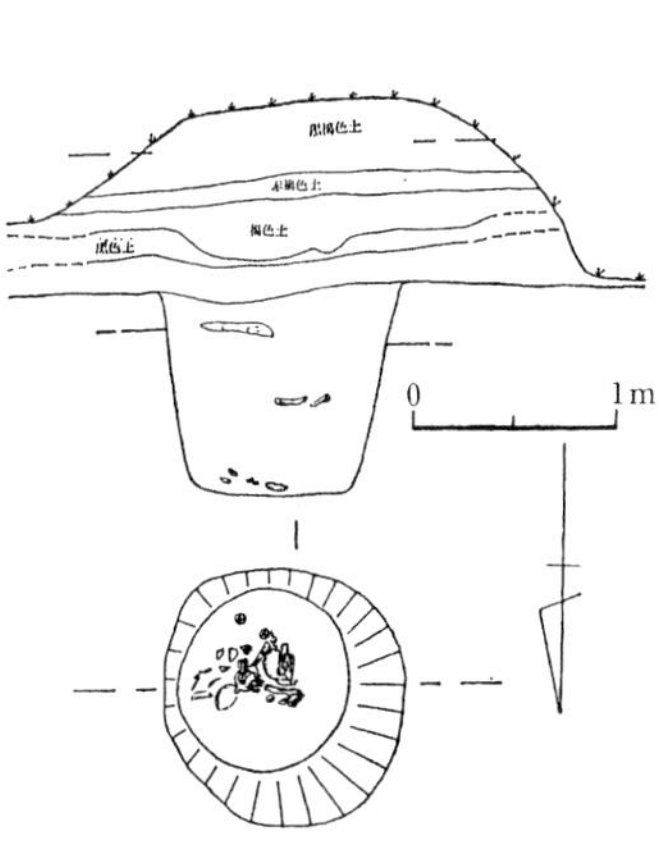

第Ⅰ号墓の遺構

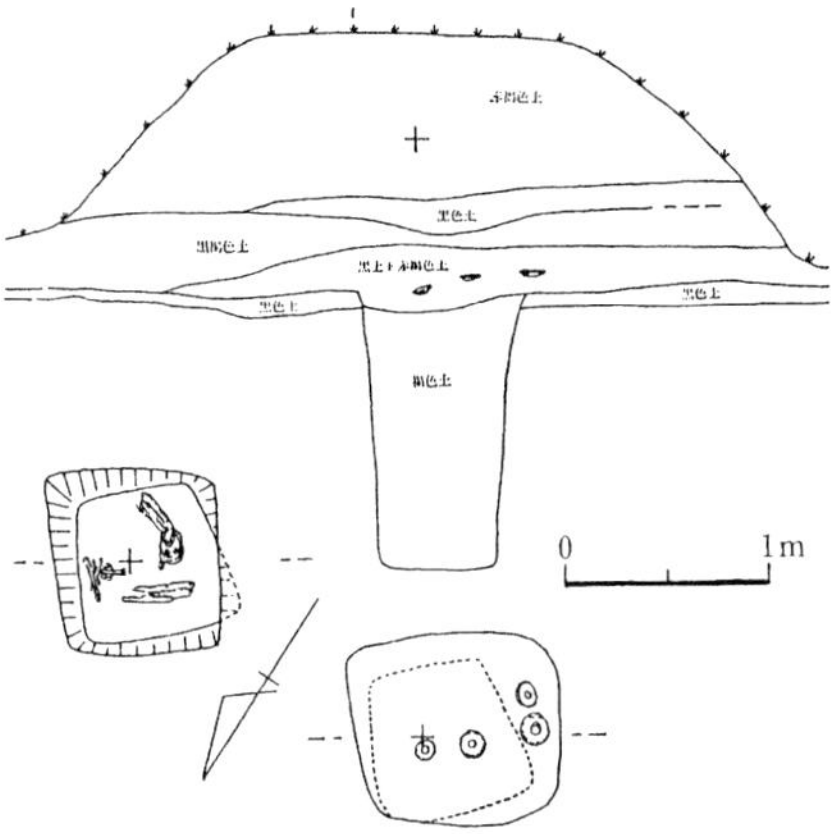

第Ⅲ号墓の遺構

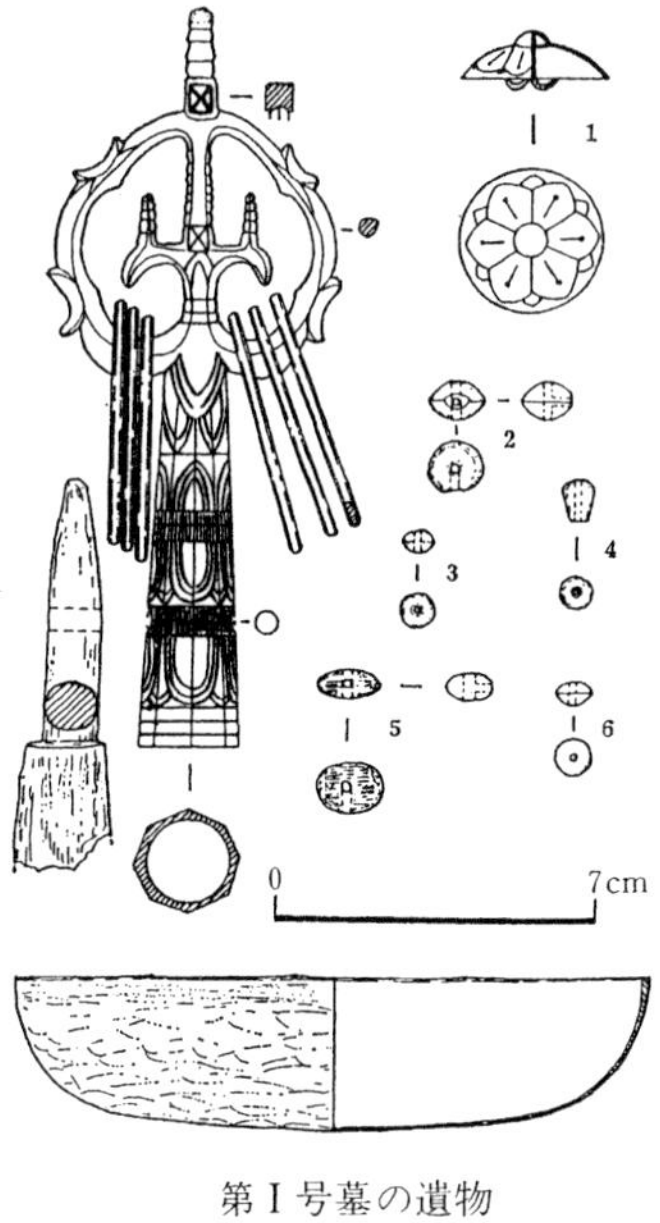

第Ⅰ号墓の遺物

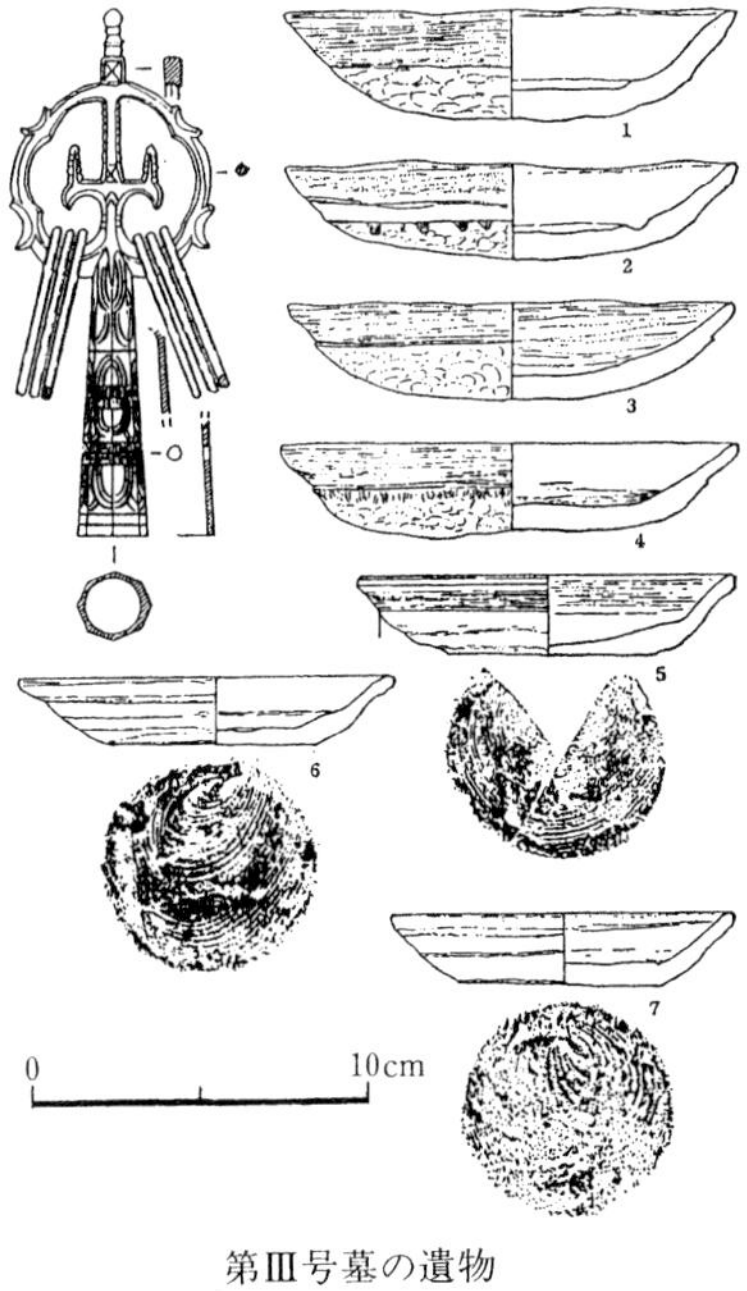

第Ⅲ号墓の遺物

図４　檜山古墓群の遺跡と遺物（島根県教育委員会 1971 による）

墓標は仏教の影響で無縫塔《むほうとう》が使用される場合も多いが、自然石を利用した素朴なものが好まれたようで、法名とともに僧階や僧位を記す例が一般的である。基本的には仏教の僧侶の墓と変わらないが、僧階や僧位は修験道教団内での死者の社会的位相を明示するもので、墓標が教団側からの死者の位置づけに一役買っていることがわかる。また、自然石を選択的に利用した背景は不明であるが、自然を重視する修験道の思想と無関係であるとは考えられず、修験者の墓であることを主張したものと考えてよいであろう。

人神信仰の考古学　修験道では人間自身に仏性を認め、即身成仏《そくしんじょうぶつ》を超克した〈即身即身〉という思想が特色的であるといわれるが、真言系の修験であった山形県朝日村湯殿山などでは五穀を断って身を清浄にし、遂には仏となろうとする土中入定《にゅうじょう》が試みられた。現存する即身仏に人の手による加工がみられるところから、土中入定が実際におこなわれたかどうか疑問視する意見も強いが、山形県白鷹町の光明海上人入定墓や新潟県村上市の仏海上人入定墓、あるいは群馬県邑楽《おうら》町や同吉井町片山で発掘された入定墓によって単なる伝説ではないと判断できる（図5）。仏海上人の例は、明治時代に下るもので、しかも入定前に警察の介入で実現できなかったことが知られているが、本人が入定墓として構築したことが判明していることから、人骨が発見された光明海上人の例を入定墓と判断する根拠となりえよう。両者の構造はあまりにもよく似ているのである。

入定墓はまだその実態が十分に解明されていないが、土中入定の伝承をともなう塚が各地に残されており、考古学の立場から調査することが可能である。従来は民俗学の立場から入定墓にともなう伝説が研究されてきたが、入定墓の遺構は考古学の対象となるもので、今後の総合的な調査・研究が期待されるところである。

入定は人々の罪障を背負っておこなわれる滅罪の行為であるともいわれ、即身仏は多くの人々から篤い信仰の対象とされたが、それが一種の人神信仰であったことはいうまでもない。

人神信仰はさまざまなかたちで発露し、江戸の民俗宗教の主要な柱となっていったが、考古資料として確認できるものは、入定墓のほかに霊神碑《れいじんひ》が知られるに過ぎない。霊神碑は山岳修行で霊力を得た行者を神として祀るための石碑で、木曾御嶽講や富士講で造立され、とりわけ木曾御嶽講で盛んに造られた。木曾御嶽講では、長野県と岐阜県にまたがる木曾御嶽山で修行し、験力を獲得して、霊神号を取得した行者に霊神碑の造立が許され、生前に建てられた

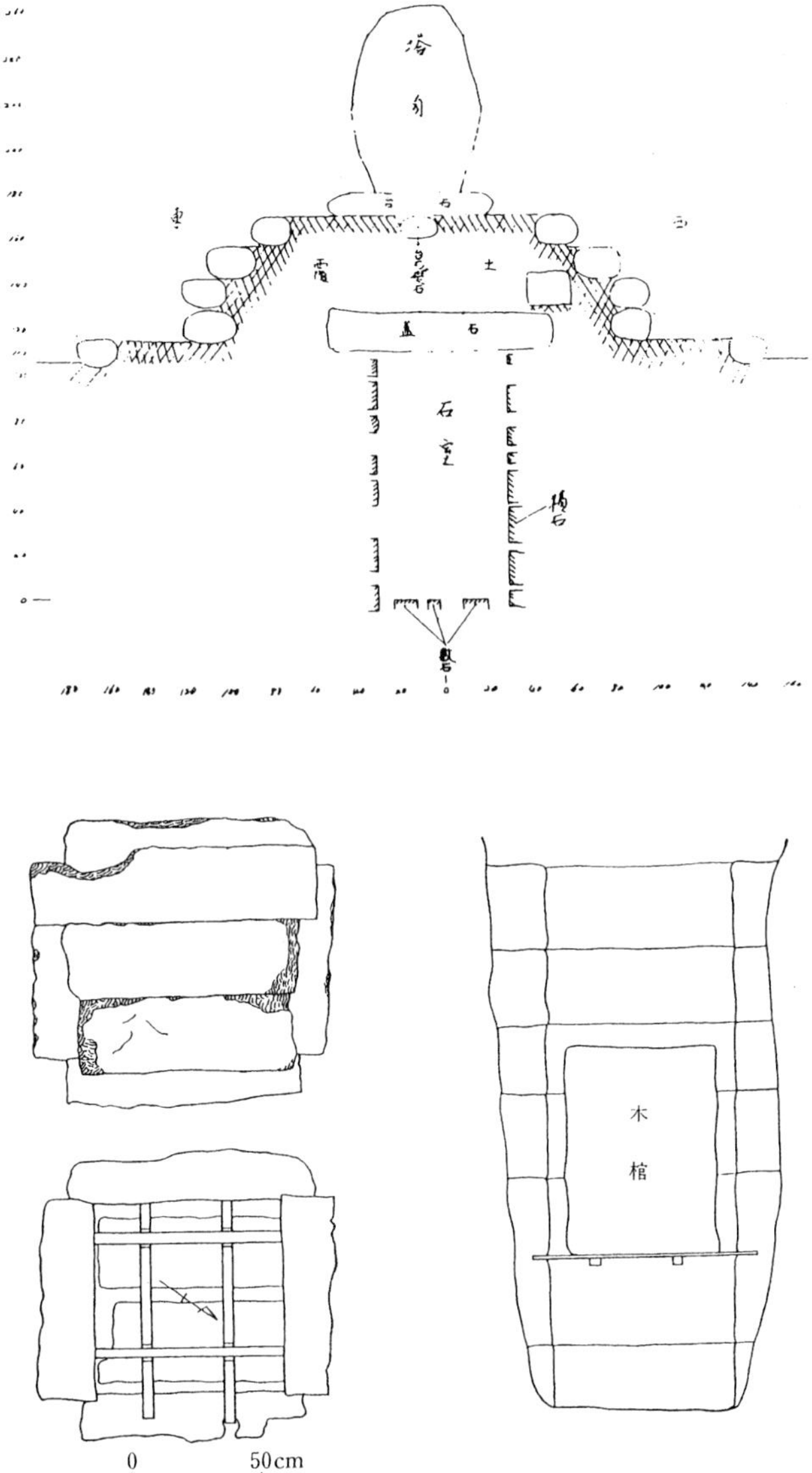

図５　光明海上人（上）と仏海上人（下）の入定墓
（白鷹町教育委員会 1978，日本ミイラ研究グループ 1969 による）

場合には修行記念碑としての性格が強く、死後に造立された場合には供養塔としての性格が前面に出ることになる。霊神碑は文政期に出現し、幕末期に一般化したが、もっとも多く造立されたのは明治時代である。その形式は偏平な板状の身部を長方形の台石上に建てたものが多く、碑面には霊神名・俗名・住所・造立者名・造立年月日・登山度数・造立意趣などの銘文が刻まれているが、一定の形式があるわけではないのでさまざまなものがみられる。いうまでもなく、富士講も木曽御嶽講も修験道の系譜をひく民衆宗教であり、霊神碑は修験者が入峰修行の証拠に造立する碑伝《ひで》に由来するものである可能性が高い。

いずれにせよ、人神信仰にかかわる入定墓と霊神碑がともに修験道と密接な関係にあることは、人神信仰と修験道の深い関係を暗示している。人神信仰を媒介とすることで、大都市江戸の宗教が修験道の影響を強く受けていたことが理解できるのであるが、幕末・維新期に頻出した新宗教ではより典型的なかたちで人神信仰が発現した。それは救済宗教としての性格を強く前面に打ち出すなかで、教祖のカリスマ性が強調されたものであるが、その原型は入定墓にみられたものである。新宗教は、もはや修験道をはるかに超克した存在となっていたが、修験道が都市的性格を獲得するなかでどのような変容を遂げたかを考えると、あながち無縁であるとはいえないように思う。修験道と新宗教の関係を検証するためには、江戸における里修験の実態をより具体的に解明する必要があるが、それは考古学の方法のみでは実現できそうもない。

ここでは、修験者の宗派ごとの分布をみると、本山派・当山派・羽黒派のいずれにおいても、江戸に多くの修験者を擁しており、宗派を超えて江戸に修験者が集中していたことを指摘するにとどめておこう。修験者は、山岳や村里のみでなく都市にも多数居住し、活発な宗教活動を展開していたのである。それだからこそ、江戸遺跡を研究するうえで、修験道を無視することができないのである。

おわりに

以上、山岳修験と里修験のあり方を遺跡・遺物から探ってきたが、かならずしも十分な成果を挙げることができなかった。

しかし、今後問題となるであろう論点については、可能な限り提出したつもりである。実証的な研究が十分に蓄積されていない現段階での見通しを述べれば、修験道が大都市江戸を潜り抜けるなかで変化し、都市民の宗教に大きな影響を与えたことが予想できよう。その実証のための作業はこれからの課題である。

近世修験の本格的な研究はまだ始まったばかりである。歴史学・考古学・民俗学などさまざまな方法を結集してその実態を解明したいものである。

〔参考文献〕

石川県鹿島町教育委員会　一九九五　『史跡石動山環境整備事業報告書』II

岩鼻通明　一九九二　『出羽三山信仰の歴史地理学的研究』

大谷女子大学資料館　一九九八　『田束山――遺跡群発掘調査報告書――』

河原哲郎　一九七七　「越前馬場平泉寺の歴史的推移」『白山・立山と北陸修験道』（『山岳宗教史叢書』一〇）

熊本県教育委員会　一九八〇　『古坊中』（熊本県文化財調査報告第四九集）

島根県教育委員会　一九七一　『島根県埋蔵文化財調査報告書』第III集

白鷹町教育委員会　一九七八　『光明海入定窟発掘調査報告書』

立山町教育委員会・富山大学人文学部考古学研究室　一九九四『芦峅寺室堂遺跡――立山信仰の考古学的研究――』
時枝　務　一九九二「中世修験の遺跡」『季刊考古学』第三九号
時枝　務　一九九七「修験道の考古学」『季刊考古学』第五九号
長野　覚　二〇〇一「九州の山岳信仰」『日本山岳修験学会平成十三年度雲仙・島原・有家学術大会公開講演・基調講演・公開シンポジウム・研究発表資料集』
中川光熹　一九七九「日光山修験道史」『日光山と関東の修験道』(『山岳宗教史研究叢書』八)
日本ミイラ研究グループ　一九六九『日本ミイラの研究』
山本義孝　一九九八「遠江国飯田院内集落の構成と動向」『山岳修験』第二一号
由谷裕哉　一九九四『白山・石動修験の民俗学的研究』
米山一政　一九七八「戸隠修験の変遷」『富士・御嶽と中部霊山』(『山岳宗教史研究叢書』九)

武甲山山頂遺跡の調査

小林　茂・深田芳行

はじめに——立地と環境——

武甲山は、埼玉県の西部に位置し、秩父市と横瀬町にまたがっている。秩父盆地を囲む奥秩父連山から、北方へ延びた尾根の末端に屹立《きつりつ》し、東西約五・五キロメートル、南北約三・五キロメートルにわたる山容豊かな独立峰で、標高一三三六・一メートル（現一三〇四メートル）である。盆地のどの位置からも仰ぎ見ることができる。一九五七年には、一帯が武甲県立自然公園として指定されている。行政上では、ほぼ東半部が秩父郡横瀬町、西半部が秩父市で、当遺跡は横瀬町に所属している。

武甲山の名称についての伝承によれば、日本武尊が東征のおりにこの山を登って戦勝を祈願し、武具甲冑《かっちゅう》を岩蔵に納めたことから武甲山と呼ばれるようになったとされている。古くは「秩父嶽」「祖父ヶ嶽」「武光山」「妙見山」と記されており、「嶽山」「蔵王山」とも呼ばれたことがあった。谷文晁《ぶんちょう》は『日本名山図会』の中で「武光山、武蔵州秩父郡」と題して、この山を秩父の象徴として活写している。

かつてその北面の山腹に障子岩、幕岩、屏風岩などと呼ばれる岩壁が所々に屹立し、断崖絶壁の急峻な様相を呈していた。全山が石灰岩といわれてきた武甲山も、山体の北半分を占めているに過ぎず、南側は宇遠沢輝緑凝灰岩《うとうざわきりょくぎょうかいがん》を主とした岩石が厚く分布している。武甲山の地質時代は、一九七八年の調査の結果、中生代・三畳紀の後期と考えられるようになった。山頂遺跡は石灰岩の最高所に位置していたことになる。

武甲山を含む秩父地方の気候は、表日本気候区に属すが、これに盆地性が加味された気候上の特徴を有する。すなわち冬の晴天の日が多く、空気が乾燥し、夜間はきびしい冷え込みで、昼夜の温度差が大きい。夏は、日中かなりの高温になるため雷の発生が多く、雨量も多い。風は弱く、霧の発生も多い。山頂と山麓の気温差は月平均最高気温差が五〜六度、最低が二〜三度と計測されている。

こうした石灰岩地帯という特殊環境を背景として「石灰岩植物」といわれる特徴ある植物が生育しており、周辺の山地にはその類をみないことから、早くから注目されてきた。武甲山に生育する植物は一二一科七二一種一四七変種四三品種と報告されている（『武甲山植物誌』一九七〇）。とりわけチチブイワザクラは武甲山特産の植物である。一九五一年には武甲山の石灰岩地域に発達する植物群落を、国指定天然記念物「武甲山石灰岩地特殊植物群落」（一九八三年三月一部追加指定）として指定されている。また、ここに生息する動物の垂直分布は低山帯の山地帯の成立域にあたるといわれるが、豊富な植物相と植生の多様さを反映し、きわめて変化に富んでいる。武甲山とその周辺に生息を確認されている動物は一九七七年から八六年の調査で二三群、三九二科二四九九種となった。

こうした立地と自然環境を背景とする武甲山について、幕末の地誌『新編武蔵風土記稿』（巻之二五四　秩父郡之九横瀬村）武甲山・蔵王権現社等の項には、大部を割いて興味深い記載がみられる。

きわだった山容を示す武甲山の景観の構造は、盆地と周辺に暮らす人にとって、古くから信仰の対象となっていたであろうことは容易に理解される。

一　遺跡の概要

石灰岩採掘の開発に先立ち、山頂部に近い平坦部に祀られてきた御嶽《みたけ》神社は、一九七五年に標高およそ五〇メートル下の地点に社殿の覆屋が新築されて、ここに鎮座された。近代以前の神仏習合の時代には蔵王権現社（御嶽神社の旧称）、熊野権現社をはじめとする各社が祀られており、秩父地方の山岳信仰の拠点のひとつであり、広く武蔵一帯の衆庶の信仰の対象とされてきた山であった。

一九七五年に至って、武甲山関係企業三社の協調による採鉱法の転換期に当たり、総合調査が計画された。一九七七年、武甲山に関わる総合的な内容で、学術調査を行い、資料と記録を後世に残すことを目的として、学識経験者、文化財保護機関関係者、行政関係者、企業関係者の編成で、調査会が発足した。以降向こう三年間、自然系、人文系の一一部門が調査に携わることとなった。

遺跡はほぼ東西方向にゆるく弧を描く山頂の稜線上にあり、南北の幅四〜三〇メートル、東西約二八〇メートルの規模を有する。御嶽神社が鎮座していた第一次調査区は、稜線よりわずかに下った南面の一段低いテラスにあり、この平坦地は山頂部近くの巨大な石灰穽《せい》に堆積した関東ローム層で形成されていた。稜線はブナを混えたミズナラ林が発達し、処々に石灰岩が露呈し、あるいは聳立《しょうりつ》していた。全面発掘に伴って調査区の伐採を行ったところ、稜線はカルスト状地形を呈し、かつて知見に及ばなかったような景観が出現した。

遺跡の発掘調査は二次にわたり実施され、一九七七年七〜十二月に調査した御嶽神社跡周辺部を一次調査区、翌一九七八年六月〜九・十一月に行った稜線上を第二次調査区と呼称した。

第一次調査区

第一次調査区は、御嶽神社が鎮座していた平坦な場所である。そして西の過半部が当遺跡の伝熊野権現社跡にあたる。山頂部では最も広い平坦部であり、北は山頂・R13地区に次ぐR2・R3地区の高所を背にして、南側が開けている。調査開始の時点までは、宿坊を改装し一九五五年ごろより茶店として利用した建物が残されていた。この平坦部で検出された遺構のうち古い社域を画した石塁《せきるい》とその関連遺構を外部遺構とし、その内側の主体となる本殿跡などを内部遺構と便宜上分けて呼称した。伝熊野権現社跡は徐々に退転する様相を示し、これは東側に隣接する御嶽神社跡と全く逆の傾向を示していた。

外部遺構では、石塁と石塁構築以前の焼土跡や渡来銭を多出したR14―a地点（磐座《いわくら》Ⅰ）、焼土跡との関連性が考えられる石組Ⅱ、石塁に付属する石段Ⅰ・Ⅱ、後に敷説された石畳・石組Ⅰ（祠《ほこら》跡）、剣形鉄製品（天狗の鉾《ほこ》と呼ばれる奉献品）を出土したR4―a地点を擁した。また特別に遺構としての立石を有する地点は独立した区名を設け、R4、R14地区と呼んだ。R14地区は全体を磐座[1]としての信仰空間と認められ、第二次調査区のそれと区別して、磐座Ⅰと呼称した。

内部遺構には、奥まった北端に位置し熊野権現社本殿跡と推定される礎石建物跡Ⅰ〜Ⅳをはじめ、小規模な社殿跡と見られる礎石建物跡Ⅴ・Ⅵ、祠跡と思われる石組Ⅲ、対をなす石組Ⅳ・Ⅴ、碑の基礎と考えられる石組Ⅵ、性格不明の石組Ⅶ・Ⅷ・Ⅸ、さらに調査時点まで存在した宿坊跡（茶店跡）やその前身と考えられる掘立《ほったて》柱建物跡Ⅰ・Ⅱなど、多くの遺構が重複して存在した。これらは一六世紀初頭以降の所産と推測される。主な遺物として銭貨、かわらけ、陶磁器、釘などがあげられる。

一方御嶽神社は明治初期に改称された名称で、それ以前は蔵王権現社であったが、一九七五年に遷座を余儀なくされ、その跡地には礎石類が露呈していた。

御嶽神社跡は立地や遺構の検出状態から伝熊野権現社跡より後出するものであることが認められた。御嶽神社は南向きで、幣殿が省略された権現造りであり、その跡地は北から本殿跡、拝殿跡、境内跡に分けられ、本殿跡を中心に南に広がる構造をもち、本殿跡は高峰R２・R３地区から南西に降る低い尾根を掘削、盛土して整地され、本殿と覆屋の礎石が据えられていた。拝殿跡との境は土留めを兼ねた配石によって画されていた。

拝殿跡は大別して三層に分れ順次盛土により規模の拡大がはかられていた。調査時点に存在した拝殿跡の礎石や基壇および石段・石垣（拝殿跡Ⅰ）の下部より、三棟の建物跡と石垣の裏込め石を残す拝殿跡（拝殿跡Ⅱ）が認められた。さらに下層から、大礫の配石による基壇と石段（拝殿跡Ⅲ）が発見され、基壇上には拝殿の建物跡は確認できず、本殿覆屋の礎石の根石と思われる断片的な石組Ⅹが存在し、基壇の前面には対をなす柱穴９・10がみられた。拝殿跡の南面には現存した眷属《けんぞく》石像安置跡Ⅰ・Ⅱやその間に六十余段設けられた石段Ⅲ、そして桜門跡と推定される敷石Ⅰ・Ⅱ、この上部に設置された柱穴７・８があり、境内施設の変遷がうかがえた。なおまたこれらの東には祠跡の石組Ⅺ・Ⅻが認められた。以上の遺構群が「御嶽神社跡」として捉えられた。御嶽神社跡の遺構は石組Ⅺ・Ⅻを除けば一八世紀以降の築造と考えられる。御嶽神社跡からは、銭貨、陶磁器類、礫石経、釘など多数の遺物が出土した。

御嶽神社東側、わずかに隔てて位置する掘立柱建物跡Ⅲ、礎石建物跡Ⅶも御嶽神社跡との関連がうかがえる。掘立建物跡Ⅲは稜線直下の南面する小テラスにあり、恒久的な建造物ではなかったと推測される。礎石建物跡Ⅶは稜線から北側に盛土され石垣を積んだ基礎上にあって、『新編武蔵風土記稿』にみられる鐘楼跡とも類推できる。両者は一八世紀以降の所産と見られる。これらの存在は御嶽神社跡を中心に据え第一次調査区を据えた時、その付属施設として考えられる構成である。なお両者の中間にＥ１地区とまたがる小立石群があり、銭貨の奉賽も認められたため、これをＲ15地区と呼んだ。

第二次調査区

第二次調査は、稜線上で祭祀跡として予測された屹立する立石を中心にこれを確認するため行われた。当初は樹木の間に露呈する立石を目安に調査区を定め、番号の頭に〝Ｒ（Rock）〟を付して呼び西からＲ１、Ｒ２、Ｒ３、Ｒ４、Ｒ15、Ｒ６（西）、Ｒ７、Ｒ８、Ｒ９、Ｒ10、Ｒ13地区（樹木伐採後の修正した調査区名）を認めた。祠が現存したＲ１（水神祠）、Ｒ２（生多留萬祠《いきだるまし》）、Ｒ13（奥の院）地区にはこれらの祠の安置に先行する祠跡が発見され、またＲ９地区の巨岩を取り巻いて磐座や祠跡が存在したが、他の七地区には構築物としての遺構は存在しなかった。ただし、Ｒ６地区の場合、磐座を検出した東の立石は、当初樹木に被い隠されていたもので、祭祀跡は全く予想されなかった。なお、立石への散銭は各地区とも共通して認められた。これらの調査区の設定後さらに樹木の伐採によって出現した小立石群を中心にＲ５、Ｒ11、Ｒ12地区と呼称して調査区を設定したが、散銭以外は発見されなかった。Ｒ14地区の立石は伐採前にはきわだった景観を示していなかったが、伝熊野権現社跡の範囲確認に伴って調査区を拡張した結果、磐座の発見につながった。

第二次調査中に設定した調査区からも遺構が発見され、祭祀跡として当初予想できなかった岩場にも存在する可能性があることから、全面発掘に踏み切った。従来の〝Ｒ〟を付した調査区と調査区の間をつなぐために新たに調査区を定め、拡張区として番号に〝Ｅ（Extension）〟を付して識別した。西からＥ１〜Ｅ６地区がこれである。大部分は明瞭な立石をもたなかったが、Ｅ２、Ｅ３地区から磐座・祠跡を検出し、各地区から散銭が認められた。したがって、樹木の伐採前に予想された一一の立石のうち人為的な遺構を有するものは四カ所であり、これらは祭祀跡として特に有望とみなされたR1、R9地区の巨岩とR2、R13地区の峰上の立石であり、予想された通りの結果が検出された。なお、R4他区の立石は同様の予測がなされていたが、遺構は認められず、剣形鉄製品（天狗の鉾）等を出土した。伐採後、立石の全貌が望め、屹立するR6（西）、R7地区および石室形のR11（北東）地区の立石には、遺構は発見できなかった。予想されなかった地点から遺構の検出があり、これがR14、R6（東）、E3、E2地区で当遺跡の構成上重要な要素となる遺構群となった。

第二次調査区で最も重要な信仰空間としては、奥の院が鎮座する山頂・R13地区と考えられるが、奥の院跡はR13—a地点と呼び、現存した祠の基礎は本来これに先行する祠のものと思われ、遺物の出土状態や土壌の堆積からこれを裏付ける結果がみられた。この西側は掘削による「平らな場」が設けられ、祭祀場とも推測された。またその周辺から多数の釘が出土し、『秩父志』（幕末）に記された鐘楼とも理解されたが、基礎は残っていなかった。新たに一九七二年に建立された鐘楼も同地点が選ばれている。

R13地区には東、中央、西と三カ所に小立石がみられ、各々に散銭が認められた。東の立石はR13—a地点の南に接し、旧三角点（標高一三三六・一メートル）が設定され、中央の立石には方向指示板が設けられていた。山頂・R13地区での祭祀は一七世紀にはすでに行われている様相を示していた。

当遺跡の西端に位置するR1地区は最も聳立する巨岩を有し、三基に分離されていることから「三尊石」と呼ばれ、各々の基部の南側に祀跡（R1—a・b・c地点）をもっていた。R1—c地点は祠の一部が現存し、水神を祀った祠と伝えられていた。R1—b地点は石組XIIIの基礎が認められた。R1地区の遺構は一六世紀以降の年代が与えられる。この東側がE6地区であり、遺構はみられなかった。

R2・R3地区は山頂・R13地区に次ぐ高峰で、伝熊野権現社跡の背後に位置している。R2地区の立石には山頂の奥の院と相対峙する「生多留萬祠」が現存し、これに先行する痕跡としてＲ２—ａ地点が認められた。この東側に平らな場があり、遺構としては捉えられなかったが部分的に銭貨の集中がみられ、祭祀跡と類推される。Ｒ３地区の小立石には散銭以外認められなかった。Ｒ２—ａ地点は一六世紀以降引き続いて礼拝の対象とされてきたが、平らな場の祭祀跡は出土銭貨などからみると一七世紀以降の祭祀は認められなかった。

Ｒ５地区はこの稜線を通る西尾根参道の終着点で、伐採によって小立石が散在する景観を呈した。

Ｅ１地区は立石をもたない岩場で、遺構はみられないが、その北側の斜面に石垣をもつ小テラス状の基礎があり、ここは尾根からわずかにはずれ伐採の区外に位置していたため、発見が遅れて十分な調査に至らなかった。隣接する第一次調査区との関連性も考えられ、留意される。

Ｒ６地区は東西に立石をもち、小規模で目立たない東側に渡来銭を多出したＲ６—ａ地点（磐座Ⅱ）を認めた。この磐座には一六世紀に営まれたものと推定される。

Ｒ７地区の立石は南の空間に突出する外観を示し、祭祀跡の存在が予想されたが、伐採によりその形が現われたものであり、調査の結果遺構はみられなかった。Ｒ６—ａ地点やＲ７地区の散銭は参道より奉賽されたものである。

Ｒ７とＲ８地区との間には一九三三・三四年に造営された白鳥神剣神社と社前の平らな祭祀場がある。

Ｒ８地区は立石が林立し、その中央を参道が通っている。散銭の出土状態とその構成はＲ７地区のものに類似し、関連性がうかがえた。

Ｅ３地区はＲ９地区と同一の信仰空間として考えられ、同地区の平坦な地形はＲ９地区の巨岩（磐座Ⅲ）に対する祭祀場として把握される。巨岩の縁辺には参道に沿って三基の遺構が検出され、Ｅ３・Ｒ９—ｂ地点は一六世紀の磐座遺構、Ｅ３・Ｒ９—ｄ地点（石組XIV・XV）は一七世紀の磐座遺構、Ｅ３・Ｒ９—ｃ地点（石組XVI）は一六〜一八世紀の祠跡として認められた。参道を挟みR９地区の立石の反対側にはE３・R９―a地点が発見され、立石と呼べる岩石をもたず、その銭貨は一八・一九世紀のものが主体であるが、出土状態は磐座と呼んだ遺構に類似することから、磐座Ⅳとして捉えた。なお、R９地区をはじめ、磐座と認めたR14、R６地区の立石は、安定した形状を呈することが共通点としてあげられる。

R10地区は立石が兀立《ごつりつ》する岩場であり、散銭がすべて渡来銭であることが特徴とされる。このことはE２地区と関連性をもつものと考えられる。

E２地区には注目される立石は認められず、R10地区から続く兀立する岩場にある。この立石の西側に渡来銭を主とするE２―a地点が発見され、一六世紀を中心に営まれた祠跡と推定される。これが他の遺構と異なることは、当遺構が参道沿いに位置せず、参道から礼拝できないことである。立石の東側の参道部には平らな場があった。

R11地区は北東と南東の二カ所に立石があり、ことに、北東のものは石室状の形状をもっていたが遺構は存在しなかった。

E４地区は一カ所にまとまる岩場を有し、これは見方によっては小立石とも呼べる程度のものである。

R12地区は小規模な一群の立石をもっている。E５地区は山頂・R13地区に続く岩場である。この地区から出土した銭貨はR12地区の小立石に伴うものと考えられる。

R11、E４、R12（E５）地区に見られた散銭はその種類と出土数の構成が類似し、いずれも古寛永銭[2]を含んでいる。その意味ではR13地区の立石群とも類似し、共通点が指摘できる。また、地形に起因すると思われるが、これらの立石は各々小規模であり、これも共通する点である。

E２地区はR２・R３地区の峰上（平らな場）同様に一六世紀に盛行し、一七世紀には衰退するが、これに対して

R11、E4、R12（E5）地区およびR13地区は、一七世紀から本格的な祭祀の開始が想定でき、ことに山頂・R13地区は急速な隆盛がうかがえる。

なお、第二次調査区の遺物は大部分が銭貨であり、これはその年代から類推されるように、中世末期以降、信仰対象となった立石や峰、あるいはそれに付随する磐座・祠跡などの遺構に起因するものである。

当遺跡は江戸時代を中心とする遺構、遺物で構成され、山岳信仰の拠点ではあるが、仏教的および修験道的色彩が極めて希薄であり、庶民的山岳信仰の特徴として捉えられよう。

今回調査対象とならなかったが、第一次調査区より標高で約三五メートル低く直線距離でおよそ一二〇メートル南に五〇〇平方メートルほどのテラスがあり、これは金玉寺跡と伝承されているもので、本来は当山頂遺跡の一部を構成しているものであろう。大形の礎石がわずかに地表面に露呈しており、大規模な建造物跡の存在が認められた。表面採集された遺物には銭貨・陶磁器類などがあり、一六〜一九世紀の陶磁器を認めた。『秩父志』の絵図によれば「行屋」の位置する場所に比定できよう。

また、武甲山頂より尾根続きの持山に遺される念仏寺跡は、当遺跡と密接な関連性が予想され、注目される。この寺跡は修行窟をもち、修験道場としての性格が強くうかがわれるものである。

二　出土遺物の概要

1　陶磁器類

陶磁器類は中世から現代のものまで認められたが、連続性がみられるのは一六世紀初頭からであり、これは第一次調査区に社殿が築造されてからの年代と一致する。伝熊野権現社跡の建物遺構からは一六世紀初頭以降のものが、御嶽神社跡からは一七世紀後半以降のものが出土しており、銭貨や史資料による記録との矛盾は認められなかった。また、一八・一九世紀のものが大部分を占めており、これは蔵王権現社の造営・隆盛年代と一致がみられる。

発見された陶磁器類のうち、調査対象としたものは原則的に一九世紀以前と考えられるものであるが、それ以降のものでも遺構との関わりにおいて意味をもつものは抽出した。掲載したものは九七個体を数えるが、そのうち、五個体は尾根上の遺構で発見されたものであり、他は第一次調査区から出土したものである。九七点中、完形品は三点（3・12・14）、一部欠損のもの五点（1・2・7・13・32）で、他は大破したもの、あるいは破片であった。実測が可能なものは部分的なものも含めて四一点（1〜41）を数え、図1〜3で示した。

陶磁器類の年代、産地の比定には『国内出土の肥前陶磁』[3]『動坂遺跡』[4]『前田耕地Ⅰ』[5]「北関東における中世土器様相」[6]『馬場遺跡』[7]『茶屋原西遺跡』[8]『久台』[9]『閏戸足利』[10]『大光寺裏』[11]『世界陶磁全集5・8』[12]などを参照し、また浅野晴樹氏から多くのご指導、ご教示をいただいた。なお、当遺跡のものは前田耕地遺跡市道五二号線K・eトレンチ出土の陶磁器群に類似するものが多く、流通面などにおいて留意すべきものがある。

2 銭貨

当遺跡の性格上、銭貨は全ての遺構に共通する遺物であった。陶磁器類は標準型式として有利であるが、御嶽神社跡に偏重しており、他の遺構ではほとんど出土しなかった。銭貨は流通期を推測できる銭種があるので、出土した全ての鋳造年、鋳造地を可能な限り調査した。渡来銭は唐の開元通宝から安南の光順通宝まで四五種、九三〇点が認め

表1　武甲山出土陶磁器

No.	器形	土器質	施文法	特徴	時期	産地	遺構	グリッド
1	かわらけ(燈明皿)	素焼	—	胎土小石を含み暗褐色　焼成良好　底部回転糸切り　内外面に油煙付着	一六世紀前半	在地	伝熊野権現社本殿跡	C3
2	かわらけ(燈明皿)	素焼	—	胎土雲母を含み褐色　焼成悪い　器面の保存が悪い　口縁の一部に油煙付着	一六世紀前半	在地	伝熊野権現社本殿跡	C3
3	かわらけ	素焼	—	胎土わずかに小石を含み暗褐色　焼成良好　底部回転糸切り　口縁部に油煙顕著	一六世紀初頭	在地	伝熊野権現社跡礎石建物跡V	A2
4	上製かわらけ	素焼	—	胎土粒子が細かく褐色　器面磨かれなめらか　焼成良好　底部両面に「三ッ星」	一八世紀第3四半期	江戸	御嶽神社跡	採集
5	上製かわらけ(燈明皿)	素焼	—	胎土粒子が細かく褐色　器面磨かれなめらか　焼成良好　底部両面に「三ッ星」	一八世紀第3四半期	江戸	伝熊野権現社跡礎石建物跡VI?	A4
6	燈明皿	陶器	灰釉	胎土淡黄褐色　上底	一七世紀以前	瀬戸	御嶽神社拝殿跡	G5
7	燈明皿	陶器	鉄釉	胎土灰褐色　釉斑・光沢あり　見込足付ハマ熔着痕　底部回転糸切り　油煙付着	一九世紀第2・3四半期	瀬戸・美濃	御嶽神社拝殿跡	G3・G4
8	燈明皿	陶器	鉄釉	胎土濃灰色　釉は底面まで及び光沢なし　見込足付ハマ熔着痕　底部回転糸切り　口縁部油煙付着	一九世紀第2・3四半期	瀬戸・美濃	御嶽神社本殿跡	G2他
9	燈明皿	陶器	鉄釉	胎土灰褐色　釉は乗りが悪く光沢なし　底部回転糸切り	一九世紀第2・3四半期	瀬戸・美濃	御嶽神社本殿・拝殿跡	H4他
10	燈明皿	陶器	鉄釉	胎土淡灰色　釉は薄く所々剥脱し、釉斑があり光沢なし　窯の灰が付着　底部回転糸切り	一九世紀第2・3四半期	瀬戸・美濃	伝熊野権現社跡	C5
11	燈明皿	陶器	灰釉	胎土粒子の細かい灰色　外面赤変　碁笥底	江戸時代後期(一八〇〇年代)	瀬戸・美濃	御嶽神社本殿跡	H1
12	皿(燈明皿)	陶器	長石釉	胎土赤褐色　釉は底面まで及び全体に貫入あり　虫喰い穴多い　油煙付着	一六世紀	瀬戸・美濃	御嶽神社跡	採集

13	皿（燈明皿）	陶器	長石釉	胎土黄褐色　釉全体に貫入あり　虫喰い穴多い　底部回転糸切り　油煙付着	一六世紀	瀬戸・美濃	御嶽神社拝殿跡	G4
14	燈明皿	陶器	鉄釉	胎土淡灰色　釉斑あり光沢なし　底部回転糸切り	幕末	瀬戸・美濃	R4―a	C7
15	燈明皿	陶器	鉄釉	胎土濃灰色　釉光沢なし　底部回転糸切り	一九世紀第2・3四半期	瀬戸・美濃	伝熊野権現社跡	C5
16	燈明皿	陶器	鉄釉	胎土やや粒子粗く黄灰色　釉光沢なし　底部回転糸切り	一九世紀第2・3四半期	瀬戸・美濃	御嶽神社本殿跡	H2
17	皿	磁器	染付	口縁に鉄釉　粗雑な絵付け（絵皿）プリント	明治時代以降	伊万里	御嶽神社本殿・拝殿跡	G3・G4
18	皿	磁器	染付	小禽文　絵皿	一六二〇～一六五〇年	伊万里	伝熊野権現社跡南　御嶽神社拝殿跡	B7・F4・F5
19	皿	磁器	染付	くらわんか手　胎土やや粒子粗く灰白色　唐草文　蛇の目釉剝ぎ	一七五〇～一八一〇年	波佐見・平戸	御嶽神社跡	採集
20	碗	磁器	染付	胎土青灰色　一部釉斑あり	一七七〇～一八一〇年	伊万里	伝熊野権現社跡	A3
21	碗	磁器	染付	枠絵の水草文	一七七〇～一八一〇年	伊万里	御嶽神社本殿跡	G1・G2
22	碗	磁器	染付	口縁部染付釉が茶色味がかる　割菊花文	一七七〇～一八一〇年	伊万里	御嶽神社本殿跡	H3
23	碗	磁器	染付	くらわんか手　五弁花　こんにゃく判	一七五〇～一八一〇年	波佐見・平戸	伝熊野権現社跡	A3
24	碗	磁器	染付	胎土緻密な白色　染付釉鮮やかな藍色　新しい生がけ	幕末～明治初年	新生瀬戸	御嶽神社跡　掘立柱建物跡III　礎石建物跡VII	G4・G5・H3・I3・J3・J5
25	碗（丸茶碗）	磁器	鉄釉	胎土淡褐色で吸水性あり　口縁部の釉は濃茶色、下部は黒色底部無釉	一七世紀	瀬戸・美濃	御嶽神社拝殿跡	H5・H6
26	仏飯器	磁器	染付	口縁一部鉄釉　菊割花つなぎ	一九世紀前半～幕末	新生瀬戸	御嶽神社拝殿跡	H5
27	瓶	磁器	染付	蛸唐草文　神酒瓶	一九世紀前半～幕末	伊万里	御嶽神社本殿・拝殿跡	H3・H4
28	瓶	磁器	染付	頸部蛸唐草文　染付釉灰緑色　神酒徳利	一九世紀前半～幕末	伊万里	伝熊野権現社跡入口	E5
29	瓶	磁器	染付	底部蛸唐草文　染付釉灰緑色　神酒徳利	一九世紀前半～幕末	伊万里	御嶽神社本殿跡	H3・I3・I6

No.	器形	土器質	施文法	特徴	時期	産地	遺構	グリッド
30	瓶	磁器	染付	底部欠失 唐草文 神酒徳利	一九世紀前半〜幕末	伊万里	御嶽神社本殿・拝殿跡	H4 他
31	瓶	磁器	染付	胴部 唐草文 徳利	一七世紀	伊万里	御嶽神社拝殿跡	G5
32	瓶	磁器	染付	蛸唐草文 神酒徳利	一九世紀前半〜幕末	伊万里	御嶽神社跡境内	I6
33	瓶	陶器	鉄釉	胎土灰色で固い 底部回転糸切り 燗徳利	一八世紀後半〜幕末	瀬戸・美濃	御嶽神社跡境内	I6
34	瓶	陶器	鉄釉	胎土灰色 内面黄褐色 釉光沢あり 外面に石灰付着 底部回転糸切り ペコカン	一八世紀後半〜一九世紀	瀬戸・美濃	御嶽神社本殿跡 他	F2・G1・G2・G3・I4
35	急須	磁器	染付	胎土粒子緻密で白色 染付釉の発色彩やか（コバルト）	明治時代以降	不明	伝熊野権現社跡南西	Z5
36	土瓶	陶器	白化粧の上に山水画	胎土粒子緻密で淡褐色 火にかけた痕があり底部を中心に煤付着 山水土瓶	明治時代	益子	伝熊野権現社跡御嶽神社本殿跡	G2・G3 他
37	火鉢	瓦質	線彫り	口縁部胎土小石を含み三層をなし中央濃灰色、両側淡褐色 外面墨色の釉で光沢あり 刷毛で釉を施した痕あり	江戸時代	関東	伝熊野権現社跡掘立柱建物跡Ⅰ	B2・C4
38	火鉢	瓦質		口縁部胎土粒子粗く褐色 一部三層をなし中央濃灰色 外面墨色の釉で光沢あり		関東	御嶽神社跡境内	I2
39	壺	陶器		底部胎土長石等の小石を多量に含み灰色 外面指調整 内面ナデ 底部静止糸切り	一五世紀後半か？	在地	伝熊野権現社跡石塁内	A5
40	擂鉢	陶器	鉄釉	底部欠失 胎土長石粒を含み濃茶褐色 釉の光沢悪い 外面ナデ	江戸中・後期	関東？	御嶽神社本殿・拝殿跡	H3・H4
41	擂鉢	陶器	鉄釉	口縁部胎土長石粒を含み暗赤褐色 外面の釉は焦茶色で光沢あり	江戸中・後期	関東？	御嶽神社本殿跡	G1・H3

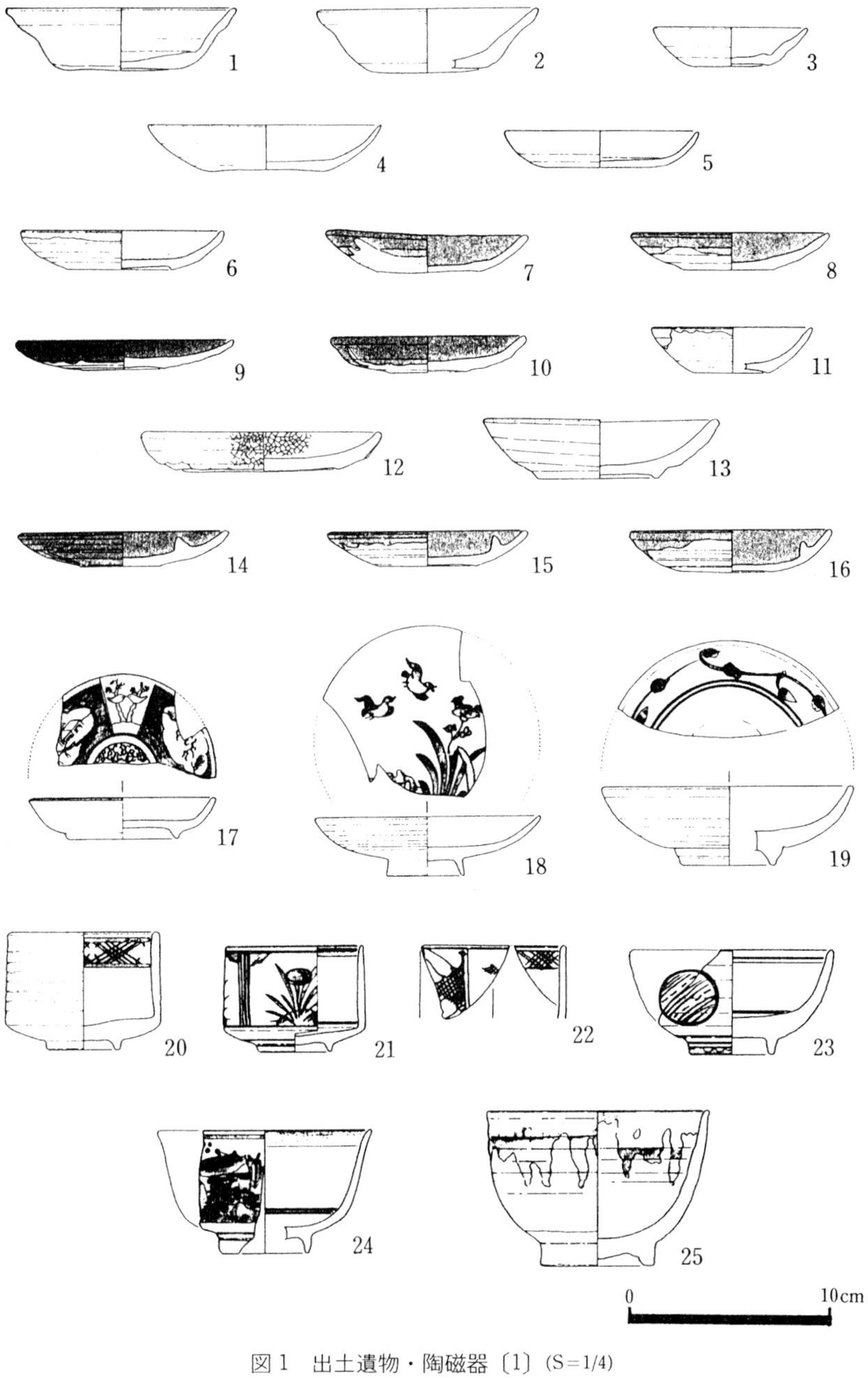

図１　出土遺物・陶磁器〔1〕(S＝1/4)

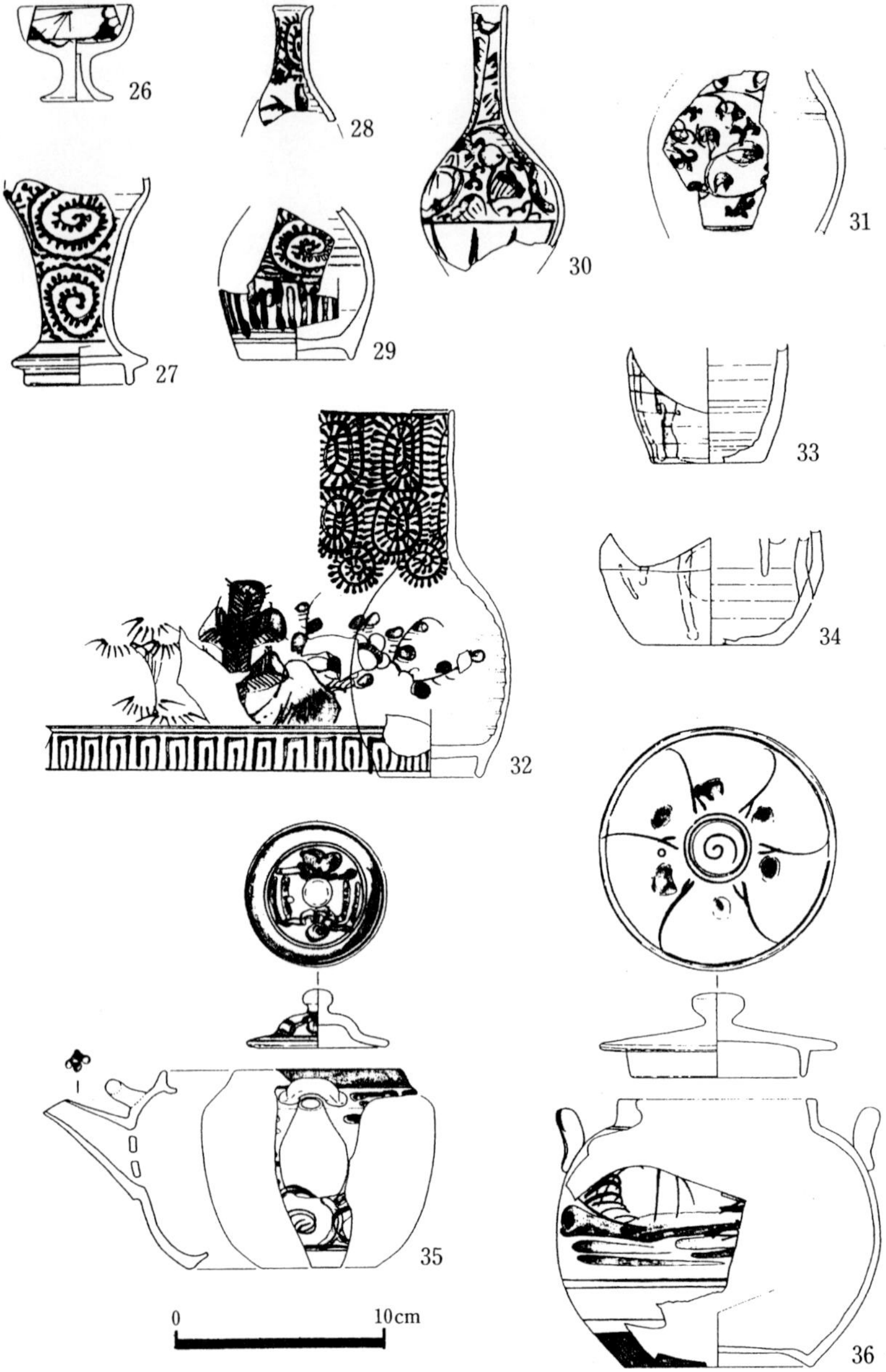

図2　出土遺物・陶磁器〔2〕(S=1/4)

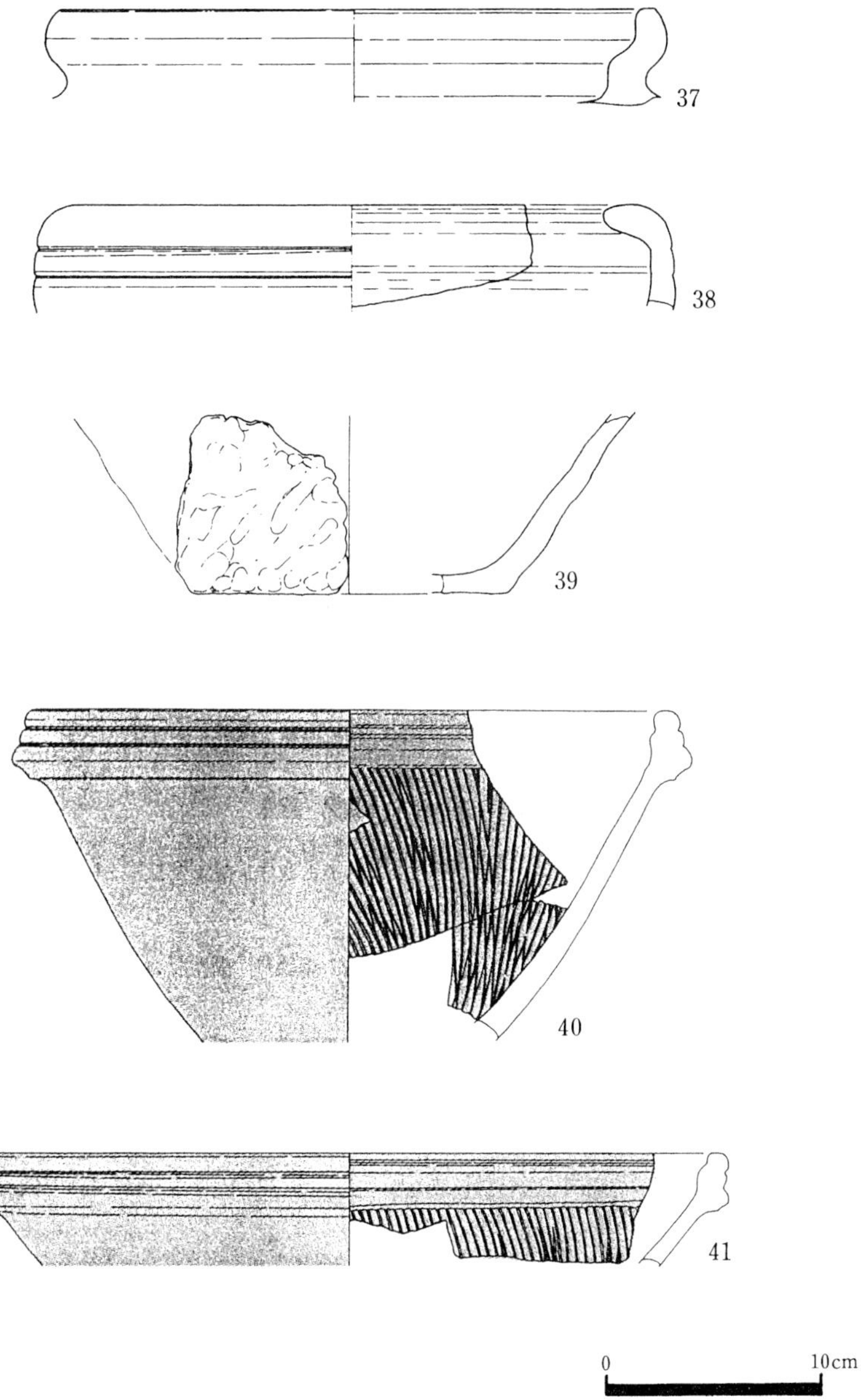

図３　出土遺物・陶磁器〔3〕(S=1/4)

られた。近世の和銭は慶長通宝、寛永通宝、仙台通宝、文久永宝、総数一五五〇点を数えた。寛永通宝は古寛永銭、新寛永銭（銅銭）、新寛永銭（鉄銭）、当四寛永銭（銅銭）、当四寛永銭（鉄銭）に大別でき、各々が時代性を有する。大別の百分率の比較では江戸後半期の銭貨は一括した。保存の良い寛永通宝は鋳造年、鋳造地を推定でき、約六〇種一五〇類を確認できた。分類において、栗原文蔵、梅沢太久夫、小泉真一氏の諸氏からご指導、ご教示をいただいた。

主な祭祀遺構として、磐座三カ所、社殿跡四カ所、祠跡一一基等を確認したが、奉賽銭の銭種の構成を比較して、年代の推測を試みた。

磐座には渡来銭を一括奉賽した遺構が三カ所あり、鋳造国別百分率と最新銭貨で大方の年代を推測した。

（例）遺構	出土数	唐銭	北宋銭	南宋銭等	明銭	最新銭貨	推定年代
R14—a	三二〇	七・二%	六六・八%	一・九%	二四・一%	宣徳通宝	一六世紀（c）
R6—a	一六五	七・三	七七・六	一・二	一三・九	宣徳通宝	一五・一六c
E3・R9—b	一二一	九・九	六五・三	〇・八	二四・〇	弘治通宝	一六c

社殿・祠跡は、まず古記録があり陶磁器類の出土した御嶽神社跡と、それに準ずる伝熊野権現社跡、奥の院跡の銭貨の状況を基準にし、類型を比較した。銭種大別の百分率の比較では江戸後半期の銭貨は一括した（新寛永鉄銭等）。

（基準例）遺構	出土数	渡来銭	古寛永	新寛永銅銭	新寛永鉄銭等	近代銭	最新銭貨	推定年代
御嶽神社跡	七〇五	三・四%	七・七%	五五・五%	二二・六%	一〇・九%	現行通貨	一七二七～一九七五
熊野本殿跡	一二三	二一・一	二一・二	五一・二	六・六	〇	文久永宝	一六c初～二〇c初
R13—a	二八三	七・四	七・八	三四・三	三八・一	一二・四	現行通貨	一七c前葉～一九七七

3　銭貨以外の金属製品

●和　鏡（図4—42）

これは円鏡の縁にあたる部分で、E3・R9—C地点、石組XVIの近辺から出土したものである。直径一一・四センチを測る銅鏡で、鏡胎は薄く一ミリ弱であり、わずかに残存する。縁に接する部分には直径三ミリ弱の孔が二カ所に穿《うが》たれており、これは鏡像にみられる懸垂用の孔と思われる。縁と鏡胎の境にはわずかに段を有し、縁の厚さは三ミリで、直角式を呈する。これらの特徴を栃木県日光男体山《なんたいさん》山頂遺跡(13)・山形県出羽神社鏡ヶ池(14)および各地の経塚出土(15)の和鏡に比定すれば、平安時代末期・一二世紀の所産といえるが、孔の存在や出土状況から後世営まれた祠（E3・R9—C地点）の神体であった可能性が強い。磐座IIIの巨岩と当遺跡唯一の和鏡との結び付きは、磐座信仰の伝統によるものとして理解されよう。

●鉄製鈴（図4—43）

43は鈴と思われる鉄製品であり、碗状の上半部と下半部を別々に作って胴部であわせたものである。横に並べた二つの孔を対に配している。なお上下両端は腐食により欠失している。御嶽神社本殿跡より採集された。

●刀子・刀装具（図4—44〜46）

小柄《こづか》（44）は一九七八年七月二十五日、登山中であった当時高校生の富田靖雄氏によって、未調査のR2地区の立石付近から採集されたものである。柄の片面には梅花文様の象嵌《ぞうがん》が施され、中世末から近世初頭の特徴が認められる。剣形鉄製品（図4—47）同様、R2—a地点への献納品と思われる。45は伝熊野権現社跡・A3グリッドから出土したもので、尖鋭な切っ先をもち、両刃である。

46は刀の鍔元《つばもと》と思われる鉄製の金具で、伝熊野権現社跡・E3グリッドより発見された。この地点には石組Ⅵ・Ⅷが隣接している。

●剣形鉄製品（図4―47～49）

47はR2―a地点、48はR4―a地点から見出され、若干形状は異なるが、大きさ、材質は類似しており、ほぼ同時期のものと思われる。R4―a地点では一九世紀第2・3四半期の燈明皿が伴出している。これらの地点には中央に亀裂をもった双立する立石が共通点として認められ、立石に奉献されたように考えられる。R2地区採集の小柄(44)も同様の用途に供したものと推測され、少なくとも近世全般を通して同種の信仰が存在したことがうかがえる。これは古代・中世の山岳信仰遺跡である栃木県男体山(16)・奈良県弥山《みせん》(17)・高知県横倉山の山頂から出土した刀剣類に託した信仰から系譜を引ける可能性があり、ことに横倉山頂の横倉宮に伝わる刀剣類の中には江戸末期の薙刀《なぎなた》形・剣形・矛《ほこ》形の模造鉄製品があり、これらは当遺跡の47・48と同種のものとみられ、古代から受け継がれた山岳信仰の遺品と理解できよう。(18)

49は第一次調査区・J4グリッドに位置する古い塵芥処理場から出土したものである。中央で分割され、復元すれば長さ三二・五センチを測り、鍔元には打ち付けた釘の一部が残されている。柄には「戉平吉」と銘文が刻まれている。また、I6グリッドから鍔をもつ剣形鉄製品と思われる欠損品が認められ、これも廃棄が考えられる。

●きせる（図4―50～55）

きせるはいずれも銅製である。50はR1地区の南斜面・ホ5グリッドから出土したもので、R1―b地点に属するものと思われ、献納品とも受け取れる。雁首《かりくび》と吸い口が見出され、確実に対をなすものはこれだけである。きせるの肩は六角柱を呈し、肩の端（ラウ接合部）には二条の沈線が施され、丁寧な作品である。脂返しの上面と狭義の吸い口

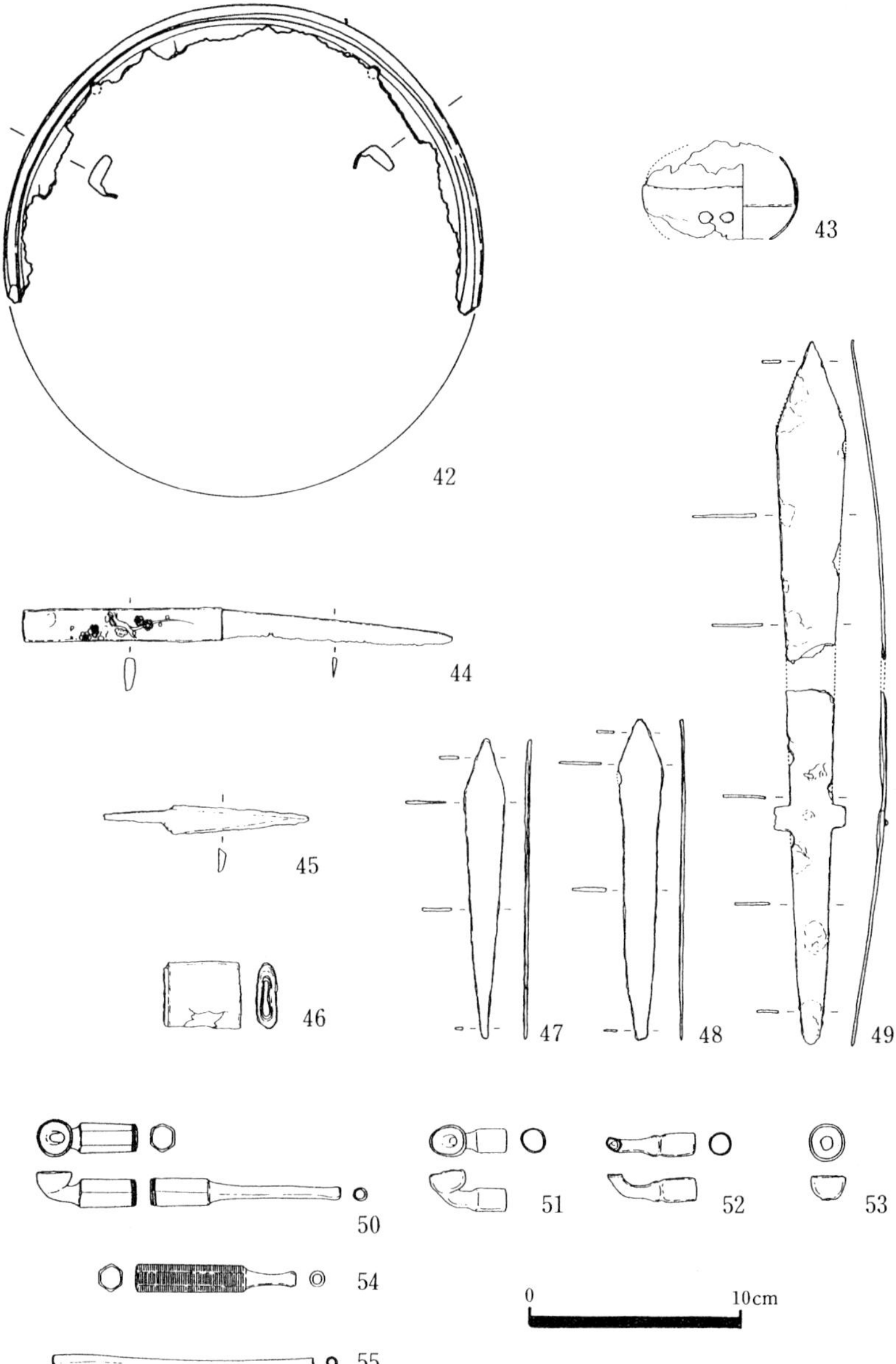

図４　出土遺物・金属製品 (S＝1/4)

には合せ目が一条認められ、雁首では火皿と脂返しと肩が、吸い口では肩と狭義の吸い口が接合している。古泉弘氏の編年[19]によれば、一九世紀初頭に位置付けられよう。

51は雁首のみで、御嶽神社本殿跡で採集されたものである。肩に一条の合せ目が側面にみられる。これも一九世紀初頭の所産である。

52は火皿を欠く雁首の首部で、伝熊野権現社跡・B2グリッドから出土したものであり、本殿跡の礎石建物跡Ⅳ内に位置していた。肩付であるが、一旦くびれをもって脂返しに接合し、脂返しが湾曲する河骨形を呈する。肩には側面に合せ目がある。53は火皿にあたる部分で、御嶽神社跡前面の境内・G6グリッドから見出された。形態・材質および火皿の欠損部の状況から、52と53は同一個体と思われる。一七世紀後半のものと推測される。

55は細長い吸い口で、伝熊野権現社跡・C2グリッドから発見され、本殿跡の礎石建物跡Ⅰ・Ⅱ内に位置していた。一条の合せ目がみられる。これは52と作風、材質やラウ接合部の直径が近似し、出土地点も三・五メートルの距離をもち隣接していたことから、一対のものとして考えられる。したがって、52・53・55は一個体として捉えられるが、火皿と本体では伝熊野権現社跡の出入口と奥に分離し、一九メートルも離れていた。

54は肩付の吸い口であり、伝熊野権現社跡・A2グリッドの石塁上から出土した。肩は六角柱をなし、全面に刻みが充填されている。

●装飾金具

社殿の装飾金具は御嶽神社跡で銅製のものが三点認められ、そのうち一点は長さ四・四センチ、幅一・〇センチで孔が二カ所に穿ってあり、礫石経が集中するG3グリッドから出土した。井ゲタに橘文の装飾金具があり、一辺三・七センチを測る。高欄金具が採集され、長さ二五センチ、幅七・六センチで延びているが本来曲り金具であった。なお茶店解体の時、直径一七・八センチの左三つ巴《ともえ》文の装飾金具が発見された。

鉄製で菱形を呈し、中央に鋲《びょう》留めの孔を穿った金具が御嶽神社本殿跡とB２グリッドから各一点出土し、後者は伝熊野権現社本殿跡あるいは礎石建物跡Ⅴに伴なうものであろう。

表２　武甲山出土金属製品

No.	種類	材質	施文法	特徴	時期	遺構	グリッド	備考
42	和鏡	銅			平安末（一二世紀）	R９―c	E３	祠御神体か？
43	鈴	鉄				御嶽神社本殿跡		採集
44	小柄		梅花文象嵌		中世末～近世初頭			採集
45	刀子			両刃				
46	鍔元	鉄				伝熊野権現社跡	E３	
47	剣形鉄製品					R２―a		
48	剣形鉄製品					R４―a		
49	剣形鉄製品							柄に「戉平吉」の銘
50	煙管（雁首・吸口）	銅		断面六角形	一九世紀初頭	R１―b		
51	煙管（雁首）	銅			一九世紀初頭	御嶽神社本殿跡		
52	煙管（雁首）	銅			一七世紀後半	伝熊野権現社跡礎石建物跡Ⅳ	B２	同一個体
53	煙管（雁首）	銅			一七世紀後半	御嶽神社跡境内	G６	同一個体
54	煙管（吸口）	銅		断面六角形		伝熊野権現社跡石塁	A２	
55	煙管（吸口）	銅			一七世紀後半	伝熊野権現社跡礎石建物跡Ⅰ・Ⅱ	C２	同一個体

奥の院跡のR13—a地点・G4グリッドから鉄製の装飾金具が出土した。これは長さ一一センチ、幅一センチで二カ所に孔が穿たれている。この地点では鎹《かすがい》の出土もあり、かつて木造の祠が鎮座していたことは確実である。

●額受け

額受けは鉄製の大小六種類九点が第一次調査区で発見された。最大のものは鉤《かぎ》になった押さえの部分一六・四センチ、受けの部分および打込み部二三・七センチを測り、対をなしたものはこれと他二例だけである。これらのうち五点は茶店を解体中に日本武尊像の絵馬などとともに見出されたもので、本来御嶽神社で使われていたものと思われる。他の一点はJ2グリッドを調査中出土したもので、この地点では礎石建物跡Ⅶが検出された。他一点は採集品である。

●析釘等

折釘は一三点認められた。全て第一次調査区から出土し、Z4・A3・B5・C5・E5・F4・G5・H3・H5・I6グリッドで見出され、Z4・F4・G5グリッドでは二点、他は各一点でみられた。伝熊野権現社跡において、Z4グリッドは境内西の外側では唯一の釘の出土地点であり、C5グリッドは釘の多出地点である。御嶽神社跡のF4・G5・H3・H5グリッドも釘の多出が認められ、I6グリッドでは石組Ⅺ・Ⅻが存在するが、これらに伴なうものとは考えられず、釘においても同様であろう。折釘の出土状況は釘の多出現象と関連性が認められ、建物の解体に起因するものと思われる。これは鎹の出土状況に類似する。

●釘

打出釘はまず保存の良悪で、Ⅰ類（悪）・Ⅱ類（良）と分けられ、各々は廃棄されてからの経過時間を示すものと考えられる。両類とも長さ三・二～六・六センチをA形、六・六～一〇・三センチをB形、一〇・三～一三・八センチをC形、一三・八～二〇・〇センチをD形と分類でき、さらに一形態を二分ないし三分することができた。また、欠損品は頭部直下の太さと残存状態によってある程度形態復元が可能であった。

当遺跡、特に第一次調査区において、釘は銭貨をも上回る出土数であった。これは損壊による建物の頻繁な建て替えに起因するものであり、なかでもB形として捉えた二寸五分前後の釘の多用は小屋建築的な建物を想定でき、山頂という遺跡の環境を考えれば、これらは必然的な結果として理解できよう。

●鎹

鎹は第一次調査区で一八点発見され、伝熊野権現社跡ではZ4・D4グリッドで計三点出土した。御嶽神社跡では一三点を数え、F3・F4・G1・G2・G3・G4・H4グリッド等御嶽神社跡の西半部から多く見出された。本殿跡から発見されたものは大形で、拝殿跡から出土したものは小形という傾向がみられ、出土数も本殿跡の方が多い。これは大規模な覆屋との関連性が求められよう。

Z4グリッドはZ列でただ一カ所釘を出土した地点であり、D4グリッドは釘一〇二点を多出した地点である。また、御嶽神社跡で鎹二点を出土したH4グリッドも釘の多出がみられる。鎹の出土状況は折釘同様、釘の多出化との関連性がみられ、建物の解体に伴なう現象と思われる。

第二次調査区においては、E1地区、R13—a地点のG4グリッドから各一点認められた。前者は第一次調査区、特に御嶽神社跡に本来所属するものと思われる。後者は小形で打込みの先端部が長いもので、R13—a地点の祠に使用されたものであろう。なお、R2—a地点のホ5グリッドで通称「鎹釘」が出土し、これは割れ留めに用いられることから祠の補修が考えられる。

●鍵

L字状を呈する鍵が第一次調査区のZ4・G4グリッドから発見された。Z4グリッドの鍵は縦（柄の装着部）一五・〇センチ、横（鉤）一七・五センチ、太さ〇・五〜〇・七センチを測る。Z4グリッドは建物の解体場の一つと推定され、釘の他、折釘、鎹等の建築用材が出土した特徴的な場である。G4グリッドのものは縦二〇・五センチ、横一七・〇センチで中央にコの字の屈曲を有し、太さ〇・七〜〇・九センチである。これは拝殿跡IIの下層より出土し、拝殿跡III段階の建物に伴なったものと考えられる。

●輪　鍵

輪鍵（鉄製）は第一次調査区で出土し、一五点を数えた。環は円形と長方形のものがあり、円形のものが多い伝熊野権現社跡ではA3・D4グリッドから三点を出土し、御嶽神社跡においてはF3・G1・G2・H1・H3・H4・H5グリッド等から一一点認められた。H4グリッドで三点、A3・G2グリッドで二点、他は各一点を数える。伝熊野権現社跡のA3グリッドでは叶釘もみられ、D4グリッドでは釘の多出傾向と鎹の出土があり、建物の解体に伴なうものであろう。御嶽神社跡では、鎹の分布は逆に東半部から多く認められ、多くの釘や鎹を出土した。H4グリッドにおいては比較的多くみられた。また本殿跡に集中がみられ、これは本殿覆屋との関連性が強いと考えられよう。

●鉄製工具

釘送りの先端と考えられる金具が一点出土している。先端部は断面正方形で、先は丸味を帯びている。柄の装着部は断面楕円形を呈する。柄は一部残存しており、カシ材と思われる。掘立柱建物跡IIIの位置するJ5グリッドから出土した。

矢と鑿《のみ》が各一点出土している。これらは石材加工用の道具である。矢は伝熊野権現社跡の外側にあたるD7グリッドから出土した。長さ一八・〇センチ、太さは一辺一・三センチの四角柱である。鑿は御嶽神社跡H3グリッドから見出され、大きさは長さ一二・六センチ、太さは一・二センチで八角柱を呈する。なおG5グリッドから矢の頭部と思われる半欠品が出土している。当遺跡は石灰岩を基盤とし、露岩も顕著にみられ、遺構に用いられた石材は全て石灰岩であった。石材加工具の発見は現地での作業を具体的に裏付ける資料として評価される。

●鉄　鍋

鉄鍋は全部で七、八個体認められた。第一次調査区で出土し、全て破片である。伝熊野権現社跡ではA2・A5グリッドから各一点みられたのみで、極めて少ない。宿坊跡や掘立柱建物跡Ⅰ・Ⅱに伴なうものであろうが、出土位置から廃棄が考えられる。

御嶽神社跡では、本殿跡のG1・G2・H1・H3グリッドから認められ、特にH3グリッドには同一個体の破片数がまとまっていた。このグリッドは陶磁器類も多出し、そのうち摺鉢はこの地点を中心とした分布を示し、土瓶・碗も多く、参籠時の調理場と推定されるが、鉄鍋片の多出傾向により一層確信が高められた。拝殿跡ではG4・H5・I4グリッドの1a〜4層から小片が出土した。

また、礎石建物跡Ⅶの南に接するJ3グリッドから同一個体の大形破片がまとまって認められ、これは廃棄されたものと思われる。

なお、伝熊野権現社跡の出入口にあたるE5グリッドからはほうろくと思われる鉄片が発見されている。

●その他

伝熊野権現社跡・D5グリッドから鉄製火鉢と思われる破片が出土し、隣接するE5グリッドのほうろく片同様廃棄が考えられる。

4　礫　石　経

礫石経は御嶽神社跡（G3・G4・H4グリッド）から四九点見出され、大部分は流れにより二次的に移動したものであり、奉納された位置は本殿南端の礎石（F5・F6）の間と推定される。それは、この位置より距離をおくほど経文の保存状態が悪くなる傾向と、本殿跡から拝殿跡への傾斜によって理解できる。

石材には偏平な石灰岩の円礫が用いられ、大きさと重量は表3に呈示した。平均値は長さ九・〇センチ、幅六・六センチ、厚さ三・〇センチ、重量二七二・六グラム、平面形が楕円形を呈する礫が多い。重量にして、一一〇〜二九〇グラムに集中がみられ、四九〇グラムまで連続してみられるが、73と94が飛び抜けて重く、各々八〇五グラムと六六〇グラムを測る。このような形態の円礫は武甲山では断るまでもなく、現在の横瀬川においても発見できず、荒川本流で確認できた。踏査によれば、秩父市の秩父セメント株式会社第二セメント工場付近の河床で、同形態の礫を多く採集することができた。より上流の佐久良橋付近では亜角礫の割合が多く、また下流の親鼻橋付近では発見が困難で、採集されたものは小形であった。横瀬川の和田河原では全て亜角礫のものが認められた。石材は河床から採集されたものであり、しかも石灰岩のみを選んでいることに留意される。

礫石経は多字一石経で、大部分は表裏両面と二側面の四面が使われて、経文が墨書されている。その保存状態はほぼ全面が残されたもの（表3◎印）一一点、表裏のうち片面の二分の一ほどが消えたもの（△印）六点、片面の経文が消滅したもの（○印）二四点、ほとんど全ての経文が消失したもの（×印）八点である。これは二次的に動いた距離にある程度比例する関係がみられた。

礫石経に写された経典は92に「大般若波羅□多経巻第五百七十八」と記されており、検索は容易であった。経文が

表3　武甲山出土　礫石経

No.	筆跡	長さ(cm)	幅(cm)	厚さ(cm)	質量(g)	グリッド	保存	経文順	備考	経文(表)	経文(左側面)	経文(裏)	経文(右側面)
56	A	八・四	三・八	二・七	一三〇		◎	1	採集、罫線	希願随其無罪皆能／足己善安住三世平等／常無断尽広大題徧■	身語心性猶若金剛	諸如来無動壊是／薄伽梵住欲界頂他／化自在天王宮中一切如来	常所遊処威共
57	A	九	五・九	三・八	二八〇		△	4	採集、罫線	処空□……□／菩□句義耳鼻□……□／□空□……□浄句□……□／菩□句義□……□寂清／是菩薩句義	味触法処空寂／浄句是菩薩句義眼界	空□清浄句義是■／句義耳鼻舌身意界空／寂清浄句義是菩薩／句義色界空寂／清浄句義是	句義聲味
58	A	八・二	六・四	二・一	一五〇	G3	◎	2	罫線	称美大／宝蔵殿無價／末尼所成種種珍希間／雑厳飾衆色交映放／光明宝鐸金鈴処／列微風吹動出和／綺■	□■柿宝□……□	珠瓔珞半満月種／種雑飾而□……□厳／賢聖天仙□……□愛楽／与八十億大菩薩倶一切／皆其陀羅尼門三／地門無妙	
59	A	一〇・五	七・四	三・六	三九〇	G3	△	3	罫線	如是等類無／□……□不能尽／其□……□訶薩／観□……□／空薩菩□訶薩□……□菩／薩摩□……□空□菩	薩摩訶薩／発心即転法輪菩薩／摩訶薩伏一切魔怨菩薩／訶薩如是上首有八百万大／衆前後圍繞宣説／正□中□善文義巧妙／純一満□……□行		

No.	筆跡	長さ(cm)	幅(cm)	厚さ(cm)	質量(g)	グリッド	保存	経文順	備考	経文(表)	経文(左側面)	経文(裏)	経文(右側面)
60	A	九	六・一	三	二四〇	G3	◎	5	罫線	空識界空寂清浄空義／清浄句義是菩薩句義眼識界／空寂清浄句義是菩薩句／義耳鼻舌身意識界／空寂清浄句義是薩句／義眼触空寂清浄句義	菩薩□……□耳鼻舌身／意触空寂清浄句為義／是菩薩句義	所生諸受空寂清／是□……□句□……□鼻□身意／触資格縁所生諸受空寂清浄／句義是菩薩句義地界空／寂清浄□義是菩薩句	義是菩薩句義水火風
61	A	八・三	四	二・六	一二〇	G3	○	9		地己弁地□覚地菩薩／如来地空□清浄句義／菩薩句義□……□門／空寂清浄□……□是	句義一切三摩地門	空寂□浄句／薩句義	第八地具見地簿地離
62	A	七・九	七	三・五	二八〇	G3	○	7		□……□多／□……□義／□……□是／異□……□／□定法住実	虚空界不思議	是菩薩／称処空／句義是菩／薩句義四無量四色／定空寂□……□句義／是菩薩句	四念住空
63	A	一一・五	七・四	四・二	四九〇		○	8	採集	清浄句義□菩薩句／義離垢地発光地焔慧地極／離勝□現前地遠行地不動地／善慧地法雲地空寂□句義／是菩薩句義浄観地空寂／清浄句義是菩薩 ／句義種住地	是菩薩句義	四□……□根五力七／門／義□……□寂清浄／義八勝処九□……□十徧	処空寂清浄句義是／菩薩句義極慧地空寂

64	B	七・六	五・一	一・九	一一〇	G3	◎	10	句義是菩薩句義六神／空寂清浄句義是菩薩□義／如来十力空寂清浄句義是菩／薩句義四無所■四無礙解大悲／大喜大捨大仏不共法空寂清浄／句 義是菩薩句義■相 空寂清浄句義是菩薩句／義八十随好空寂清浄句義 是菩薩句義無■法空寂／清浄句義是菩□……□恒住／捨性空寂清浄句義是菩薩／句義一切知空寂清浄句義是／菩薩句義道相智一切相智／空寂清 浄句義是菩／薩句義一切菩薩 □……□摩訶薩行空寂清浄句義
65	B	九	六・三	二・九	一三〇	G3	△	11	報障雖多／積集而不能染雖造／是菩□句義諸仏無上正等菩／清浄句義是菩薩句義一切異生／清浄句義是菩薩句義一切預一／不■阿羅阿漢□覚菩 薩如来法■／清浄句義是□句義一切菩／空寂清浄句□是菩薩句義一切／法有漏無□有為無為法 世間法空寂清□句義／所以有何一切□白性空／自在寂静由 由清浄□甚／清浄如是般／菩薩句義□……□薩衆／仏説□……□句義／法已告金□……□薩／得聞此□……□微／理趣潰／乃□当□……□座一 切 皆不能染謂煩悩
66	B	八・八	六・七	三・九	三三〇	G3	○	13	堅宝難壊如金剛故義／平等惟現等覚門以大菩／提其義一故法平等惟現等／覚門以大菩提自性浄故一切法／平等性現等覚門以大菩／一切法無分別 故仏説如是寂静法性般若理 □等覚巳告／手菩薩等 得／理／信解受／□……□乃□当／菩□……□雖造／悪業／渡証無上正等菩提
67	B	八	五・七	二・五	一七〇	G3	○	16	如来之相為諸菩薩／説般若波羅密多一切／等性観自在／甚深理趣清浄法／貪欲本性清浄／能令世間嗔恚清／嗔恚本性清浄 能令世間愚 一切愚癡本性／照明故能令世間／清浄一切疑惑本性／清浄極照明故能令／見趣清浄一切見／照明故能令世 浄一切橋慢／極照明故能令世／世尊復依性

No.	68	69	70	71
筆跡	B	B	B	C
長さ(cm)	七・一	七・九	一〇・二	一〇・八
幅(cm)	六・六	五・六	七・二	六・七
厚さ(cm)	三・五	二・二	二・二	三・九
質量(g)	一二三〇	一四〇	二九〇	三七〇
グリッド		G4	G4	G4
保存	○	○	◎	○
経文順	15	17	14	19
備考	採集			
経文(表)	是調□衆悪般若／現趣普勝法已告金剛／菩薩等言若有得／是般若波羅密多／理趣信□受持読誦／假□殺害三界所／而不由所随／界能	一切纏結本性／照明故能令／浄□垢□本／極照明故能令／悪法清浄／本性清	預性無／見性□無□論／無□……□諸／□……□無載／□……□論□煩悩／□……□諸悪／□……□論□諸悪	法等故能令布施／多速□円満受持種種清浄／禁戒能令浄戒波羅蜜□速得／垣円満□一切事修学忍能令忍波／速得円満於一切時修□進能／速得円 満於一切境修業静慮能令／蜜多速得円満於一切法常修□慧
経文(左側面)			性無載故諸／□……□論諸界	波羅蜜多速得円仏□……□法
経文(裏)	行疾■無上正／無／清			
経文(右側面)				

72	C	八・五	九・三	三・七	四四〇	G3	○	20	蜜多一切如来持印／理趣金剛法門謂／一切如来剛身印当証一切如／法□……□攝□一切如来金／□印於一切□当得自在□其／攝受一切如来□心 印於／一切□当得自在若具／受一切如
73	C	一二・七	九・一	四・九	八〇五	G3	○	18	命世間諸法清浄一切法／照明故能令世間有情清浄一切■／清浄極照明故能令世間一切智清／本性清浄極照明故能令世間甚／羅蜜多最勝清浄仏説 如是平等／菩理趣清浄法己告金剛手菩／有得聞如是般若波羅蜜多清浄／勝受持読誦修習雖住一切貪■／空煩悩垢穢■中而猶■不為一切客／垢□ 失所染常□習菩薩勝／無 世間□……□法□……□在／財■等□……□
74	D	九・二	六・一	四・九	四〇〇	G3	○	21	受持／故 福業／勝浄身語心猶若／不可破壊疾証無／上正等菩提爾時 復依一切無戯論法如来／之相為諸菩薩宣説般若／波羅蜜多甚深□輪写／法門謂一切法空無自性／一切法無 法無願無所願故一切／離無所著故一切法寂／寂滅故一切法無
75	D	七・五	五・五	二・七	一六〇		◎	26	広設供養修行一切／□……□多於諸如来／広設修行一切菩提分／法於諸如来広設供養／修行一切総持等持／■□広設 供養□……□行一切 五眼六通於諸如来／広設供養修行一切／静慮解脱於諸如来／設養供修行一切慈悲／拾於諸如来広設供養／修行一切仏不共法
76	D	八・一	七・六	二・二	二二〇	G3	◎	22	性常無故一切／無楽非可楽／無我不自在故一切／離浄相故一切法不／推尋其性不可／一切法不思議思議／其性無所有故一切／無所有衆縁和 施設故一切法無／戯論本性空／離言説故一切法／本性浄甚深般若波羅／蜜多本性浄故仏説如是／戯論般若理趣輪／己告金剛手菩薩等／有得聞此 無／理趣輪字

No.	77	78	79	80
筆跡	D	D	D	D
長さ(cm)	七・三	七・九	八	一一・四
幅(cm)	六・四	八・一	五・五	六・九
厚さ(cm)	三・一	二・六	二・七	三・八
質量(g)	二二〇	二三〇	一四〇	四五〇
グリッド	G3	G3	G3	G3
保存	○	○	○	○
経文順	23	27	29	30
備考		採集		
経文(表)	性能入一切衆／性輪故入諦性輪故入／縁起平等能入一切縁／起性輪故入宝平／性能入一切宝	広設供養一切／法若常若□常皆不／可得於諸如来広設供／養観一切法若皆不可／得於諸如来広設供養／観一切法若我若無我／不可得於諸如来広 ／供養観一切法／浄	法門信解受／行疾／無上正等菩提爾特世／尊復依一切／如来之相為	性一切有／情寂静性郎□寂静性一切／性一切有無所有性郎念無／所有性一切有情難思議性郎／難思議性一切有情無／論性郎恋無論性
経文(左側面)	故入	諸／広／設		郎念／性郎□……□一切有
経文(裏)			諸菩薩宣説般若／蜜□……□智□伏□謂	性一／陰性
経文(右側面)				

81	D	八・四	六・五	三・一	二四〇	G3	◎	32	般若波羅蜜多／亦性平等一切法性平等／故甚滅般若波羅蜜多／亦性平等一切有情性調伏／故甚般若波羅蜜多亦／性□伏一切法性調伏故甚／若波 羅蜜多 亦性調伏□有情有 義故甚□般若／多□有実義一切／義□甚深般若波／亦有実義一切有情／故甚□般若波羅蜜／亦郎真如一切法郎真／故甚□般若波 多亦郎真□一切有
82	D	八・三	六・九	三・一	二四〇	G3	◎	33	□……□甚／□……□羅蜜多／即法界一切法即／界故甚深般若波／□蜜多亦即法界／一切有情即法性故甚／般若波羅蜜多／即法性一切 即法性故深般／波羅蜜多亦即法性／一切有情即実際故甚／深般若□蜜多亦即／実際一切□……□際／深般若□……□多
83	D	九・八	七・五	二・八	三二〇	G3	◎	34	亦即実／本空故甚／蜜多亦即／本空故甚深般若／多□即本空一切有情／相□甚深般若波／亦即無相一切法即無／甚深般若波羅蜜 相一切有情／即無願□深般／波羅蜜多亦□無願／一切法即無願□深／般若波羅蜜□亦即無／願一切有情即遠離
84	E	一〇・五	六・五	四・三	四三〇	G3	△	35	故□般若波□蜜多亦即／一切法即遠離故甚深□若羅蜜多亦即遠離一切有情／寂静故甚深般若波□蜜／亦即寂静一切法即／甚深般若波羅蜜／亦即 浄 不可得故 □波／法不可得故／蜜多亦不／所有故甚／若波□……□多亦□所／法□……□有故甚■般若 波羅蜜多亦無所有一切
85	E	九・五	七・五	四・一	四〇〇	G4	○	37	□……□究竟／義平等金剛法門／若波羅蜜多無／一切□無□甚□般若／際故一切如来亦無／若波羅蜜多一味故一／甚深般若波羅蜜多 故一切法

No.	筆跡	長さ(cm)	幅(cm)	厚さ(cm)	質量(g)	グリッド	保存	経文順	備考	経文(表)	経文(左側面)	経文(裏)	経文(右側面)
86	E	一〇・九	六・四	三・四	三七五	G3	△	36		蔵法門謂一切有情／如来□普賢菩薩自／一切有情皆□……□以□／灑故一切有□……□／切有情皆□……□	行依故仏□如是有／□……□深理趣勝蔵法	巳告金剛手菩薩等言若／有得門如是偏満般若理／趣勝蔵法門信解受持読誦／習則能通達勝蔵法性疾証／上平等菩提爾時世尊復依／際法如来之相 為諸	菩薩宣説般若
87	E	九・一	七・九	二・七	二八〇	G4	○	39		一切清浄／事□能令諸有皆得清／浄□以貪等調伏世間／普偏恒時□至諸有皆／令清浄□調伏又如／蓮華□色光□不／為一切□物所		常	
88	E	九・八	五・八	二・一	一七〇	G4	○	38		執金剛性□……□無□正／菩提爾□世□……□照／来之相為諸菩□宣説／般若波羅蜜多得諸如／来秘密法乃一切法／無蔵論性大楽金剛／不空神 呪金剛法			
89	E	九・五	五・七	三・四	二九〇	G4	○	40		多／他盔刺□……□盔／盔刺□刺／羯囉盔□壊□迦／羯囉案□迦羅	納□……□伽筏□■刺		

90	E	八・六	六・七	二・三	二五〇	G3	○	41		那□……□手僧褐／訶達□薩□迦羅跛／波剌那達謎□訶如是／神呪是諸仏□能誦持者一切／羅滅常見諸仏得宿住／智疾証無上正等 ■洛来／多／覆伐剌
91	F	八・四	六・五	二・二	二八〇	G3	△	45	写経なし	涓衆／■／奉納□貞□／道□／縁宣 諸大権現／奉納蔵王大権現／諸大明神
92	E	九・五	五・八	三・七	二八五	G3	○	44		不／受持／利功／分時薄伽梵説 己金剛手 土随願 及余天衆聞／大歓喜信受奉行／大般若波羅□多経巻第／五百七十八
93	E	八・一	八・六	三・一	二〇〇	G3	○	43		仏乃／惟修習要／衆善根久発大／此甚深□最勝／至聴聞一句一字 誦受持
94	E	一三・三	七・四	四・九	六六〇	G3	◎	42		薄伽伐帝盋剌壌波羅／姪他室囉曳室囉曳室／囉曳細莎訶如是神呪具田大威／者業□消除所聞正法総持大／無上正等菩薩爾時世尊是／金剛□等言 若諸有 若波／蜜多甚深理□最□法門無／断者諸悪業 皆得消□諸勝言楽常／金剛不空神□身必得究竟／来金剛秘蜜最勝□不久□得／及如不□若有情類□多仏所／大願於比般□波羅／法門不

No.	筆跡	長さ(cm)	幅(cm)	厚さ(cm)	質量(g)	グリッド	保存	経文順	備考	経文(表)	経文(左側面)	経文(裏)	経文(右側面)
	A	九・六	六・一	二・一	一七五	G3	×	6		句義		受愛□……□生老	
	B	八・八	五・六	三	二〇〇	G3	○	12		■而／受□……□読／□……□理／一切／一切法皆得自在恒受一切／勝妙喜□……□十六大／菩薩			
	D	七・五	七・二	二・七	一九〇	H4	×	24		能□……□性性性			
	D	七・七	六・三	二・三	一七〇	G3	×	25		等／法性／能入一切菩			

D	九・四	八	二・一	一三〇	G4	○	28		持読誦思／有／養或轉／供養／甚
D	七・四	六・二	二・一	一三〇	G4	×	31		観世□……□妙／心能
―	八・五	五・二	二・二	一四〇	G4	×	46	経文消失	
	九・三	五・八	三・六	二九〇	G4	×	47	経文消失	無上正
―	八・一	六・六	二・五	一八五	G3	×	48	経文消失	

No.	筆跡	長さ(cm)	幅(cm)	厚さ(cm)	質量(g)	グリッド	保存	経文順	備考
経文(表)									
経文(左側面)									
経文(裏)									
経文(右側面)									
	一	一〇・四	七・一	二・二	二四〇		×	49	採集、罫線、経文消失

■判読不能、□一字空け、□……□数字空け

判読できる四四点は、この経典のいずれかに相当することがわかり、奉納対象神を記した一点を除き、他四点も比定できなかった部分に位置することが考えられるが、なお四点ほど存在したと思われる。

「玄奘訳大般若波羅蜜多経」は六〇〇巻あり、そのうち巻第五七八が経典を要約した「理趣分」にあたる。これは正月三日間をはじめ祈禱に用いられ、また、日本国有の祓《はら》いの思想と結びついて、罪禍消除、壊災招福、現当二世の増益のため、用いられるという。[20]礫石経は本殿向拝の下部に奉納されており、91には「奉納蔵王大権現」と記され奉納対象となった神仏が明確であり、その裏面には目的などが記載されているように思われるが、文字が不明瞭のため判読できない。おそらく本殿が造営された享保十二年(一七二七)ころ「蔵王権現社」の鎮護のため奉納されたものであろう。

経文の位置が判明した四四点の他に、八点の存在が考えられ、経文が消失してその位置が判明しなかった四点のほかに、さらに未発見の四点が加わって構成されていたと思われる。したがって、礫石経は91を含め五三点を数えるも

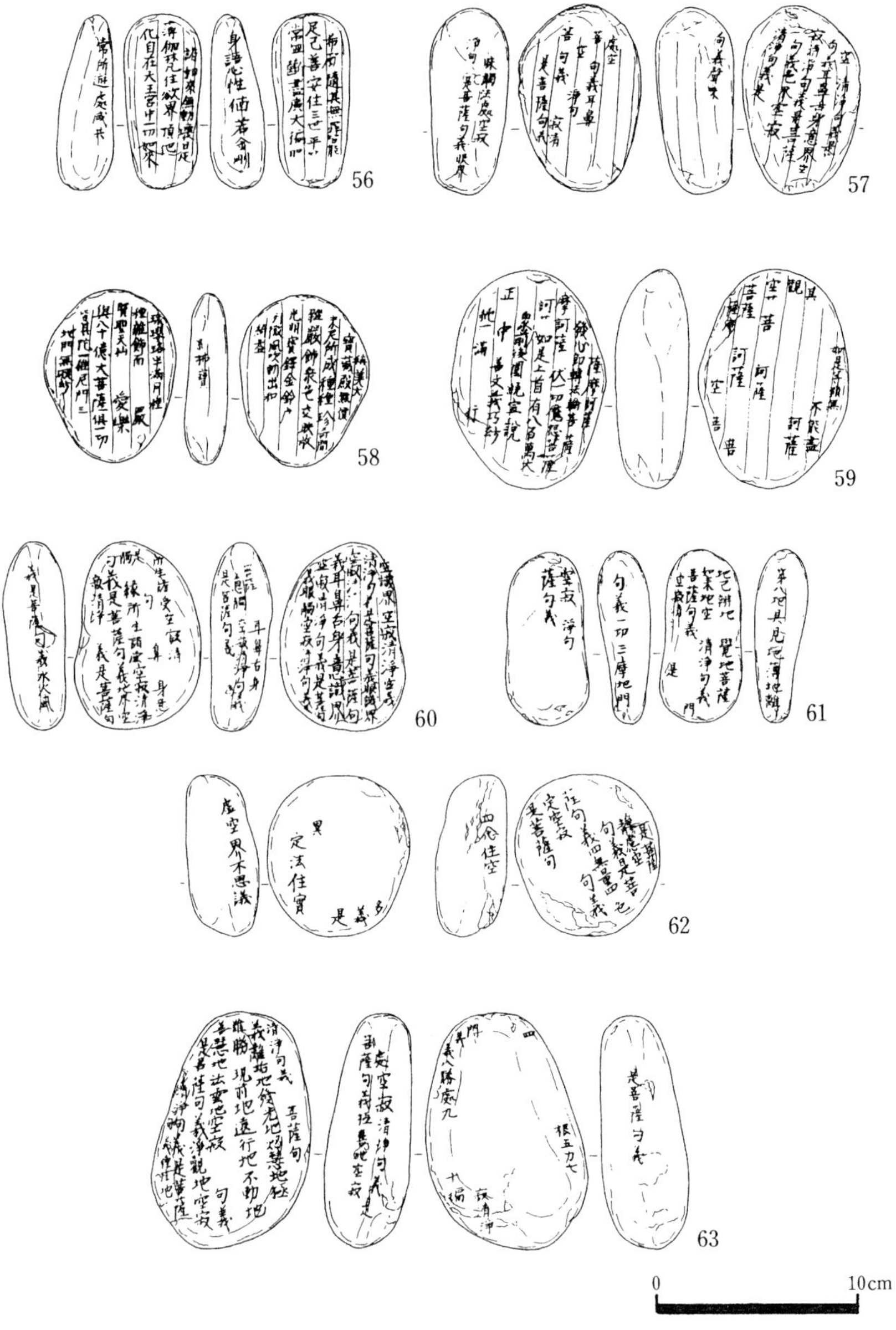

図５　出土遺物・礫石経〔1〕(S=1/4)

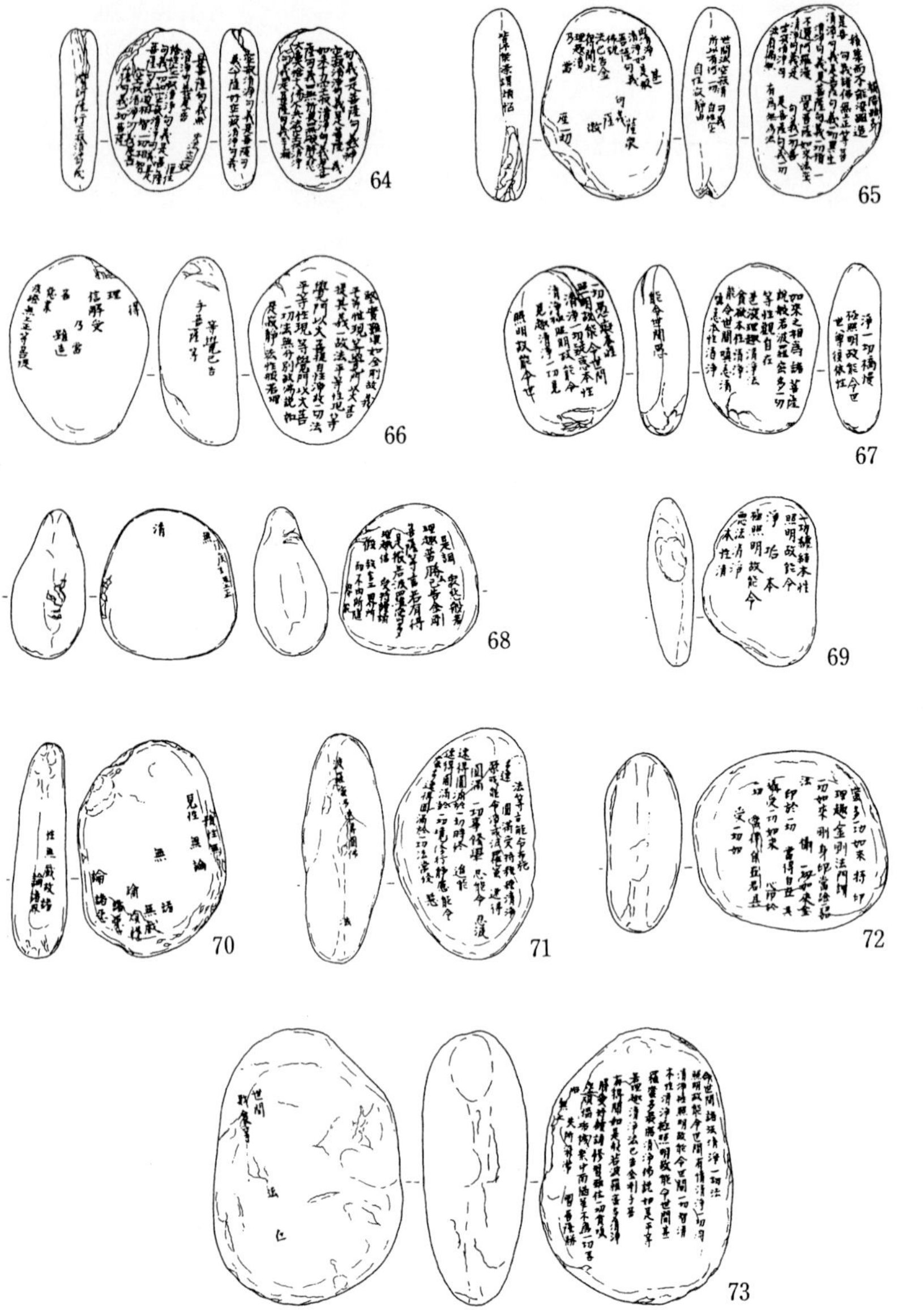

図6　出土遺物・礫石経〔2〕(S=1/4)

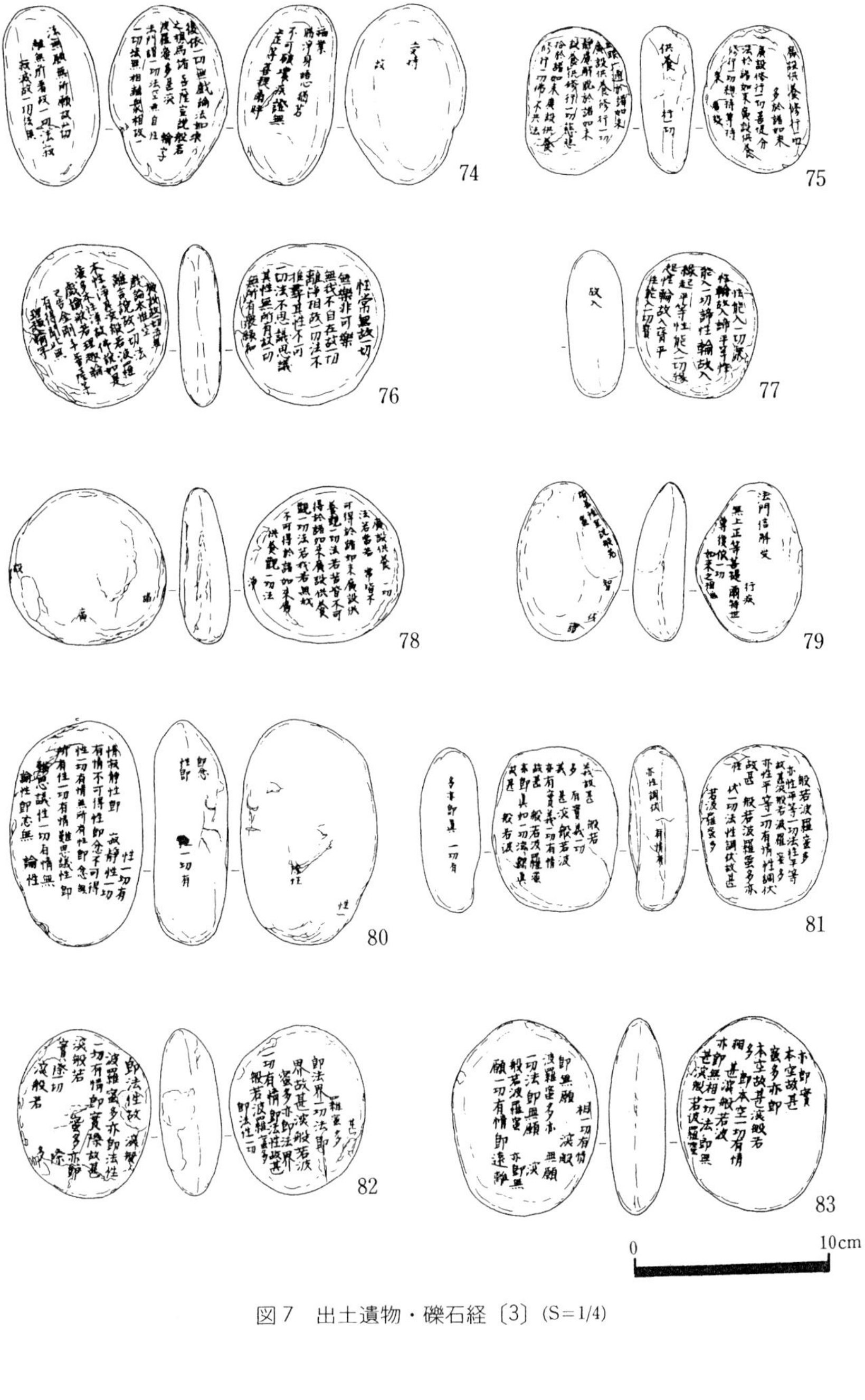

図7　出土遺物・礫石経〔3〕(S=1/4)

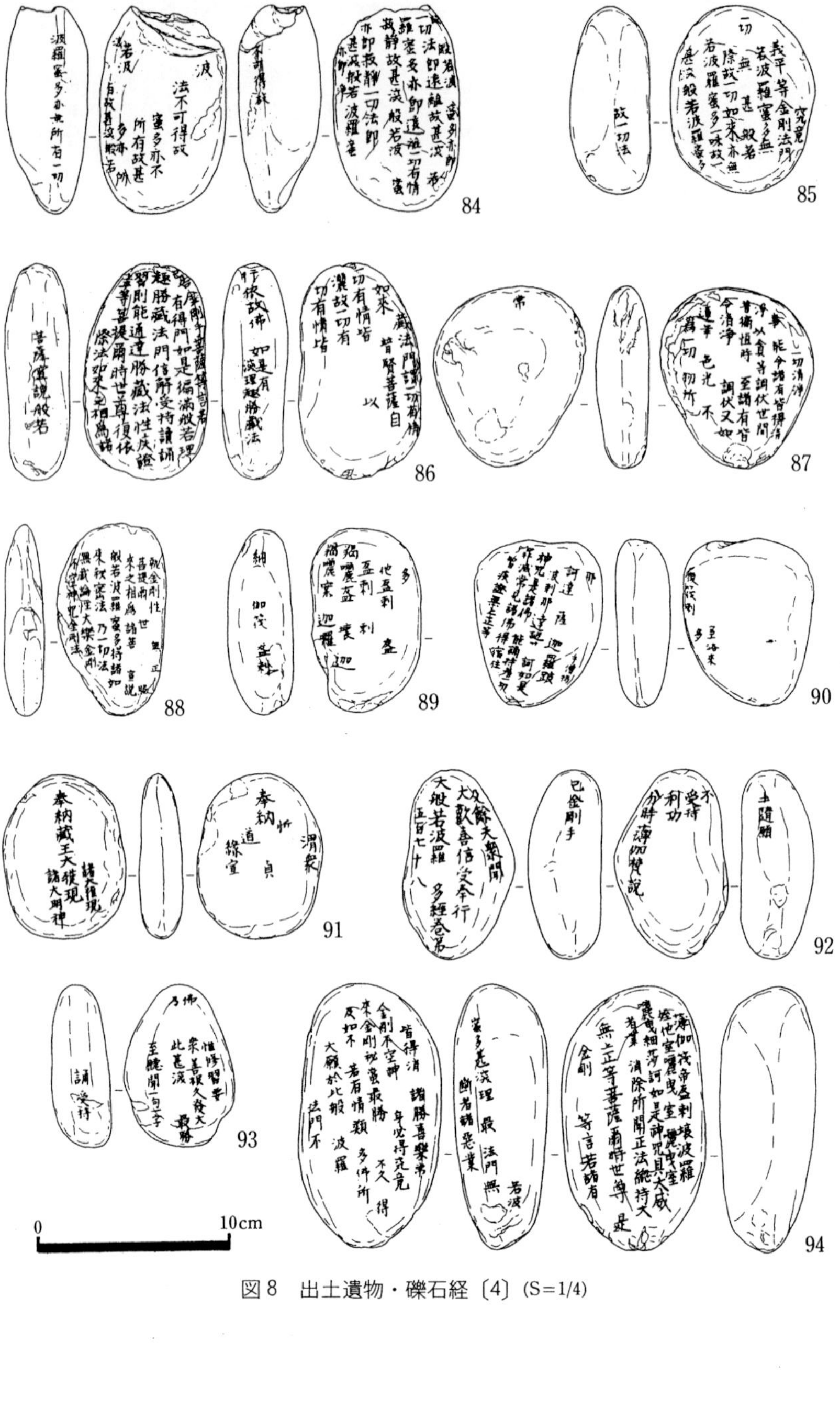

図８　出土遺物・礫石経〔4〕(S=1/4)

のであった。

筆跡は六人のものが認められ、冒頭からA・B・C・D・Eと記号化し、91はFと表記した（表3）。各々の筆跡が占める全体の割合は、A一八パーセント、B一八パーセント、C九パーセント、D二八パーセント、E二七パーセントと推測される。礫石経が欠如した部分は冒頭からみられ、56の前に一点、57と59の間に二点が考えられ、これらは筆跡Aと思われる。56・57・58・59・60には沈刻された経線があり、経文が消失したものの中にも経線のあるものが一点みられるので、これらのうちに相当するものと予想できる。さらに、84と86の間に二点、87と88の間に一点、89と90の間に一点、92と93の間に一点の挿入が見込まれ、筆跡Eの分担であろう。したがって、A一二点、B八点、C三点、D一四点、E一五点で大般若波羅蜜多経巻第五七八が構成され、これにF一点が加えられて奉納されたことになる。

寺社の建物下から礫石経を出土した例は近隣の飯能市宝蔵寺で認められた[21]。これは寛文九年（一六六九）本堂の再建の折、山門の功徳のために埋納され、法華経が書写された一字一石経である。奉納の目的や意図は当遺跡のものと同様と考えられる。現在遺物は実見できないが、一九六八年秩父市秩父神社の改修に伴なう発掘調査において本殿床下より多字一石経が発見された[22]。これは地表下三〇センチほどのレベルから本殿跡全体にわたり出土し、中央には鎮物も認められた。礫石経はおよそ四五個を数え、径六・七センチの偏平なものが多く、石灰岩と思われる白色の円礫で「理趣分経」が書写されていたという。埋蔵年代は社殿を改修した天和二年（一六八二）の可能性が強いとされる。この礫石経は当遺跡のものに酷似する特徴をもっており留意されるが、再建された本殿の下部に再び埋めもどされたとのことである。また、礫石経の形態が類似する多字一石経は秩父市広見寺にみられるが、当遺跡より大形のものである[23]。「般若経」が墨書され、明和あるいは天保のころと伝えられている。

礫石経の経典への比定には町田和敬氏（秩父郡横瀬町法長寺住職）に尽力をいただいた。

5 その他

●数珠玉（図9）

御嶽神社跡で二点ガラス製の数珠玉《じゅず》が出土した。95は淡青色でH4グリッドの北端で発見され、96は白色半透明を呈し、H3グリッドから見出された。二点とも本殿跡に残されたものであり、同一の数珠に用いられたものと思われる。H3グリッドを中心とする地点は、遺物の中でも陶磁器類が集中を示す場であった。

●砕　片（図10）

御嶽神社拝殿跡で三点の砕片が認められた。97はチャートが用いられ、打面と打点を有し、典型的な形態をもち、F5グリッドの拝殿跡IIに伴なう裏込め中から出土した。98もチャートで、主剥離面に明瞭な打瘤《だりゅう》はみられない。99は瑪瑙《めのう》が用いられ、打面は残されないが打点と主剥離面には打瘤が認められる。末端には二次的な小剥離が残されている。97・98は拝殿跡IIIを検出後、G5グリッドのソフトローム層（15層）上面で採集されたものである。なお、御嶽神社拝殿跡に限られるので、基壇IIIの配石を除去した後、G4・G5・H4・H5グリッドのソフトローム層（15層）を掘り下げて精査したが、関係遺物は皆無であった。

砕片は石器時代のものに酷似する。当初拝殿跡III段階の火打石片とも考えたが、当遺跡からは縄文土器片が数点出土しているので、該期の可能性がある。なお、現御嶽神社前面の伝金玉寺跡でも砕片一点が採集されている。

●砥　石

砥石は四点発見されたが、四点とも欠損品である。うち一点は荒砥で、第一次調査区のB7グリッドから出土した。

表4　武甲山出土品　その他

No.	種類	材質	特徴	遺構	グリッド	備考
95	数珠球	ガラス	淡青色	御嶽神社本殿跡	H4	
96	数珠球	ガラス	白色半透明	御嶽神社本殿跡	H3	
97	砕片	チャート		御嶽神社拝殿跡	F5	火打石か？
98	砕片	チャート		御嶽神社拝殿跡	G5	火打石か？
99	砕片	瑪瑙		御嶽神社拝殿跡	G5	火打石か？

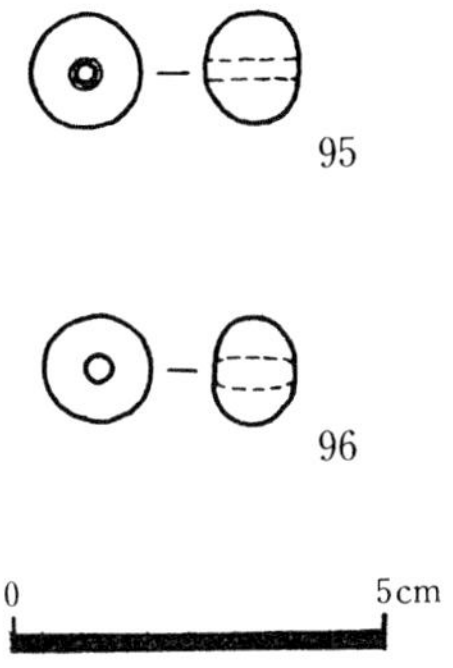

図9　出土遺物・数珠玉製品（S=1/2）

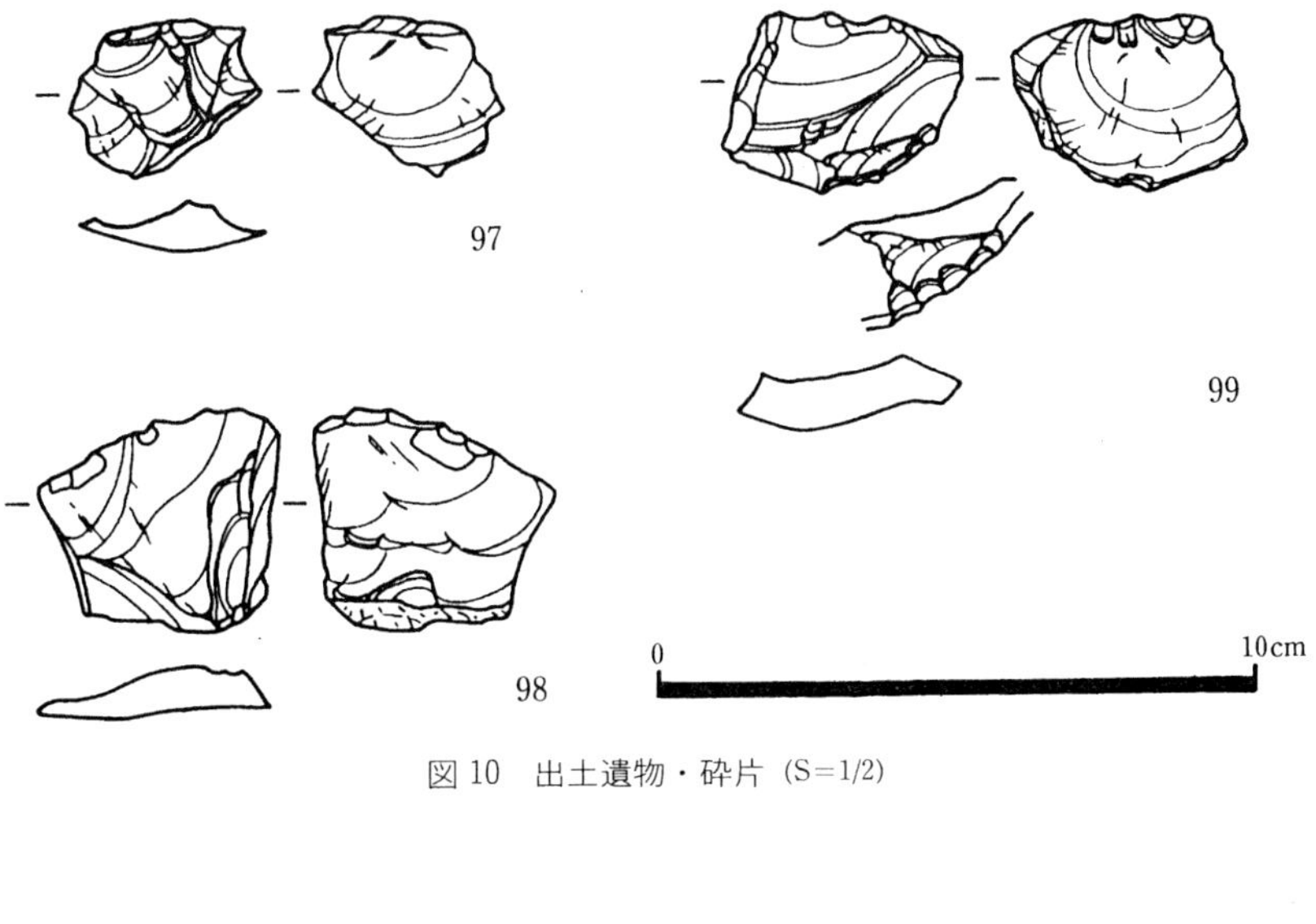

図10　出土遺物・砕片（S=1/2）

うち二点は同一個体で、仕上砥である。両者とも同区C5グリッドから見出された。これらは据え付けの砥石であるが、他の一点は手持用の仕上砥であり、E1地区から出土した。B7グリッドは伝熊野権現社跡境内の外、C5グリッドは境内の端にあたり、両グリッドとも銭貨はみられず、破損した陶磁器類の出土があり、その廃棄場と認められ、砥石も廃棄されたものと考えられる。E1地区は第一次調査区に隣接しており、出土した鎹同様、廃棄されたものであろう。

注

(1) 当遺跡において自然の立石の基部に銭貨の一括奉賽の祭祀跡が認められ、この遺構には、安定性を感ずる形状の立石、人目から護るように岩陰に造られた銭貨奉賽部、祭祀場と考えられる平らな場、奉献品としての多数の銭貨という構成要素が確認できた。ここではこの信仰空間を磐座と捉え、下記の文献に示されるように他の山岳信仰遺跡で発見されている磐座（巨岩）と同形態の遺構と認識した。

小野真一　一九八二『祭祀遺跡』（考古ライブラリー一〇）ニューサイエンス社

(2) 本文中では下記の文献にみられるように古くから泉譜で呼びならされている分類用語を必要に応じて用い、寛永通宝一文銭は寛永三年から万治二年までのものを「古寛永銭」、寛文八年〜慶応三年までのものを「新寛永銭」と呼称した。また「新寛永銭」は材質によって鋳造期が分かれるため、この用語に（銅銭）（鉄銭）を付け加えて区別した。なお、寛永通宝四文銭は「当四寛永銭」と呼称し、材質の相異は上記と同様に表わした。

平尾聚泉編　一九七四『古貨幣図録　昭和泉譜』第一巻　歴史図書社

(3) 佐賀県立九州陶磁文化館　一九八四『国内出土の肥前陶磁――北海道から沖縄まで――』

(4) 佐々木達夫ほか　一九七八『文京区・動坂遺跡』一一二〜一四五ページ　動坂貝塚調査会

(5) 橋口定志ほか　一九七七『前田耕地Ⅰ――予備調査報告書――』秋川市埋蔵文化財調査報告書第四集　七九〜八四ページ　秋川市教育委員会

(6) 浅野晴樹　一九八六「北関東における中世土器様相」『神奈川考古』第二一号　神奈川考古同人会
(7) 内藤勝雄　一九七四『馬場遺跡――国道一六号線――』（春日部―野田線バイパス埋蔵文化財調査報告）　庄和町馬場遺跡調査会
(8) 佐藤浩司ほか　一九八二『茶屋原西遺跡――北九州市八幡西区大字馬場山所在――』北九州市埋蔵文化財調査報告書第一二集　㈶北九州市教育文化事業団・埋蔵文化財調査室
(9) 木戸春夫　一九八四『久台――国道一二二号バイパス関係埋蔵文化財発掘調査報告II――』埼玉県埋蔵文化財調査事業団報告書第三六集　一九七～二〇五ページ
(10) 木戸春夫　一九八五『閏戸足利――国道一二二号バイパス関係埋蔵文化財発掘調査報告III――』埼玉県埋蔵文化財調査事業団報告書第四〇集　五八～七一ページ
(11) 高崎光司　一九八五『大光寺裏――高崎線神流川橋梁関係埋蔵文化財発掘調査報告――』埼玉県埋蔵文化財調査事業団報告書第四四集
(12) 林屋晴三責任編集　一九七六『世界陶磁全集5　桃山（二）』小学館
永竹威・林屋晴三責任編集　一九七八『世界陶磁全集8　江戸（三）』小学館
(13) 斉藤忠ほか　一九六三『日光男体山――山頂遺跡発掘調査報告書――』角川書店
(14) 出羽三山歴史博物館収蔵品を実見。
(15) 東京国立博物館　一九八六『特別展観　経塚――関東とその周辺――』
(16) 斉藤忠ほか　一九六三『日光男体山――山頂遺跡発掘調査報告書――』角川書店
(17) 亀井正道　一九六七「祭祀遺跡――山と海――」『日本の考古学』IV　河出書房新社
(18) 岡本健児ほか　一九六〇「横倉山の祭祀遺跡」『横倉山』高知県文化財調査報告書第一一集　高知県教育委員会
(19) 古泉弘　一九八五「江戸の街の出土遺物――その展望――」『季刊考古学』第一三号　雄山閣出版
(20) 坂内龍雄　一九八四『曹洞宗実践叢書』第八巻　四三六ページ　大蔵社
(21) 曽根原裕明　一九八四『飯能の遺跡（一一）』三四・三五ページ　飯能市教育委員会

(22) 坂本才一郎氏のご教示による。
(23) 秩父郡市文化財保護協会・「秩父の文化財」誌編集委員会編　一九七一『秩父の文化財』

＊江戸の武甲山観
○寛文二年(一六六二)浅井了意著『江戸名所記』……日本武尊の登山伝説が成立しており、武蔵国名の由来をこの伝説により説明している。武蔵国を代表とする山岳と認識されていた。
○文化八年(一八一一)江戸の医者・加藤曳庵著『我衣』……武州第一の高山とされ、お茶の水の坂から武甲山が望めると記される。
○文化九年(一八一二)江戸の住人・津田大浄著『遊歴雑記』……武蔵国の内第一の高山とされ、小石川辺から武甲山をはっきり見分けられると記されている。
○文化十二年(一八一五)斉藤鶴磯著『武蔵野話』……武甲山名の由来を説いている。
○文政六年(一八二三)『秩父順拝記』……常は武甲山登山をしないことが記される。
○文政八年(一八二五)『新編武蔵風土記稿』……「武蔵国第一ノ高山」「実ニ高山タルコト知リムベシ」とされる。
○天保九年(一八三八)幕府の巡見使・芳賀市三郎著『天保巡見日記』……武甲山に登山する。
○嘉永六年(一八五三)江戸の文人・渡辺渉園著『秩父日記』……武甲山に登山する。

〔付　記〕
本稿は『秩父武甲山　総合調査報告書〔中巻〕武甲山山頂遺跡発掘調査報告書』(武甲山総合調査会、一九八七)より、抜粋追記の上、編集したものである。
なお、橋口定志氏と小川望氏のおかげで草することができた。とくに、本文の組み立て、挿図と遺構一覧表の制作は小川氏によるものであり、終始お世話になった。記して感謝申し上げる。

江戸の地鎮と埋納

……関口慶久

はじめに――考古学による地鎮・埋納研究の前提――

「地鎮」とは、建築に先立って行われる、土地を鎮めるための宗教儀礼のことをいう。いっぽう「埋納」とは、何らかの目的に基づいて、地中にモノを埋める行為である。したがって地鎮は、埋納行為の一形態として位置づけられるべきで、本来は表題のように「地鎮と埋納」というような並列関係で捉えるべきものではない。

しかし実際の近世遺跡の発掘現場では、何かしらモノが意図的に埋められている遺構が検出された場合、さほどの検討を経ずに「これは地鎮遺構ではないか」と結論づけてしまうことが少なくない。すなわち埋納と地鎮の関係があいまいになってしまっているのが現実なのだ。

このような傾向の要因として、近世遺跡の調査・研究にたずさわる者の多くが、地鎮の本質的な意味を理解していないことがあげられる。否、「地鎮とは何か」という問いに答えることは、簡単なようでとても難しい。地鎮を理解するためには、少なくとも仏教・道教・陰陽道《おんみょうどう》への深い造詣が必須である。よほど宗教学や宗教史に興味がない限り、これを理解するのは荷が重い。筆者もまた、近世の地鎮がどのようなものなのか、明確な回答を持ち合わせていない者の一人である。

では、経典や研究書を読み、ふかい宗教的知識を得ることによって、地鎮や埋納遺構を縦横に解釈できるかというと、実はそうでもなさそうなのである。考古学者であり宗教者でもある鳥羽正剛氏によれば、宗教者でない者が、地鎮などの宗教的知識を得ようとしても限界がある、というのだ（鳥羽二〇〇二）。

「遺構、遺物が形而上《けいじじょう》の教理、観想《かんそう》（筆者註…初歩的な観念のこと）を母体に存在しているのならば、その宗教までも考古学者が自力で十分な復元モデルを構築できる可能性は極めて低い。仮に構築された復元モデルは、その資料化段階、またその作業手順などに問題があるばかりか、考古学が対象とする領域を逸脱し、宗教（学）の領域に何ら予備知識や所定の（学問的）手続きや前提条件を踏まえることなく安易に立ち入り、論を展開することであり、学問上慎むべきであろう。〔中略〕以上のことから、改めて宗教（学）者との学際研究の必要を喚起したい」。

右の鳥羽氏の提言は、考古学からヒトの心性のありようへアプローチしようとする筆者にとって、まことに痛烈な指摘であった。鳥羽氏の主張の背景には、密教儀礼の伝授のさい、一定の修行を経た者に対し、口頭でのみ伝授する「口伝《くでん》」の存在がある。これは口から口への伝授が大原則であり、決して文字化しない。すなわち密教は、書物に記された知識と、口伝の知識がそろってはじめて理解できるのだ、と鳥羽氏は主張するのである。このような鳥羽氏の主張は、宗教を実践する者としての重みがある。

したがって、考古学と宗教の関わりを考えると、考古学からのアプローチの方法として、第一に類例を集め、それを類型化するという基礎的作業が重要となろう。次にそれを意味づけていく作業が続くわけであるが、それは前述の指摘から、まずは大まかなくくりを余儀なくされるであろう。そして微にいった解釈は宗教者と共同して成しとげていけばよい。

筆者としても、埋納遺構・遺物をみて、これは地鎮祭、これは五穀豊穣祭、これは病封じの加持、というような具体的な儀礼の復元を完璧に行うことは、到底なし得ないことである。むしろ次節で述べるように、考古学による埋納の研究は、古代以来の地鎮・鎮壇研究に多くをよっている。したがって埋納遺構の理解に際しては、分厚い研究実績のある「地鎮」というファクターを通して理解するほうが、方法論として有効である。

以上の理由から、ここでは地鎮と埋納をあえて並列関係に置き、地鎮を中心とした埋納遺構・遺物、という観点から、江戸およびその周辺——現在の行政区分でいう東京二三区内——における代表的事例を紹介し、江戸の埋納遺構がどういうものなのか、その傾向を述べることとする。加えて、江戸の埋納に関わった人々がどのような者なのかを理解するため、江戸近郊農村の陰陽師が遺した日記を紹介し、彼らの宗教活動をみていくこととしたい。なお近世の埋納遺構のなかで一定の割合をもって検出されるものに胞衣《えな》埋納遺構があるが、ここではあえて検討事例から外している。むろん埋納遺構全体を理解するためには胞衣埋納は欠かせない事例であるが、本書で土井義夫氏が詳細に述べられていることもあり、重複を避けた次第である。

それではまず次項において、地鎮・埋納の研究史を整理しておこうと思う。筆者が江戸の地鎮・埋納を考えるとき、いかなる問題意識を持っているのかを明らかにしておきたいからである。

一　地鎮・埋納遺構研究史抄

地鎮・埋納に関する研究は、古代の地鎮・鎮壇研究が中心であった。特に画期的な研究成果として、木下密運氏、兼康保明氏、森郁夫氏らによる、考古・文献資料を用いた地鎮・鎮壇儀礼の復元が挙げられる（森一九七二・一九九八、木下・兼康一九七六、木下一九八四）。すなわちこの三氏の研究によって、仏教（顕教・密教）における地鎮・鎮壇儀礼、陰陽道における土公供《どこうぐ》の修法《しゅほう》が明らかとなったのである。とくに密教・陰陽道の地鎮・鎮壇作法は、現代にいたるまで基本的な作法として継続されており、古代のみならず後代の地鎮遺構を考察する上でも、欠くことのできない重要な研究として位置づけることができよう。

中世以降の地鎮・埋納儀礼は、水野正好氏による一連の「まじなひ」研究によってリードされてきたといってよい（水野一九七八・一九八三・一九八六・一九九〇など）。また考古学に直接的には関わらないが、奥野義雄氏による、物忌札《ものいみふだ》などの一連のまじない研究も、呪術的儀礼の理解には欠かせない業績である（奥野一九九七・二〇〇〇）。

なかでも『古代研究』第二八・二九号（元興寺文化財研究所編一九八四）は、地鎮・鎮壇の特集号を組み、古代（森郁夫）・中世（木下密運）・近世（水野正好）に分け、これまで地鎮・鎮壇研究をリードしてきた森・木下・水野の各氏がそれぞれ最新の成果を披瀝《ひれき》され、以後地鎮・鎮壇研究の第一の基本文献となった。

同じころ、草戸千軒町遺跡調査研究所において、研究集会『中世の呪術資料』（草戸千軒町遺跡調査研究所ほか一九八四）が開かれ、西日本を中心に膨大な呪術資料の集成が行われた。さらに同研究所は六年後にも研究集会『中世のまじない』（草戸千軒町遺跡調査研究所ほか一九九〇）を開いている。この研究集会に際して刊行された資料集は、全国各地の呪術的祭祀遺構・遺物を網羅しており、地鎮の研究のみならず、中世宗教史の研究にとってきわめて有用な情報が盛り込まれたものである。しかしながら、本資料集は今や閲覧さえ困難な稀少文献となっており、ここに盛り込まれた情報が研究者間に共有されているとは言いがたいのが悔やまれる。

さて近世の地鎮研究は、先にあげた『古代研究』特集号の後、それに続く研究はしばらくみられなかったが、一九九〇年代になると、地鎮・埋納遺構に関する議論が増えはじめる。その嚆矢《こうし》となったのが嶋谷和彦氏と井上雅孝氏による近世の地鎮遺構・遺物の集成と考察である。嶋谷氏は「地鎮め」の修法を、（A）地鎮・鎮壇、（B）結界、（C）土公供、（D）鎮宅・安鎮に分けられると述べ、さらに代表的遺物として（A）輪宝《りんぽう》・橛《けつ》・賢瓶《けんびょう》、（B）輪宝墨書土器《りんぽうぼくしょどき》、（C）銭貨と皿、（D）羽釜と皿をとりあげている（嶋谷一九九二）。

また井上氏は、中・近世の代表的地鎮具のひとつである輪宝墨書土器と墨書石に注目し、主に東北地方の事例を中心にその性格について考察した（井上一九九二・一九九六など）。

井上氏の研究のように、地鎮に伴う特徴的な遺物に注目した研究はその後も多く行われた。とくに目立った研究としては、銭貨と地鎮の関わりをさぐる試みや（出土銭貨研究会一九九七、二〇〇二）、羽釜埋納遺構の分析を中心として、文献資料と伝承資料を駆使し、密教の修法のあり方を復元した鳥羽正剛氏の研究（鳥羽一九九九）がある。

また、地鎮に限らず広く埋納・呪術資料をテーマとした研究会が各地で開催されており（日本貿易陶磁研究会一九九六・一九九七、平泉研究会一九九六、北陸中世土器研究会一九九六）、地鎮・埋納研究をめぐる資料は、中〜近世を中心として序々に増加しつつある。

以上述べてきたことの要点をまとめると、地鎮に関わる研究は、森郁夫氏や木下密運氏らによる、古代仏教・陰陽道的儀礼に基づく解釈がその基本となったことがあげられる。そのため中世・近世における地鎮研究についても、輪宝墨書土器など密教儀礼に関連づけられる遺物を基礎資料としたものが主であった。

しかしながら近年各地から報告される中・近世以降の埋納遺構・遺物は、形態が実に多種多様であり、古代以来の正統な密教儀礼、あるいは宮廷陰陽道的な祭祀儀礼からは捉えきれない事例が多い。いったい、中・近世の埋納遺構や遺物は、どのような宗教的背景をもっているのだろうか。おおいに興味をそそられる問題であるが、このことについての研究は、あまりなされていないのが実情である。

着実に蓄積されつつある中〜近世の埋納遺構・遺物に対し、古代以来の宗教概念を敷衍《ふえん》させて解釈することはもちろん正しい方法であり、今後も継続していくべきであろう。しかしそれとは別に、そのような概念からは捉えきれない部分にも配慮して、宗教的・社会的背景をさぐり出すことも必要である。そのためにはこれまで蓄積（あるいは放置）されてきた報告例を整理し、その形態・歴史的変遷等を明らかにする必要があるのである。

そこで次項において、江戸における地鎮・埋納の代表的事例を紹介し、理解を深めることとしよう。

二　考古学からみた江戸の地鎮・埋納

1　代表的事例

江戸遺跡で検出された埋納遺構・遺物は、管見では三三例におよぶ。それを集成したのが表1である。ただし集成した事例のなかには、日常生活の遺構ではないが、純粋に祭祀儀礼の遺構とも捉えきれないといったような、評価に迷う事例が多々存在する。筆者はこのような事例を、「グレーゾーンの埋納遺構」などと通称している。グレーゾーンの埋納遺構は、報告者によって解釈がまちまちで、報告書中ではまったく埋納遺構として扱っていない事例もいくつかある。しかしここではそのような事例も含め、江戸遺跡における精神生活の痕跡をとどめる事例を積極的に抽出している。グレーゾーンの埋納遺構は、伝統的宗教の概念からは捉えきれない、新たな宗教性をもった埋納遺構につながるものだからである。

それでは以下、代表的事例を紹介していきたい。

港区萩藩毛利家屋敷跡遺跡・地鎮遺構（東京都埋蔵文化財センター二〇〇三・図1）

本遺跡は毛利家の下屋敷跡である。寛永十三年（一六三六）から元治元年（一八六四）にかけて屋敷を構えていた。中央に御殿空間があり、その北東方向、風水思想でいう艮《ごん》（鬼門）の方角から地鎮遺構が検出された。遺構内からはカワラケ一八枚、寛永通宝（古寛永）七枚、永楽通宝の金銭二枚、銀銭一枚、青銅製輪宝一枚が出土した。出土状

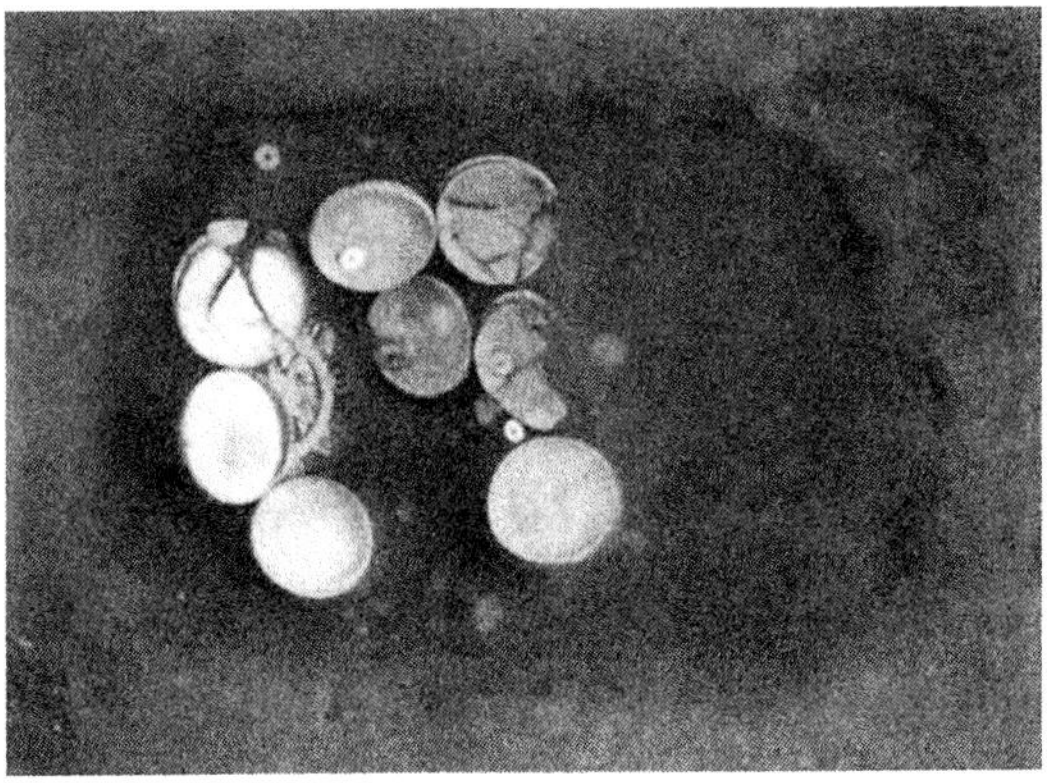
出土状況

図1　萩藩毛利家屋敷跡遺跡・地鎮遺構
（東京都埋蔵文化財センター 2003）

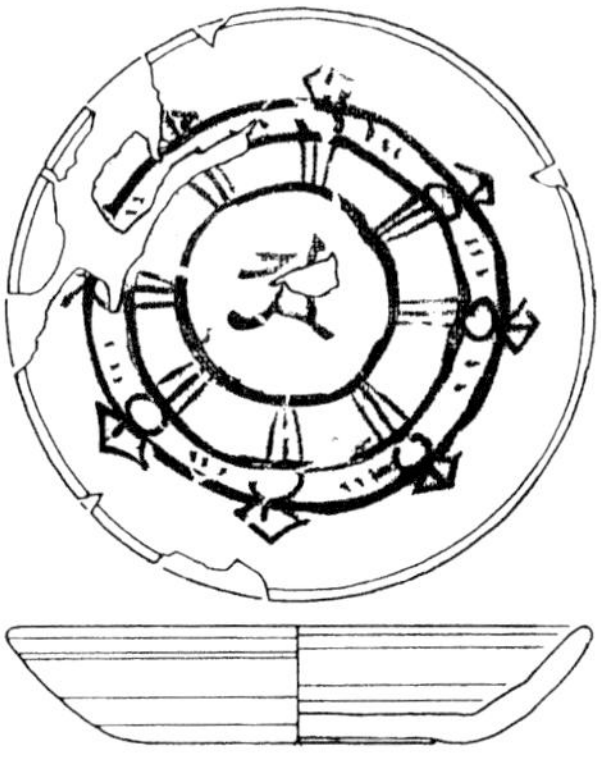
輪宝墨書土器(S=1/5)

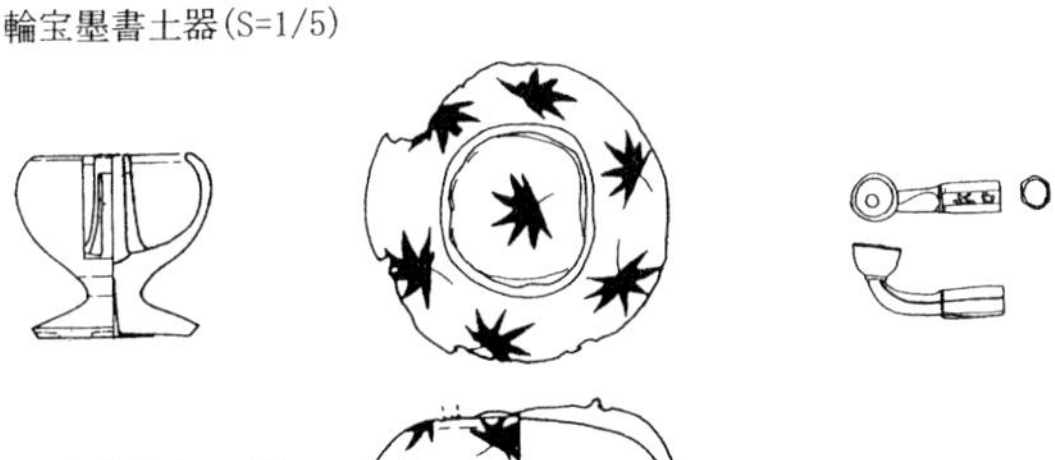
共伴遺物(S=1/5)

図2　小石川後楽園遺跡 文京盲学校地点・B067S 遺構出土遺物（都内遺跡調査会 2000）

出土状況	遺　　物	年　代	文　献
不　明	鏡	近世〜1742?	葛飾区郷土と天文の博物館 1992
甕内の底面に銭貨が緡の状態で埋納	銭貨(銭種・枚数は不詳)	18 世紀後半	日本橋一丁目遺跡調査会 2003
堂宇床下に 2 次にわけて礫石経を埋納	礫石経(多字一石経 136, 一字一石経 5 万 2746 以上)	1810〜1811 か	有富 2000
—	山王社祈禱札 1	17 世紀末〜19 世紀	営団地下鉄 7 号線溜池・駒込間遺跡調査会 1997
覆土中より単体で出土	青銅製聖観音像 1 ほか	17 世紀後半〜19 世紀中葉	関口 2002
ピット状の掘り込みの中に合わせ口カワラケ 2 組が重ねて埋設される	墨書カワラケ 4, 硝子玉 4, 水晶 1	19 世紀	豊島区教育委員会 1991
桶の中より大量一括銭が出土	銭貨 87(11 波 32・21 波 1・波銭不明 21・天保通宝 1・不明 32)	19 世紀前半	未報告
石垣の裏込めより検出	合わせ口カワラケ 1 組. 上皿が下皿より大きい	19 世紀前半〜幕末	台東区文化財調査会 1999
井戸底に桶材を敷き詰め, その上に銭を置く	銭 164 枚(熙寧元宝 1, 洪武通宝 1, 古寛永 19, 文銭 2, 新寛永 141)ほか	〜19 世紀	港区教育委員会 1998
カワラケ溜り	カワラケ 13	18 世紀後半〜19 世紀前半	台東区文化財調査会 1997
流水・滞水層の直上より, 小カワラケ・銭がまとまって出土	カワラケ多数, 銭(鉄銭)数枚, 秉燭ほか	幕末〜近代	未報告
桶の中より出土	銅筒 1, 釘 11, 銭 12(銅銭 6・鉄銭 1・11 波 2・天保通宝 2・文久永宝 1), 板碑片, 磁器碗 4, 小杯 12, 急須蓋 2, 土瓶 9, 御神酒徳利 1, 灯火受付皿 1, 秉燭 1 ほか(計 112 点)	近　代	豊島区教育委員会 2003
整地層中より碁石状土製品・銭貨が散らばって出土	碁石状土製品 21, 銭貨(古寛永 2・文久永宝 3・近代銭 6・銭種不明 1, うち銭種不明は穿孔あり)	明治期	東京都埋蔵文化財センター 2001
5 組の合わせ口カワラケを十字に配置	カワラケ 10, うち少なくとも 2 点に墨書あり	17 世紀前半〜19 世紀	東京都埋蔵文化財センター 2000
遺構中央にカワラケ 2 枚を逆位に置き, さらに 1 枚(正位)を脇に置く	カワラケ 3	17 世紀前半〜19 世紀	東京都埋蔵文化財センター 2000
—	遺構外, 文銭 1 枚に穿孔 4 カ所	1668〜	目黒区教育委員会 1999

遺物の検出事例を，年代順に集成したものである.

（表1のつづき）

	No.	所在地	遺跡名	地区名	当該地区の性格	遺構名	遺構の性格・位置
	⑱	葛飾区	鬼塚遺跡	鬼　塚	稲荷塚	—	塚一括
	⑲	中央区	日本橋一丁目遺跡	—	町　屋	123号遺構	埋甕（便槽）
19世紀	⑳	杉並区	妙法寺祖師堂	—	日蓮宗妙法寺	祖師堂床下	礫石経埋納遺構
	㉑	千代田区	溜池遺跡	円乗院地点	山王社僧円乗院屋敷地	0001号遺構（屋敷境石組）付近	—
	㉒	豊島区	巣鴨遺跡	（仮称）大河原マンション地区	町屋．鍛冶場	63号遺構	鍛冶場の土間構築に伴う地形固めの跡か
	㉓	豊島区	染井遺跡	加賀美家地区	藤堂藩下屋敷	8号遺構	屋敷境
	㉔	豊島区	雑司が谷遺跡	岩井家地区	町屋（門前町）	19号遺構	桶埋設遺構．生垣（敷地境）の下に位置する
	㉕	台東区	上野忍岡遺跡群	上野駅東西自由通路建設地点	寛永寺子院凌雲院一橋家墓所	8号遺構	石垣（区画境）に伴う埋納遺構
	㉖	港　区	増上寺子院群	B地区	増上寺子院源興院跡	2号井戸	井　戸
	㉗	台東区	池之端七軒町遺跡	—	曹洞宗慶安寺跡	4号遺構	建物中央部に位置する埋納遺構
	㉘	豊島区	染井遺跡	吉岡環境開発分譲住宅地区	旗本屋敷	14号遺構	溝状遺構（区画境）
近代	㉙	豊島区	雑司が谷遺跡	みみずく公園地区	町屋（門前町）	46号遺構	桶埋設遺構．区画溝（40号遺構）東側に隣接する
	㉚	板橋区	板橋山之上遺跡	—	宿場町（板橋宿）	—	旧中山道に面する．近代建物廃絶に伴う整地層
年代不明	㉛	港　区	汐留遺跡	脇坂家屋敷内	—	5K-707	御殿内
	㉜	港　区	汐留遺跡	脇坂家屋敷内	—	5K-126	御殿の南西に位置する．円形の掘り形（埋桶か）
	㉝	目黒区	油面遺跡	F地点	不　詳	遺構外	—

注　本表は，江戸および江戸周縁地域（現東京23区内）における，近代までの地鎮・埋納に関わる遺構・

地鎮・埋納事例一覧

出土状況	遺　　物	年　代	文　献
廃　棄	墨書カワラケ 1, 口縁欠けカワラケ 1, カワラケ 23, 擂鉢 2, 羽釜 1, 骨蔵器破片 1, 桶・曲物片 7, 種子類	中世末	目黒区円融寺南遺跡調査会 1996
銅鈸を 2 枚重ねに埋納	銅鈸 2	中　世	志村坂上遺跡 F 地点調査会 1998
詳細不明	輪宝・橛・銅函・五穀	17 世紀～	蔵田 1971
カワラケ・輪宝を敷き, 銭を撒く	三鈷輪宝 1, カワラケ 18, 永楽通宝(金銭) 2, 永楽通宝(銀銭) 1, 寛永通宝(古寛永) 7	1630～1640 ごろ	東京都埋蔵文化財センター 2003
碁石状の礫を置き, 竹を 9 本以上並べる	礫 145, 竹 9, 擂鉢 1, 種子(ウリ科・柿？・桃), 炭化米, ほか土器・木製品・鉄製品など. 総点数 332 点	17 世紀前・中葉	営団地下鉄 7 号線溜池・駒込間遺跡調査会 1996
詳細不明	賢瓶 1, 水晶・ガラス玉 12, 墨書石 1, 金箔片	1657～1705	千代田区教育委員会 2002
祭祀執行後埋納か. カワラケは口縁を上にむけ重ねて埋納されている	呪符木簡 12, カワラケ多量	1698 以前	東京都埋蔵文化財センター 1994
石垣に隙間をつくり, 頭骨を設置する	頭骨(壮年女性) 1	1698 以前	東京都埋蔵文化財センター 1994
カワラケ・墨書カワラケが多量に検出	仏飯碗 2, カワラケ 125 点, うち墨書カワラケ 78 点(「一」「二」「三」「い」「王」,「た」, 木の葉文等), 磁器碗 2, 焙烙 2, 擂鉢 1, 徳利 1 など計 139 点	17 世紀後半	豊島区教育委員会 1991
カワラケを一括集中して廃棄	カワラケ 99, 陶器皿 1	17 世紀中葉	新宿区四谷三丁目遺跡調査団 1991
銅鈸を 2 枚重ねに埋納	銅鈸 2	近世	板橋区教育委員会 1998
数次にわたり木札が廃棄されている. カワラケは集中して検出	祈禱関連木簡 3, 磁器(碗・蓋物・猪口・仏飯器) 4, 陶器(碗・皿・盤, 灯明皿・擂鉢) 16, 土器(カワラケ) 14, 銭(新寛永) 4	1730 代前後	都内遺跡調査会 1996
廃　棄	輪宝墨書土器 1, ほか遺物多量	1690 代～1703	東京大学遺跡調査室 1990
廃　棄	輪宝墨書土器 1	1780 代～	都内遺跡調査会 2000
遺構中央に正位に設置	輪宝墨書土器 1, 秉燭 1, 壺 1, 漆器碗蓋 1, 煙管雁首 1	1700 代～1750 代	都内遺跡調査会 2000
カワラケを下から正位 2 枚重ね, 合わせ口 1 組, 逆位 1 枚の順に埋納	カワラケ 5(うち「上」墨書カワラケ 1)	18 世紀前半	新宿区信濃町遺跡調査団 1999
カワラケ・漆喰が大量に出土	カワラケ 32(うち手捏 2), 土人形(大黒天) 1, ミニチュア土製品(茶釜) 1, 土鈴 1, 銭貨(新寛永) 2, 磁器碗 1, 陶器碗 1, 焙烙 3, 火鉢 1, ほか陶磁器・土器・瓦・金属・木・石・漆喰等出土(総破片数 302 点)	17 世紀末～18 世紀後半	新宿区四谷一丁目遺跡調査団 1998

表1　江戸における

	No.	所在地	遺跡名	地区名	当該地区の性格	遺構名	遺構の性格・位置
中世末	①	目黒区	円融寺南遺跡	—	碑文谷法華寺(日蓮宗不受不施派)跡(現円融寺)外郭部	11号井戸	井　戸
	②	板橋区	志村坂上遺跡	F地点	中世台地整形区画	SP-661	掘立建物跡南脇の埋納遺構
17世紀	③	千代田区	江戸城紅葉山	—	江戸城内	—	詳細不明
	④	港　区	萩藩毛利家屋敷跡遺跡	—	萩藩毛利家麻布下屋敷	—	地鎮遺構
	⑤	新宿区	江戸城外堀跡	四谷御門外町屋跡	江戸城外堀跡・町屋	27号遺構	礫埋納遺構
	⑥	千代田区	飯田町遺跡	—	播磨姫路藩榊原家屋敷跡	—	堀の埋め立て・屋敷地再建に伴う埋納
	⑦	千代田区	丸の内三丁目遺跡	キ地区3地点	武家屋敷地(福島掃部→織田形部→伊丹蔵人→松平伊予守の順)	41号土坑	方形土坑
	⑧	千代田区	丸の内三丁目遺跡	ウ地区	武家屋敷地(山内対馬守・山内修理大夫)	26号溝	屋敷境石組溝
	⑨	豊島区	染井遺跡	加賀美家地区	藤堂藩下屋敷	4号遺構	カワラケ溜,藤堂藩下屋敷北盛隅に立地
	⑩	新宿区	四谷三丁目遺跡	—	町　屋	62号遺構	町屋創建期の埋納遺構
	⑪	板橋区	松月院境内遺跡	—	松月院(曹洞宗)	400号ピット	庫裡内の埋納遺構
18世紀	⑫	千代田区	溜池遺跡	総理大臣官邸内	山王社家屋敷地,丹羽家中屋敷,丹羽家預地	B-212号遺構	方形土坑が2つ切り合うような形状.溝状遺構であるB-240・241・242号遺構に接する
	⑬	文京区	東大本郷構内遺跡	病院地点	大聖寺藩邸	F 33-3	地下室
	⑭	文京区	小石川後楽園遺跡	文京盲学校地点	旗本屋敷	B 072 S	柱基礎
	⑮	文京区	小石川後楽園遺跡	文京盲学校地点	旗本屋敷	B 067 S	方形土坑
	⑯	新宿区	信濃町遺跡	創価世界女性会館地点	旗本屋敷(岡部氏)	933-f号遺構	第4号柱穴列ライン上に位置するピット
	⑰	新宿区	四谷一丁目遺跡	D地区	旗本屋敷	D-15号遺構	カワラケ溜,礎石列(D-12号遺構)西脇に位置する

況については、土坑底面にカワラケを二枚並べて置き、その上に折敷《おしき》のような板を敷き、さらにその上に、正位に二枚重ねたカワラケを四隅と中央に並べ、輪宝を置き銭貨を撒《ま》いた、という状況が窺われる。輪宝を用いた地鎮遺構は都内では江戸遺跡では二例しか報告されていない。密教色が明確に認められる好事例である。

文京区小石川後楽園遺跡　文京盲学校地点・B067S号遺構（都内遺跡調査会二〇〇〇・図2）

輪宝墨書土器一点が方形土坑の中央に正位に置かれた状態で検出された。一七〇〇年代〜一七五〇年代に比定される。共伴する遺物は秉燭《ひょうそく》、壺、漆器椀蓋、煙管雁首《きせるがんくび》が報告されている。

輪宝墨書土器は江戸遺跡から三点出土しているが、埋納された状態で検出されたのは本事例のみである。これら三点の輪宝墨書土器はすべて口径約二〇センチの、いわゆる大カワラケである。大カワラケの輪宝墨書土器は、管見の限りこの三例いがい類例がない。輪宝墨書土器じたいは中世東国に多く認められるが、大カワラケに墨書するのは、近世独自の形式といえる。

板橋区松月院境内遺跡・400号ピット（板橋区教育委員会一九九八・図3）

万吉山松月院（曹洞宗）は、『江戸名所図会』によれば、文明年間（一四六九〜八七）以前の開創で、中世より続く禅林寺院であることが知られる。

松月院境内遺跡400号ピットからは、銅鈸《どうばつ》が二個一組になって検出されている。出土地点は、調査報告書にある庫裡《くり》の基礎平面図と文久三（一八六三）年絵図を重ねてみると、ちょうど本堂と庫裡の間の、玄関脇に位置していることがわかる（図3）。絵図よりこの場所は伽藍の中心付近であることが想定される。近世は風水に基づく建築法、すなわち家相《かそう》説《せつ》が隆盛をきわめたが、建物中心部分は家の方位・方角のなかでもっとも重要な位置を示す。したがって本事例は地鎮祭など建築にともなう埋納遺構である可能性が高い。

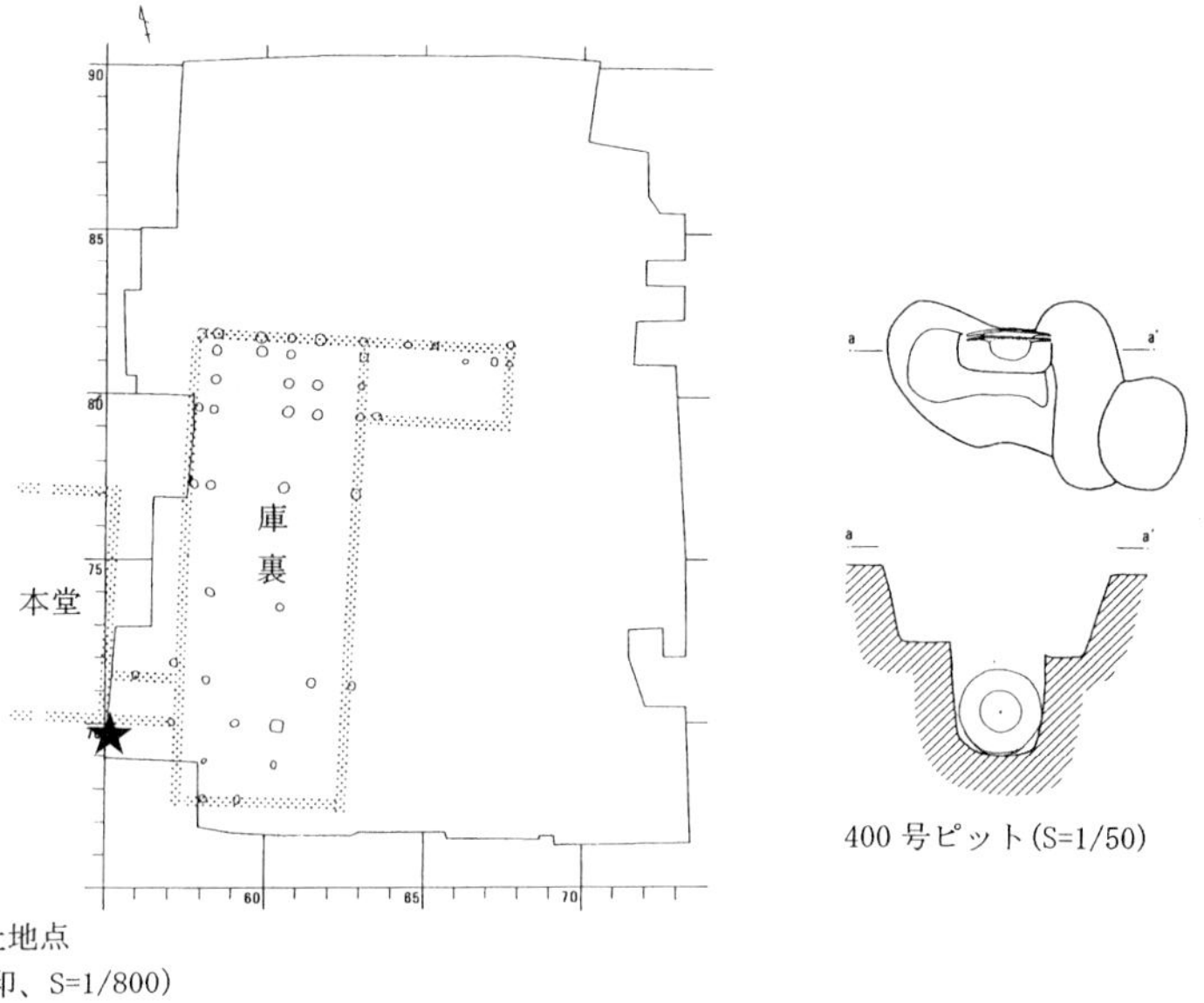

図3　松月院境内遺跡・400号ピット（板橋区教育委員会2000を改変）

なお銅鈸の埋納遺構は、近接する志村坂上遺跡F地点661号ピットからも検出されており、出土状況もきわめてよく似ていることから、同一系統の宗教者（松月院寺僧か）により、さほど隔らない時期に埋納行為が行われたと思われる。

杉並区堀の内妙法寺・祖師堂出土礫石経（有富二〇〇〇）

日蓮宗堀の内妙法寺は、一九世紀に祖師信仰でおおいに栄えた寺院である。祖師堂とは日蓮宗寺院の本堂のことであり、その床下から、五〜六万点以上の礫石経が検出されている。マウンド（封土）は伴っていない。埋納時期は、祖師堂造営がなされた文化七年（一八一〇）か同八年（一八一一）のいずれかとみられている。

本事例は祖師堂造営に伴う、信者による結縁《けちえん》の結果であると理解される。礫石経に記された願文を詳細に検討した有富由紀子氏によれば、墨書の内容は個人的願望が強い傾向があるという（有富二〇〇〇）。本事例は祖師堂直下という出土位置からして、地鎮の目的はあったもの

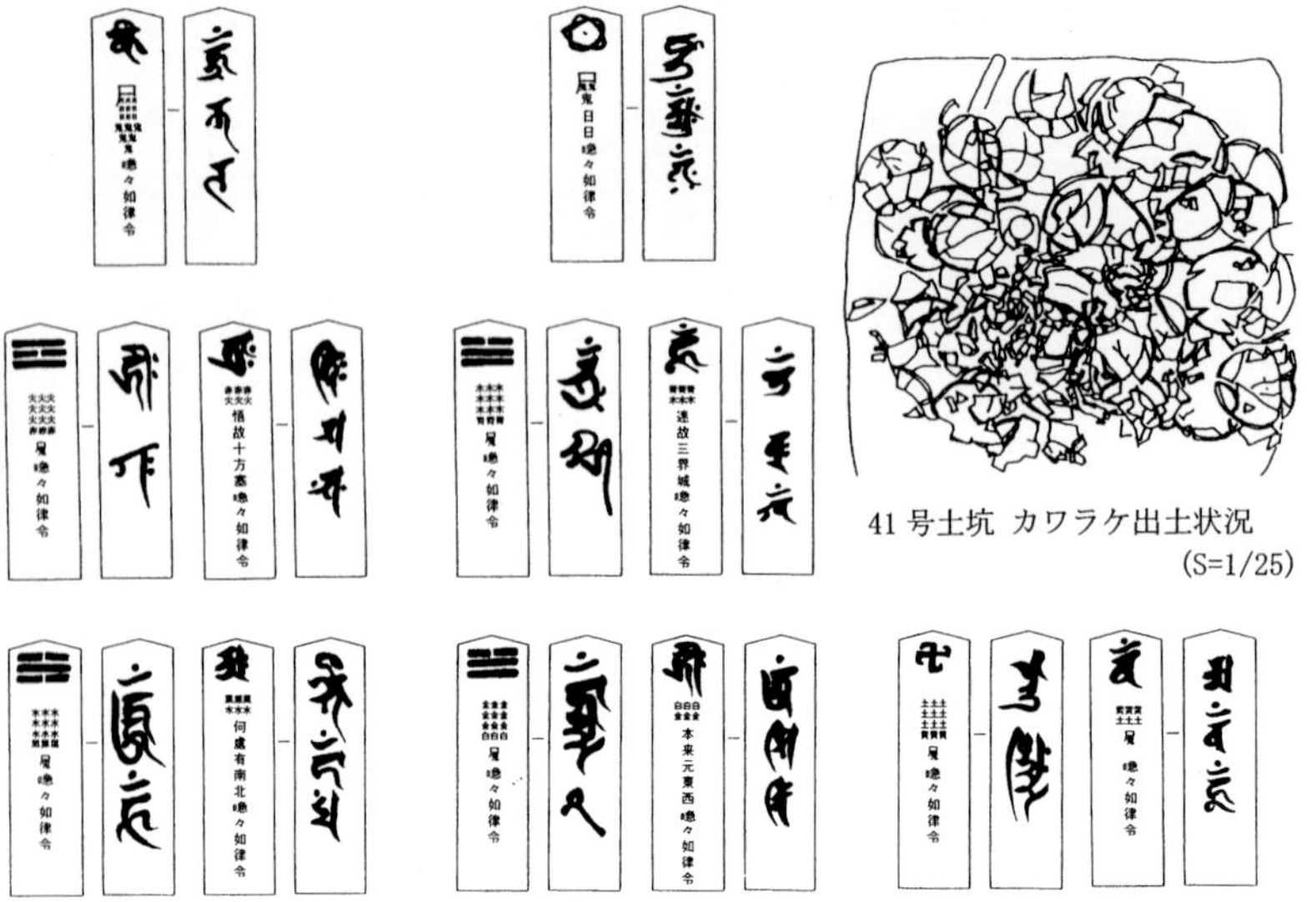
41号土坑　カワラケ出土状況
(S=1/25)

呪符木簡

図4　丸の内三丁目遺跡　キ地区・41号土坑（東京都埋蔵文化財センター 1994）

と思われるが、経石の文言からは地鎮の観念は見出せない。一九世紀の世俗化した地鎮儀礼の実際を具体的にものがたる資料として重要である。

千代田区丸の内三丁目遺跡　キ地区・41号土坑（東京都埋蔵文化財センター一九九四・図4）

本地区では、41号土坑より一二枚の呪符木簡《じゅふもっかん》が、多量のカワラケとともに廃棄された状態で出土している。この遺構は、一七世紀初頭から元禄十一年（一六九八）までのいずれかの時期に伴うもので、当該時期は福島掃部↓織田刑部↓伊丹蔵人↓松平伊予守とめまぐるしく拝領者が変化する武家屋敷地であった。

呪符木簡はいずれも頭部を山形に作り出し、梵字《ぼんじ》・八《はっ》卦《け》・卍《まんじ》・五芒星《ごぼうせい》・「鬼」・「急々如律令《きゅうきゅうにょりつりょう》」・五行《ごぎょう》に基づく文言などが墨書されている。木簡の頭書《とうしょ》に八卦が墨書されるものと、梵字が墨書されるものについては、五行の文言などで対応関係が見出せる。また「鬼」字があるものには五行が書かれないなど、墨書の内容に一定の規則性が認められる。

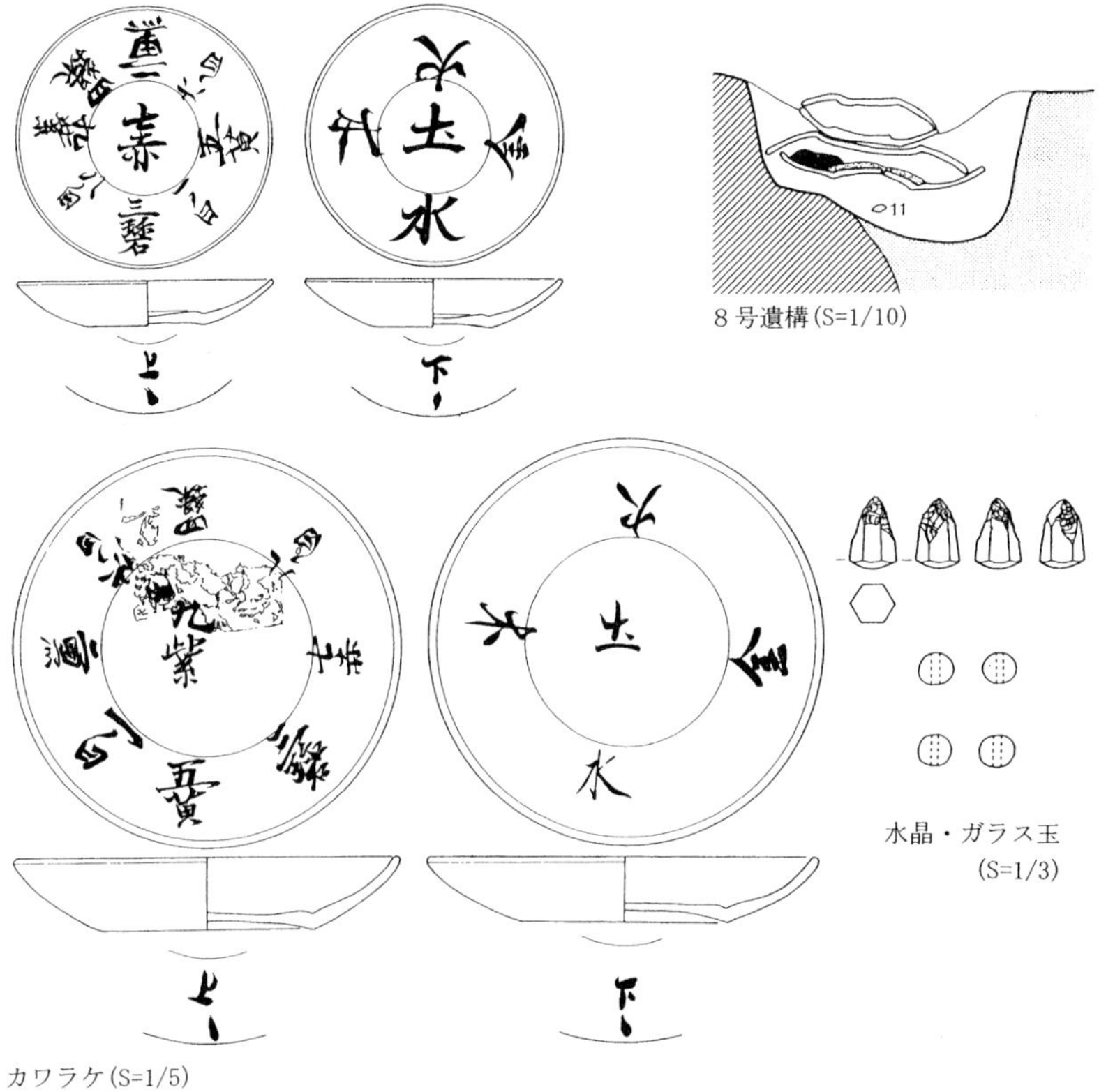

図5　染井遺跡 加賀美家地区・8号遺構（豊島区教育委員会 1991）

これらの呪符木簡は遺構底部に敷いてあり、その上に多量のカワラケと、炭化した植物の茎が検出された。土坑に被熱した痕跡が認められないので詳細は不明であるが、儀式のいずれかの過程で護摩《ごま》を焚いた可能性が想定できよう。

豊島区染井遺跡　加賀美家地区・8号遺構（豊島区教育委員会一九九一・図5）

加賀美家地区は藤堂家の下屋敷の北西端に位置する。8号遺構は北側の区画境脇より出土したもので、合わせ口カワラケ二組を上部・下部二段に重ねて埋納していた。一九世紀代に比定される。上段のカワラケは口径約一三センチ、下段のカワラケは口径約一九センチである。

埋納物は、下段のカワラケ内に認め

られる。水晶一点、ガラス玉四点、赤・黒・白色の砂が納められていた。また下段上部カワラケには金彩・銀彩が、下部カワラケには黒色・赤色の顔料が塗られていた。これらは「二十種物」と呼ばれる、地鎮のさいに埋納される正式な供物《くもつ》を模したものであろう。

墨書は下皿にそれぞれ五行（木・火・土・金・水）を配し、上皿には九星（一白・二黒・三碧・四緑・五黄・六白・七赤・八白・九紫）を配している。

五行・九星にはともに定められた配置・運行がある（小林・村田一九九〇）。それに沿って観察すると、下皿の五行は正しい配置であるが、上皿の九星は左右が逆転した配置になっていることがわかる。すなわち、七赤が中宮（中央部）に入るときは、五黄は左隣へ、九紫は右隣へ、六白は左上へ、四緑は右上へ入るのであるが、8号遺構出土のカワラケはすべて左右が逆なのである（下段の九紫が中央に入ったカワラケも同様である）。これは上皿になることを意識して、わざと左右逆に墨書したものであろう。

このように墨書の内容は陰陽道の占術に則ったもので、屋敷境という立地や二十種物とみられる埋納品から、陰陽師による地鎮祭を想定させるものである。豊富な内容物や上・下皿を意識した墨書のありかたなどを考慮すると、周到に準備されていたものである可能性が高い。武家地における地鎮祭のありかたを具体的にしめす貴重な事例といえよう。

台東区池之端七軒町遺跡・4号遺構（台東区池之端七軒町遺跡調査会一九九七・図6）

池之端七軒町遺跡は、曹洞宗慶安寺跡である。4号遺構はカワラケ溜まりで、出土層位から一八世紀後半〜一九世紀前半のものとみられる。

近代の攪乱を受けているため、正確な規模はあきらかではない。一三枚のカワラケが重なった状態で検出されてい

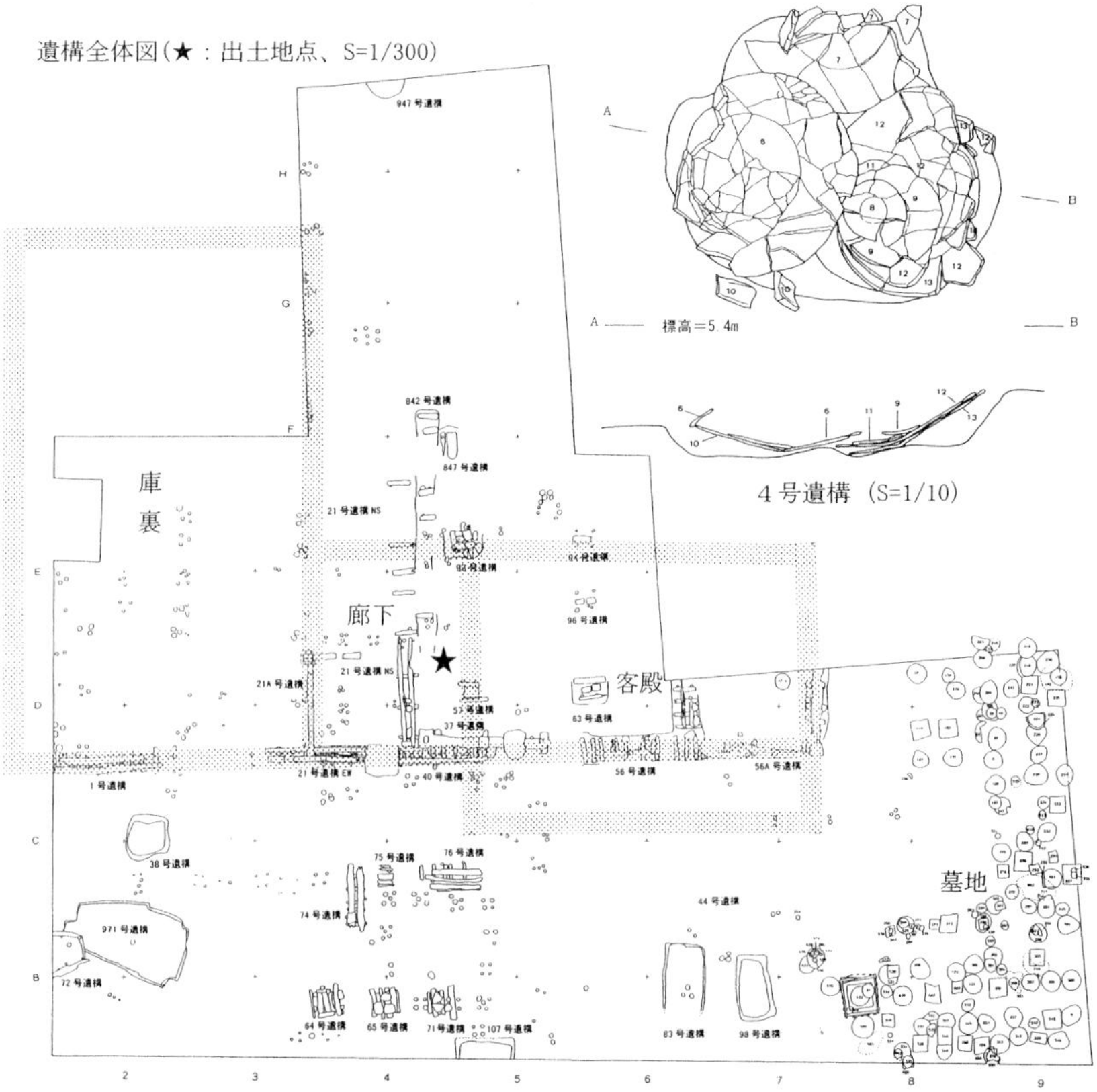

図6　池之端七軒町遺跡・4号遺構（台東区池之端七軒町遺跡調査会1997を改変）

る。「寺院明細簿慶安寺境内図」をもとに筆者がこころみた伽藍配置の復元プランをみると、4号遺構は庫裏と客殿をつなぐ廊下部分にあり、伽藍全体のなかでみると、ちょうど中央部に位置することがわかる。

　さきに紹介した松月院境内遺跡400号ピットの事例同様、家相説における中心に埋納されたものである。

千代田区四谷御門外町屋跡・27号遺構（営団地下鉄七号線溜池・駒込間遺跡調査会一九九六・図7）

　江戸城外堀跡である四谷御門外町屋跡地区からは、祭祀的性格のつよい遺構（第27号遺構）が検出されている。寛永十三年（一六三六）の江戸城外堀普請にともなう盛土層（23号遺構）の直下から検出された。

本遺構は、硬化面上に浅い円形の土坑を掘りこみ、そこに碁石状の礫を敷きつめたものである。遺構覆土には炭化米や種子（ウリ科や桃など）といった有機物もふくまれていた。またその東側に、堀に平行して直径一センチの竹を一列に九本以上ならべているという、これまでに類例のない検出状況である。

この遺構の評価について、池田悦夫氏は「外堀を普請する際、当該地は防衛上重要な地点に位置し、本遺跡は特異な自然地形上に立地し特殊な遺構であり外掘普請前に構築されたというように、状況的には、祭祀跡の可能性を否定することは難しい。しかしながら、本遺構を祭祀跡というには、考古学的限界を感じるといわざるを得ない」と述べられているように（池田二〇〇二）、本事例はグレーゾーンの埋納遺構である。しかし状況証拠的にではあるが、外堀普請に際しての地鎮祭祀の一種の可能性は高い。北原糸子氏は本遺構の性格について、鍬初《くわぞ》め跡ではないかという一歩踏み込んだ解釈をされておられる（北原一九九九）。

千代田区丸の内三丁目遺跡　ウ地区・出土頭骨（東京都埋蔵文化財センター一九九四・図8）

丸の内三丁目遺跡のウ地区では、26号石垣溝から壮年女性の頭骨が発見されている。頭骨は石垣内で意識的に設けられた隙間に置かれていた。屋敷普請にさいし、用意周到に計画されていたことが明らかである。本地区は当時山内対馬守邸の屋敷境であった場所である。『慶長江戸絵図』（都立中央図書館蔵）によれば、山内邸は道に南面していることから、出土地点は山内邸にとって北東、すなわち艮（鬼門）の方角にあたる。

このような出土状況から本事例は呪術行為によることは確実であり、岩下哲典氏は修験者や陰陽師らが、呪具のひとつとして頭蓋骨をもちいたという説を述べられている（岩下二〇〇二）。

豊島区雑司が谷遺跡　岩井家地区・19号遺構（未報告・図9）

雑司が谷遺跡は、雑司が谷鬼子母神堂を中心とする一帯である。元禄年間（一六八八〜一七〇四）にはその霊験が評

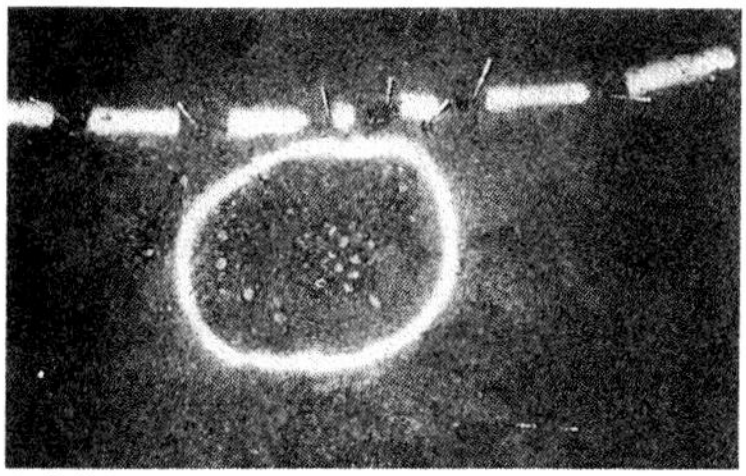

出土状況

図７　四谷御門外町屋跡・27号遺構（営団地下鉄７号線溜池・駒込間遺跡調査会 1996）

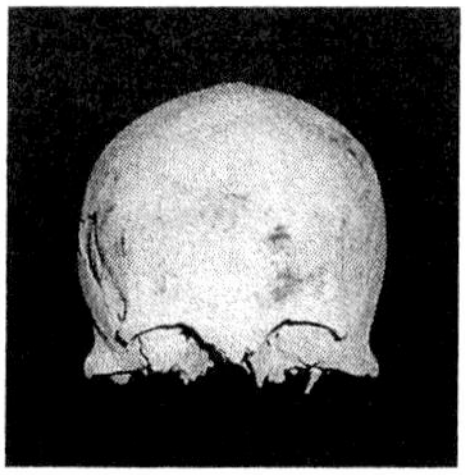

出土頭骨

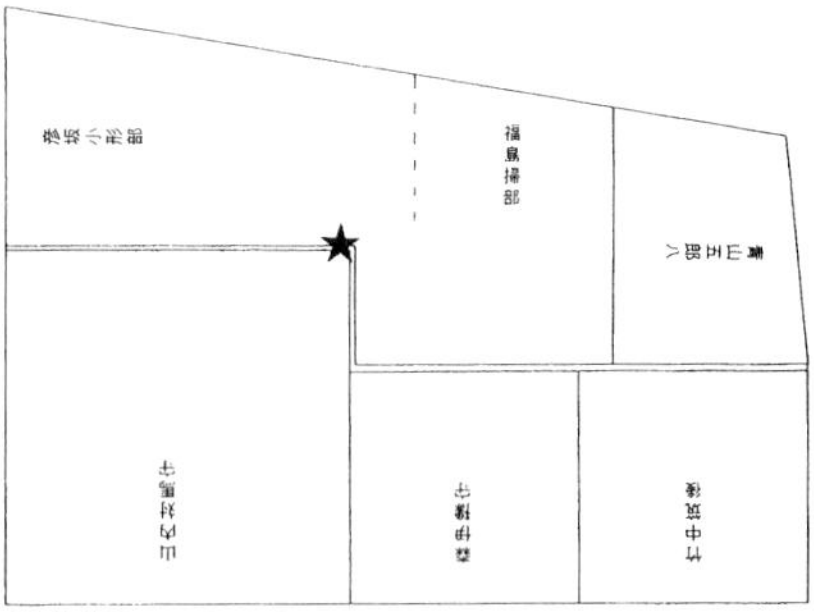

屋敷割と出土地点(★印)

図８　丸の内三丁目遺跡 ウ地区・出土頭骨（東京都埋蔵文化財センター 1994 を改変）

銭貨出土状況

図９　雑司が谷遺跡 岩井家地区・19号遺構（豊島区教育委員会提供）

判となり、以降江戸からの参詣客が群衆したといい、江戸近郊の代表的な遊興地である。

岩井家地区は鬼子母神堂の参道ぞいに位置する町人地の跡である。近世段階の遺構はI期とII期に区分される。I期は一八世紀後半、II期は一九世紀前半である。I期からII期にかけての最も大きな変化として、I期では南北につらぬいていた生垣が、II期になるとTの字状に分かれることが判明している。

そしてTの字状に交差する部分の生垣の下から、桶に納められた八七枚の一括出土銭（19号遺構）が検出された。敷地境である生垣において、ちょうどI期からII期に区画が変更する地点に銭貨が埋められていることを考慮するならば、何らかの祭祀儀礼にともなうものと考えたほうが自然であろう。


板橋区板橋山之上遺跡・整地層中出土遺物（東京都埋蔵文化財センター二〇〇一・図10）

本遺跡は中山道板橋宿の東のはずれに位置する。

旧中山道に面した部分の、明治期と思われる整地層から、多数の碁石状土製品と銭貨が散らばった状態で検出された。整地層の下層からは、これも明治期に比定される二棟の礎石建物跡が重複して検出されており、整地層はこの建物を取り壊したさいのものと推測される。

碁石状土製品は二一点、銭貨は古寛永通宝二点、文久永宝三点、近代銭六点、銭種不明一点が報告されている。うち銭種不明一点については、二カ所の穿孔《せんこう》がほどこされており、何らかの呪術的意味があるのかどうか、興味をひくところである。

これらの整地層中の遺物の意味について、橋口定志氏は「撒銭《まきせん》」の概念を提起しておられる（橋口二〇〇一）。この概念からすれば、本事例も建物にともなう整地であるから、取り壊しのさいの祭祀儀礼として、碁石状土製品や銭貨が撒かれたと理解することができる。

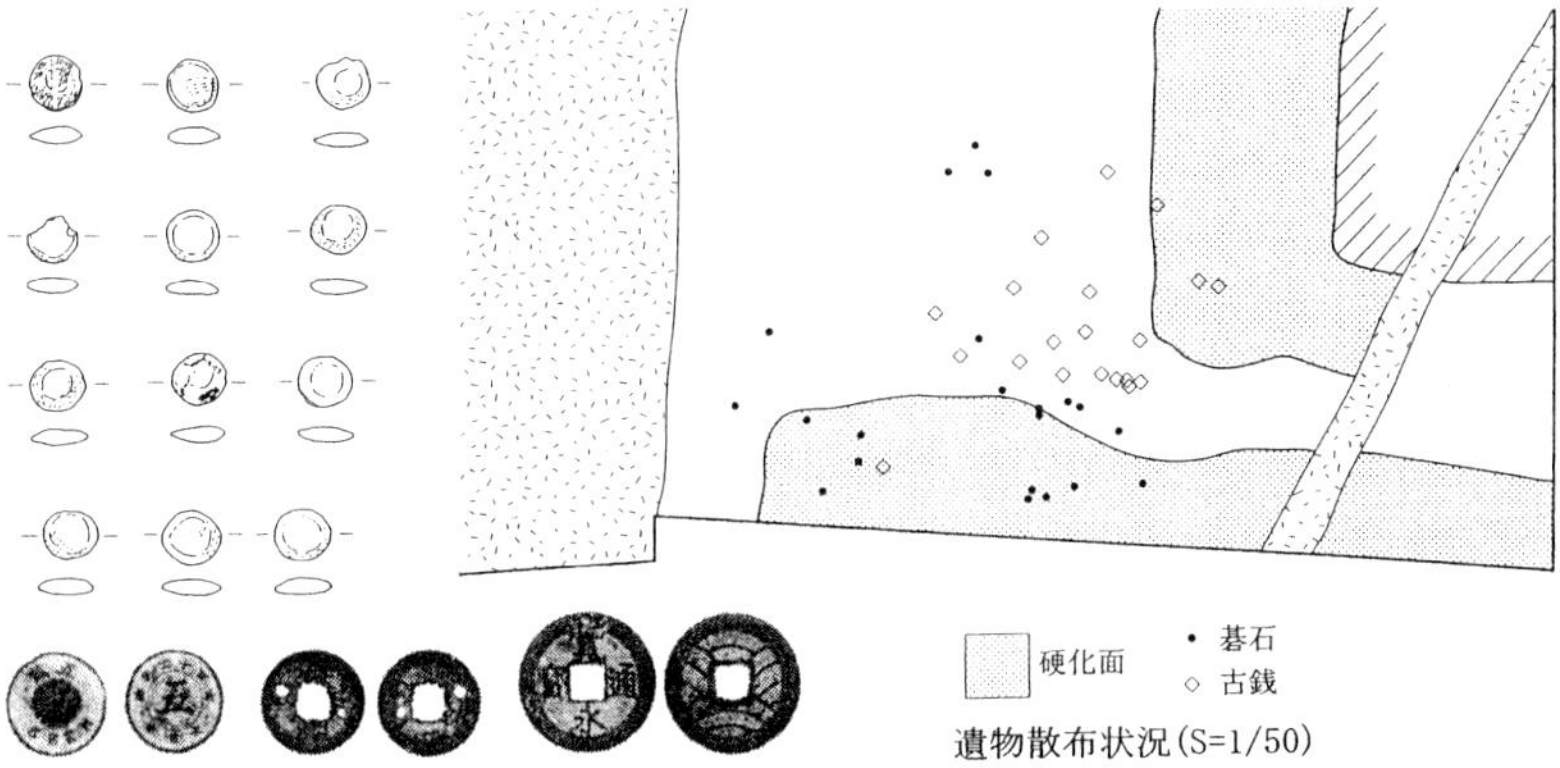

図 10　板橋区板橋山之上遺跡・整地層中出土遺物（東京都埋蔵文化財センター 2001）

豊島区巣鴨遺跡（仮称）大河原マンション地区・63号遺構（関口二〇〇二・図11）

本地区では鍛冶《かじ》炉をはじめ多くの鍛冶関連遺構が検出されていることから、町屋の鍛冶工房跡と推定されている。63号遺構は鍛冶工房（土間）を構築するさいの、地形《じぎょう》固めの跡である。覆土中より高さ三・八センチという小型の青銅製聖観音像が出土した。

鍛冶職人は鍛冶場に祭壇を設けて神仏をまつり、自身も身を清めてから入るなど、鍛冶場はとくに神聖な場としてあつかわれる。したがって地形固めにおいて、地鎮などの儀礼行為が行われ、観音像が埋納されたことが想定されるのである。埋納遺物一点のみのわずかな痕跡でしかないが、商工にたずさわる町人の埋納行為の数少ない遺構として注目される事例である。

図 11　巣鴨遺跡大河原マンション地区・63号遺構出土観音像

2 江戸における地鎮・埋納の性格

前項では江戸における地鎮・埋納の事例をみてきた。個々の事例をみるかぎり埋納形態は一つとして同じものはなく、一見すると千差万別である。しかしそこには一定の共通項も見出しうる。いったいその共通項がどのようなものなのか。そしてそれはどのような意味をもつものなのか。以下、筆者なりの視点にもとづき、若干の整理をこころみることとしたい。

まず前項で概観した各事例についてその特徴を整理すると、だいたい次のごとくに分類できる（丸中数字は表1に対応）。

〔1〕賢瓶・橛・輪宝などの密教法具を用い、密教における地鎮・鎮壇の修法に則った埋納形態。③④⑥。
〔2〕輪宝墨書土器を用いる。〔1〕の修法が世俗化した形態か。⑬⑭⑮。
〔3〕密教法具の系統ではないが、仏具など仏教的性格の強いものを埋納した事例。①②⑪⑱㉒。
〔4〕礫石経を埋納する。⑳。
〔5〕呪符木簡を埋納する。八卦・梵字・祓他の文言を墨書したものがある。⑦⑫㉑。
〔6〕五行・九星など、陰陽道的色彩の濃い文言をカワラケなどに墨書したもの。㉓㉛。
〔7〕一～数枚のカワラケを用いる。⑬⑭⑮⑯㉕㉜。
〔8〕多数のカワラケを用いる。カワラケ溜りなど。④⑦⑨⑩⑫⑰㉗㉘㉛。
〔9〕礫を埋納する（礫石経は除く）。⑤。
〔10〕人骨を埋葬目的ではなく、呪術的目的で埋納する。⑧。

〔11〕まとまった数の銭貨を埋納する。一括銭。⑲㉔㉖。
〔12〕一～数枚の銭貨を埋納する。④⑫⑰㉘㉙㉝。
〔13〕撒銭。㉚。
〔14〕仏像を埋納する。㉒。
〔15〕宗教的遺物と日常雑器が共伴する例。ただし地下室や植栽痕などの転用廃棄事例は除く。⑤⑨⑫⑮⑰㉘㉙。

以上、わずか三〇例あまりの事例ながら一五パターンの埋納形態が導きだせた。

近世の地鎮・埋納は、仏教（顕教・密教）・神道・陰陽道・修験道・道教などの諸思想が入りまじっていると理解されているが、右の埋納形態を一瞥すると、大まかではあるが次の三系統に分類することができよう。

（イ）仏教的儀礼……〔1〕～〔4〕
（ロ）神道・天社神道的儀礼……〔5〕～〔6〕
（ハ）民間信仰的儀礼……〔7〕～〔15〕

このように地鎮・埋納遺構は、古代仏教以来の系譜が色濃い仏教的性格、神道・天社神道（宮廷陰陽道）的性格、民間信仰（民間陰陽道・修験道・祈禱仏教・民俗神道など）の三つの宗教的性格に系統づけられると考えられるのである。

この三系統の宗教的儀礼を、各埋納遺構にあたえられた年代を指標としてその変遷を示したのが図12である。ただし事例数が少ないため、あくまでも可能性を提示するレベルであることをことわっておく。

この図において仏教的儀礼は、中世から近世にかけてみられるが、近代になると認められなくなる。神道・天社神道的儀礼は、近世のみに認められる。また民間信仰的儀礼は、中世にはみられず、近世から近代にかけて認められる、という展開が指摘できる。

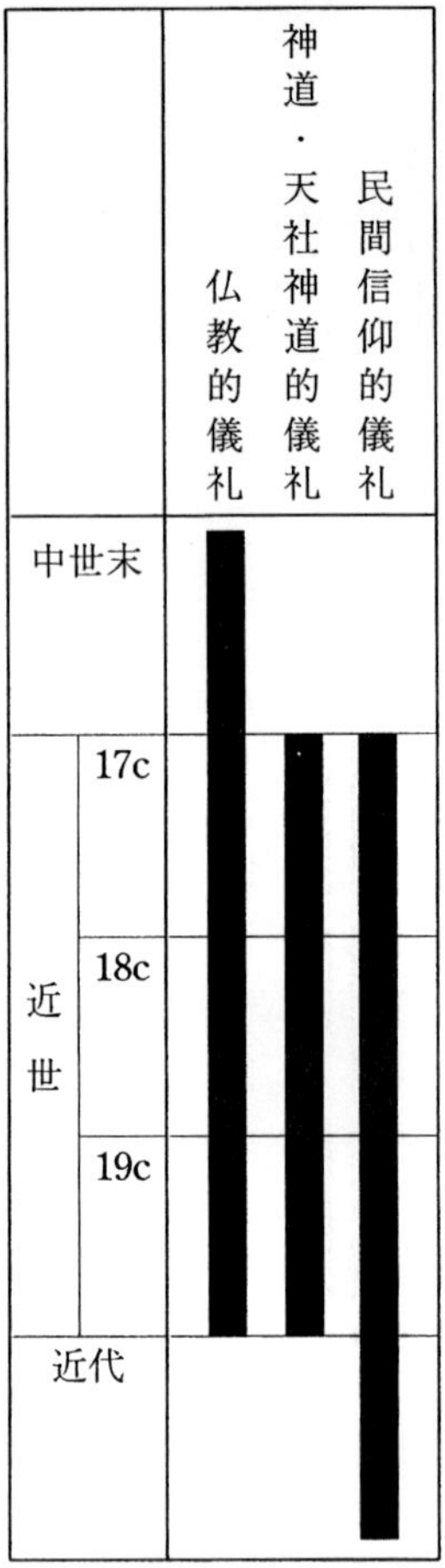

図 12　性格別変遷

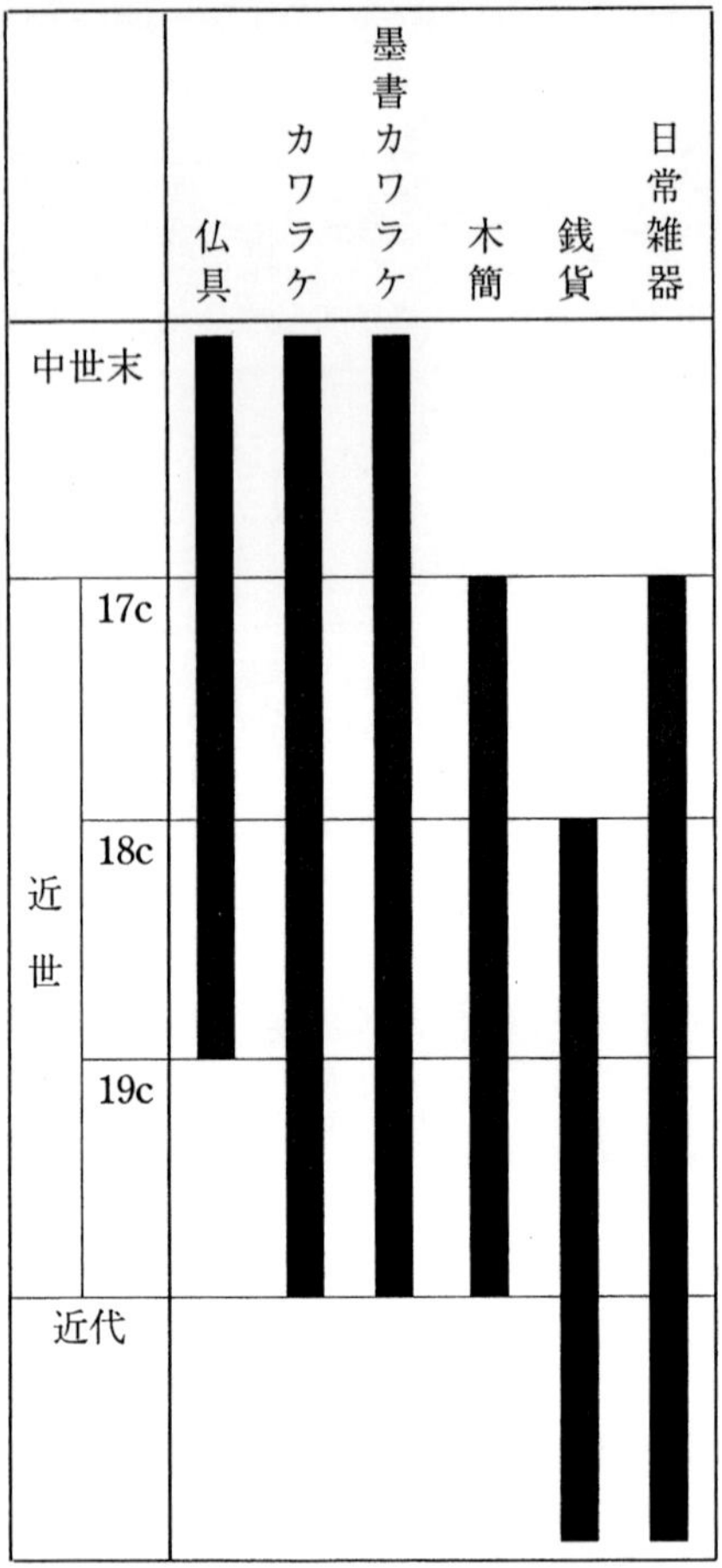

図 13　遺物別変遷

ただしこれは仏教儀礼が近代で途絶えたとか、民間信仰が近世から始まったなどという解釈をあたえるものではない。当然のごとく、各宗教による地鎮・埋納儀礼は中世・近世・近代に継続して行われていたからである。

ここで指摘したいのは、地鎮・埋納儀礼を執り行ったさまざまな宗教者が、時代によってどのような宗教的儀礼作法を採用していったのか、ということである。とくに（八）の民間信仰的儀礼は、近世から近代にかけて認められる形態として注目すべき存在といえる。

ところで前掲の地鎮・埋納の一五分類は、類型化の判断材料として遺跡・遺構の性格・埋納方法などを考慮に入れてはいるものの、結果的に重要な指標となったのは、多種多様な遺物であった。そこで次に、地鎮・埋納における代表的遺物の変遷をみてみよう（図13）。

図13は、地鎮・埋納儀礼における代表的遺物として、仏具・カワラケ・墨書カワラケ（輪宝墨書土器を含む）・木簡・銭貨・日常雑器の六種をあげ、その変遷をみたものである。ここでとくに注目されるのが、仏具・カワラケ・墨書カワラケが中世末から近世にかけてみられ、近代には認められなくなるパターンと、木簡が近世のみに認められるパターン、銭貨・日常雑器が一七・一八世紀代から近代にかけて認められるパターンの、三種の変遷パターンである。

図13の遺物の変遷は、図12でみた宗教儀礼の変遷とよく対応している。すなわち、中世末よりある仏具・カワラケ・墨書カワラケ等は、仏教的儀礼に関わっての使用が認められ、また逆に近代に下る銭貨・日常雑器は、民間信仰的儀礼に深く関わる遺物ということがいえるのである。もちろん、近世には仏教・神道・天社神道・民間宗教者それぞれが臨機応変にさまざまな道具を用いていたと考えられるため、遺物から宗教者を特定することは困難である。しかしながら、とくに祭祀遺物に日常雑器を共伴する形態は、近世の世俗化した地鎮・埋納儀礼を反映するものとして位置づけることができよう。

三　地鎮・埋納を司った人々——民間陰陽師の一例——

前項によって、江戸における地鎮・埋納行為の具体的形態がおおまかにみえてきたことと思う。それでは一体このようなさまざまな形態が、どのような宗教者によって執り行われていたのか、そしてその宗教者をとりまく環境からみると、地鎮・埋納はどのような位置を占めているのか、ということが、次に問題となってくる。

しかしながらこのことを考古学的に追究するのは容易ではない。また地鎮・埋納にかかわった宗教者は僧侶・神官・修験者・陰陽師などさまざまであり、これらのすべての宗教者について具体的様相を述べることは、筆者の力量をはるかに超えている。そこでここでは、おそらく近世における地鎮・埋納儀礼に重要な位置を占めるであろう、陰陽師にスポットライトをあて、文献史学のこれまでの研究成果と、江戸近郊の民間陰陽師が遺した日記『指田《さしだ》日記』をみていくことにしたい。

1　近世陰陽師の組織と職掌

まず近世陰陽師がどのような組織をもち、どのような祭祀儀礼にかかわっていたのかを、これまでの陰陽師研究の成果をもとに整理しよう。なおここでは、村山修一氏（村山一九八一）、遠藤克己氏（遠藤一九八五）、高埜利彦氏（高埜一九八四）各氏の研究と、『陰陽道叢書』（村山ほか編一九九二・一九九三）、『陰陽道の講義』（林・小池編二〇〇二）所収の諸論文を参照した。詳細は原典をご覧いただきたい。

組織形態

近世陰陽師を統率したのは、陰陽頭《おんみようのかみ》安倍家の本流、土御門《つちみかど》家である。土御門家は陰陽頭久脩《ひさなが》の代に、豊臣秀吉による養子秀次追放事件に連座し尾張に配流となったが、慶長五年（一六〇〇）京都還住《げんじゆう》を果たし、陰陽道の復興がなされた。そして天和六年（一六八二）土御門泰福《やすとみ》の代に、陰陽頭を三代続いた幸徳井《こうとくい》家より奪回し、以後陰陽頭を土御門家が世襲することとなった。

土御門家による陰陽道支配について、朝廷・幕府が発布した文書は次の三つである。

○天和三年（一六八三）、諸国陰陽師支配権の獲得（天皇綸旨《りんじ》・綱吉朱印状）

○寛政三年（一七九一）、諸国陰陽師支配権の再確認（幕府全国触れ）

○慶応三年（一八六七）、二度目の幕府全国触れ

土御門家は天和三年の綸旨・朱印状により、土御門家の諸国陰陽師支配が認められ、陰陽師の組織編成を諮《はか》ったのであるが、その支配権は江戸と畿内周辺のみであった。そのご寛政三年の幕府全国触れにより、組織編成が進んだという。この寛政の幕府全国触れについて高埜氏は「（筆者註…土御門家による支配体系が）未熟な状態を残す組織であったとしても、（中略）政治的公認と社会的認識の広がりによって、陰陽師に対する賤視観からの脱却に作用」し、「近世中期ごろまでは、支配関係の重層した、しかも活動自体不分明な状態を残していたと考えられる下層陰陽師たちにとって、土御門家による単一の支配関係が進行することで、陰陽師身分の確立をもたらす効果をもったと言えよう」（高埜一九八四）と意義づけている。

すなわち土御門家による陰陽師支配は、天和三年の綸旨・朱印状と、寛政三年の幕府全国触れによって、序々にその支配権を掌握していったのであるが、その具体的な組織編成は高埜氏によって示されている（図14）。

これをみると、関東においては、関東陰陽家触頭《ふれがしら》と、それを補佐する関東陰陽家取締役が支配の中枢にあった。こ

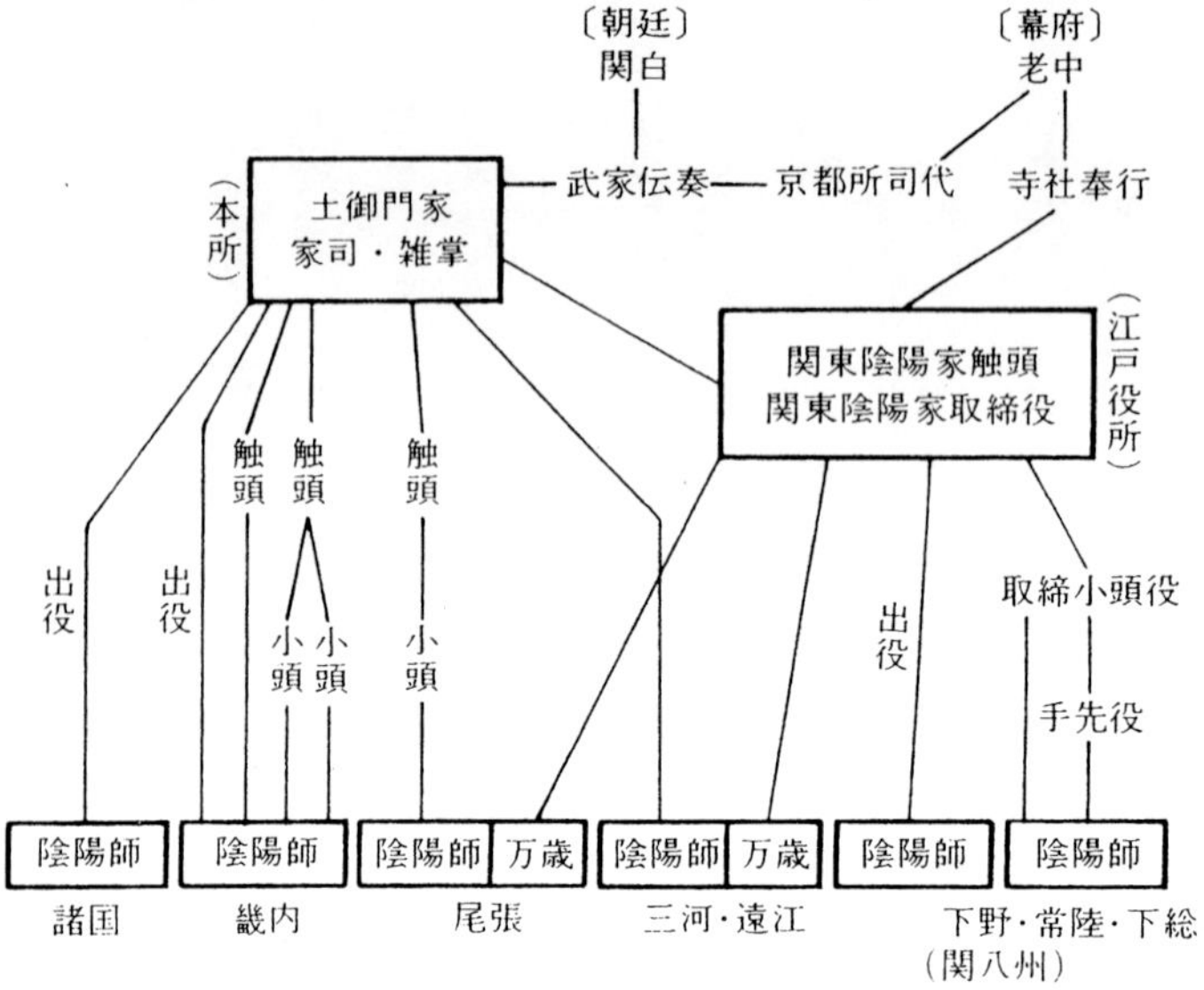

図 14　近世陰陽道組織図（高埜 1984）

れらの役職は、菊川家ら触頭家筋の陰陽師と、古組・新組とよばれる古格の陰陽師の家筋から選ばれた。また取締役の下に取締小頭役を設け、出役として諸国に巡行し、本所への貢納料などを徴収した。

また触頭は寺社奉行との直接的関係を持ち、武家《ぶけ》伝奏《てんそう》を通さねばならない本所土御門家に比べ、幕府の意向が直接伝えられる機関としての性格も有していた。

職掌について

陰陽師の職掌については、次にあげる明和二年（一七六五）、寺社奉行酒井飛驒守による陰陽道家職についての、老中への上申書が有名である（『陰陽道家職一件』〈東京大学史料編纂所所蔵〉）。

陰陽家勤職

一　判はんじ
一　諸事占
一　神道行事
一　一切之祈禱
一　地祭

一　家堅
一　五穀之祭
一　四季之祓
一　荒神之祓札守
一　暦
一　年筮
一　秘符ましなひ
一　矢除之守
一　日暦十二神之札
一　神馬之札
一　千寿万歳
一　神市巫女
右条々従古来陰陽家之職札ニ而其外於所々神事祭礼幣帛等可相勤者也、
土御門殿
年号月日　　役所

右にあげられた一七項目が、土御門家が認識していた陰陽師の職掌である。うち判はんじ、諸事占、神道行事、一切之祈禱、地祭、家堅、五穀之祭、四季之祓、荒神之祓、札守、秘符、ましなひ　などが、考古資料としてあてはまりそうである。

ところで、この『家職一件』にあげられた内容について、林氏は「一人の陰陽師が、ここにあがった十七の項目の活動要素を網羅的に実行していたというのではなく、これらの項目にあたる活動を一つでも行っている者は、土御門家配下になるべきだという、土御門家側の見解を示したものである。これらの項目が、多種多様であるように、現実に土御門家は雑多な宗教者・芸能者を配下にかかえこんでいたのである」と述べられている（林二〇〇二）。すなわち陰陽師の職掌というものは、原則としては右にあげた項目の内容であるが、実際は右の項目に限られず、さらに多様な宗教活動を行っていたのである。

以上、土御門家を中心とした陰陽師をめぐる概要を述べてきたが、次に民間陰陽師の具体的な宗教活動の実際についてみていきたい。

2 江戸近郊の民間陰陽師の宗教活動

ここでとりあげる『指田日記』（武蔵村山市指定有形民俗文化財、同市教育委員会一九九四）は、中藤村（現武蔵村山市）の陰陽師、指田摂津藤詮《ふじあきら》が記した、天保五年（一八三四）から明治三年（一八七〇）までの、三七年間の日記である。全一五巻からなり、幕末における民間宗教者の具体的な生活を記した、稀有な史料といってよい。

陰陽師・指田摂津

指田家は、代々中藤村字原山（天領）に住む農民であった。父福明の代に、真福寺（京都醍醐寺三宝院末、真義真言宗）持の原山神明宮の神職となり、陰陽道を学び、享和四年（一八〇四）に本所土御門家から摂津の名乗りを許可されたという。父福明の死後、藤詮は原山神明宮の神職および陰陽師を継ぎ、摂津を名乗った。

指田摂津は真福寺持の神明宮の社役という、神官として、また土御門家認可の民間陰陽師としての宗教者である一方、一石八斗という零細な田畑をもち、また蚕生産にいそしむ百姓でもあった。

宗教活動

指田摂津の宗教的儀礼は、真福寺での土砂加持《どしゃかじ》や涅槃《ねはん》業などに参加し、祈禱のさい大般若経や観音経を読誦するなどの仏教的儀礼、神明宮での神籠《こも》りなどの神道的儀礼、家相や面相判断などにみられる陰陽道的儀礼を臨機応変に使い分け・あるいは併用していた。

これら個々の宗教儀礼を整理すると、以下の七種に分類できる。

①病気への祈禱……『日記』には、指田摂津のさまざまな祈禱活動が記載されているが、そのうち最も多いのが病気にさいしての祈禱である。具体的には千垢離《こり》と千度詣りを行うことが多い。

【例…天保七年（一八三六）九月】

渡辺平六疾重キニヨリ、村中御岳堂ノ池ニ於テ万垢離、且又山口千渡ニ護摩ヲタク

この事例は、特に病が重く、万度の水垢離を取ったあと千度参りをし、さらに護摩を焚いて病気平癒の祈禱が行われている。

②日待《ひまち》講への参加……「日需」「日待」など、『日記』にもっともよく記載される活動である。

【例…慶応元年（一八六五）九月】

茂左衛門廿六夜幷稲荷日待。……三弦祭文、終夜酒興アリ

といった具合で、古峯ヶ原日需、神狗日需、廿六夜日待、稲荷日待など、その種類は多種多様である。これらすべての日待に指田摂津が終始参加していたわけではなく、各日待講のなかで行われる宗教的行事に、神官あるいは陰陽師として参加し、祈禱を行い、祭文《さいもん》などを読んだのであろう。

③自然への祈禱……祈雨祭、風祭り、雹《ひょう》祭など。

【例…天保八年（一八三七）二月】

米殻高直ニヨリ、神明殿中ニ集ヒ雹祭ヲナス、寺・名主ヲ不詔請

④地祭・荒神祭……前者は地鎮祭、後者は竈《かまど》鎮めの儀礼である。また請われて家相を見に行くという記載もみられる。

【例…元治元年（一八六四）二月】

芋久保久蔵来リ、酉年分家セシ所、南ノ方凶方ニ付、地祭ヲ頼ム……芋久保新五兵衛宅地神祭、家内安全祈禱ニ行

ここではすでに建物が建った後に改めて地鎮祭を指田摂津に依頼している。地鎮祭が必ずしも建築前に行われるわけではなかったことがうかがわれるものである。

⑤各種祈禱……土砂加持など、仏教的祈禱への参加や、近隣の農民に請われて何らかの祈禱を行うなど、形態はさまざまである。

【例…慶応元年（一八六五）七月】

馬場長円寺大門西角亭主病気ニ付、何レノ修験ノ申タルヤ、此宅ノ西北ノ角ニテ天狗生レ出、飛初メニ巽《たつみ》ノ方ノ欅《けやき》ニ止リ、夫《それ》ヨリ所々ヘ飛行シ、折々其木ニ来リ止ル事アリシヲ、近コロ其木ヲ切シユヘニ病人アリト云ニヨリ、右ノ言ニ随ヒ、西方ノ方ニ天狗ノ社ヲ定メ祭リ度ヨシ、私宅ニ来リ頼ムニヨリ行テ祭ル、又後ノ柱ニ二ツノ天ノ字ヲ書クベキ由ヲ申タルニヨリ、一枚ノ板ヲ出シタル故ニ此ニ記ス、其ノ文

天　天御柱

奉勧請天狗神鎮座　　馬場孫市地内

天　国御柱

右年々十二月、幣ヲ予カ方ヨリ可遣約定ス

この事例では、天狗が取り憑《つ》いた木を切って当主が病を患ったため、天狗社を勧請することにし、そのための祈禱を指田摂津に依頼している。

⑥配札……陰陽師として紙あるいは木に呪符を書き、頒布した。

【例…慶応二年（一八六六）三月】

石川配札、芋久ボ・石川ニテ四貫二十七文

特に年末・年始に多く、十一・十二月は三、四日がかりで近郊の農村を廻って精力的に売り歩いている。それだけ需要が多く、指田摂津にとっても重要な収入源であったのであろう。

⑦筮《ぜい》・その他……卜《ぼく》筮を請われることはあまりないが、特に川越藩中から何らかの占いを一定期間請け負っていることが注目される。

【例…天保五年（一八三四）六月】

川越藩中ノヨシ、一僕ヲ具シ来テ筮ヲ乞

といった具合である。どのような内容の卜筮であったのかは判然としない。

3　地鎮・埋納の位置

前項で整理した七種の宗教活動について、地鎮・埋納儀礼は全体の宗教儀礼のなかでどのような位置を占めていたのであろうか。『日記』のうち、こころみに第一冊と第一三冊の計七年間の記録のなかから、その宗教活動に関わる部分をカウントし、その比率をみたのが図15である。

これをみると、日待関連が全体の約五割を占め、そのつぎに病気関係の祈禱が一七パーセント、自然への祈禱が七パーセント、各種祈禱が一四パーセントと、祈禱関連が三八パーセントを占め、宗教儀礼全体の八五パーセントが日待・祈禱である。そして地鎮・荒神祭などの鎮めの儀式は、じつに五パーセントという低い比率であることがわかる。このことは、すくなくとも指田摂津にとって、陰陽師としての宗教活動全体のなかで、地鎮祭が頻度の低い儀礼行為であったことを示している。

そしてこのことは、ここでのテーマである地鎮・埋納遺構が、それを執りおこなった宗教者の活動全体のなかで、どのような位置を占めていたのかを考えるのに、一定の示唆を与えてくれる。すなわち、地鎮・埋納遺構というのは、当時の宗教者が残した宗教儀礼のほんの一部にすぎず、けっして地鎮・埋納を中心にして活動を行っているわけではないということである。宗教活動全体のなかで、考古資料として残るものは地鎮・埋納遺構など一握りの痕跡であるということを念頭におき、当時の精神世界を復元していくことが肝要であろう。

ところで、中世の陰陽師の職掌については、すでに村山修一氏（村山一九八一）がまとめておられるので、参考として紹介しておきたい。村山氏は『吾妻鏡』にみられる、鎌倉で行われた陰陽師の祭りの記載を抜き出し、以下の四種に分類している。

（i）病気その他直接身体の障害や危険を取除き悪霊の祟を防ぐもの。七九例。

（ii）宿星の信仰を中心とし自然の異変に対する祈禱的なもの。一五二例。

（iii）建築物の安全祈願のもの。四六例。

(iv)祓いを中心としたもので神祇の作用に近い部分。三四例。
この分類は、先に示した『指田日記』の七種の分類と照らし合わせると、(i)＝①、(ii)＝②③、(iii)＝④、(iv)＝⑤に、大体ではあるが置き換えることができる。

そこで『指田日記』と同様に、『吾妻鏡』にみる四種の祭祀儀礼の比率を示してみたのが、図16である。これをみると、中世鎌倉においては(i)自然への祈禱が四九パーセント、(ii)身体に対する祈禱が二五パーセント、(iii)建築関係が一五パーセント、(iv)祓いが一一パーセントという比率を示し、土公供祭や宅鎮祭などの建築関係の儀

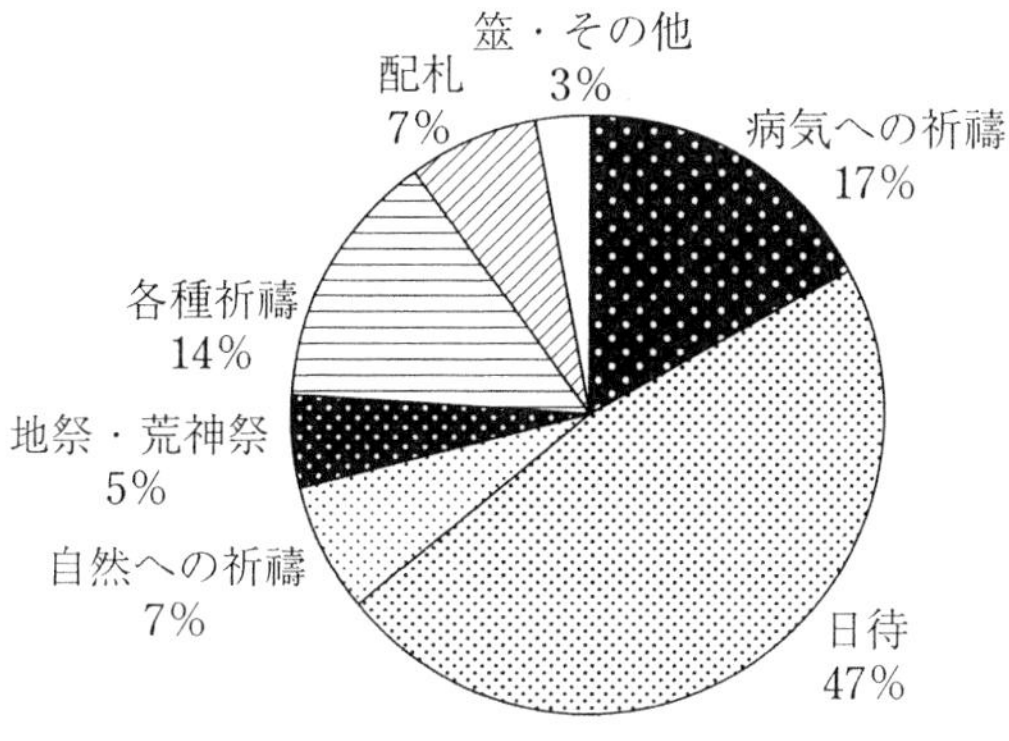

図15 『指田日記』にみる陰陽師の職掌

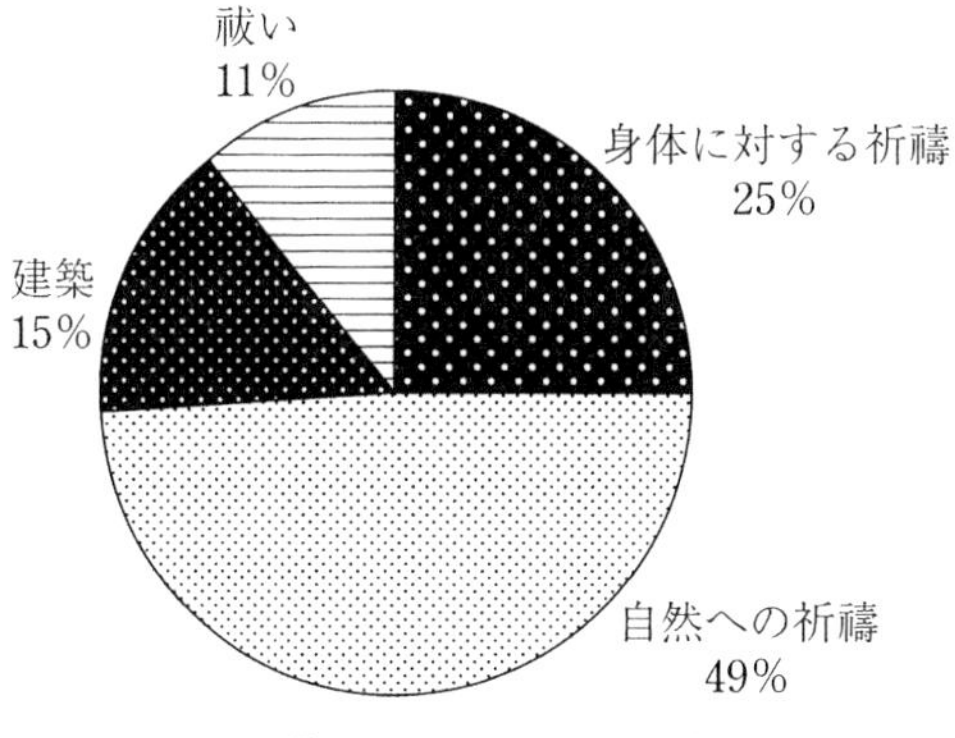

図16 『吾妻鏡』にみる陰陽師の祭

礼が、一五パーセントという相応の比率をもっていたことがわかるのである。

図15は一九世紀の農村の事例で、図16は一二世紀の武家儀礼の事例であるから、時代的・身分的社会背景の検討なくして軽々しく、比較し論ずることはできない。しかし地祭のパーセンテージの差がめだつこと、陰陽師の職掌全体のパーセンテージは大々的な変化はみられないこと、などの傾向は容易に指摘でき、興味ぶかい点といえる。

おわりに――課題と展望――

以上述べてきたように、江戸における地鎮・埋納は、決して事例数は多くないものの、多種多様な儀礼形態によって執りおこなわれてきた。そしてその宗教的性格は、時期によってある程度の変遷がみられる。とくに民間信仰的性格の色濃い儀礼――遺物としては日常雑器を伴う事例――は、近世から認められるものであった。このことは世俗化した近世的宗教形態を反映するものとして位置づけることができよう。

また江戸近郊農村の民間陰陽師・指田摂津の日記から、陰陽師の具体的な宗教活動を概観した。そこにみられる宗教活動は多様であったが、そのなかに占める地鎮の頻度は必ずしも高くなかった事実は留意すべきことである。これは地鎮・埋納遺構を、宗教活動全体のなかでどう評価するかという問題につながるからである。

本稿の目的は、冒頭でも述べたように江戸遺跡における地鎮・埋納の事例を集成し、その大まかな傾向を概観することであった。今後の地鎮・埋納遺構研究の課題としては、全国から報告される事例を同様の視点（＝グレーゾーンの埋納遺構の積極的評価）のもとに整理し、全国的な地鎮・埋納の動態を考古学的に把握することがまず必要となろう。そしてそれは近世遺跡に限定すべきではなく、古代・中世・近世そして近現代へと、長期的視野にたって展望していくことも重要である。

またそれとともに、『指田日記』でみたように、僧侶・修験者・神主・陰陽師らの多様な宗教活動を、地鎮・埋納に限らずに復元していくことが求められよう。ただし彼らの足跡はあまりにも多様で、とらえにくいものである。そしてその分析のための方法論も、各研究分野によって確立しているとはかぎらない。とくに考古学は精神史へのアプローチの方法がいまだ定まっておらず、今後も研究法の模索は続くであろう。

〔付　記〕

『江戸の祈り』大会発表から三年が経とうとしている。わずかな歳月ではあるが、その間、筆者じしんの地鎮・埋納遺構に関する理解は少なりとも深まり、わからない事柄はおおいに増えた。いま発表当時のことを振り返ると、解釈に根本的な誤りがありながら、自信をもって述べていたことなどが一部みられ、自らの無知をおおいに反省している。

本稿は基本的には、当時の発表要旨や記録テープの内容を組み直したものである。しかし解釈の誤りなどによる間違いが多く、そののち管見に入った資料などもあり、大幅に補正してある。また大会発表後、江戸遺跡では続々と地鎮・埋納遺構が検出されているが、本稿では二〇〇三年までに報告された事例をもとに執筆した。

いまでも筆者の地鎮・埋納の理解はとても充分とはいいがたく、本稿で述べた内容について問題がないかどうか危惧している。諸方からのご教示を切望する次第である。

〔参考文献〕

有富由紀子　二〇〇〇　「妙法寺祖師堂床下の経塚――経石からみた近世信仰形態――」『杉並区立郷土博物館研究紀要』第八号　杉並区立郷土博物館

池田悦夫　二〇〇二　「江戸城外堀跡四谷御門外町屋跡の第27号遺構について」『江戸の祈り』（江戸遺跡研究会第一五回大会発表要旨）

江戸遺跡研究会
板橋区教育委員会　一九九八『松月院』
井上雅孝　一九九二「輪宝墨書土器覚書」『いわき地方史研究』第二九号　いわき地方史研究会
井上雅孝　一九九六「地鎮め具としての輪宝」『標葉文化研究』小野田禮常先生頌寿記念論集刊行会
岩下哲典　二〇〇二「丸の内三丁目遺跡にみる江戸の普請・作事に関する祈りなど」『江戸の祈り』（江戸遺跡研究会第一五回大会発表要旨）江戸遺跡研究会
営団地下鉄七号線溜池・駒込間遺跡調査会　一九九六『四谷御門外町屋跡』
営団地下鉄七号線溜池・駒込間遺跡調査会　一九九七『溜池遺跡』
遠藤克己　一九八五『近世陰陽道史の研究』未来工房（新訂増補版は一九九四年、新人物往来社発行）
奥野義雄　一九九七『まじない習俗の文化史』岩田書院
奥野義雄　二〇〇〇『祈願・祭祀習俗の文化史』岩田書院
葛飾区郷土と天文の博物館　一九九二『鬼塚・鬼塚遺跡I』
元興寺文化財研究所編　一九八四『古代研究』第二八・二九号（特集…地鎮・鎮壇）
北原糸子　二〇〇〇『江戸城外堀物語』ちくま新書　筑摩書房
木下密運・兼康保明　一九七六「地鎮めの祭り——特に東密の土公供作法について——」『柴田実先生古稀記念　日本文化史論叢』柴田実先生古稀記念会
木下密運　一九八四「呪術資料にみる密教の庶民化」『密教美術大鑑』第四巻　佐和隆研ほか編　朝日新聞社
草戸千軒町遺跡調査研究所ほか編　一九八四『中世の呪術資料』（第四回中世遺跡研究集会発表資料）
草戸千軒町遺跡調査研究所ほか編　一九九〇『中世のまじない』（第六回中世遺跡研究集会発表資料）
蔵田蔵　一九七一「舎利容器と鎮壇具」『新版仏教考古学講座』第八巻　雄山閣出版
小林三剛・村田晴彦　一九九〇『東洋心理学講座』第一巻　緑書房
嶋谷和彦　一九九二「〝地鎮め〟の諸相」『関西近世考古学研究』III　関西近世考古学研究会

志村坂上遺跡F地点調査会　一九九八『志村坂上遺跡F地点発掘調査報告書』
出土銭貨研究会編　一九九七『出土銭貨』第七号（特集…地鎮めと銭貨）
出土銭貨研究会編　二〇〇二『中世の地鎮と銭貨』（第九回出土銭貨研究会発表資料集）
新宿区信濃町遺跡調査団　一九九九『信濃町遺跡』
新宿区四谷一丁目遺跡調査団　一九九八『四谷一丁目遺跡』
新宿区四谷三丁目遺跡調査団　一九九一『四谷三丁目遺跡』
関口慶久　二〇〇二「豊島区巣鴨遺跡出土の青銅製観音像――江戸の観音信仰小考――」『東京考古』第二〇号　東京考古談話会
台東区文化財調査会　一九九九『上野忍岡遺跡群上野駅東西自動通路建設地点』
台東区池之端七軒町遺跡調査会　一九九七『池之端七軒町遺跡（慶安寺跡）』
高埜利彦　一九八四「近世陰陽道の編成と組織」『日本近世史論叢』下　尾藤正英先生還暦記念会編　吉川弘文館
千代田区教育委員会　二〇〇二『掘り出された讃岐高松藩上屋敷跡――飯田町遺跡展――』（千代田区立四番町歴史民俗資料館平成十四年度特別展図録）
東京大学遺跡調査室　一九九〇『東京大学本郷構内の遺跡　医学部付属病院地点』
東京都埋蔵文化財センター　一九九四『丸の内三丁目遺跡』
東京都埋蔵文化財センター　二〇〇〇『汐留遺跡Ⅱ』
東京都埋蔵文化財センター　二〇〇三「長門藩毛利家上屋敷跡遺跡」（現地説明会資料）
豊島区教育委員会　一九九一『染井Ⅲ』
豊島区教育委員会　二〇〇三『雑司が谷Ⅰ』
都内遺跡調査会　一九九六『溜池遺跡』
都内遺跡調査会　二〇〇〇『小石川牛天神下』
鳥羽正剛　二〇〇〇「天野山金剛寺遺跡検出『土釜埋納遺構』における修法復元論――『土公供作法次第』および口伝からのアプローチ」『天野山金剛寺遺跡』（河内長野市遺跡調査報告XXIX）河内長野市教育委員会

鳥羽正剛　二〇〇二「『土釜埋納遺構』にみる真言宗の地鎮修法──『土公供作法』および口伝からの考察──」『中世の地鎮と銭貨』第一分冊　出土銭貨研究会
日本貿易陶磁研究会編　一九九六『陶磁器の埋納』（日本貿易陶磁研究会第一七回研究集会発表資料集）
日本貿易陶磁研究会編　一九九七『貿易陶磁研究』第一七号
日本橋一丁目遺跡調査会　二〇〇三『日本橋一丁目遺跡』
橋口定志　二〇〇一「地鎮」『図説江戸考古学研究事典』江戸遺跡研究会編　柏書房
林淳・小池淳一編　二〇〇二『陰陽道の講義』嵯峨野書院
林　淳　二〇〇二「陰陽師の活動」『陰陽道の講義』嵯峨野書院
平泉研究会編　一九九六『地鎮め・遺構の廃棄儀礼検討会』（平泉研究会第四回検討会発表資料）
北陸中世土器研究会編　一九九六『飾る・遊ぶ・祈るの木製用具』（第九回北陸中世土器研究会発表資料集）
水野正好　一九七八「まじないの考古学・事始」『季刊どるめん』第一八号（特集…中世まじないの世界）ＪＩＣＣ出版局
水野正好　一九八三「屋敷と家屋の安寧に──そのまじなひ世界──」『奈良大学紀要』第一二号　奈良大学
水野正好　一九八六「鬼人と人とその動き──招福除災のまじなひに──」『文化財学報』第四集　奈良大学文学部文化財学科
水野正好　一九九〇「道教とまじなひ──東アジア・日本における交流──」『文化財学報』第八集　奈良大学文学部文化財学科
港区教育委員会　一九九八『増上寺子院群　光学院・貞松院跡　源興院跡』
武蔵村山市教育委員会編　一九九四『指田日記』
村田あが　一九九九『江戸時代の家相説』雄山閣出版
村山修一　一九八一『日本陰陽道史総説』塙書房
村山修一ほか編　一九九二『陰陽道叢書』3近世　名著出版
村山修一ほか編　一九九三『陰陽道叢書』4特論　名著出版
村山修一ほか編　一九九三『陰陽道叢書』2中世　名著出版
目黒区円融寺南遺跡調査会　一九九六『円融寺南遺跡』

目黒区教育委員会　一九九九　『油面遺跡（F地点）』
森　郁夫　一九七二　「密教による地鎮・鎮壇具の埋納について」『仏教芸術』第八四号　毎日新聞社
森　郁夫　一九九八　『日本古代寺院造営の研究』法政大学出版局

大会での質疑応答

司会　ご質問がある方は挙手をしてお願いします。

追川　東京大学埋蔵文化財調査室の追川と申します。

地鎮埋納遺構の諸形態についてお聞きしたいことがあるのですけれども、関口さんは多数のカワラケを用いるものの中に、カワラケ溜まりが入っていて、それが民間信仰的儀礼に関係するものであるというふうに発表されたわけなんですけれども、このカワラケ溜まりの中に、宴会の後の一括廃棄と考えられている事例もあると。その辺が遺構を僕らが分類するときに何か区別の目安なりを設けていれば教えていただきたいと思います。もちろん関口さんのおっしゃるグレーゾーンに入るところだとは思うのですが、作業する上で参考にしたいと思いますので、よろしくお願いします。

関口　おっしゃる通り、カワラケ溜まりはグレーゾーンに入る事例が多いので、それがなにかしらの宗教儀礼の痕なのか、宴会の一括廃棄の痕跡なのか、解釈の仕方に一定のガイドラインはありません。ただ何点か、判断基準はお示しできると思います。

私の発表中でも、いくつかのカワラケ溜まりを宗教儀礼の痕跡ではないかとしておりますが、その判断基準としましては、例えば遺構の立地があります。柱穴列のそばにあったり、建物の下にあったり、屋敷境にあったり、ということですね。それから出土遺物に呪術性が認められるかどうか。合わせ口になっている、輪宝墨書土器や呪文が書かれているカワラケがある、木簡や銭、故意に口縁部を打ち欠いた遺物などが共伴する、などです。もちろん、木簡や銭が一緒に出ているのがぜんぶ埋納遺構というわけじゃありませんから、埋納かどうかの判断は、やはり遺構の立地関係や遺物の出土状態の分析を通して推測するしかないと思います。

要はその分析から推測へ至る過程が難しいわけで、こればかりは、ほかの遺跡の埋納遺構の事例がどんな立地で、遺物はどんな出土状態なのか、ということを広く参照しておくしかありません。そういう意味で、調査担当者の祭祀遺構に対しての問題意識によって、記録として押さえられる埋納遺構に限りが出てくると思います。

輪宝墨書土器などは誰がみても呪術的な遺物なので大抵の場合記録されると思いますが、撒銭ですとか、日常雑器が混じっているようなグレーゾーンの埋納遺構の場合はあぶないですね。一定の問題意識がないと、それが宗教儀礼の痕跡だというのを気づかないまま、たとえば一括廃棄の遺物として処理してしまう、なんてことも現実問題として起こっていると思います。

これまで近世遺跡ではとくに、そういう呪術的な要素についての議論がされていなかったので、胞衣埋納遺構を除くと、祭祀遺構に関する知識の共有が限りなくゼロに近いという深刻な現状があると感じています。こうした事態の打開には情報の共有が一番大事だと思うので、今回のようなシンポが糸口となって、どんどん近世の精神生活に関わる議論が盛んになることを、切に希望したいですね。

追川　ありがとうございました。

ちょっと質問の要点からずれてしまいましたが。

礫石経埋納と地鎮・鎮壇

……有富　由紀子

はじめに

祈念を込めて経典を土中に埋納することは、わが国では一〇世紀以来行われた宗教行為である。経典の形態には紙本経・瓦経・礫石《れきせき》経などがあり、これらは埋経の目的・意図とともに時代的変遷がみられる。このうち、礫石経は中世に出現してはいるものの、その盛行は江戸時代である。一石に経文を一字ずつ書写した一字一石経と、複数字の経文を書き連ねた多字一石経とがあるが、特に一字一石経は、微力な個人の力を結集して大きな功徳を共有することができるという多数作善思想のもとに庶民層によって盛んに行われ、共同体の結束、生産力向上により成長した農民層の社寺参詣などの宗教行為の盛行といった、近世の社会事情をそのまま映している。

さて、礫石経の埋納形態には、土坑に直接埋納するもの、甕《かめ》などの容器に納めてから埋納するもの、横穴・洞窟を利用するもの、寺社の堂宇の床下に納めるもの、寺社の境内地の一隅に囲いを作って納めるものなどがある（関一九八九）。このうち最も一般的な土坑直接埋納型のものや、寺社境内の一隅に特定の範囲を設けての埋納については、

表1　建物床下より発見された礫石経

	県名	遺跡名	埋納場所	埋納品	備考	出典
1	宮城県	寿福寺経塚	不動堂の床下	一字一石経	不動堂は江戸時代建立	⑦⑬
2		長承寺	観音堂千手観音菩薩の真下の床下	一字一石経	約一万個	㉗
3	福島県	塔寺一石経塚	地蔵堂床下	一字一石経		①⑦
4		釈迦堂経塚	釈迦堂床下			⑦
5		福生寺観音堂遺跡	観音堂基壇の版築土内	一字・多字一石経	六〇六個。法華経。応永三十三年（一四二六）の観音堂建立に伴うものであろう。表面攪乱のため埋納当初の状態は不明。	㉒
6	栃木県	大前神社経塚	社殿下礎石中		約五〇〇個。宝永四年（一七〇七）以前。根堅石とともに礫石経を柱穴の中へ埋納。地鎮的意味。	⑦
7	群馬県	不動寺経塚	本堂床下の石室	一字一石経		⑦⑪
8	埼玉県	宝蔵寺経塚	本堂須弥壇直下の土坑	一字・多字一石経	法華経。梵字。特殊事項石（願文、僧名、絵画）。寛文九年（一六六九）書写。	⑦㉑
9		浄空院経塚	堂床下	一字一石経		㉑
10		慈光寺経塚	開山塔基壇石内外	一字・多字一石経 骨蔵器	法華経。経文の題字、僧名、願文。開山塔造立は室町時代末。	⑫⑲
11		慈光寺経塚	観音堂床下中央部	多字一石経	中央四個の礎石間にはまるように、中央・東・西・南・北に規則正しく配置。地鎮のためか。観音堂は文化元年（一八〇四）、同九年（一八一二）に再建、再々建。	⑫
12		秩父神社経塚	社殿下	多字一石経	理趣経。天和二年（一六八二）の社殿改築時に地鎮の意味で埋納か。	㉑
13		武甲山山頂遺跡	御獄神社本殿下（本殿南端の礎石間）	多字一石経	大般若経第五七八巻（理趣経）。享保十二年（一七二七）の蔵王権現社建立時に社殿鎮護の目的で埋納したと推測。	㉑㉓
14		光福寺経塚	須弥壇直下土坑	多字一石経	六〇六個。蓋石もある。須弥壇の修理は延享四年（一七四七）。	⑦㉑

15		小沼耕地遺跡	溝で区画された基壇状遺構内	多字一石経	二個。観無量寿経。鎌倉時代。鎮壇に使用か。基壇状遺構は仏教的施設か。	⑰
16	東京都	浅草寺遺跡	六角堂基礎の石組	一字一石経 土・木製人形、針、櫛、羽子板、漆器		⑧
17		妙法寺経塚	祖師堂本尊（祖師像）の真下	一字・多字一石経	約六万個。法華経。特殊事項石（願文、戒名、氏姓、俗名、僧名、題目など）。文化七年（一八一〇）の建替えに伴っての埋納か。	②
18		普済寺	庫裏の大黒柱と玄関柱の柱穴	多字一石経	約二五〇〇個。法華経、金剛般若波羅蜜経、陀羅尼、普回向、梵字。	⑳
19	山梨県	恵林寺経塚	鐘楼基壇	多字一石経	四九個。法華経。地鎮目的と考えられている。	⑨㉖
20		保雲寺経塚	本堂収蔵倉の下	一字・多字一石経	出土状況不明。地鎮目的と考えられている。	㉖
21		正行寺経塚	本堂須弥壇下	多字一石経	約四〇〇個。法華経。米俵に納められてから埋納。経石の中に天保十年（一八三九）の年号がみえる。僧名、願文。地鎮目的と考えられている。	⑨㉖
22	三重県	金剛証寺求聞持堂	求聞持堂床下	多字一石経	七一五個。陀羅尼経。特殊事項石（菩薩名、願文、願主、年号）。礫石経に書かれた年号と棟札の年号がともに寛政九年（一七九七）。同年の堂再建に際して埋納か。	⑤㉔
23	石川県	三木だいもん遺跡	大型建物柱穴	多字一石経	一個。金光明経巻三除病品第十五の経文四四字。中世居館跡。	④
24	福井県	飯盛寺	本堂の基壇中央（須弥壇下）	一字一石経	願文。延徳元（一四八九）年の再建の時の埋納であろう。	㉕
25	島根県	出雲大社	本殿下	一字一石経	慶長（一五九六～一六一〇）の造替の時に埋納か。寛文四（一六六四）年の造替の時に発見されたことが「寛文四年正月より五月五日迄大社御造営日記」にみえる。	注1
26	和歌山県	金剛峰寺	大門の中心	一字一石経	梵字。中央・東・西・南・北に各一個ずつ。大門再建（元禄十三年〈一七〇〇〉）にあたっての地鎮か。	⑭
27		青岸渡寺尊勝院	境内中央	一字一石経	東西南北を示す梵字。尊勝院内に存在したと伝えられる尊勝堂、あるいは不動堂建立の際の地鎮であろう。	⑭
28	香川県	金倉寺経塚	伝三層塔跡礎石下	一字・多字一石経	一万数千個。法華経。素焼きの甕の中に納められていた。	⑩

	県名	遺跡名	埋納場所	埋納品	備考	出典
29	徳島県	長谷寺経塚	毘沙門堂床下の石室	多字一石経	願文、光明真言の梵字。毘沙門堂の建築許可がおりたのが文政十年（一八二七）。	⑦⑩
30	高知県	不破八幡宮経塚	本殿ほぼ中心の床下の丸い窪み	一字一石経	一〇八個。経文、梵字、無字。本殿は永禄（一五五八～一五六九）の再建。	⑦⑩⑱
31		熊野神社	社殿下	多字一石経	四八個。梵字。社殿は室町時代後期に再建。	③
32	佐賀県	西原大明神経塚	社殿内陣下	一字一石経 骨蔵器	骨蔵器に天保八年（一八三七）の銘がある。埋骨供養。	⑦
33		天建寺	薬師堂内陣下		経石を入れた甕を五〇センチ四方の土坑に埋置。	⑥

注1　出雲大社本殿下より出土の経石は、出雲大社宝物殿の展示にて確認。
注2　山梨県富士吉田口登山道関連遺跡では、富士山登山道一合目地点にあった山小屋跡の縁石付近から、約三〇〇〇個の礫石経が出土している。掘り窪めた土坑内に埋納されていたが（富士吉田市教育委員会　二〇〇一『富士山吉田口登山道関連遺跡』富士吉田市教育委員会）、山小屋との関係が不明確なため省略した。

①会津坂下町一九七六　②有富二〇〇〇　③岡本一九九四　④垣内一九九四　⑤駒田一九九四　⑥渋谷一九九四　⑦関一九九〇　⑧台東区教育委員会一九九五　⑨田代二〇〇二　⑩千葉一九八二　⑪津金沢一九八二　⑫都幾川村史編さん委員会一九九八　⑬藤沼一九七五　⑭松田一九八四　⑮松原b一九九四　⑯水野一九八四　⑰埼玉県埋蔵文化財事業団一九九一　⑱重要文化財不破八幡宮本殿修理委員会一九六六　⑲重要文化財慈光開山塔修理委員会一九六五　⑳立川氏館跡遺跡調査会二〇〇〇　㉑飯能市教育委員会一九八七　㉒福生寺・会津高田町教育委員会一九九九　㉓武甲山総合調査会一九八七　㉔文化財建造物保存技術協会一九九四　㉕文化財建造物保存協会一九九八　㉖山梨県埋蔵文化財センター二〇〇一　㉗『河北新報』（一九九四年九月二十八日）

礫石経を埋納するという行為それ自体が目的であり、それは、時にその上に経碑を建てて礫石経の存在を示していることからも窺われる。(1)

それに対して、建物の床下に埋納された礫石経は、管見の限りではあるが三三例（表1参照）と、七〇〇以上の礫石経の報告例(2)からみれば五パーセントにも満たないことからもわかるが、解体修理などで建物の存在がなくならない限り、その存在が知られることはない。建物に関しては何らかの形で造営の記録が残っていても、礫石経を埋めたという記録は見られないのである。建物床下の礫石経の記録については、出雲大社の上官を勤めた佐草家に伝わる文書（佐草家文書）のなかの『寛文四年正月より五月五日までの大社御造営日記』（佐草自清記）二月二日の記録に、同年（一六六四）の造替えにあたり御宮の床下より一〇〇荷ほどの石経が発見された、とある（八鹿町教育委員会一九九七）。しかし、これとてあくまでも発見の記録であり、埋納の記録ではない。(3) つまり、建物床下埋納の礫石経は、建物がまず主体であって、礫石経はあくまでも付随するもの、第二義的なものということなのであり、建物との関係において理解されるべきものということができよう。

そこで、本稿では、この建物床下型の埋納礫石経を分析することにより、その性格を見いだし、それが作り上げられた背景を探り、そこに関与した当時の人々の祈り・信仰について考えてみたい。

なお、礫石経のなかには、梵字《ぼんじ》を書いた石が同時に埋納されていた例がある。したがって、梵字を墨書した石のみを埋納した事例も扱うこととする。

一　建物床下埋納礫石経の諸相

1　埋納形態からの分析

まず、三三の事例を整理して作成した表から建物床下埋納礫石経の諸相を読み取ってみる。

建物床下に礫石経が埋納された事例は一三世紀からみられるが、他の礫石経経塚同様、その盛行期は江戸時代である。礫石経上の建物は仏教施設と神社社殿とに分けられるが、これは資料の残存性、つまり一般の住居は当時のまま今日まで残ることが稀である、ということに関係があろう。

埋納形態をみると、床下面の埋納位置が、本尊の真下（2、17。以下かっこ内の数字は表1の数字と対応する）、須弥壇《しゅみだん》直下（8〈図3〉、14、21、24〈図1―1〉）、基壇中央（11〈図2―4〉、26、30）など、建物との関連において非常に計画的に造営されたことが窺われる。また、柱や礎石の下（6、18〈図2―3〉、23、28）、建物基礎の版築土内・石組み内（5、16、22〈図1―2〉）、建物下に石室を設けての埋納（29）、これらは建物建立時でなければ不可能な埋納法であり、やはり、建物と深い関係があるといえよう。

では、その性格はどうであったのであろうか。

埼玉県慈光寺経塚開山塔（10）や佐賀県西原大明神経塚（32）のように、建物下であっても骨蔵器を伴う場合は、建物そのものよりも埋骨に深く関わるものとみられる。つまり、この礫石経埋納は鎮魂・供養という性格を持つものであり、場合によっては、その上の建物の建立目的を確認しなければならないであろう。例えば、香川県丸亀市にある一石経塚は、『正覚院縁起』に載せる、理源大師が母公供養のために一堂を建立し一字一石の写経をしてこの地に埋めたという伝説に関係するもので（関一九九〇）、伝説ではあるが、このように堂建立と礫石経書写が供養という同一の目的で行われている例もある。

次に、埼玉県の慈光寺経塚観音堂（11）、和歌山県の金剛峯寺大門（26）の場合である。ここには礫石経を中央と東西南北に規則正しく配置するという共通の特有な埋納の仕方がみられる（図2―4）。この形態は、輪宝墨書土器と「東」「西」「南」「北」「中央」と墨書された土器が身と蓋《ふた》の関係で発見された岐阜県の伊富岐神社本殿下の例、折敷上に五枚小皿を置いたものを、建物下の中央と東西南北の四方の五カ所に配していた和歌山県高野山金剛峯寺宝性院跡の例（水野一九八四）に通じる。前者は、輪宝を乗せた杭を四方に立てて結界《けっかい》する鎮壇、後者は五穀粥など五色の盛

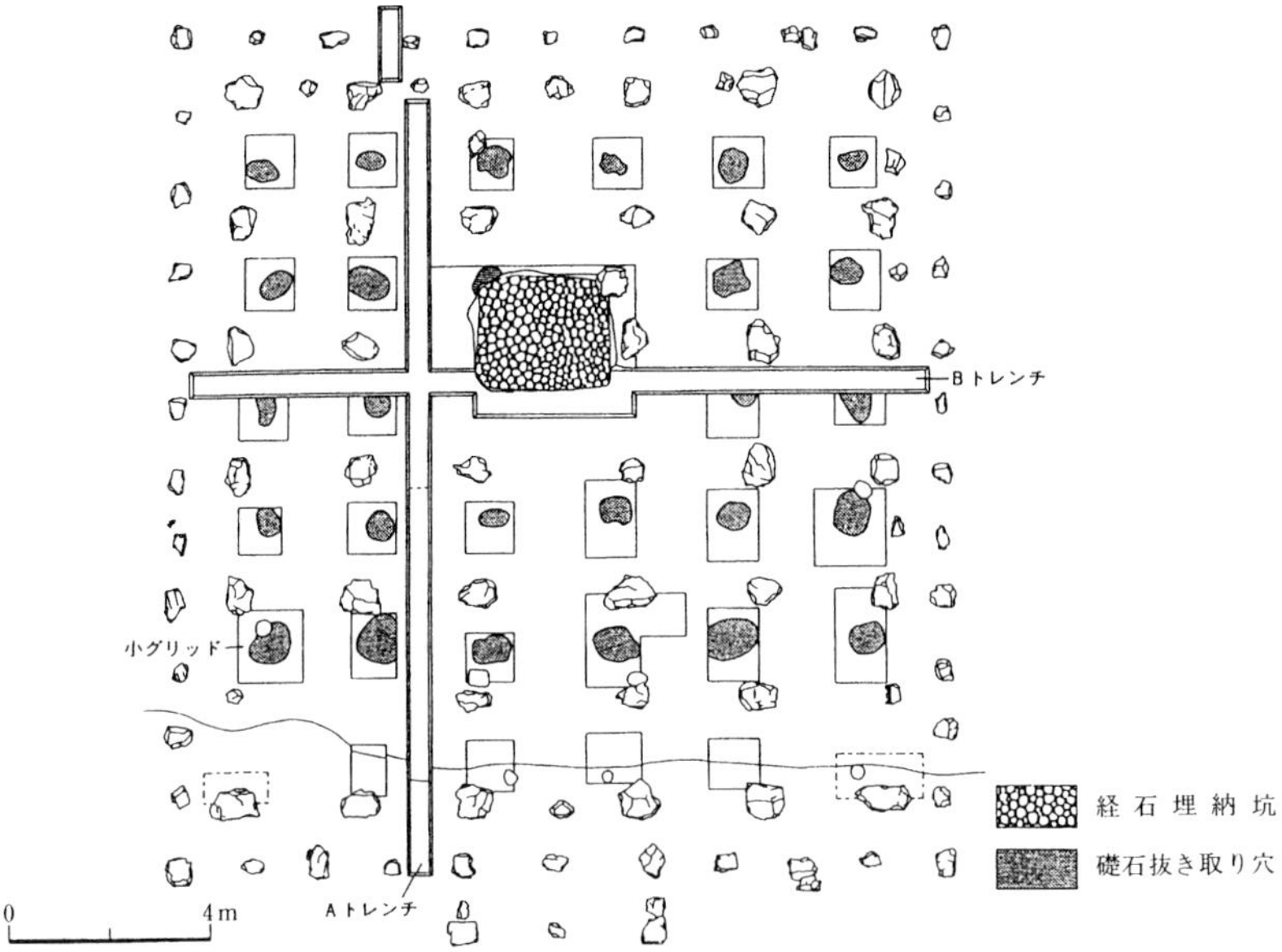

1 飯盛寺（文化財建造物保存技術協会 1998）

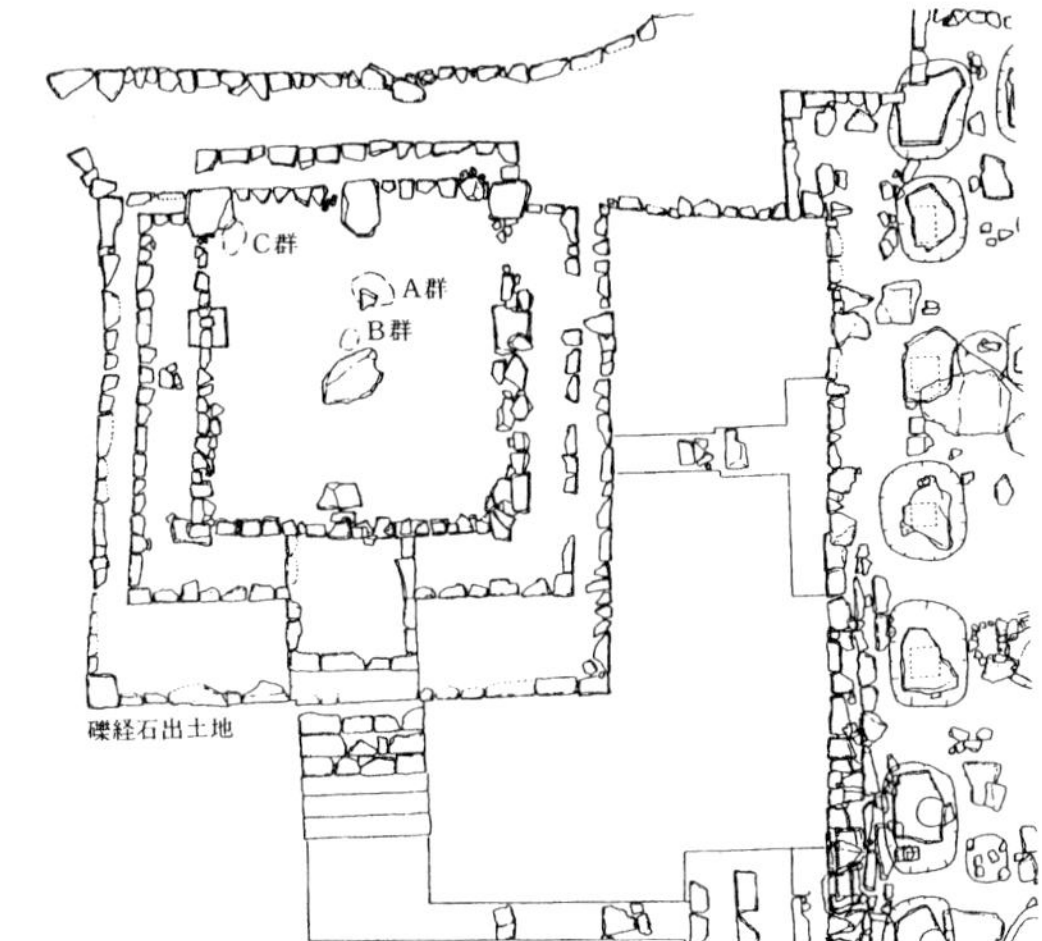

2 金剛証寺求聞持堂（文化財建造物保存技術協会 1994）

図1　建物下埋納礫石経の出土位置〔1〕

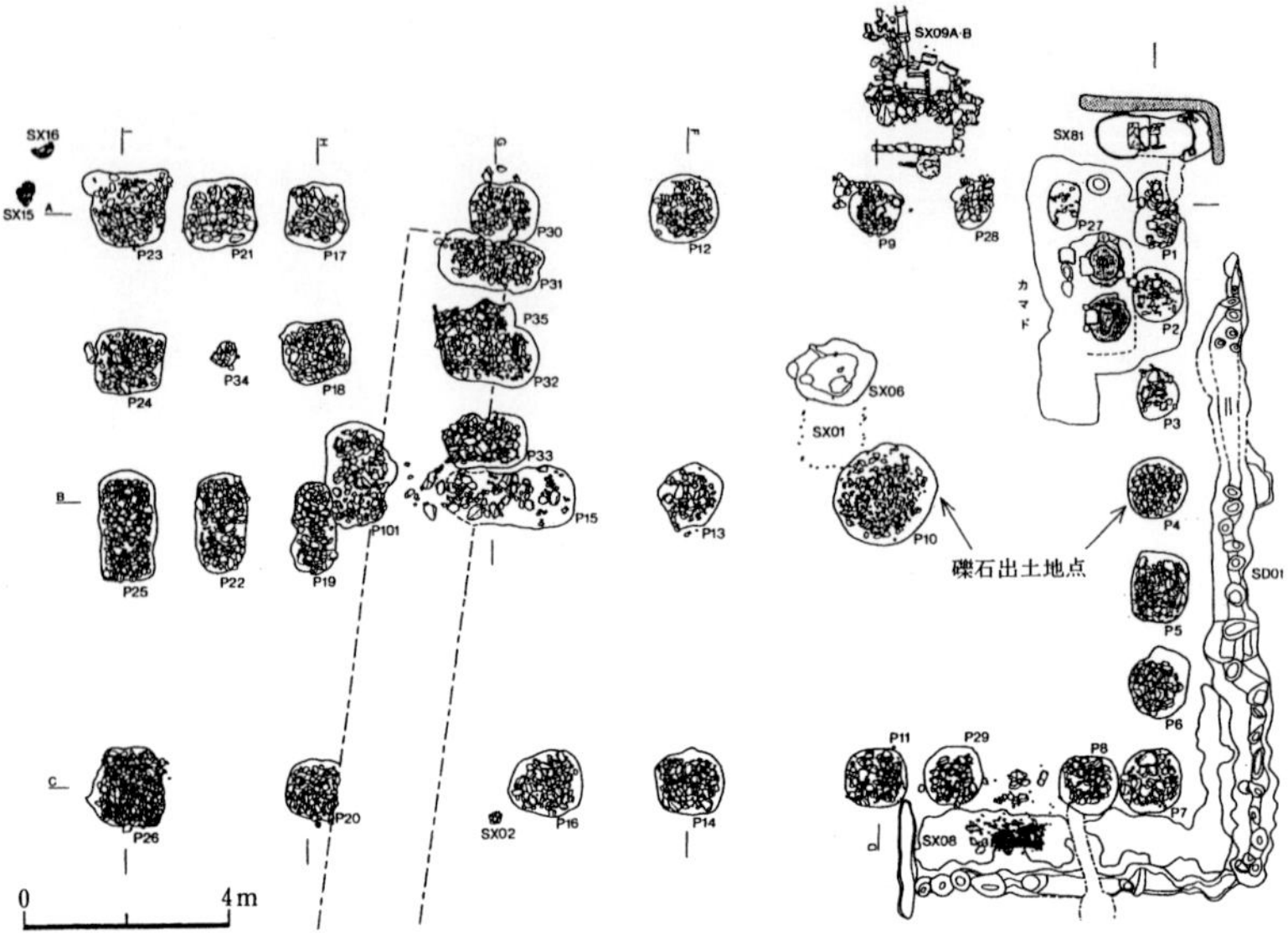

3 普済寺庫裏
（立川氏館跡遺跡調査会 2000）

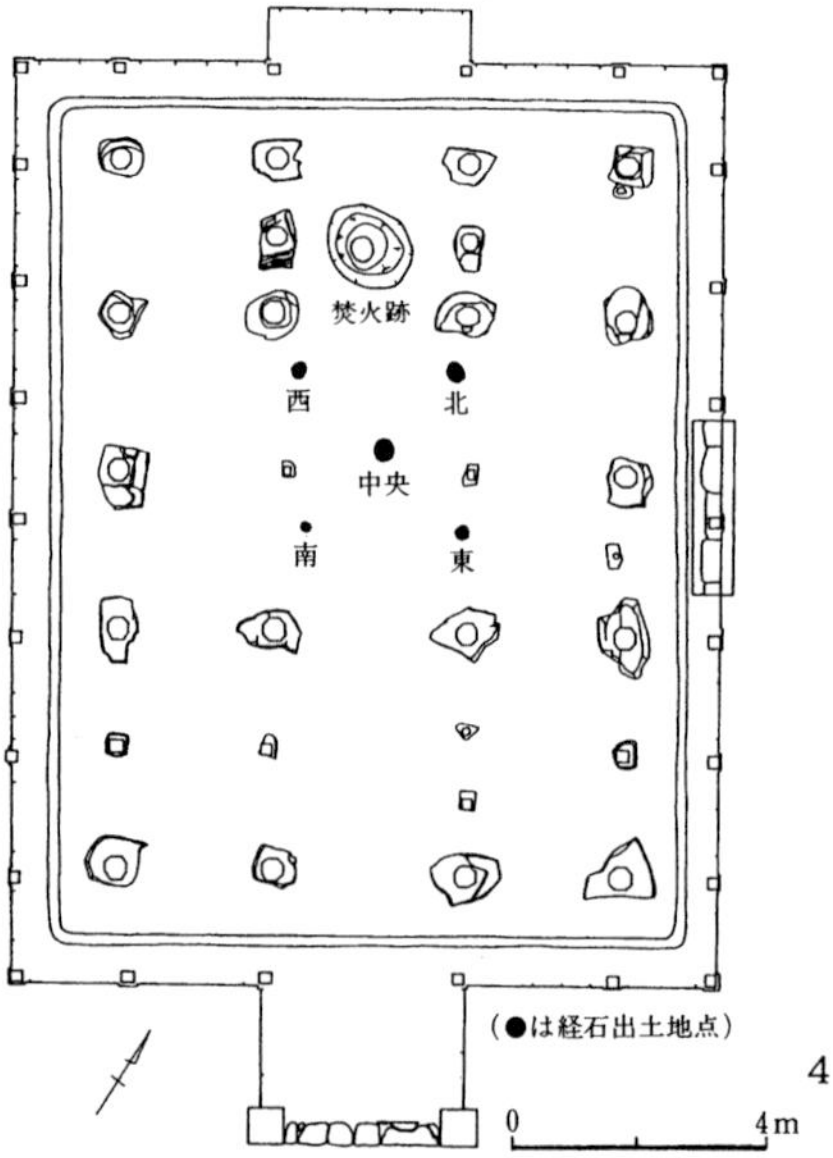

4 慈光寺観音堂
（都幾川村史編さん委員会 1998）

図2　建物下埋納礫石経の出土位置〔2〕

物を五方に供える「屋敷地取作法」にのっとった地鎮の跡といわれている。ただし、輪宝墨書土器には、五穀粥を入れるという点で地鎮の機能も併せ持っており、本来、密教では明確に区別されていた地鎮・鎮壇が融合した形になっている。(4) 供え物の跡はないが、慈光寺観音堂や金剛峯寺大門の五カ所に配した礫石経は、その特異な配置から上記のような地鎮・鎮壇と同列に配してよいものと思われ、土地の神に許しを乞い、四方を結界して結界内の安寧を願うことを、経文の呪力に頼ったものであろう。日蓮宗では今日でも一石経を用いての地鎮式を行っているというが、その儀式次第は、「法華経」如来寿量品《にょらいじゅりょうぼん》第一六の「我此土安穏／天人常充満／園林諸同閣／種種宝荘厳／宝樹多花菓」の五つの語句を五つの石に書写し、地神から借り受けた土地の四隅と中心に配するというものである(田代二〇〇二)。宗派の違いを考慮に入れなければならないが、礫石経の配置などにおける共通点は注目できよう。

また、配置は不明だが、和歌山県の青岸渡寺尊勝院(27)から出土の四方位を示す梵字を記した経石も同例であろう。特に、ここでは中央部から瓶《かめ》が出土しており、儀軌《ぎき》に則した地鎮の跡ということができる。

なお、慈光寺観音堂出土の経石は、書写経典は特定できていないが、内容をみると、「諸眷属《けんぞく》土公王子孫」「王土神眷属」「地神□仏□」「南無南方赤竜王」などと書かれたものがあり、土公神を祀る目的であったことがわかる。土公神は地神であり、この土公神に土地を拝借する許可を得ることが地鎮である。したがって、この遺跡は地鎮の典型的な事例といえよう。

明らかに儀軌に則った地鎮・鎮壇に通じる遺構は、慈光寺観音堂と金剛峯寺大門だけであるが、他の建物床下埋納礫石経も、その計画性のある埋納位置と経文の呪力とを併せ考え、地鎮・鎮壇を目的として埋納されたのではないかと報告されている事例が多く、妥当な見解であると考える。(5)

2　礫石経墨書内容からの分析

礫石経には経文や梵字以外の文言が書かれているものがある（8〈図3〉、10、13、17〈図5、6〉、21、22、24、29）。本稿では特殊事項石と呼ぶが、この特殊事項石こそ礫石経・礫石経埋納遺跡の性格を物語る資料となる。特殊事項石はその内容から、仏像・蓮弁などの絵、神仏名、願文、僧名、戒名、俗名、年月日、題目、などに分類でき、これらの内容は大抵複数組み合わされて、ひとつの遺跡から出土している。

僧名、俗名は、礫石経作成に携わった者と理解されているが、例えば三重県の金剛証寺求聞寺堂（22）では「願主氏永」「奉納／願主信吉」とみえ、「願主」「奉納」の文言からその性格が明らかである。僧侶の名のみが複数みえる山梨県の正行寺経塚（21）は、僧侶（寺院）主体で行われた礫石経（田代二〇〇二）、僧侶、俗名ともにみえる東京都の妙法寺経塚（17）、複数の俗名の願主がみえる金剛証寺求聞持堂などは、信者も参加しての礫石経とみられ、共に地鎮・鎮壇のためという共通の性格が想定されながらも、造営の背景に相違があることがわかる。

仏像などの絵、仏名、神名、題目などは、祈願・奉納の対象、それぞれの持つ呪力を期待したものと考えられる。妙法寺経塚（17）の「南無妙法蓮華経」とある石は、日蓮宗寺院である妙法寺だからこその祈りの文言を書いたものであり、金剛証寺求聞持堂の「虚空蔵菩薩」、福井県飯盛寺（24）の「本尊薬師」「薬師千手」「観音」「弘法大師」などはそれぞれの寺院の本尊あるいは寺所有の諸尊であることが確認できるので、それらの諸仏に奉納・祈願をしたものと考えられる。なお、金剛証寺求聞持堂には他に「八幡菩薩」「十王観音」「大日如来」などの仏名を記した石もあるが、こちらはその多様性から、単に種々の仏に祈願をしたものであろう。また、埼玉県秩父の武甲山御嶽《みたけ》神社（13）本殿下の礫石経に「奉納蔵王大権現」とあるのは、本殿（蔵王権現堂）が造営された享保十二年（一七二七）に、蔵王権現社の鎮護のために奉納することを意味していると解されているが（武甲山総合調査会一九九八）、これは礫石経が床下に埋納された建物との関係を示す資料でもある。

年月日は、前後に付された文言の内容によって、忌日か礫石経作成時期かに分けられる。妙法寺経塚、金剛証寺求聞寺堂では、礫石経に書かれた年月日が、各寺院に残る文書や棟札との照合の結果、礫石経を埋納した建物の建立時期と見事に合致し、建物建立に関連して埋納されたことが明確に裏づけられている（拙稿二〇〇〇。本稿第二章第三節参照。駒田一九九四）。

しかし、何より礫石経作成の意図を直接に語るものとしては、「願文」を第一にあげなければならない。埼玉県の宝蔵寺経塚（8）に埋納されていた願文石には、願主である比丘《びく》の名と、法華経化城品の中の偈《げ》「願以此功徳　普及於一切　我等与衆生　皆共成仏道」を書き、さらに「武州高麗郡下加治村清雲山宝蔵禅寺は洞家の古禅刹也。既に年月深遠にして殿宇頽落す。時は寛文己酉《つちのととり》の冬、現住比丘文沢は諸檀と計りて梁《はり》柱を再修し、且《か》つ十余輩の門衆を屈請して大乗妙典を一字一石に書写し、以って堂下に埋む。伏して望むらくは、此の功力を以って山門繁盛、起居多福ならんことを」とある（原文漢文。図3。飯能市教育委員会一九八七）。この願文から、宝蔵寺の本堂が寛文九年（一六六九）に、住持の比丘と壇越《だんおつ》の協力のもとに修復され、その時に十数人の僧侶を屈請して法華経を一字一石の形で書写し、堂の下に埋納されたことがわかるが、注目されるのは、礫石経を埋納することの功徳が「山門繁盛」につながるようにと願っていることである。宝蔵寺の経石は須弥壇直下、柱と柱の間にすっぽりとはまるように掘られた土抗に埋納され、特に願文石にいたっては、ほぼ中央に置かれていた（図3）。この形態からみても、これらの礫石経が地鎮・鎮壇目的で埋納されたことが窺われるが、それと合致する願文がここにみられるのである。

建物との関わりということであれば、前述の「奉納蔵王大権現」もその例であるが、建立意図を明確にした願文は

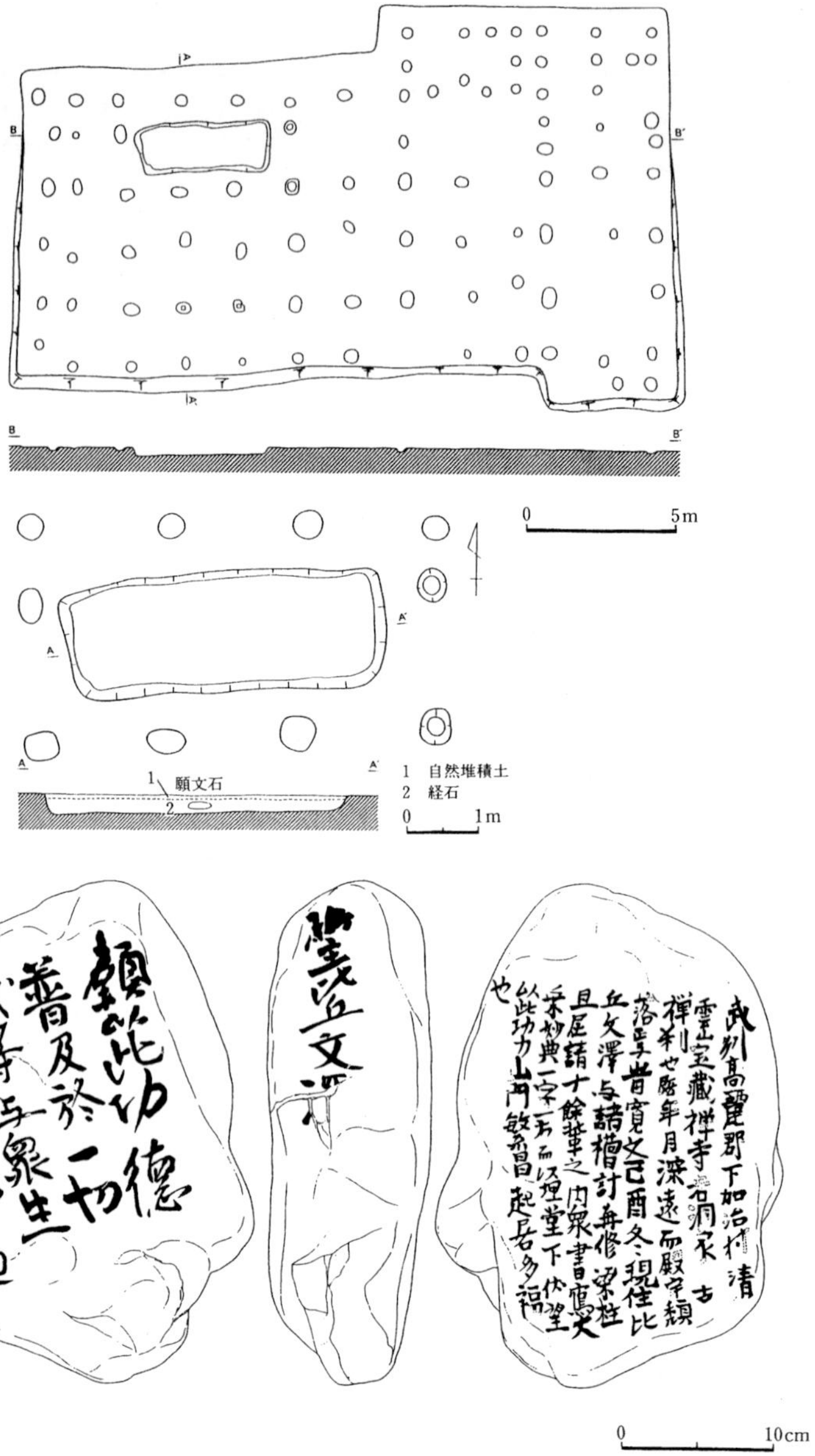

図３　宝蔵寺経塚 遺構と出土願文石（飯能市教育委員会 1987）

以上の宝蔵寺一例のみである。その他の遺跡から出土の願文石を見ると、妙法寺経塚、飯盛寺、金剛証寺求聞持堂では、共に「先祖代々」「家内祈禱」「七世父母」「現世利益」「所願成就」「寿命長□」といった追善供養、現世利益を願うものばかりであり、徳島県の長谷寺経塚（29）のものも追善供養の願文である。

しかし、宝蔵寺の場合も、寺の繁栄を願った願文石には、同時に「起居多福」――平生の生活に幸いあれ――とあり、また、同じ願文石に書写していた法華経の一文は、経の功徳が一切に及び、皆が悟りをひらけるように、つまりは極楽往生できるようにという一般には回向《えこう》の時に読誦される偈であり、追善供養のための願文として読むことができる。経文の一部を願文にみたてることは、妙法寺にも例があり（拙稿二〇〇〇。本稿第二章第二節参照）、中世の板碑《いたび》には板碑造立の趣旨にあう経文中の偈文が刻まれていた（小花波一九九一）。そして、この願文は僧（比丘）文沢が願主となって作成し、経文書写にあたったのは十余人の僧侶（門衆）であったが、堂の再建には「諸檀」（複数の檀越）が参加しており、功徳の及ぶ範囲は諸檀までとみてよいであろう。

こうして見てくると、計画的に建物床下に埋納された礫石経は、多くはその埋納形態や一部の願文石の存在から地鎮・鎮壇を目的としていることが推察されたが、同時にそこには、建物とは直接に関係のない、写経・埋納に関与した人々の個人的な願いが込められているものもあった。中でも、宝蔵寺の埋納経からは両方の願意が読み取れる。同遺跡の発掘調査報告書では「地鎮的要因はあろうが功徳業、現世利益を目的とした単独の経塚と考えてよいと思われる」とするが（飯能市一九八七）、検討すべき課題であろう。

また、ここまでは建物床下ということで一括してみてきたが、先述したように礫石上の建物には仏教施設と神社社殿とがある。埋納礫石経に関しての双方の共通点は、埋納形態から地鎮・鎮壇のためとみられることである。一方、相違点としては、願文石を奉納し、そこから現世利益、追善供養といった建物そのものには関係のない願文があるのは仏教施設に限られていることである。資料の残存性、実施調査の偏りによるものかもしれないが、この結果はどう理解すべきであろうか。

そこで次章では、特殊事項石の点数が多く、江戸時代に多大な信仰を集めた妙法寺祖師堂の床下に埋納されていた礫石経の分析（拙稿二〇〇〇）を通し、上記二つの疑問点を中心に、近世期の江戸の寺堂床下に埋納された礫石経と地鎮・鎮壇の関係についてみていくことにする。

二　江戸近世寺院の地鎮・鎮壇と信仰
——妙法寺祖師堂床下埋納礫石経の場合——

1　遺跡・遺物の概要

天明八年（一七八八）作成の寺院本末帳の「法華宗甲州身延久遠寺派下本末帳」に「同（武蔵）国豊島郡堀之内妙法寺」と記され、幕府から身延山久遠寺の直末寺として公認されていた妙法寺は、天保年間（一八三〇〜一八四三年）刊行の『江戸名所図会』（巻之四・天権之部）に「日蓮宗一致派にして、すこぶる盛大の寺院たり。宗祖日蓮大士の霊像は世に除厄の御影と称す」「当寺に安置の日蓮大士の感応ハ、常に唐捐《とうえん》ならず。故に風雨寒暑をいとはず、都鄙《とひ》の貴賤日毎にこゝに詣して、百度参《まいり》等片時絶る事なし」とあり、近世後期には、近郷農村のみならず、広く江戸市中の人々の信仰を集めていた。それは、当寺に安置されていた祖師像、つまり日蓮像が、伊豆流罪を逃れた四二歳の日蓮が自ら開眼したという伝承をもつことから、法難回避を四二歳の大厄回避にかけて、厄除《やくよけ》祖師という異名をもつものであったからであった。それゆえ、祖師の忌日である十月十三日のお会式《えしき》は「その間群参稲麻の如し」(『江戸名所図会』)という状況で、『東都歳事記』(天宝九年刊)には「宝前供物等山の如し。会式中開帳あり」の記載とともに、法会を行う何人もの僧侶と祖師堂前に群がる人々の図が描かれており(巻之四・冬之部、十月八日条)、その賑わいのほどが知れる(図4―2)。

礫石経は、近世の人々の信仰を集めた祖師像を祀るこの祖師堂の下から、修理工事の際に発見された。祖師堂は文化九年(一八一二)の再建後は屋根等に修理を施したぐらいで、したがってその位置は『江戸名所図会』に描かれた天保のころと変わっていない(図4)。

発見された礫石経は、土中埋納の多字一石経と土表積み上げの一字一石経の二種類に分けられるが、まず、出土状況と遺構の概要を、筆者の調査(拙稿二〇〇〇)に杉並区教育委員会に保存されている当時の記録を新たに加えて述べておく。

祖師堂建設のための版築は二回行われており、第Ⅰ期は、一旦ローム第Ⅳ層の中程(五〇〜六〇センチ)まで土を削り取り、ローム粒を含む黒土とローム層を交互に突き固め、版築部を造る。版築完成後、古瓦等を利用して施設のために雨落ちを造るが、おそらく明和六年(一七六九)の火災で雨落ちのみを残して施設は消滅したものと思われ、遺った雨落ち等の上から再度版築部を造っている(第Ⅱ期)。多字一石経は、この第Ⅱ期に、地表面から一九センチの所に、最大直径五二センチ、深さ二一センチのすり鉢形の穴を掘り、そこに四段、円形に並べて埋納されていた。そして、土を被せならした後で、一字一石経を上から覆うように被せたものと思われる。

ここで特に意味深いことは、多字一石経の埋納されていた位置が、祖師堂須弥壇に安置された信仰の対象である祖師像の真下にあたることである。多字一石経は「妙法蓮華経」の序品、方便品、提婆達多品、勧持品、安楽行品、従

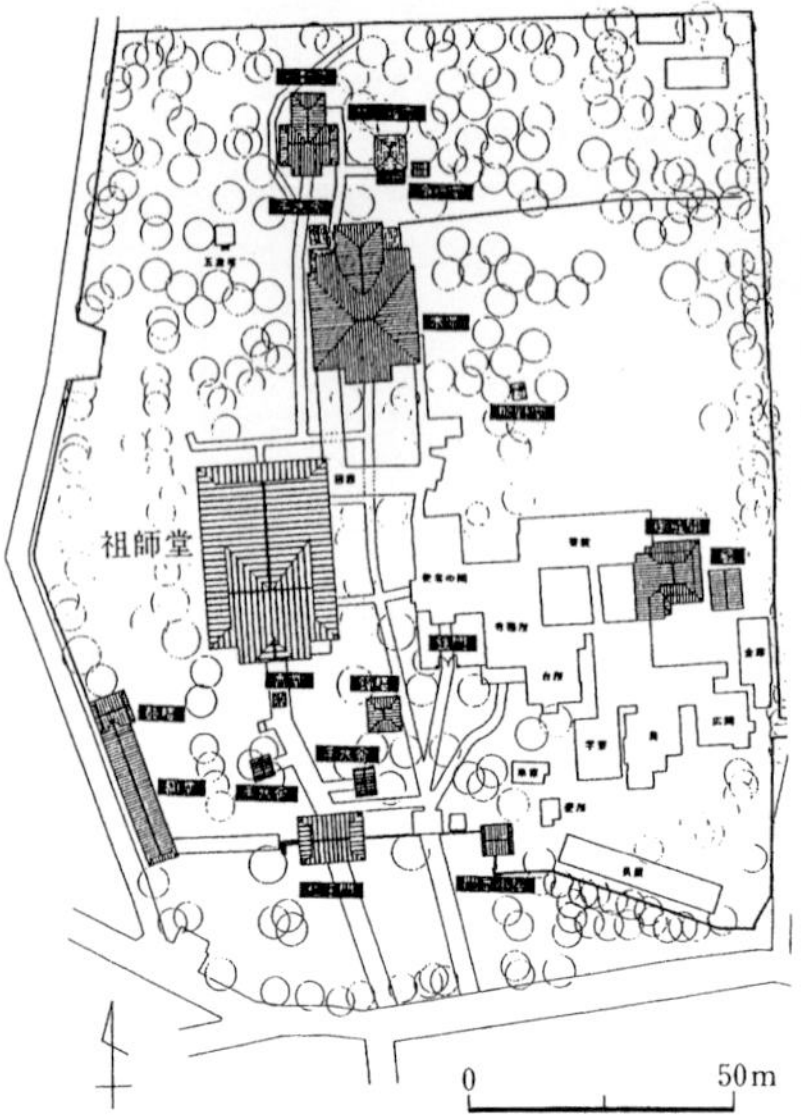

1 現伽藍配置図（杉並区教育委員会 1996）

2 会式法要中の祖師堂（『東都歳事記』）

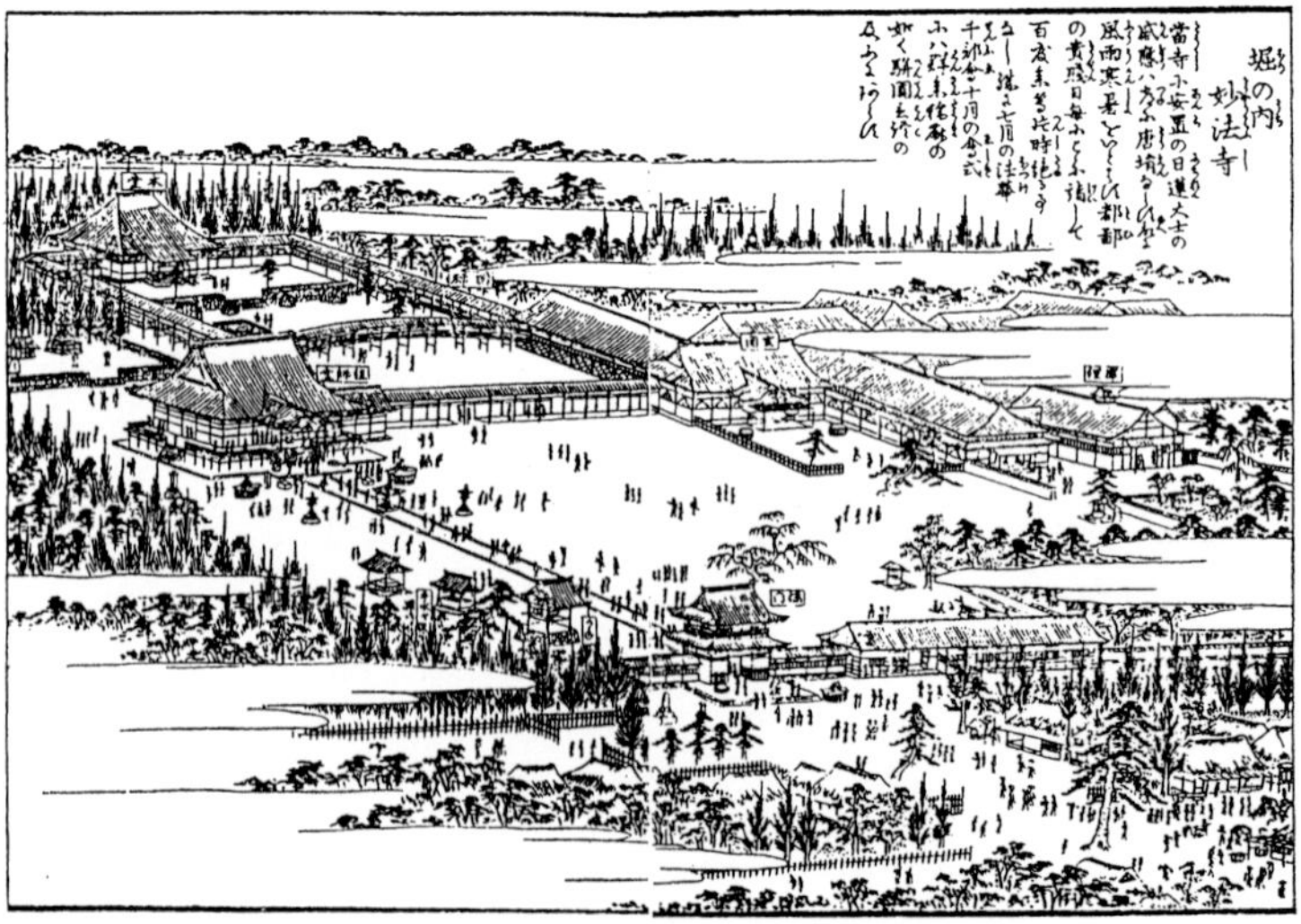

3 天保年間頃の妙法寺鳥瞰図（『江戸名所図会』）

図４　妙法寺境内図

地涌出品、如来寿量品、見宝塔品が一人の手で書写されており、なかでも、同経・巻第五が丸々一巻、しかも巻内各品が順番通りに連続して書写されていることは注目される。しかし、埋納にあたっては石の順序や並べ方に注意が払われた形跡はない。石に写経をしたあとは、再び石に書いてある経文を読み返すことはなく、とにかく埋納することに意味があったものと考えられる。

2　特殊事項石

二形態の経石には、それぞれ経文以外の文言が記された特殊事項石（第一章第二節参照）がある。

多字一石経の特殊事項石は五個で、戒名、年月日、俗名、日蓮宗の題目、願文が書かれている（図5）。唯一の俗名である「宮崎弥左ヱ門妻」（図5—①）「宮崎弥左ヱ門内」（図5—②）というのは、横に「六十歳書」（図5—①）とあることから、この経石の書き手であることがわかる。「得無上道速成就仏身」（図5—③）「於此事無疑願仏為未来」（図5—②）とあるのは、多字一石経が書写していた法華経の如来寿量品、従地涌出品の一部であり、経文を願文にみたてたものと考えられる。この願文と、「先祖代々　宮崎（氏）」（図5—①、③）の文言から、多字一石経は宮崎氏がその先祖の追善供養のために法華経を書写したものということができる。戒名は供養されるべき先祖であり、続けて「書」の文字がある「四月晦日《みそか》」（図5—②）は書写日、それ以外の年月日は戒名の主の忌日と思われる。氏の名と「先祖代々」の文言、そして戒名を列挙することは、妙法寺所蔵の鑿子や台付灯籠の銘文（杉並区教育委員会一九九六）にも見え、これらが妙法寺への奉納物であることは、礫石経の性格を考える上で注意されるべきことである。

一方、一字一石経の特殊事項石は一三二例で、次のように分類できる。

院号・法名　　発生院（図6—⑩）　　一乗院（⑦）　　春苗童女（⑰）　　皎日院（⑯）

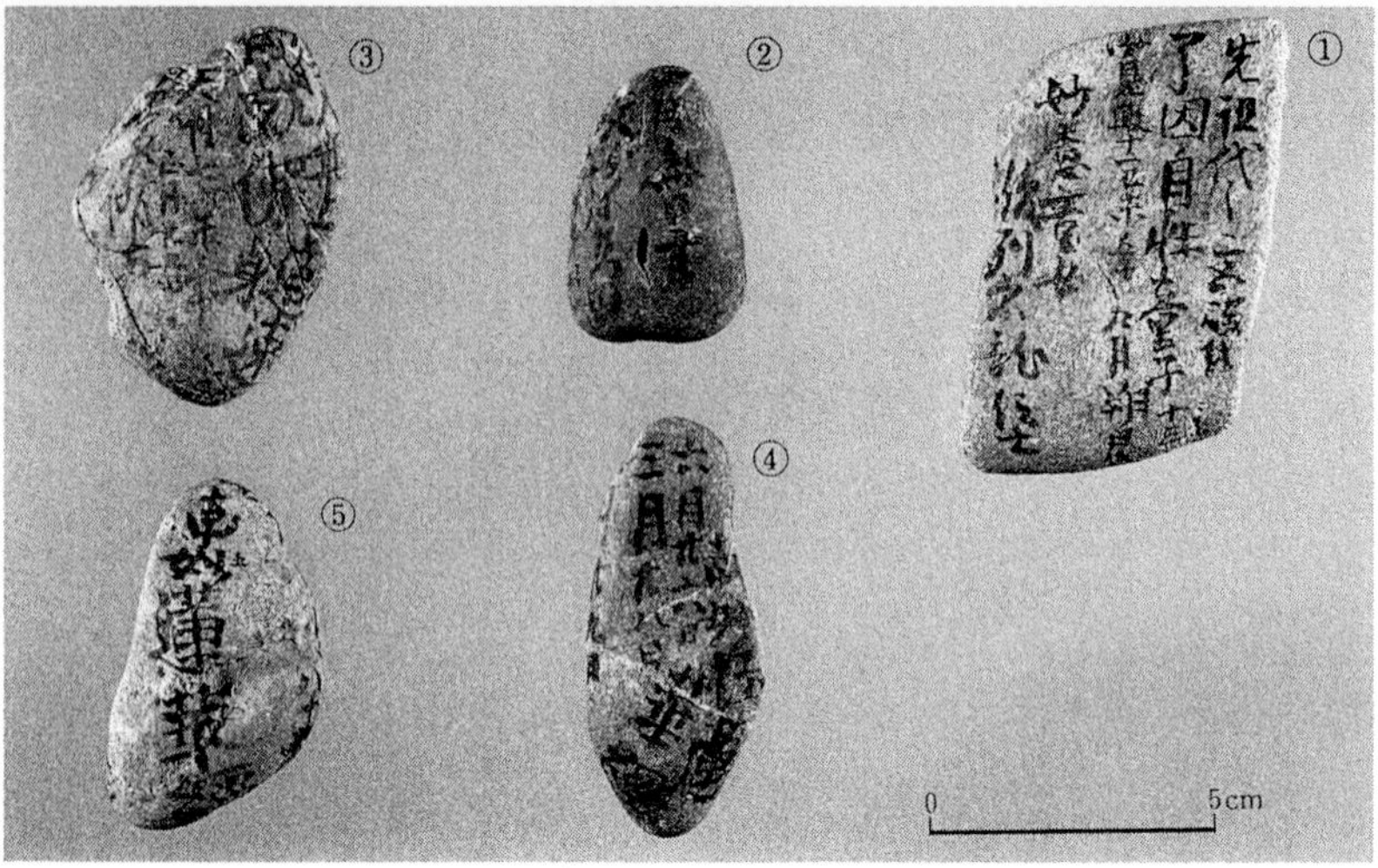

①
先祖代々　宮崎氏
了因自性童子　十三
寛政十一己未季　九月朔日歳
妙意童女
俊列宗龍信士
宮崎弥左ヱ門□（妻カ）
六十歳書
栄山妙㐂大姉
慶循㐂歓居士
徳正院覚本智道居士（居士はバツ印で消してある）
順月友西信士
了叔院妙栄信女

②
四月晦日書
宮崎弥左ヱ門内
六十才□□□（二而書カ）
於此事無
疑願佛
為未来
勝

③
得入無上道速成就佛身
天明七丁未季
正月廿九日
慶循㐂歓居士
栄山妙㐂大姉
五月廿六日
先祖代々　宮崎
徳正院覚本智道
了因自性童子□

④
南妙法蓮華経
六月廿六日
三月廿八日
正月廿九日
五月廿六日
二月廿九日
九月朝（朔カ）日
十一月二日

⑤
南（南の異体字）妙蓮華経
南妙蓮華経當
南妙蓮華経
九月朝（朔カ）日　八十四ほたい
（はじめに二と書いて消して四と
書き直している）

図５　妙法寺祖師堂床下礫石経　特殊事項石〔1〕（写真：杉並区教育委員会提供）

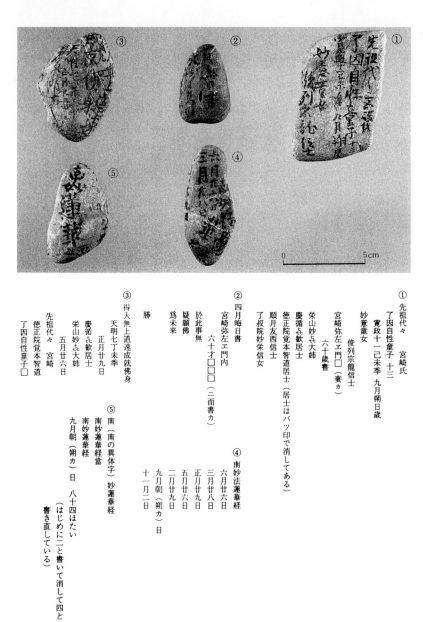

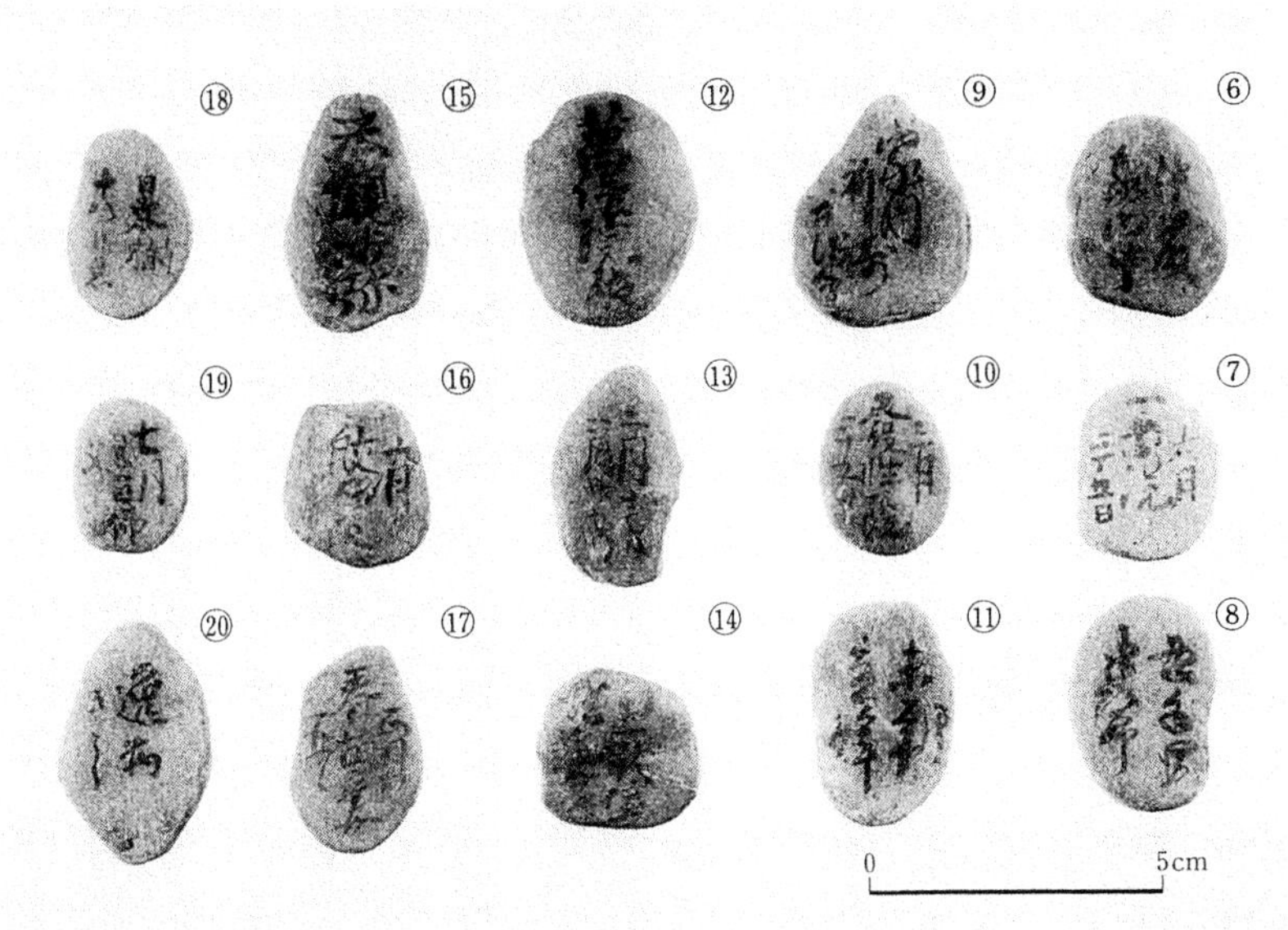

⑥
中藤
家内中

⑨
家内
祈祷
□□會□

⑫
萬俊院殿

⑮
法観沙弥

⑱
ばし
日本棕
十八日忌

⑦
六月
一乗院
二十五日

⑩
三月
發性院
二十九日

⑬
二月十七日
六月廿七日

⑯
十月
皎日院
十八日

⑲
七月
廿一日佛
父□□

⑧
丑年男
半次郎

⑪
亥年　男
未年　女

⑭
日厭信士
僧□□

⑰
正月
春苗童女
五日

⑳
逸病
きとう

図6　妙法寺祖師堂床下礫石経　特殊事項石〔2〕（写真：杉並区教育委員会提供）

僧名　万俊院殿⑫　泰回信士　日厭信士⑭
氏姓　釈道哲　法観沙弥⑮
俗名　秋元氏　本田　(金)田氏　(鹿)島氏　中藤⑥
戒名　□□弥□衛門　金次郎　半次郎⑧
干支　清照院無常信士　常照院観滅□称居士
日付　丑年男⑧　亥年男／未年女⑪　申女　辰年
題目　二月十七日／六月廿七日⑬　五月朔日《ついたち》
願文　南無妙法蓮華経
　　　先祖代々　家内祈禱⑨　□□成就　省鬼　息才(災)延命
　　　当世菩提　両親菩提　精霊　父くよう(供養)　七月廿一日仏／父□□⑲
　　　逸病きとう(祈禱)⑳　忌
地名　日本橋　大橋

これらは必ずしも単独で書かれているわけではなく、戒名や院号は年月日を伴うことが多く、氏姓や題目に「先祖代々」「家内祈禱」の文言が付されているものもある。

このうち願文は、「家内祈禱」「成就」「逸病／きとう」「省鬼」「息才(災)延命」などの現世利益を願うものと、多字一石経にも書かれていた「先祖代々」「父くよう」「精霊」「両親菩提」「追善供養」などの追善供養との二つに分けられる。また、戒名、日付等は、供養されるべき先祖を具体的に書き表したもの、単独で書かれた氏姓は諸霊の属する家の名であると考えられ、そこにも追善供養の祈りが込められていたとみることができる。干支は、「戌年／息才延命」と現世利益の文言を付したものが一点あること、妙法寺祖師堂に奉納された香炉の銘「先祖代々／為菩提／武運長久／子孫繁栄／天保十二辛巳《かのとみ》／佐久間内／辰女性」（杉並区教育委員会一九九六）の表記との共通性などから、願主を表したものと考えられ、この礫石経には個々人の願望が込められていることが窺われる。そして、これら氏族名、俗名、干支はいずれも複数確認され、さらに数人以上の筆跡が認められることから、礫石経作成に多数の人が参加していることがわかる。

3　礫石経埋納の時期

二種類の経石に書かれている年号を抽出すると、宝暦十四年（一七六四）、天明七年（一七八七）、寛政五年（一七九三）、寛政十一年（一七九九）であるが、いずれも戒名に伴って書かれていたことから、忌年と考えられる。このうち最も新しい忌日は多字一石経に書かれた寛政十一年九月朔日であるが、多字一石経の書写日が四月晦日（図5―②）であることを併せ考えると、本礫経石の書写あるいは埋納は、寛政十二年（一八〇〇）以降ということになる。

本礫石経は、埋納場所が祖師同床下、特に多字一石経に至っては、須弥壇の祖師像直下という位置に埋納されていたことから、祖師堂との密接な関係、その埋納の計画性が窺われる。そこで、寛政十二年ごろの祖師堂の様子を、「祖師堂建替修復訳ケ書」（日円山妙法寺一九七四）でみてみる。

祖師堂は明和六年（一七六九）に焼失後、一旦は建て替えられたが、その後大破に及び、寛政十二年（一八〇〇）九月に建て替え・修復の願いが届けだされた。同年十二月に許可がおり、十二月二十三日には普請小屋が懸けられた。翌寛政十三年（一八〇一）一月十三日（享和への改元は二月五日）に斧始めの儀が行われ、柱や彫り物から準備が始められたが、その後、当時の住持であった日観の病気のため工事は延期となり、さらに文化四年（一八〇七）、準備の進められていた木材を焼失するという事故がおきた。幸い柱や彫り物は残り、文化七年（一八一〇）の春に再び工事が再開された。仮小屋が建てられ、七月二十九日の千部供養の法要の後、祖師像が本堂に移され、八月三日から旧祖師堂の取り壊しが始まった。二十日に地引水盛、二十五日から地形が始められ、十一月二十五日に地形が成就。引き続いて小屋組が始められ、文化八年（一八一一）四月三日に柱が建てられ、六月二十三日に上棟式、そして翌文化九年（一八一二）四月二十三日、祖師像を再び新祖師堂に安置した。

つまり、本経石の書写・埋納時期は丁度祖師堂の建て替えの時期にあたっているということができる。となれば、建物下に埋納された礫石経の多くが、地鎮・鎮壇の意をもっていたと推察されるように、本埋納経石もそのように理解していくことが妥当であろう。

妙法寺の場合は、地鎮・鎮壇の儀式についての記録はないが、地引という儀式が建築敷地の中央に祭壇を設け、工匠の長が祭主となって祝詞《のりと》を奏する、地鎮祭の後に施行する儀式であることから、地鎮の儀は文化七年八月二十日直前あたりの吉日に設定できよう。そして、土坑埋納型の多字一石経は、その時に納められたのではないかと考える。しかし、明和六年の祖師堂焼失後の建て替えの時にも版築が行われていたことが判明した発掘調査結果をふまえれば、十一月二十五日の地形成就とあるのを鎮壇の儀が行われた時と解釈し、その時に埋納したとみることも可能であろう。

一方、地表に盛られた一字一石経は、地形が終了してからでないと不可能であるから、まずは上記の十一月二十五日を想定できる。ただ、一字一石経には多数の人の参加がみられたので、あるいは翌年文化八年四月三日、「当日村中、会所中ヲ招き」と、多くの人々の参加をみている柱建の時に納められたとも考えられる。

4 礫石経埋納の意義

祖師堂の床下に祖師堂建て替えの時期に計画的に埋納されたとみられる本経石に書かれた願文には、建物との関係を示す文言は全く見当たらず、現世利益を願うもの、追善供養を祈るものなど個人的な願望ばかりであった。

近世社会は、全国民がどこかの寺の檀家になるという檀家制度の確立した社会であった。しかし、どこの寺を檀那寺とするかの選択権はなく、次第にこの寺檀関係は制度としてとどまり、かわって現世利益を祈る別の寺を信仰の対象として持つようになった（圭室一九八七、宮田・圭室一九七七）。これが祈禱寺であり、厄除祖師として江戸市民の信仰を集めた妙法寺は、まさにこの祈禱寺としての性格が濃い。したがって、願文に個人的な利益を願う文言が書かれているのは当然ともいえる。

また、近世は、あらゆる階層において「家」が確率した時代でもあり、そうなると人々は「家」の永続性を願うようになる。それは寺檀制度を強化させたが、「家」が生活・生産を通じてそこに属する個々の人間を支えるものとなり、「家」を「家」たらしめるものとしての「祖先」の存在が意識されると、祖先崇拝は「家」の永続性への願望の表れであると同時に、自己の永続性への願望ともつながるものとなった（大桑一九八六）。

さらに、日蓮宗においては、祖師自身が亡き親の後生を弔う行為を孝養と称し、しかも孝養すなわち追善供養は故人のためのみならず、孝養者自身にもその功徳が及ぶと説く（松村一九七四）。

このような時代的背景、妙法寺の日蓮宗としての性格が、礫石経の願文には反映されている。

しかし、埋納形態からみれば、やはり祖師堂建立との関わりを考えねばならない。多数の、しかも「日本橋」「大橋」といった近隣以外の土地の人々も参加して個人的願望を書いた経石と、地鎮・鎮壇のための経石埋納とはどのような関係にあったのであろうか。(6)

江戸時代には、莫大な費用のかかる寺院造営、修造にあたって、檀家をはじめ一般民衆から寄進を集める勧化《かんげ》がよく行われた。妙法寺では、明和六年（一七六九）十一月二十六日の焼失後に仮に建てられた本堂が、再度大破した折りに勧化が出された。安永四年（一七七五）三月付で、一六世住持日沼によって出された勧化帳（日円山妙法寺一九七四）によると、寺院は施入を募るとともに、施入した人々の「諸願円満、子孫繁昌、現世安穏、後生善処」を祈っている。つまり、施入の代償として、人々の最も願うところのものが叶うことを約束しているのである。

この本堂再建の勧化帳には、前例として祖師堂再建が多くの善男善女の施入によって成就したことを載せる。つまり祖師堂の再建に際しても、施入を求める勧化があったということである。また、文化十年（一八一三）の祖師堂開堂供養文には、祖師堂の再々建が中断されていた時、当時の住持日健が「同次其志願。偏告四方。勧募信施喜捨助力」と、喜捨を求めた記載がみえる（日円山妙法寺一九七四）。

祖師堂は日健が出した勧化により無事建立されたが、堂再建という寺院にとっての一大事業は信者たちに支えられて初めて可能となったのであった。祖師堂高欄の二四個の擬宝珠には、それぞれに「于時文化八辛未《かのとひつじ》年六月／再建」の文言が刻字され、「施主」として奉納者の氏名が明記されているが（杉並区教育委員会一九九六）、これは施入のひとつの形と見てよい。

ところで、先の本堂再建のための勧化帳には「施入次第」が付せられている。施入の金額によって施主が具体的に得られる利益が決められていたのである。祖師堂の場合も同様のことが規定されていたのではないだろうか。つまり、施入する金額によっては、ありがたい祖師像の真下に納められる経石に願文、氏名等を書き入れられるという規定である。高欄の擬宝珠の場合にしてもそうだが、施入することで施主本人の氏名あるいは願文を、信仰する寺院に何らかの形で残せるということは、信者にとってはこの上ない名誉であり、また願望が聞き届けられるということを確信する手だてとなったであろう。

文化八年六月二十三日付の祖師堂の棟札には、祖師堂再々建の時の上棟にあたって、一般民衆から施入が行われ、それに対して寺院が「現世安穏　後世善処」を祈ることが書かれている（杉並区委員会一九九六）。上棟に際しての施入があれば、地鎮、鎮壇、斧始めなどの儀式、千部供養、祖師像遷座に際しての施入もあったであろう。本経石が施入によるものであることは述べたが、そうした経石の埋納は地鎮・鎮壇の儀に際しての施入の成果ともいえる。

地鎮・鎮壇としての礫石経埋納が、妙法寺の場合のように複数の人々の参加によってなされていることは、近世の礫石経が多数作善信仰を反映したものであることと同様と考えられる。多数作善によって得られるより大きな功徳は、信者である一般民衆にとっては現世利益という無上の願いが実現される可能性が大きいという利があり、それが霊験あらたかがゆえに信仰する寺院の造営に関わるものであるとなれば、そこに寄せる期待はより大きなものであったろう。特に、今回は信仰の対象である祖師像安置のための堂である。一方、寺院にとっても、多数作善は、その後の寺院により一層の繁栄をもたらすであろうという利があった。

現実的な面においても、寺院建立の一環としての礫石経埋納に、さまざまな個人的祈念を抱きながら加担したことで、信者には心の癒しという現実的利がもたらされ、施入という協力を得た寺院側にとっては、寺院建立に欠かせない地鎮・鎮壇にかかる種々の負担が軽減されるという現実的利があったと考えられる。つまり、多くの人々の信仰を集めた祈禱寺の建物下に埋納された経石は、寺院と信者、双方の立場の利益を背景にして成り立ち、そして各々の利益にとって大きな意味をもつものであったといえるのである。

こうした寺院と信者の持ちつ持たれつの関係は、近世に始まったことではない。文明十六年に焼失した本堂の再建時（延徳元年〈一四八九〉）に礫石経を基壇中央に埋納したと推測される飯盛寺（24）には、鎌倉時代末から近世初期にかけての「如法経料足寄進札」が残されている。これは、寄進者が逆修・追善供養のために法華経の一部を僧侶や勧進聖等に依頼して書写あるいは読誦してもらい、その代償として米や銭を寺へ施入したことを記した札である。寄進者、つまり信者は法華経書写・読誦による功徳を期待し、寺院は寺財を得たのである。寄進札は本堂の内外陣に打ちつけられており、このことから本堂が民衆の寄進によって再建されたことが窺われるが、最も多く確認されている文明十八年（一四八六）の寄進札の中に見える「浄泉」という寄進者の名前が本堂床下に埋納されていた礫石経にも見られることは、礫石経もまた本堂再建のための寄進によってなされたものであり、個々人の期待と寺院の利益とを背景にもつものであったということができる（文化財建造物保存技術協会一九九八）。

ただし、中世の、しかも一地方の村の寺では、寺と信者の関係は地縁的な関係でもあったろう。(7) それに対して、近世、特に江戸時代中期以降の大都市江戸では、民衆の現世利益が顕著に表れ、それに伴って祈禱寺が繁栄した。霊験を広めるには効果的な開帳がよく行われ、妙法寺でも宝暦三年（一七六三）から慶応四年（一八六八）の約一〇〇年の間に、五回の居開帳、一回の出開帳の記録が残っている（日円山妙法寺一九七四、杉並区教育委員会一九九六）。開帳は寺院助成という性格をもつものであり（比留間一九七三）、妙法寺の開帳も例外ではなく、堂舎修理などの目的のもとに行われている。開帳によって宣伝された霊験に心を動かされた人々は地域を越えて信仰し、志納金を出した。そうすることで信者は心の平安を得、寺院助成につながる志納金と多数の信者を獲得した寺院は、繁栄と存続への安堵を得た。こうした精神的、現実的な利害関係の一致でつながっていた寺院と民衆の関係が、寺院の建立過程で欠かすことのできない地鎮・鎮壇のために埋納された礫石経からは読み取れる。

そして、これは決して特別な事例ではなかった。建物との関わりを思わせる遺構と寺の繁栄を祈る願文石の存在により地鎮・鎮壇のために埋納されたと判断される宝蔵寺経塚に、同時に礫石経奉納による功徳が奉納者自身にもたらされることを祈念する願文があったことも、また、堂建立時の年号を書いた礫石経の存在から、堂建立に際して礫石経が埋納されたとみられる金剛証寺求聞持堂に追善供養・現世利益の願文と願主を書いた願文石が存在したことも、寺院と信者双方の利益を満たした結果とすることで難なく解決できるのである。

おわりに

以上、建物床下に埋納された礫石経について、ひととおり見てきた。それらは、いずれも上部建造物の建立に関わっての埋納であり、供養目的の慈光寺経塚開山塔や西原大明神経塚など一部を除けば、地鎮・鎮壇という共通概念をもつと推察された。しかし、その成り立ちを見れば、純粋に地鎮具としての形態を持つ慈光寺経塚観音堂・金剛峯寺大門、寺院主体により実施された地鎮式において書写・埋納されたとみられる正行寺経塚、そして各々の利益を含んで寺院と信者がかかわった妙法寺経塚や宝蔵寺経塚など、いくつかの形式がみられた。中でも最後のパターンは、近世期の江戸という大都市での信仰のあり方と深く関わり、興味深いものといえる。

ところで、今回は建物床下に埋納された礫石経に限ったが、宝篋印塔《ほうきょういんとう》の基壇に納められた礫石経も地鎮の意味を持つという報告がある（松原一九九四b）。例えば、千葉県の龍正院銅造宝篋印塔は、紙本陀羅尼経《しほんだらにきょう》が奉納され、宝篋印塔自体は法舎利としての経典を納める塔の流れをくむが、塔基壇中の礫石経は地鎮のために埋納されたとのことである。この宝篋印塔は、棟札から享保三年（一七一八）に当寺院の住職を願主として建立されたことがわかり、かつ造立に関する「宝塔建立勧化帳」が残され、そこには宝篋印陀羅尼経と造塔の功徳が説かれ、寄付が求められている。そして寄付金の額によって、具体的に施される功徳が記されているが、この点は妙法寺の勧化帳と全く同じである。

こうした事例を検討した松原典明氏は、宝篋印塔も含めて、造塔に関する礫石経は塔下に埋められた礫石経が地鎮的な意味をもつこと、その背景に寺院経済を支えた財源確保の一手段として勧進が行われたこと、そして寺院経済と密接に関連した埋納、奉納が行われたことは近世の礫石経を考える上で注意されるべきである、と問題提起されたが（松原一九九四b）、まさに江戸の祈禱寺妙法寺はこの問題提起に答えるべく事例であったといえよう。

さて、ここで最初に疑問点のひとつとしてあげた、個人的な祈願内容の願文石の埋納が確認できない神社社殿床下の礫石経についても少し触れておかなければなるまい。これは、当時の神社のあり方の問題に関わると思うが、個人の信仰の対象というよりは、地縁的な集団で守られるべきものという側面があることが関係し、個人の願望を記した願文のようなものを納めることがなかったのではないかと思われる。また、経文を記した石を埋めることからもわかるように、そこには神仏習合が見て取れるが、神仏習合には神は仏の力によって助けられる存在であるという思想が根底にある。となれば、経文を書写した経石を社殿の下に埋納することは、経文の呪力で社殿を守ることに他ならず、そこには地鎮・鎮壇の意味のみが込められることになろう。したがって、神の形を借りて現れた仏という、本地垂迹思想が背景にある蔵王権現を祀る社殿床下に、経文石以外に「奉納蔵王大権現」と書かれた石が一点だけ埋納されていたことは、神社社殿床下の礫石経の意味を全くよく示す事例といえよう。

神社の場合も含め、地鎮・鎮壇という共通項でくくることのできた以上の事例には、冒頭でも述べたように、いずれも経碑など持たず、記録にも残らず、建物を解体した時に初めてその存在が認められる、というもうひとつの共通点があった。

もちろん、それは地鎮・鎮壇という儀式の道具としての性格を第一義に有するからである。そもそも地鎮・鎮壇とは、地神に対して土地を請い、そこに建てられる建物が未来永劫《えいごう》に平安であるように、との願いを込めて行うものである。したがって、その建物がそこに存在し続けることで、地鎮・鎮壇具としての礫石経は意味を持つのであり、建物の存在が礫石経の存在を示すことになるともいえよう。

このことは、宝蔵寺や妙法寺、金剛証寺求聞寺堂など、個人的願望を込めた礫石経を埋納した事例ではさらに明白である。なぜならば、建物の存続は、個人の願いが聞き届けられることにつながるからである。寺の信者である礫石経埋納者たちは、信仰する寺の存続を願ったが、寺が経てきた歴史やその霊験からみれば、これからも存続していくことは当然のことと信じて疑わなかったであろうし、己の限りある命に比較すれば、その未来は永遠に保証されたもののように感じていたであろう。だからこそ、そこに同時に込めた彼らの個人的願望は建物の存続とともに永遠に叶うものと信じたのであろう。つまり、建物の床下に封じ込められたかに見える彼らの願いは、実は建物によって表象されていたのである。こうした埋納が多数作善思想のもとに複数の人々によって行われたことも併せ、主体者（寺院）に促されて埋納に参加した人々にとっては、地鎮・鎮壇具としての礫石経は、個人的願望の成就に経文の呪力を期待して埋納供養を行った多くの近世礫石経と同じ意味をもつものであったといえよう。

注

（1）近世における礫石経塚の特徴として、石造物を伴う事例が著しく増加していることがあげられる。船場昌子氏は、「石造物の銘文には『一字一石』『一石一字』『石経』等の語が記されている事例が多く、必ずしも石造物内部・下部への礫石経の直接的な埋納・埋経を伴うものとは限定しきれないが、礫石経の書写供養に伴って石造物が造立されたことを示している」（船場二〇〇二）と分析されている。

（2）一九九〇年の段階で、一石経経塚の発見地は七三六例を数える（関一九九〇）。

（3）仏教色の強かった慶長の社殿（一六〇九年遷宮）を、寛文四年に仏教色を廃して造り替えた時の記録で、発見された礫石経は、「修理の百姓共に申し付け、森の方、馬場辰巳の築地の角の方に埋め申し候」とあり、埋納どころか発見・遺棄の記録である。

（4） 輪宝墨書土器を使用する地鎮・鎮壇の作法は、仏教・神道・陰陽道などの世界でそれぞれみられる。神道では『法則等』の「新社造立事」に、陰陽道では『修験常用秘法集』の「地鎮祭法」に記されているが、共通することは、土器に墨書された輪宝と、五穀粥を入れて埋めるという点である。また、『屋敷地取作法』にみえる地鎮法には、五穀粥を含めた五種の盛物を四方に埋める作法がみられ、五穀粥などを地神に献じて地を乞うという作法が、地鎮の共通作法として認められる（水野一九八四）。

（5） 石川県の三木だいもん遺跡（23）の礫石経は、垣内光次朗氏は「今光明経巻三除病品第一五」の経文四四字を書写した多字一石経一点の出土ということで、病気平癒を願った呪術的な遺物と解しているが（垣内一九九四）、船場昌子氏は地鎮儀礼に伴うものとしている（船場二〇〇二）。

（6） 「日本橋」はともかく、「大橋」を氏姓ではなく地名と判断したのは、妙法寺の講組織として「日本橋開帳講中、日本橋千部講中」とともに、「大橋講中」が存在していたことが、寛政七年度の「開扉施主日控」で確認されたためである。妙法寺の講組織は町名を冠していたものが多く、町単位の信仰組織という性格を帯びていたといわれている（杉並区教育委員会一九九六）。

（7） 飯盛寺の所在する小浜市内の寺院の寄進札から、各寺院への寄進者の住所を分析すると、寺の所在地を中心に同心円的にその寄進者を有していたという結果がでている。飯盛寺の場合は、その所在する飯盛の法海・黒駒・隣接の大飯郡加斗村に寄進者を持っている（水藤一九九四）。

〔参考文献〕

会津坂下町　一九七六　『会津坂下町史』二
有富由紀子　二〇〇〇　「妙法寺祖師堂床下の経塚――経石からみた近世信仰形態――」『杉並区立郷土博物館研究紀要』八
大桑　斉　一九八六　「近世における祖先崇拝――民衆思想・イデオロギーと仏教――」『大系仏教と日本人』11近代化と伝統　春秋社
岡本桂典　一九九四　「礫石経の地域相―四国」『考古学論究』三
小花波平六　一九九一　「板碑の偈文」『板碑の総合研究　総論』柏書房
垣内光次朗　一九九四　「礫石経の地域相―北陸」『考古学論究』三
駒田利治　一九九四　「礫石経の地域相―東海」『考古学論究』三

渋谷忠章　一九九四「礫石経の地域相―九州・沖縄」『考古学論究』三
水藤　真　一九九四「若狭小浜の寄進札」『絵画・木札・石造仏に中世を読む』吉川弘文館
関　秀夫　一九九〇『経塚の諸相とその展開』雄山閣出版
台東区教育委員会　一九九五『台東区の遺跡』
田代　孝　二〇〇二「恵林寺鐘楼の一石経」羽中田荘雄先生喜寿記念論文集刊行会編『甲斐の美術・建造物・城郭』岩田書院
圭室文雄　一九八七『日本仏教史　近世』吉川弘文館
千葉幸伸　一九八二「社殿堂塔鎮壇の石経」『香川史学』一一
津金沢吉茂　一九八二「群馬県沼田市内出土の天文四年銘銅経筒」付表　群馬県内の経塚および経塚伝承地地名『考古学ジャーナル』二一〇
都幾川村史編さん委員会　一九九八『都幾川村史資料』二考古資料編　都幾川村
比留間尚　一九七三「江戸の開帳」『江戸町人の研究』二　吉川弘文館
藤沼邦彦　一九七五「宮城県の経塚について」『東北歴史資料館研究紀要』一
船場昌子　二〇〇二「南関東における礫石経の様相」『江戸の祈り（発表要旨）』江戸遺跡研究会
松田正昭　一九八四「和歌山における地鎮・鎮壇の遺構」『古代研究』二八・二九
松原典明　一九九四a「礫石経研究序説」『考古学論究』三
松原典明　一九九四b「礫石経の地域相―関東・甲信越」『考古学論究』三
松村寿巌　一九七四「中世日蓮宗と追善供養」『日蓮教学研究所紀要』一
水野正好　一九八四「近世の地鎮・鎮壇」『古代研究』二八・二九
三宅敏之　一九七八「経塚研究の課題」『考古学ジャーナル』一五三
宮田登・圭室文雄　一九七七『庶民信仰の幻想』毎日新聞社
〈史料・報告書〉
加賀市教育委員会　一九九七『三木だいもん遺跡』

埼玉県埋蔵文化財事業団　一九九一　『小沼耕地遺跡』
杉並区教育委員会　一九九六　『妙法寺文化財総合調査』
重要文化財不破八幡宮本殿修理委員会　一九六六　『重要文化財不破八幡宮本殿修理報告書』
重要文化財慈光寺開山塔修理委員会　一九六五　『重要文化財慈光寺開山塔修理工事報告書』
立川氏館跡遺跡調査会　二〇〇〇　『立川氏館跡――宗教法人玄武山普済寺による寺院建設事業に伴う発掘調査報告――』
日円山妙法寺　一九七四　『堀之内妙法寺史料』
飯能市教育委員会　一九八七　『宝蔵寺経塚調査報告書』
福生寺・会津高田町教育委員会　一九九九　『福生寺観音堂遺跡　観音堂解体修理に伴う試掘調査報告書――基壇と礫石経の調査――』
武甲山総合調査会　一九八七　『秩父武甲山総合調査報告書』中　武甲山山頂遺跡発掘調査報告書
文化財建造物保存技術協会　一九九四　『重要文化財金剛證寺本堂修理工事報告書』金剛証寺
文化財建造物保存技術協会　一九九八　『重要文化財飯盛寺本堂修理工事報告書』飯盛寺
八鹿町教育委員会　一九九七　『名草神社三重塔と出雲大社』「第二章　佐草自清『御造営日記』」
山梨県埋蔵文化財センター　二〇〇一　『民間信仰遺跡分布調査報告書――近世の経塚――』山梨県教育委員会

江戸のマジナイ
——川崎市市民ミュージアム企画展「呪いと占い」から——

高橋典子

はじめに

日本人の民間信仰について考えるとき、俗信はその重要な部分を占めているといえる。日本民俗学では俗信を次のように定義している。

「(俗信とは)非科学的あるいは非合理的であるとして低い価値しか与えられないが、深層において人々に受け入れられる論理構造を持っており、日本の民俗文化を明らかにするための手掛かりとなる生活知識。長い経験によって帰納した知識ともいわれ、禁忌・占い・予兆・呪い・民間療法・妖怪変化・幽霊などが含まれる(1)」。

今回取り上げるマジナイも俗信の一部を形成するもので、神や生霊などの超自然的な力を操作して何らかの効果を得ようとする行為である。これも現代社会においては非科学的なものとして、一種の気休めと考えられていたり、遊戯化していたりして軽んじられる存在ではある。しかし、現代社会に生きるわれわれの生活を振り返ってみると、俗信あるいは迷信として括られる行為の数々はわれわれの日常のなかに深く浸透しており、さまざまな局面において影響力を持ち続けていることも確かである。例えば、冠婚葬祭に際して暦を気にする、大事の前に縁起を担ぐ、子どもの名付けに画数を気にしたりする、そうしたことも俗信の一部であり、多かれ少なかれ私たちの行動を規制しているといえる。

筆者の勤務する博物館、川崎市市民ミュージアムでは、この一〇年ほど「日本人の庶民信仰の諸相」というテーマを持っていくつかの企画展示を実施してきた。(2) そして、二〇〇一年四月二十八日から六月十日にかけて企画展「呪いと占い」展を開催した。この展覧会では、日本人の民間信仰のありようを明らかにするための一つの視点として、近世以降、庶民間に流行したさまざまなマジナイや占いを取り上げた。ここでは、この「呪いと占い」展をベースに、いくつかの資料を紹介させていただき、その広範で複雑な世界の一端を提示したい。

一　マジナイとは

マジナイ（呪術）の定義について、ここで改めて確認しておきたい。呪術の分類では、イギリスの人類学者フレーザーのそれが著名である。フレーザーはその著書『金枝篇』のなかで、呪術を類感呪術と感染呪術の二つに分類して説明している。(3) 類感呪術というのはある現象を模倣することによってそれを実際に引き起こそうとするもので、例えば雨乞いで水を撒き太鼓を叩いて雷の音をあらわすことなどは代表的な例である。感染呪術は、当人と接触していたものは離れたあともその人と繋がりを持ち続けるという考えによるもので、誰かを呪うときその人の爪や髪の毛を使う、心変わりしそうな恋人の靴に釘を刺して足止めするなどの行為がそれにあたる。

井之口章次は、「呪術は俗信の一部」であり、「俗信とは、超人間的な力の存在を信じ、それに対処する知識や技術をいう。超人間的な力というのは、自然の力であることもあり、霊の力や神の力である場合もある」「呪術とは超人的な力を操作して、目的を果たそうとする技術」と述べている。そして、「①宥和　②鎮送　③代用　④擬態　⑤祝福　⑥再生　⑦触発　⑧感染　⑨対抗　⑩呪物　⑪合力　⑫分散　⑬連想　⑭封殺　⑮強請　⑯圧服　⑰悪態　⑱報復」と分類している(4)。

また、宮家準《ひとし》は「人々が超自然的な力をかりて、不幸や災厄を除いたり、生活の平安や向上を願う際に行う最も一般的な儀礼は祈願と呪術である。呪術は何らかの目的の為に超自然的な力を操作することによって直接的な利益を得ようとする儀礼であり、超自然的力を操作して何らかの効果を得ようとするもの」であると説明している(5)。

この他、呪術の分類としては、社会や人のためになる「白い呪術」と、そうでないもの「黒い呪術」という分け方もされる。

さて、「呪いと占い」展では、マジナイや占いを「なぜそれを行うのか」という観点からとらえようと試みた。そして、それは「幸福になりたい」「幸せな人生を送りたい」という人間本来の基本的な願望につきるのではないかと結論づけた。この視点に立ってマジナイを見てみると、自身の願望を達成するために行うマジナイと、災厄を避けようとするマジナイに分けることができる。この、除災のマジナイにはこれをあらかじめ避けるマジナイと、速やかに去ることを期待するマジナイがある。また、除災のマジナイには病気に関するものが多く、これも予防と治療の二種に大別することができる。なお、占いは未知の事柄に関する情報や認識を得ようとする行為だが、占いとマジナイは多くの場合一連のものとして執り行われてきた。例えば、原因不明の病気を治療しようとするときには、まず占いで原因を突き止め、それによってもっとも効果的な治療方法を選択し、呪法を施すのが一般的であった。このようにマジナイと占いは時に分かちがたいものであるということも指摘しておきたい。

ところで、俗信という分野のなかでも、マジナイ（呪術）と占いは、本来は専門知識と特別な技術を持つ専門家が執り行うものであった。江戸時代にはいると、そうした術者が民間で活躍するようになり、これらに関する解説書や実用書などが多数出版され、マジナイや占いに関する知識も徐々に庶民間へ浸透していったと考えられる。

次に、近世、民間に流布したマジナイに関する出版物と、民間でマジナイを執り行った宗教者についての事例を紹介したい。

二　巷《ちまた》に流布したマジナイ本

近世庶民間のマジナイを見ていくと、版本や刷り物など当時のメディアに乗って流布したと見られるものが少なくない。そのようなマジナイ流行の様相を伺うことのできる資料の一つに、『増補呪詛調法記大全』という版本がある。これは、安永十年（一七七二）、大江匡弼《まさすけ》編にて出版されたもので、元禄十二年（一六九九）刊行の『呪調法記』と元禄十四年（一七〇一）刊行の『陰陽師《おんみょうじ》調法記』の合冊である。内容は、修験者や陰陽師などの宗教者が用いたとみられる呪法・呪符などの他、民間療法、民間薬から生活の知恵的なものまで、さまざまなマジナイ三四〇種余りが収められており、マジナイによる生活百科、マジナイハンドブックとも言えるものである。

『国書総目録』(6)で「呪詛（マジナイ）」の項を開いてみると、『まじない秘伝』（写本・慶長十六年〈一六一一〉）、『まじなひ伝』（版本）、『呪詛之聞書』（写本）、『呪詛早合点』（版本）、『呪妙薬千方』（版本）、『呪詛両面鏡』（版本・天保十二年〈一八四一〉）など、前述の版本の他に写本を含め同様の書物が散見される。このうち、慶長十六年の写本『まじない秘

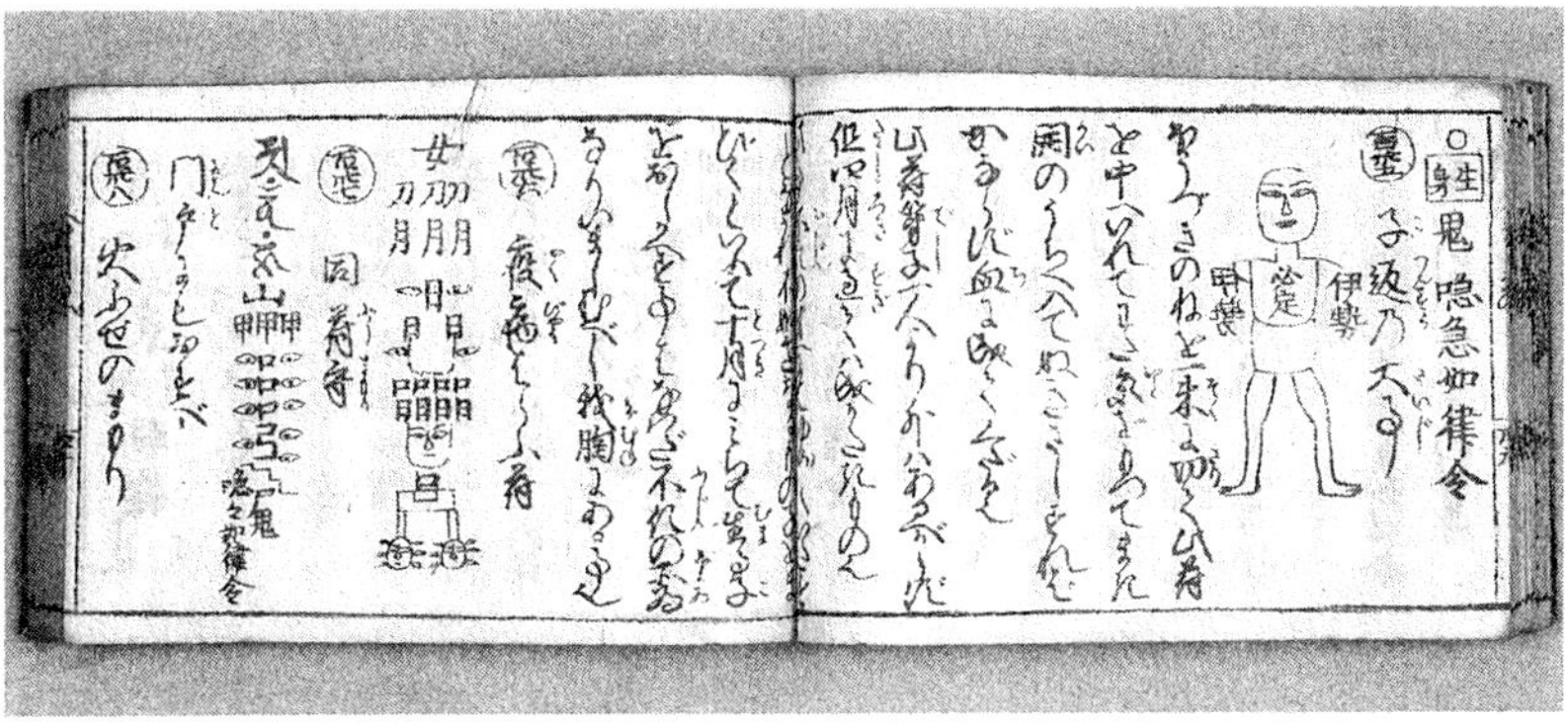

図１『増補呪詛調法記大全』１冊　嘉永元年（1848）（川崎市市民ミュージアム所蔵）

伝』は、近世初頭におけるマジナイ、特に呪符の様相について知ることのできる資料として貴重である。この他、「呪いと占い」展で出品した資料として、『新撰呪詛調法記大全』（版本・天保十三年〈一八四二〉）、『万家調法呪詛伝授袋』（版本・安政四年〈一八五七〉）、『俗家重宝集』（版本・文政十年〈一八二七〉）、『万宝知恵海』（版本・文政十一年〈一八二八〉）、『万《よろず》まじないのでんじ』（版本・江戸時代）、『役行者《えんのぎょうじゃ》御秘法　まじない百ヶ条』（版本・江戸時代）、『新法ちえのうみ』（刷り物・明治時代）もあげておきたい。

　さらに、庶民間にマジナイや占いがいかに浸透していたのかを知る資料として、『大雑書《おおざつしょ》』がある。これは、江戸庶民の日常生活に関わる知識が集大成されている書物で、陰陽道系のマジナイや占いも記載されている。[7]『大雑書』の最初の出版は寛永九年（一六三二）であるとされており、当初は日と方角の吉凶の解説が主であった。江戸時代には何十種類もの大雑書が刊行され、時代とともにさまざまな知識や情報が取り入れられて、まさに江戸の生活百科事典ともいうべき書物となった。

　このように、江戸時代には生活に役立てるという目的でのマジナイ本が種々刊行されたことがわかる。これらの書物に記載されたマジナイのいくつかは民間の宗教者によって伝えられたり、あるいは民間伝承として伝えられてきたものが採用されたりしたのだろうが、それがこのような形で世に出て

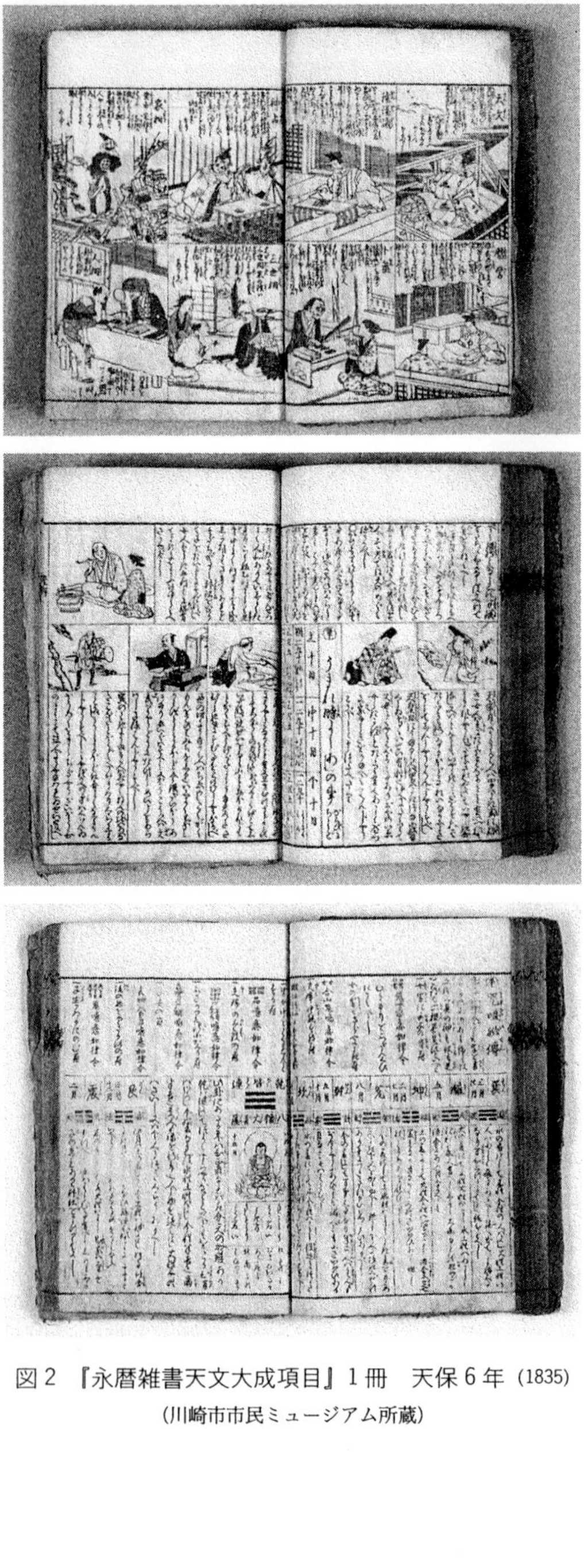

図２『永暦雑書天文大成項目』１冊　天保６年（1835）
（川崎市市民ミュージアム所蔵）

いくことによって庶民間に広がっていき、それがまた伝承として定着していくという過程が推察される。

ここで、川崎市市民ミュージアム所蔵の『増補呪詛調法記大全』をテキストに、その内容についてもう少し詳しく紹介したい。本資料は、安永十年（一七七二）改正、嘉永元年補刻版で、版元は「京都寺町通五条上ル町　皇都書林山城屋佐兵衛」とある。大きさは縦一一・一センチ、横一六・一センチの版本である。序文によると、「何人の撰なることを知らず、すでに世に行わることひさし、けだし修験家の書にして符呪加持の類及び諸疾の効方等を雑集め」たものと記されている。ここに収められたマジナイは、目次に掲載されている項目でみると三一〇種に及ぶ。本の題名

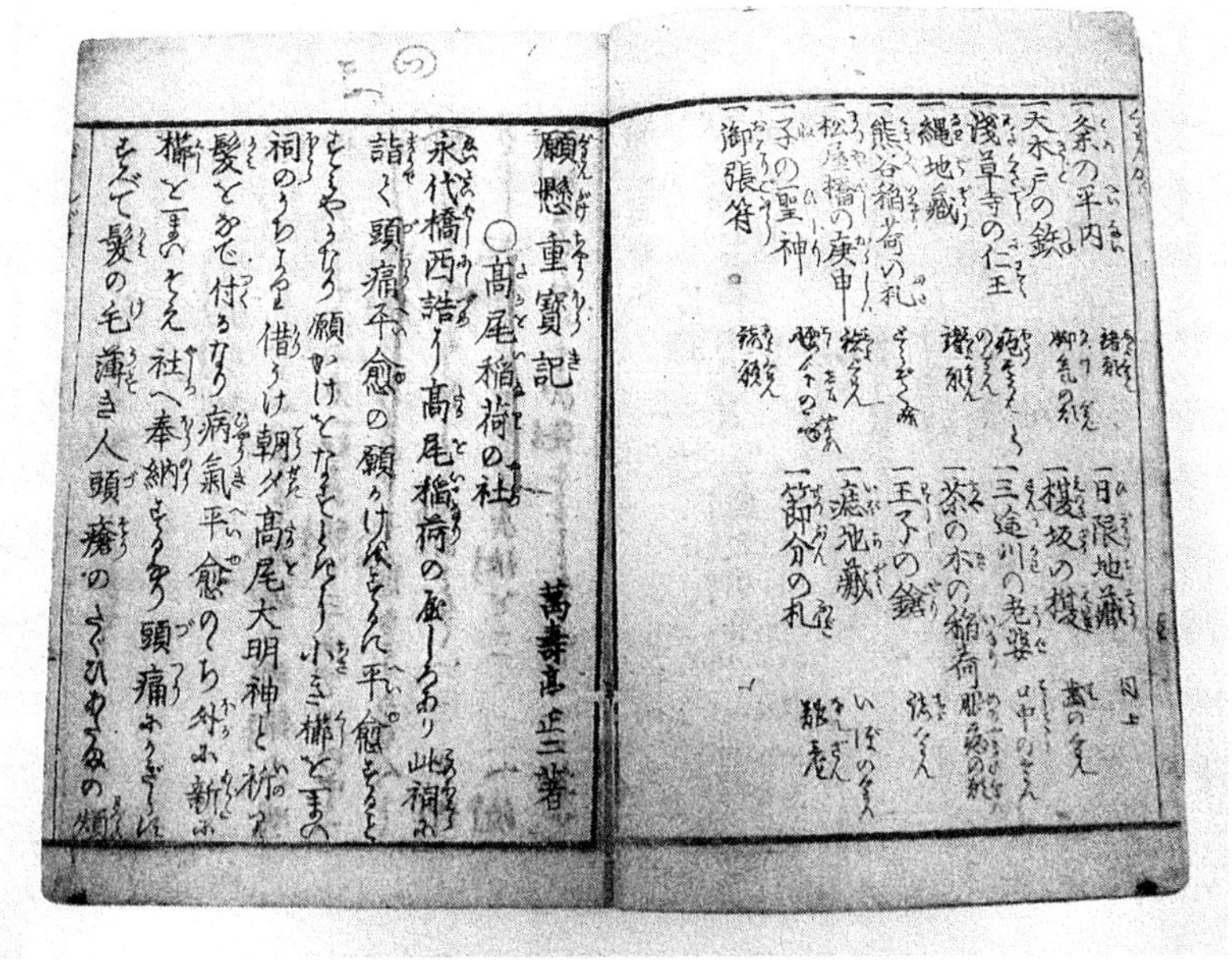

図3 『願掛重宝記』1冊　天保11年（1840）（川崎市市民ミュージアム所蔵）

には〝呪詛（まじない）〟と記されているが、方法別にみると、神符・秘符などの呪符の書き方を記したものが一一六種、一八一種が妙法・まじない・守り・大事・秘事・妙薬などとなっている。また、記載された項目の内容からは、当時、庶民にとってどういった事柄が「困ること」であったかということや、どのような問題に対してマジナイが有効であると認識されていたかということなどが読みとれる。

まずもっとも多いのが病気や身体のさまざまな不調に対するものである。具体的には、虫歯や眼病、腫れ物・イボ取り、やけど、身体の各所の痛み、生殖器に関する病気や不調、性病、疱瘡《ほうそう》などの流行病《はやりやまい》への予防と治療法などが目につく。女性の病気や出産・育児に関する項目も多い。表1は、出産・育児に関するマジナイを目次から抜き出したもので、全部で三〇種記載されている。これを見ると、子どもを得る方法、子返し（堕胎）の法なども載せられている。また、子どもの成長と病気に関するものも多

表１『増補呪詛調法記大全』に記載のある
出産・育児等に関するマジナイ

NO.	目次番号	項　　　目
1	63	乳を子にのます時のまじない
2	66	乳いでざる時出すまじない
3	67	乳はれたる時の符
4	76	男の子をはらまんと思うときの符
5	108	夜泣きする子のまじない
6	131	難産にのぞみて安産する符
7	133	難産に足の下に置く符
8	134	難産　産まれかぬるに用いる符
9	138	産まれ子おどろくをとめる法
10	154	後の物おりざるに用いる神符
11	205	子さかさまに産まるる時の符
12	206	子持たざる奇妙のまじない
13	208	子やすの神符守り
14	210	子産まれかぬるに飲む符
15	212	子をやしない産子の命の長短を知る大事
16	213	子腹の中にて死にたるに用いる符
17	214	子夜泣きするによき符
18	216	子をうみ乳たらんと思うときの大事
19	218	子を求むるにきみょうの名方
20	219	子を返ずる法
21	224	えなおりざる時の神符
22	227	安産の符　並びにまじない
23	241	逆子産まれる時のまじない
24	243	産後血あがり口□しけるを治す法
25	244	産後血下り過ぎて止まざるまじない
26	265	小児乳を余すに良き方
27	268	小児歩くこと遅きに名方
28	269	小児五疳にきみょうのまじない
29	289	えな下らざる時の符
30	290	えな下りざるを下ろす方

く、産まれた子どもの寿命を知る法や、歩くのが遅い子、乳を飲まない子に対処する方法などもある。さらに、病人や死者に関するマジナイとして、病人の生死を占う法、虚空に死者の名を呼んで戻す法、首くくり人をよみがえらせる法などもある。

また、動物、特に狐・カラス・蛇・イタチなど人に憑《つ》いたり不吉な動物がもたらす災難を避ける神符や秘法も散見される。動物では馬についての記述も多く、身近な存在であったことがわかる。モグラ・犬・蟻・虫類などの迷惑な存在を避けるマジナイも紹介されている。この他、日常生活のなかでのさまざまな事柄に対するマジナイが出てくる。男女関係を含む人間関係に関するマジナイも多い。他に、商売繁盛、博打《ばくち》で勝つ法、失せ物を探す法、悪い方角を変えたり悪夢を違えたりする法、火伏せ、雷除け、家の中の神まつり、料理や洗濯、裁縫など家事に関するマジナイもある。この家事に関するマジナイのなかには、小豆《あずき》を早く煮る方法や着物の染み抜き法など、まさに生活豆知識といったものも含まれている。

その一方で、十字の秘術口伝、真言陀羅尼《だらに》の秘事法、万事祓い切りの秘事など修験者や陰陽師などが用いたと思われる呪符や神祭りの方法なども記載されている。「まじないのろいに負けない法」などというものまである。

目次に記載されている項目だけ拾っていっても大変興味深いのだが、そのマジナイの方法など詳細を見ていくと、近年まで伝承されてきた民間療法やマジナイと共通するものもあり、今後、聞き取り調査などでの成果とあわせて記載された内容の分析を進めたいと思っている。

三　民間宗教者の活動

本報告ではもうひとつ、マジナイや占い・祈禱などの呪的行為を行った宗教者に関する資料についても紹介しておきたい。前述したように、マジナイなどの呪的行為は高度に専門的な知識と技術を要するものであり、もっぱらこれを行う能力のある術者のものであった。マジナイや占いなどの知識が庶民間に浸透していった背景には、呪術を行使する宗教者・職能者たちの活躍があったのであり、とりわけ共同体の中に定着して活動したムラの祈禱師や里修験などは、その後の民間信仰の形成に大きな役割を果したといえる。展示では、江戸時代後期、現在の川崎市麻生区岡

図４　川崎市麻生区，T家不動堂の内部

上に定住した修験者、明治時代後期から昭和初期にかけて横浜市本牧《ほんもく》で活躍した祈禱師、そして高知県物部村で現在も地域の生活と密接に結びついて生き続けている民間信仰「いざなぎ流」について取り上げた。ここでは、岡上の里修験と本牧の祈禱師の事例について紹介しておく。

（事例一）　川崎市岡上・山伏谷戸の里修験資料

川崎市麻生区岡上の南西部の一角は、かつては「山伏《やまぶし》谷戸《やと》」と呼ばれ、ここに円覚院・持宝院・玉宝院・泉宝院という四軒の修験者の家があった。これら四軒はいずれも京都醍醐三宝院を本山とし、江戸青山の鳳閣寺傘下にある当山派修験であった。かれらは岡上の地で宗教活動を行い、毎年一回奈良県吉野の大峯山に修行に赴き、帰ると火渡りなどを行って信者にお札を授けたという。明治五年（一八七二）の修験道廃止によって四軒とも帰農した。現在では、T家（円覚院）に不動堂が残っているのみであるが、ここには当時の修験者が行った宗教活動の一端を伺うことのできる資料がいくつか残存しており、貴重な資料となっている。

T家の不動堂内には、正面祭壇に厨子《ずし》に入った木造不動尊が据えられ、傍らには不動尊掛け軸、各種版木、お札類、おみくじ箱、木刀、教典類、ホラ貝、木箱に収められた補任状などが置かれている。補任状は延享二年（一七四五）

表2　T家不動堂資料・版木

一	大峯御守札御所五鬼
二	大峯岩屋（大黒画像）
三	那智山宝印（熊野牛玉宝印烏文字）
四	奉修不動明王秘法家内祈
五	奉修不動明王秘法家内安全
六	奉修不動明王秘法供家運長久祈所　円覚院大先達
七	奉修火生三昧栄灯護魔御札　円覚院
八	御祈禱札護魔供　円覚院大先達
九	御祈禱札　円覚院
十	奉修札
十一	本尊御供米　円覚院　火生三昧供
十二	蚕神（神像）
十三	胎蔵権現
十四	（火炎文字・不明）
十五	乾元亨利貞
十六	（絵馬）
十七	（御幣絵馬）
十八	（梵字札）
十九	五病根切　□□□茶　調合所　武州岡上村円覚院　半匁四十八文　一匁代百文
二十	五病根切　□茶　高松家不動堂内教本

川崎市教育委員会『岡上の民俗』より作成

表3　T家不動堂資料・教典類

一	法華初心要品
二	観音経
三	御岳山肝要集
四	日蓮宗信行要規
五	成田山險砕
六	観世音普門品
七	高野山金剛講御詠歌和讃詳解
八	善通寺三宝暦
九	神社暦
十	仏説不動経（写本）
十一	天子経
十二	ほき秘伝抄目録
十三	光明真言観誦要門叙
十四	狐付ヲ知ル大事
十五	御守符

川崎市教育委員会『岡上の民俗』より作成

から天保七年（一八三六）までのものあわせて一七通が現存する。また、残っている版木や経典類、お札類を見ると、大峯山関係のお札以外にも各種信仰の祈禱札を出したことが知られ、不動経、観音経、日蓮宗の教典や、狐憑き落としや各種お守り符の書き方などの書き付け、陰陽道関係の解説書などもあって、各宗派民間信仰取り混ぜた宗教活動が展開していたことが推察される。(8)

（事例二）　横浜市本牧・木曾御嶽行者資料

明治時代後期から昭和の戦中まで横浜市本牧で祈禱師として活躍した長野徳次郎（本名は久保徳次郎）の資料が神奈川県立歴史博物館に所蔵されている。その内容は、徳次郎が着用した装束、木曾御嶽講のまねき、護符の製作用の印判・版木、祈禱所の活動内容を示す祝詞《のりと》や収入代金帳、その他、「設立者及所属教師履歴書綴」などの書類がある。また、資料の中には、「禁酒契約書」などという書類が何枚も残されている。これは、願掛けなのであろうか、あるいは単に禁酒しようとしたものなのだろうか、願主と神の間で禁酒の契約を交わしたもので、徳次郎が「保証人」として押印している。市井《しせい》の人々のささやかながら切実な願いが伝わる資料である。

徳次郎は、明治十二年（一八七九）、本牧の漁師の息子として生まれ、自身も漁師となったが、後に眼病を患ったことから宗教者の道へ進むこととなった。明治三十八年（一九〇五）、民間の祈禱者としての資格を得て、大正六年（一九一七）ころ独立して祈禱所を開いた。この祈禱所は、「神習教祖先教院」と称し、狭い家の中に一間ほどの祭壇を設えたもので、そこには木曾御嶽が祀られていた。徳次郎は本牧御嶽講を結成し、その先達《せんだつ》となって木曾御嶽の登拝を盛んに行ったという。なお、徳次郎が免許を受けた「神習教」は、明治十五年（一八八二）に一派独立した神道教団で、形式上の所属教会も多く、徳次郎の祈禱所もそうした教会の一つであったと思われる。

徳次郎は、もと地元の漁師という経歴もあり、地元・本牧の人々から「拝みの徳さん」として親しまれ信頼された祈禱師であったという。かつての共同体においては徳次郎のような民間宗教者の存在は決して特異な事柄ではなく、人々の日常生活の中で機能し、一定の役割を果たしていたということが言えるだろう。(9)

おわりに

最初に少し触れたように、俗信は現代社会においても私たちの生活のなかに生き続けている。昨今の陰陽師ブームなどにも見られるように、マジナイや占い、霊魂や妖怪など「不思議な現象」に対する関心は衰えないばかりか、現代においては現代の新たな俗信が再生産されているようにも思われ、こうした世界を切り捨ててしまうことができない何かを私たち自身持っているのではないだろうか。それはなぜなのか、そうした問題についても正面から取り組み、一つ一つ解明していくことが、私たち日本人の基層文化の解明にもつながっていくはずである。

今回の報告では、近世庶民間に流布したマジナイについて、その豊かな世界のごく一端を紹介するにとどまったが、今後も、近世から近代にかけての庶民信仰について調査を続けていくつもりである。特に、版本や刷り物など当時のメディアが果たしてきた役割や、里修験や祈禱師など民間において呪術的な宗教活動を行ってきた人々の活動の実態と、彼らが後の民間伝承に与えた影響について考えてみたいと思っている。

日本民俗学においては、民間信仰に関する研究は盛んに行われてきたが、俗信、特にマジナイ等の研究については未開拓な部分を残しているのではないだろうか。また、それらに関する資料も積極的に活用されてきていないように感じる。今回紹介させていただいた資料、主に刷り物やお札類、呪い占いに関する刊本、民間宗教者の資料などは、数の多さということもあるのだろうが、「雑・その他」という扱いで括られて一つ一つの中身についてはほとんどわからないようなものが多かった。これらの「雑多」な資料を一つずつ解きほぐしていくのは大変な労力が必要ではある。しかし、これらの資料の再検証はぜひ行われるべきであろう。今後、日本人と信仰をめぐる問題について、関連する諸科学による共同研究が進んでいくことと思う。そのなかで、日本人と俗信をめぐる諸問題にもあらたな展開が見えてくることを期待している。

注

(1)『日本民俗大辞典』上(吉川弘文館、一九九九)九八〇ページ。
(2)一九九〇年「道祖神の源流展」、一九九三年「妖怪展」、一九九八年「弘法大師信仰展」など。
(3)フレーザー『金枝篇』第一巻(永橋卓介訳、岩波文庫、一九五一)。
(4)井之口章次『日本の俗信』(弘文堂、一九七五)。
(5)宮家準『生活のなかの宗教』(日本放送出版協会、一九八〇)。
(6)『国書総目録』全八巻(岩波書店、一九六三)。
(7)橋本萬平・小池純一『寛永九年版 大ざっしょ』(岩田書院、一九九六)。
(8)川崎市教育委員会『岡上の民俗』(一九八二)五四~五五ページ。
(9)長野徳次郎の資料については、荻野栄子氏にご教示を受けた。

〔**参考文献**〕

フレーザー 一九五一 『金枝篇』第一巻 永橋卓介訳 岩波文庫 岩波書店
井之口章次 一九七五 『日本の俗信』弘文堂
宮家 準 一九八〇 『生活のなかの宗教』日本放送出版協会

橋本萬平・小池純一　一九九六　『寛永九年版　大ざっしょ』岩田書院
大塚民俗学会編　一九七二　『日本民俗事典』弘文堂
佐々木宏幹ほか監修　一九九八　『日本民俗宗教辞典』東京堂出版
福田アジオほか編　一九九九・二〇〇〇　『日本民俗大辞典』上・下　吉川弘文館
東京都教育庁　一九八六　『青梅市御岳御師集落文化財調査報告』
川崎市教育委員会　一九八二　『岡上の民俗』
川崎市市民ミュージアム　二〇〇一　企画展図録『呪いと占い』
国書研究室編　一九六三　『国書総目録』全八巻　岩波書店

「胞衣納め」をめぐって

……土井義夫

一

「胞衣《えな》」は、出産後に出てくる胎児を包んだ羊膜と胎盤のことであるが、子供が生まれ出た後に排出される産穢物を総称して「後産《あとざん》」とも呼ばれている。この胞衣を大切に扱い埋め納めるという行為は、出生した子供の健やかな成長を願う産育習俗の一つであった。

胞衣という言葉は、古くは『日本書紀』の中に出てくるし、平安時代から鎌倉時代にかけては公家の日記に、また室町時代の武家故実書の中に、天皇家や将軍家といった貴人の出産にともなう儀礼・儀式の記事として、たくさん見られるようになる。さらに、江戸時代には子育て書や風俗書の中で取り上げられるようにもなる。

この胞衣の処理については、古代から近代にいたるまで、一貫した方法が採られている。それは、容器に入れて地中に埋納することであるが、その際、占いによって日時と場所が決定されるという手続きがとられる。つまり、出産儀礼としての埋納であって、これに関与した人のさまざまな行為を含めて、胞衣を埋納することは古くから「胞衣納め」と呼ばれてきた。

　占いや呪いという点では、高橋典子の「江戸のまじない」という研究はとても興味深いものであるが（本書所収）、確かに江戸・東京近郊の農村では日常的に見られたことで、民衆生活とは不可分のものであった。例えば、多摩周辺の名主の家の文書類、刊本類の中には、占いや呪いに関するもの、方位、暦などのような陰陽道《おんみょうどう》関係の資料を残している場合が多い。村の知識人たちはそういう材料をたくさん持っていて、村の人々の生活に必要な知識を蓄積していたのである。もちろん、彼らの中には、そういったことに興味を持つ人と持たない人がいるわけであるが、村の生活知識として意外なほど蓄積されていたことは事実である。

「胞衣納め」に関することもその一つである。具体的には胞衣を納めにいくのに一番大切なことは日時と方角であるが、それを名主が決めてやり、吉日を選び、恵方を定めて埋めにいくという場合が結構あるように思う。そういう資料もぼつぼつ見かけるようになったが、細かい解説がついているわけではないので、具体的な事例についてはまだよくわかっていない。神奈川県厚木市の例であるが、江戸の陰陽師の関係資料が残されていて、その中に胞衣納めの刷り物が紹介されている（山田一九九四）。これは、胞衣納めの日時と方角の決定に陰陽師が係わっていたことが明らかになる史料として注目されるものである。彼らの活動が村々に浸透していたことは、まず間違いない。

　さて、この胞衣納めに関する研究については、意外とまとまったものが少ない。その中で、この研究に先鞭を付けたのは、木下忠である（木下一九八一）。木下は、縄文時代の竪穴式住居から出てくる埋甕という遺構が胞衣を納めた容器であろうという仮説を民俗事例を援用して実証しようとした。この仮説は、数千年という時間を飛び越えて、民俗事例と短絡的に結び付けた説だといわざるをえないが、その著作の中で、氏が紹介した明治時代の胞衣処理に関する法令は、近代の胞衣納めを考える上でたいへん刺激的なものであった。また最近では中村禎里が『胞衣の生命』という本を出されているが（中村一九九九）、これが胞衣納めに関する通史としては唯一のものだと思う。

最近の研究状況については、筆者が胞衣納めの近代化を中心として書いているし（土井一九九七）、谷川章雄が「江戸の胞衣納めと乳幼児の葬法」の中で、研究の現状と課題をまとめている（谷川二〇〇一）。これらを参照すると、胞衣納めの習俗をめぐる研究は、民俗学・文献史学・考古学の立場から、それぞれ個別に始められてきたこと、そして研究の関心はそれぞれに多少異なっていたことも理解できる。

民俗学ではライフサイクルの中で、出産儀礼や習俗を取り扱ってきた。胞衣だけの研究というのはあまりなくて、子どもが生まれたからといって全部が全部無事に成長するとは限らない社会の中で、子育てをどういう形で営んできたか、つまり産育習俗の一つとして、胞衣納めの習俗が取り上げられてきたということができる。

また文献史学の研究者はほとんど関心を示さなかったようであるが、中世史の横井清が『的と胞衣』という単行本の中で取り上げたくらいであろう。しかし、これも胞衣納めの研究そのものではなくて、胞衣納めにかかわる人たちの差別の問題について扱っていた（横井一九八八）。

一方、たかだかこの四半世紀くらいの間に、近世の遺跡に考古学研究者が注目し始めるようになっている。その中で江戸の各地から胞衣納めの遺構がたくさん出るようになると、多くの人が研究対象として取り上げるようになってきた。そういう意味では、積極的に興味を示したのは考古学ではないかと思う。その先駆けとなったのは、次の事例であった。

二

東京都八王子市元八王子町三丁目に戦国時代末期の城で国史跡に指定されている八王子城跡がある。一九七六年にその一部を事前調査をする機会があった。民家の跡地であったが、そこから興味深い遺構が発掘された（土井・紀野一九七八、土井・戸井一九八六）。

当時は民家の跡地だから、そのまま基礎を壊して下層を確認する作業に入るのが普通だったが、この民家の跡についてもきちんと記録しようと考えて、調査を開始したところ、屋敷内の二カ所から胞衣納めの容器が出てきた。一つは奥座敷の床下に掘られた穴の中にあわせ口のカワラケが置かれ、その上に大きな石を乗せて埋めてあった（図1）。もう一つは、母屋の下段が通路になっていて、その道の真ん中から発見された。当時は、類例がなかったので何の遺構かすぐには理解できなかったが、たまたま元の地主に聞くと、これが胞衣納めの跡だということがわかったのである。

さらに、戦前までは八王子の瀬戸物屋で胞衣容器としてこの種の土器が売られていて、子供がそろそろ生まれるという時に町へ出かけていって買い求め、男子が生まれた時は読み書きが上達することを願って墨や筆を入れ、女子が生まれた時は裁縫が上達するようにと縫い針を一緒に入れるという話を聞くことができた。埋める場所については特に限定されてなかったという話であったので、奥座敷から出たり、あるいは通路の真ん中から出たりということになったのであろう。その話のとおり石で蓋《ふた》をしたカワラケの中には墨の砕片が残されていたので、これは男の子の胞衣納めの容器だということが確認できたのである。この方の話によると明治末年から大正にかけてのものだろうということであった。

それから二〇年くらい経って、東京、大阪などの都市部を中心に各地で江戸時代から明治期にかけての、近世・近代の土地利用の痕跡が調査をされるようになり、いろいろなものが地下から発見されるようになった。そのころ、都内では新宿区の北山伏町遺跡が発掘されて、北原糸子と谷川章雄が「胞衣納めをめぐる二、三の問題」で、それまで発表されていた事例を集成して研究を開始し（北原・谷川一九八九）、関西のほうでは川口宏海が兵庫県伊丹市伊丹郷町の町屋の発掘事例を中心に「胞衣壺考」を発表した（川口一九八九）。その後、少し経って伊藤敏行が「胞衣習俗と胞衣容器」という、胞衣容器の集成的な論文を発表すると（伊藤一九九一）、これが切っ掛けとなって、各地で胞衣容器が注目されるようになった。

江戸の例だけではなくだんだん各地から発掘事例が増えてくると、胞衣容器に転用されたものを含めて、多様な形態の容器が使用されたことがわかってきたが、基本的には、カワラケと呼ばれる素焼きの皿や鉢型の土器を二枚あわせにして容器にしている。これからも編年研究を続けていく必要があるが、明治時代になると「寿」の刻印をもつ、胞衣専用の容器が出現し、さらに蓋つきのしっかりしたものに変わっていくというようなことも今のところわかっているので、今後はそれ以前の容器の検討が必要であろう。

関西の方では、前述した伊丹郷町の町屋の一角から出てきたのは未使用の火消し壺である。小型の火消し壺を胞衣容器としたものが中心となっているようで、図1に見られるように、やはり中には墨と筆が残されていたことがわかっていて、時代は一八世紀の中ごろと報告されている。また大阪市中央区の大手前で幕末の大坂城代の家臣屋敷跡が調査されていて、同じ形のものが発見されている（南一九九〇）。ここでは火消し壺のほかに二枚の焙烙《ほうろく》をあわせ口に重ねた胞衣容器も使われていて、カワラケ主体の東京周辺と火消し壺主体の関西では胞衣容器として使われる容器の種類に違いがあるということもわかってきた。

考古学の側からは発掘事例の集成的な研究を中心にして、まず胞衣容器の変遷を明らかにする。それを踏まえて、起源と終焉あるいは生産と流通、地域性といった容器そのものの研究を中心に展開していくことになるが、そのため

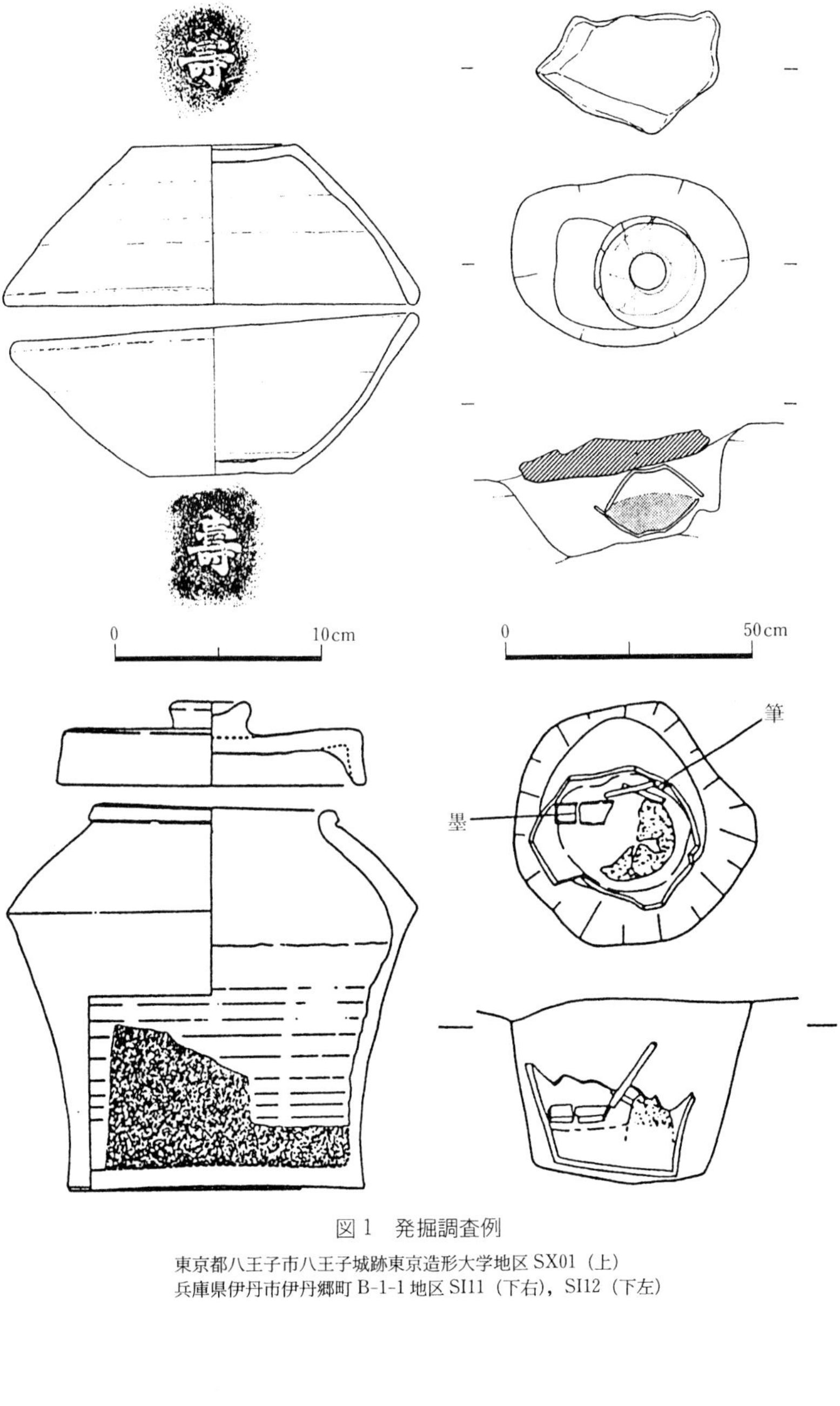

図１　発掘調査例

東京都八王子市八王子城跡東京造形大学地区 SX01（上）
兵庫県伊丹市伊丹郷町 B-1-1 地区 SI11（下右），SI12（下左）

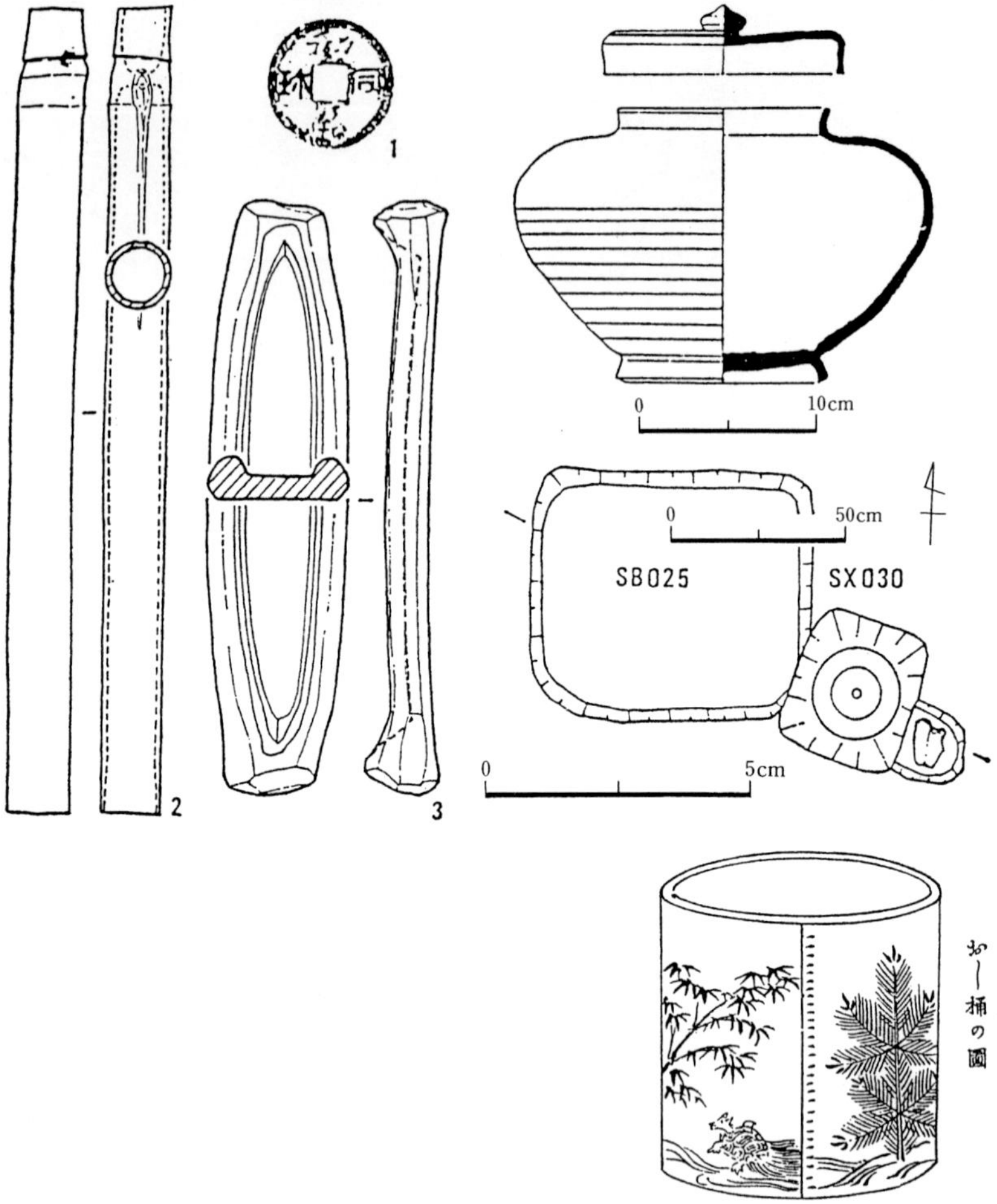

図２　平城京右京五条四坊三坪出土の胞衣壺
押し桶（『古事類苑』礼式部６）

にも今後江戸や大坂といった町場を中心に、その近郊でも調査事例が増えていくことに期待したい。

さて、胞衣を容器に入れて埋納することはいつごろから始まったのであろうか。先述の木下忠は、縄文時代の埋甕が胞衣納めの一番古い例だとしているが、今のところ類推に過ぎないと思う。確実なものとしては、水野正好が紹介して有名になった、平城京の右京五条四坊三坪の宅地から発見された須恵器の蓋つきの壺の中に、和同開珎が四枚、墨と筆先の失われた軸が入っていた例があげられる（図2）。これは後の武家故実に書かれた内容と同じであるので、胞衣納めのために埋められたものといわれている（水野一九八五）。本例が今のところ一番古い確実な例だと思われる。最近「出土銭貨研究」という雑誌の中で、土器の中に銭貨が入った例もいくつか報告されているが、ただ銭貨が入っているだけでは胞衣壺かどうかは決められない（出土銭貨研究会一九九五）。あるいは、鎮壇のための事例かも知れないし、判断がむずかしい場合があるが、銭貨が筆や墨と一緒に入っている場合は、胞衣壺だと考えていい。いずれにしても考古学資料としては、平城京の事例から江戸時代の伊丹郷町の事例までの間明確な発掘調査事例はなく、実は今のところ空白となっている。

三

しかしこの間は、先述のとおり文献資料が残されていて、平安時代から鎌倉時代にかけての公家の日記あるいはさまざまな武家故実書のなかに事例が出てくる。とりあえず、明治になって編纂された『古事類苑』という百科史料事典には、さまざまな文献が収集されているので、そこに出てくるいろいろな時代の史料を見るのが、手っ取り早いと思う。また『群書類従』（群書類従完成会）の中にも武家故実がたくさん出ている。その中の事例を中心にいくつか見てみよう。

九条道家の日記『玉蕊《ぎょくずい》』の承元三年五月二十五日の記事の中に「胞衣を清水で洗いさらに美酒で洗った後、白瓷《しらし》の瓶子《へいし》（白磁の壺であろう）に銭五文を入れ、その上に胞衣を、胞衣の上に新しい筆を入れて蓋をする」とあって、平城京例とまったく同じような納め方が書き留められている。

室町時代になると『御産所日記』（『群書類従』第二三輯）という史料があって、永享六年将軍足利義勝の誕生時の記録が詳しく残されている。やはり「胞衣を水と酒で洗った後、酢に浸し、白い布で包み、さらに赤い絹で包む。そして銭三三文と筆と墨を添えて壺に納める」と記されている。

この時代では、さらに「胞衣桶」という曲物《まげもの》容器に納める事例が多いが、その後江戸時代には、カワラケが多用されるようになる。いつからカワラケを使うようになったかということについては、谷川章雄も今後の課題とされており、筆者も同意見であるが、壺からカワラケに変わっていくのは戦国時代あたりからではないかと考えている。

たとえば、戦国時代の故実を記したと思われる「懐妊着帯之事」（『続群書類従』第二四輯　続群書類従完成会）という史料がある。これは小笠原流で有名な小笠原家に伝わった故実を、小笠原長時から岩村重久が伝授されたものであるが、「胞衣を水で洗い酒をそそいだ後、蝶紙で包んで土器に入れ、蓋をして青絹で包み、さらに桑の小弓や蓬《よもぎ》の矢などを添えて胞衣桶に入れる」とあって、ここではカワラケが使われている。また、添えるものに弓矢が出てくることも興味深い変化で、武家故実の中にも、鳴弦といって弓の弦《つる》を鳴らし、蟇目矢《ひきめや》（鏑矢《かぶらや》）を射て悪魔払いをする儀式が必ずあり、弓矢が胞衣に添える物として登場してくるのも、その関係だと思われるが、あるいは戦国時代らしい風習ともいえる。

また、室町幕府の政所執事伊勢氏の代官を務めた蜷川《にながわ》家に残された文書群の中に三通の「産所道具注文」がある

(『大日本古文書家わけ第二一蜷川家文書之四　附録六・七・八』東京大学出版会)。三通とも年欠であるが、斉藤研一は附録八号文書の端裏書に「道玖」と書かれていることから、一五世紀末から一六世紀始めの史料と推定している(斉藤一九九五)。その「ゑなおさめの御道具」には、五ト入(カワラケ)二つ・たたうかミ(畳紙)二つ・ゆゑん(墨)一丁・ふて(筆)一つい・たいへい銭卅三・ゑな桶一つ・つほ(壺)一つ・大桶一つ・くれないのきぬ・布が挙げられている。その納め方については、胞衣を五度入りのカワラケ(普通に使う酒杯を三度入りとして、それよりも二まわり大きいものを五度入りという。また、その間の四度入りはあいの物という)に入れ、あわせ口に蓋をし、紅の絹で包み、胞衣桶に入れる。さらに壺に入れて、その上に畳紙を二枚・墨一丁・筆一対・太平銭三三枚を入れ、壺を布で巻いた上、大きな桶に入れて納めると書かれている。このように、遅くても一六世紀には、武家故実の中にカワラケの使用が定着すると考えてよいと思われる。

外容器は、この時代でも胞衣桶が普通のようである。中世、それから江戸時代の古い時期もそうだと思われるが、図2の押し桶、曲げ物の桶が使われている。胡粉を塗ってその上にきらら(雲母)で鶴亀松竹などを描くのが胞衣桶のオーソドックスなものであった。さらに丁寧な場合には、たとえば最近注目された、港区瑞聖寺の仙台藩伊達家の墓所から発見された胞衣桶は銅製の外容器の中に入れて納められている。この胞衣桶は、杉材の結桶《ゆいおけ》でカワラケは使われず直に胞衣を納めていた(谷川二〇〇一)。

また図3に挙げた元禄五年(一六九二)の初版『女重宝記大成』(『子育ての書一』東洋文庫)の挿絵には、そのころの武家屋敷だろうと思われる場所で胞衣を埋めている様子が描かれている。座敷の上に取り上げ婆と出産した母親がおり、その前の土間で中間がこれから胞衣を埋めようというところである。座敷には胞衣桶が置いてあり、「志於水をうち、をしをけを埋むところ」というふうに書かれ、座敷の前に穴を掘ってこれからまさに胞衣を納めようとしてい

図3 『女重宝記大成』の挿図

る様子が描かれている。この事例は元禄五年ころ、一七世紀末であるが、戦国時代から江戸時代にかけてまではこういう形が武家を中心にして行われてきたのではないかと考えられる。

　細かい点の検討はまだたくさん残されているが、胞衣を容器に入れて埋納するという習俗は、奈良時代以降連綿として続けられていることは間違いない。胞衣を直接入れる容器の形、あるいは一緒に入れるもの、また埋める場所などが時代や地域によって多少の変化を生み、地域性がだんだん広がっていくようになる。また、階層によって、例えば公家・大名や武家の場合、町屋の大店の場合、あるいは庶民の場合ではどういうふうに変わっていくか、といった事がこれから研究されていかなくてはならないと思う。

　また地域性といえば、幕臣屋《や》代《しろ》弘賢《ひろかた》が文化年間に諸国に質問状を送り、各地の風俗の実情を集めようとした。屋代弘賢というのは当代きっての蔵書家で不忍《しのばず》文庫と呼ばれるように大量の書物を収集していたこと、さらに能筆家としても有名で幕府の奥右筆《ゆうひつ》を長く勤めていた人物である。ちょうど寛政の改革前後から、『寛政重修諸家譜』とか『新編武蔵国風土記稿」という幕府の編纂物が作られ始めるが、おそらくこうした動向の中で、諸国の風俗を調べることになったと思われる。それに対する回答状が内閣文庫にいくつか残されていた。

これは『諸国風俗問状』に対する答えということで、『諸国風俗問状答』と呼ばれているが、『日本庶民生活資料集成』（三一書房刊）第九巻に全文収録されている。いろいろな質問と回答が載っていて、たいへん興味深いものであるが、その中に「胞衣の納様如何様、まじなひ事も候哉」という質問項目もあって、それに対していくつかの回答が返っている（表1）。例えば陸奥国白川領では「胞衣は胞衣桶に入、人足しげき処、たとへば台所の上り口と申様なる処へ埋め申し候。外に呪事等は無之候」。また、常陸国水戸領では「胞衣は産婆の取扱にて、白木の曲げ物に白粉にて松竹を画しものを渡す。貧賤は炭消壺を出す。湿のなき地に埋む」というふうに書かれている。こういう形で恐らく全国から回答があったものであろう。いま全部残っていれば、文化・文政期のさまざまな地方の庶民の暮らしぶり、あるいは考え方が良くわかって、大変貴重な研究材料になったと思うが、表1にあげた国しか残されていない。

答えた人の階層はまちまちだと思われるが、地方地方の知識人であったり、知識人で分からないことであったら、村々の名主などに問い合わせて書かせた部分もあるようで、全部が全部信憑性があるとは限らない。文化十年代くらいの回答だと考えてよいが、相当に地域性があって、あたまに○印をつけているのが、胞衣桶に入れて埋めるという回答が寄せられたもの、×印が胞衣桶には入れないと言う回答が返ってきているものである。最近の各地の民俗調査の聞き書きなどを見ていくと、これと同じ様なばらつきが問題にされているが、すでに一九世紀のはじめには地域性がはっきりできていたということが明らかである。つまり、胞衣を家の外に埋めるか、中に埋めるか、あるいは人が踏むところに埋めるか、逆に人が踏まないところに埋めるか、湿ったところに埋めるか乾いたところに埋めるか、本当にまちまちな報告が返っていて、すでにしてこういう状態だったことがわかる。

表1 『諸国風俗問状答』

○	陸奥国白川領	胞衣は胞衣桶に入、人足しげき処、たとへば台所の上り口と申様なる処へ埋め申し候。外に咒事等は無之候。
	出羽国秋田領	異なること候はず。人踏ぬ地を選て、このしろの魚添て埋む通例也。このしろなければ、別なる魚をもてする也。
○	常陸国水戸領	胞衣は産婆の取扱にて、白木の曲物に白粉にて松竹を画しものを渡す。貧賤は炭消壺を出す。湿のなき地に埋む。
○	越後国長岡領	曲たる桶に鶴亀など画かき、それに入て日影ささぬ所をいと深く掘て埋む。異なるまじなひは侍らず。
○	三河国吉田領	産婆胞衣桶に入れて、さて物によく包み（大かたは産婆みづから）持出る也。それを家の内台所の入口の庭を掘て埋るのみ。外にまじない等なし。
×	伊勢国白子領	胞衣の納方は、大てい暦によりて物する也。器は大方有合せ物を用ひて、胞衣桶に入るる事は稀なり。
○	若狭国小浜領	白木の桶に松竹なとを絵かいて、閾の下に埋候。
	丹後国峯山領	其家の重き柱の元へ納候者も御座候。亦産前より納所定置候者も有之由に御座候。ましない事等存不申候旨、町年寄共申出候。 但御家中にては、定り候納所無御座、家々人々不寄次第、其家の敷地内に納、上に鎮石置申候。 一、在方にては、其年の明きの方、人の踏まざる所の土中へ埋申候旨、大庄屋共申出候。
	備後国福山領	胞衣をは、家の内人の多く踏み候処に掘り納め申候。先へ越たる者を一生恐れ候とて、長上たる者越へ初め申候。
×	備後国品部郡	ゑな箱用ひ候者は邂逅に御座候。多は白紙重包、上に鶴亀など書候。庭の表の出入口の框の此方に埋み申候。里俗、此胞衣納候うへをはじめて通り候鳥獣虫類を忌恐れ候とて、父はじめてこし候事も御座候。
	備後国沼隈郡	胞衣は、明方へ持行埋申。人の踏む所を好むものも有、また不踏所を好者も御座候。
○	紀伊国和歌山	産れし時、曲物に鶴亀・松竹など目出度ものを画き、右曲物二つ、一つへゑなを入て産場の床の下へ納。今一つへは白米を入て取あげばばへ遺す。いづれも俗のならはせなれども通例なり。
	淡路国	胞衣を産所の辺に納め、父親其上を踏事あり。是は産子物に恐れぬ咒と云。
	阿波国	胞衣は戸口敷居より内の庭を掘納め申候。まじなひ事も無御座候。
×	阿波国高河原村	胞衣納様は、大体椀杯に入、戸口のかたわら、又は上りかまちのきわにいけ申義にて御座候。別てましなひ事は仕不申義にて御座候。
	肥後国天草郡	吉方の床の下に納置也。まじなひ事なし。

○印は胞衣桶に入れ、×印は胞衣桶に入れない

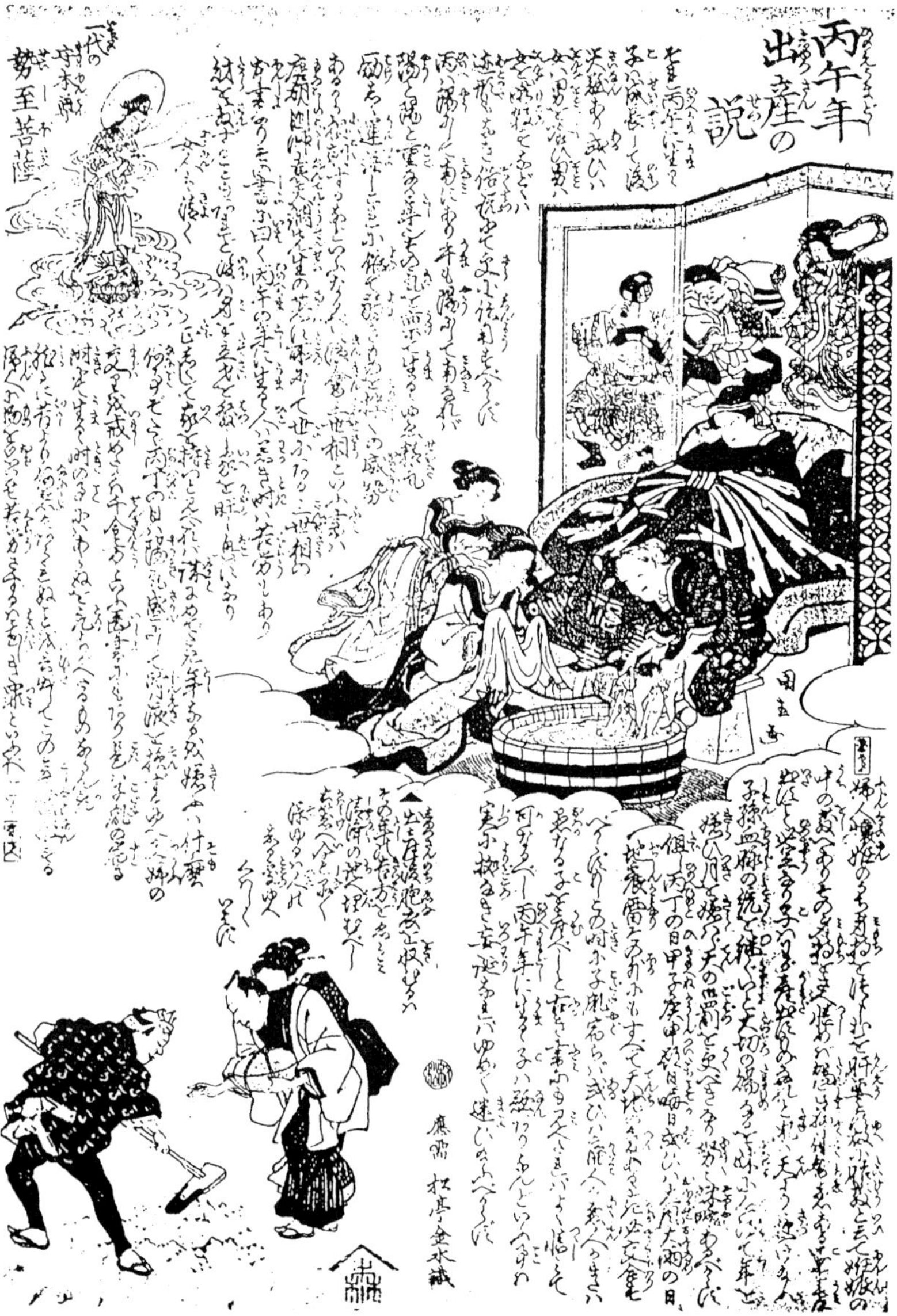

図４　松亭金水識・歌川国直画「丙午出産の説」

ところで、幕末になるとさまざまなメディアに乗って、多彩な情報が流布しているが、胞衣に関する情報もその一つである。例えば、小沢詠美子が「『胞衣』をめぐる諸問題」という論文で胞衣を題材とした川柳を取り上げているが（小沢一九九六）、当然のことながら庶民の間で胞衣の話題が一般化していたことを示している。また、図4のような刷り物情報紙に「丙午年《ひのえうま》の出産の説」というのがある。この丙午年は弘化三年にあたるが、おそらく前年に出されたものである。要するに、丙午年生まれの子供は難が多いと言う説は妄説だから出産を避けるのは誤りだという情報紙であるが、その下の所に胞衣を埋める図があって、そこでは町屋の若夫婦らしい人が合わせ口の器に荒縄で十字に縛った物を埋めている。場所はわからないが、「出産後胞衣を収むるはその年の吉方を選び清浄の地へ埋むべし、土器へ入れ、品々添ゆるは人の志るところゆえくわしく言わず」と書かれている。つまり、胞衣は吉方を選んで清浄な地へ埋めるものだということをメディアはこうした形で広げていっていることが確認できる。この種の情報は、結構たくさん残されていると思うが、なかなか目に付かないようである。

四

さて、明治になると胞衣納めもだんだん変化していく。一九九三年、筆者が勤務していた博物館の所蔵資料の一つに、明治の年度ごとにひとまとめに縛った領収書の束があって、その中から日本胞衣株式会社の領収書がでてきた。この会社に関する関連資料を探しているうちに、東京都公文書館が架蔵している『庶政要録』という出願書類の中にたまたま日本胞衣株式会社の定款《ていかん》、および この会社が同じころに作った、日本胞衣納器商会の定款が残されている事を知ったのである（土井一九九四・一九九五）。それによると、日本胞衣株式会社は、東京府下で個別に営業されていた、吾妻社（南葛飾郡吾妻村）、貴子母社（北豊島郡雑司が谷村）、東京衛生社・栄生社（北豊島郡中里村）、益人社（荏原《えばら》郡大井村）、子安社（北豊島郡三河島村）の六社を合併して、明治二十三年（一八九〇）一月設立されている。これらの各社については、いまのところ詳らかではないが、日本胞衣株式会社の定款を見ると、「従前東京府下ニ於テ胞衣埋納所ヲ六社ト制限セラレ御許可ヲ蒙リタル」各社となっていた。その業務がまちまちであるため、松本亥平・松本龍智の二名が合併を首唱して設立したものであった。

この松本亥平という人は「権大講義」という教導職の肩書きを持っていて、教派神道の一つ大成教と結びついていた。そして、明治六年（一八七三）岩倉具視の別邸があったという北豊島郡道灌《どうかん》山に胞衣神社という神社を設け、そこに本部を置いて、新たに胞衣納祭所と産穢物焼却場を設けたのである。ここは、現在のＪＲ西日暮里《にしにっぽり》駅の一帯であり、今ではまったく面影も残っていないが、明治四十三年に東陽堂から発行された『大日本名所図会』第七六編に写真が掲載されており、荒川区や北区の民俗調査報告の中にも、道灌山の神社の中に胞衣を納めたという記録が採録されている。

会社の営業目的は「府下産家貴重ノ胞衣ヲ納祭シ及ヒ産穢物ヲ焼却シテ衛生ノ裨益《ひえき》ヲナス」というわけであった。胞衣納祭所では「各位ノ望ミニ依リ一家族ノ胞衣ヲ他人ノ胞衣ト区別シ納祭所ヲ取設ケラレ度諸君ヘハ二尺方面ヲ画シ納祭地ノ内ニテ貸渡可申候」ということで、一等地金二円、二等地金一円五〇銭、三等地金一円という安くはない借地料を設定している。そして、毎年二回、道灌山胞衣神社で大祭を行い、胞衣納祭者の安全を祈るということであった。

明治三十四年（一九〇一）生まれの平塚春造は、その風景を「古い木の鳥居をくぐると両側は桜の木で、休み茶屋があって、右側にいく峰かの築山があり、そこにそれぞれ瀬戸物に入れた胎盤を木杭を立てて葬った。その隣が広場になってそこで花見をした」と語っている（平塚一九九〇）。

また、松本亥平たちは、日本胞衣株式会社とは別に、日本胞衣納器商会を設立し、胞衣納めのための器を生産していた。その設立趣旨は、定款の中に次のように説明されている。胞衣納器については本来故実があるが、知らず知らずに式例を失って、納器がさまざまになってしまった。例えば木の曲物、釘締の箱、薬の焼壺、桐油袋、竹の皮、馬沓などに入れて処理をされてきたが、最近は「ごとうかわらけ」（遺跡から発見される口径二〇センチ前後の大きめのカワラケ、つまり五度入りのカワラケと考えられる）を上下二枚に重ねて使用するようになった。ところがその「ごとうかわらけ」というのは仏事にも使用されることが多いし、合わせ口で埋納されるために処理が不適切になり、炎天下だと腐敗し悪臭が生じたりするなど非衛生なので、善良納器、つまり蓋つきの吻合《ふんごう》部がしっかりしたものを発明したというのである。延命宝珠状にして陰陽五行をかたどり、器に鶴亀松竹および七宝の模様をちりばめた物であった。

その納器は、上等一個五〇銭、中等二五銭、下等六銭と等級があり、上等の物というのは多分釉薬《ゆうやく》をかけたものだっただろうと想像されるが、今のところどれがそうなのかというのはよくわからない。もしかすると、胞衣納器商会が作った物が、都内から出てくるかもしれないが、今のところ発見例はないようである。※この容器の販売とともに、順調に事業を拡大して明治二十四年（一八九一）、二十六年の二度にわたって増資をしている。

※　最近この胞衣神社の跡地が発掘調査され、その報告書が刊行された。この辺りは北区田端不動坂遺跡第17地点と呼ばれ、二〇〇一年四〜十二月、マンション建設のための事前調査が行われた。この地点は、古いアパート建築時の基礎工事により全体の約三分の一が失われていたが、残った部分から胞衣埋納遺構三三七基が発見されている。容器は、多様なものが使われているようであるが、その中に「発明人　松本亥平　松本龍智」の刻印が押されたものが始めて確認された（東京都北区教育委員会二〇〇三年一月『田端不動坂遺跡Ⅴ』）。

ところで、東京府では明治二十四年三月に警察令第三号によって、胞衣と産穢物、要するに胞衣とお産の時に出てくる汚わい物を家屋に近接する場所に埋納することを禁止する。併せて取扱業者には東京府が許可した一定の埋納処理場以外での処理を禁止していく。前年の日本胞衣株式会社の設立出願も、この動きに連動したものだったに違いない。明治十九年夏に東京で大流行したコレラに関連して、首都東京の飲料水問題が防疫・衛生面で大きな政治課題になっていたからである。それは東京の取水源であり、皇居へも注水していた玉川上水の改良問題、さらに玉川上水が取水する多摩川上流域での水源林確保が大きな問題になっていった。玉川上水の取水口の上流で、コレラで亡くなった人の衣類を洗濯したなどという流言飛語が、あっという間に東京中に広まった時代であり、そのために多摩地域を神奈川県から東京府に移管するという案へ発展していくのであった。

このように、政府の政策と東京府の行政は、衛生面での施策を強力に進めていかざるを得ない段階になってきた。同じ動きというのは墓地や埋葬についてもおこっていく。明治二十年六月東京博善株式会社に、日暮里火葬場の営業が許可され東京で初めての民間の火葬場の経営が始まり、その後どんどん増加していくことになる。こうして、火葬による葬法が急速に普及するとともに、明治二十四年八月には、「墓地及び埋葬取締規則」が新たに定められ、東京市と神奈川県八王子町の墓地の一部では土葬が制限されるようになった。このあと、全国的に衛生に関する規則が出てくるようになる。したがって、胞衣処理の問題や埋葬の問題は、東京府のみならず日本の都市が抱える衛生問題として大きな歴史的な背景の中で変化していくということになったわけである（土井一九九七）。

このように習俗というものは段々都市の中から消えていく運命にある。つまり、明治の近代化の動きは、都市部と都市化する周辺地域の民俗を大きく変容させていくのである。胞衣を容器に入れて屋敷内に埋納する産育習俗は、急速な近代化を背景として、都市部では早くに消滅していくが、都市周辺の村落では戦後まで継続していることに注意してよい。伝統的な習俗を都市が吸収して破壊していくといってもよいのである。

特に明治二十年代から三十年代、これから二〇世紀という段階で、近代化を要因としたさまざまな変化が生じてくる。本書に集録された諸氏の論考を見ても、江戸の問題はその後の経過も含めてとても面白い問題を提起してくれていると思う。これまで筆者が地域の博物館でいろいろな資料を扱ってきた経験からいうと、すべてを近世、近代で区分して考えないほうがいいという気がしている。もちろん、海外から入ってくる文物や知識によって大きく変化する事物も多いが、政治体制が変わったからといって、庶民の暮らしや道具、あるいは伝統的な習俗のように日常生活に根づいた部分は、それほど簡単に変わるものではない。おそらく都市部以外では、江戸時代から少なくとも明治三十年代くらいまで、基本的にほとんど変わっていかないのではないかと考えている。したがって、いろいろなものの緩やかな変化を、一九世紀を通して追いかけていく作業が、これからの研究に必要ではないかと思う。

〔参考文献〕

伊藤敏行　一九九一「胞衣習俗と胞衣容器」『学芸研究紀要』第八集　東京都教育委員会

小沢詠美子　一九九六「『胞衣』をめぐる諸問題」『史潮』三八　新歴史学会

川口宏海　一九八九「胞衣壺考」『研究集録』第九号　大手前女子学園

北原糸子・谷川章雄　一九八九「胞衣納めをめぐる二、三の問題」『北山伏町遺跡』新宿区北山伏遺跡調査会

木下　忠　一九八一『埋甕——古代の出産習俗——』雄山閣出版

斉藤研一　一九九五「土器に胞衣を納める」『出土銭貨研究』第四号

猿渡土貴　二〇〇一「近現代における胞衣処理習俗の変化——胞衣取扱業者の動向をめぐって——」『日本民俗学』二二六号

出土銭貨研究会　一九九五「特集・胞衣壺と銭貨」『出土銭貨』第四号

谷川章雄　一九九八「瑞聖寺出土の伊達家の胞衣桶について」『港区文化財調査集録』第四集
谷川章雄　二〇〇一「江戸の胞衣納めと乳幼児の葬法」『母性と父性の人間科学』コロナ社
土井義夫　一九九四「道灌山胞衣神社と日本胞衣株式会社」『貝塚』四七　物質文化研究会
土井義夫　一九九四「日本胞衣株式会社の設立」『貝塚』四八　物質文化研究会
土井義夫　一九九五「日本胞衣株式会社と日本胞衣納器商会」『貝塚』四九　物質文化研究会
土井義夫　一九九五「日本胞衣株式会社八王子出張所覚書」『桑都民俗』第一三号　桑都民俗の会
土井義夫　一九九七「出産」『方法　教養の日本史』東京大学出版会
土井義夫・紀野自由　一九七八「いわゆる〝エナ〟処理用カワラケ」『貝塚』一八　物質文化研究会
土井義夫・戸井晴夫　一九八六『八王子城跡――東京造形大学構内地区――』八王子市教育委員会・八王子城跡東京造形大学構内地区調査会
中村禎里　一九九九『胞衣の生命』海鳴社
平塚春造　一九九〇『日暮しの岡』谷根千工房
水野正好　一九八五「招福・除災」『国立歴史民俗博物館研究報告』第七集　国立歴史民俗博物館
南　秀雄　一九九〇「大阪城代家臣屋敷の調査」『葦火』二五号　大阪市文化財協会
山田不二郎　一九九四「胞衣処理に関する資料」『厚木の民俗　8人生儀礼』厚木市教育委員会
横井　清　一九八八『的と胞衣』平凡社

大会でのコメント

司会　ありがとうございました。度々お名前が挙がっておりました谷川先生、特に江戸の遺跡で発掘される胞衣容器、先ほどの戦国時代からはカワラケが定着してきたというふうなお話もございましたが、その辺もございましたらコメントをいただければと思いますが。

谷川　個人的には今の発表には質問がないので、指名されてちょっととまどっているのですが、カワラケを胞衣容器として使い始めるというのは、文献で確か、出土銭貨研究の中で斉藤さんという方だったか、一六世紀くらいにすでにそういう記事があるということをおっしゃってまして、江戸時代に入りますと水野正好先生が指摘されてますように、確か慶長くらいの文献があったというふうに記憶しております。ですから、土井さんがおっしゃるように、ほぼ戦国時代を境にして、胞衣容器としてのカワラケというのがどこかで始まった、おそらく武家故実を背景にしたところから始まったんだろうと考えられます。これは中村禎里先生がお書きになったように、武家故実の二大流派と言いますか、伊勢と小笠原の二つの流派があるようですけれども、その小笠原流の方ではカワラケを使っています。ところが伊勢流の方では私の知っている限りの文献を見る限りではカワラケは使用していないようであります。ちなみに伊達家の大名の嫡子の胞衣容器はカワラケではありませんでした。だからといって伊勢流といっていいかどうかはわかりませんけれども。で、今江戸の遺跡の中でカワラケがどこまで遡るのかと言う問題は私も非常に興味がありまして、最近岩本町二丁目という、後藤さんが調査された千代田区の町屋の遺跡とか、緊急報告書が刊行されます、中央区の日本橋二丁目の例などを見てみますと、少なくとも一八世紀の中葉くらいまではいきそうだという風に考えています。これは遺構の出土される面の年代からカワラケ自体の年代はよくわかりませんけれども、検出面の年代から一八世紀の中葉くらいはいきそうだという感じがします。ただ、それが量的に、例えば爆発的に増える時期があるかということは今後の問題だと思います。ただそれ以前に遡る可能性があるかどうかと言うのはまだちょっとよくわからないのですが、一つ気になっているのは増上寺神宮の早桶に葬られた乳幼児骨がカワラケの上にのせられている例がひとつあります。民俗学では乳幼児の葬法と胞衣の埋める方法とは共通性があるといわれていますが、江戸都市では共有しつつ分化していたというふうに思っているのですがその辺はちょっとおくとして、もし仮に共通性があるという前提に立つならば、もっと古く一七世紀くらいまで遡る可能性があるのかなというふうにも思ったりしてますが、これは今後の発掘調査の成果によるのではないかと思っています。以上です。

土井 そういう意味では、紙上発表の報告事例を見るといろいろなケースが出てきたなということもわかりますし、江戸時代の胞衣納めの一般化がいつごろくらいから始まるのかということも含めて、これからの課題がたくさん残されているだろうというふうに思います。基本的に谷川さんとだいたい同じ考え方でおります。

司会 どうもありがとうございました。

墓標研究の展望

……田中藤司

一　課　題——考古学的墓標研究の展開——

筆者は、農村の家と祖先祭祀の民俗学・社会人類学的研究をおこなってきた。聞きとり調査に加えて、祭祀の装置である位牌・墓標を史料として用い、近世期から存続する家を考察している（田中二〇〇一・二〇〇四）。

歴史考古学では、石製の近世墓標について、悉皆《しっかい》調査をもとにした定量分析が急速に成果を蓄積しつつある（谷川一九八九、朽木一九九四、関口二〇〇〇など）。この考古学的墓標研究は、墓標の形式や材質などの出現頻度を、没年紀年銘を利用してセリエーショングラフ（図1）で表示する分析を特徴とし、文化史研究に独自の領域を画している。各地自治体の文化財調査では、従来より石仏・民具調査の一環で墓標をあつかうことがあったが（大護一九八八、武蔵野美術大学一九八三など）、考古学的墓標研究の手法は石造物調査を一新するものとして、考古学者にかぎらず利用されはじめている（増沢一九九四など）。今後は、いっそう比較検討可能な資料の集積がすすむとともに、手法の改良や応用分野の開拓が期待される。

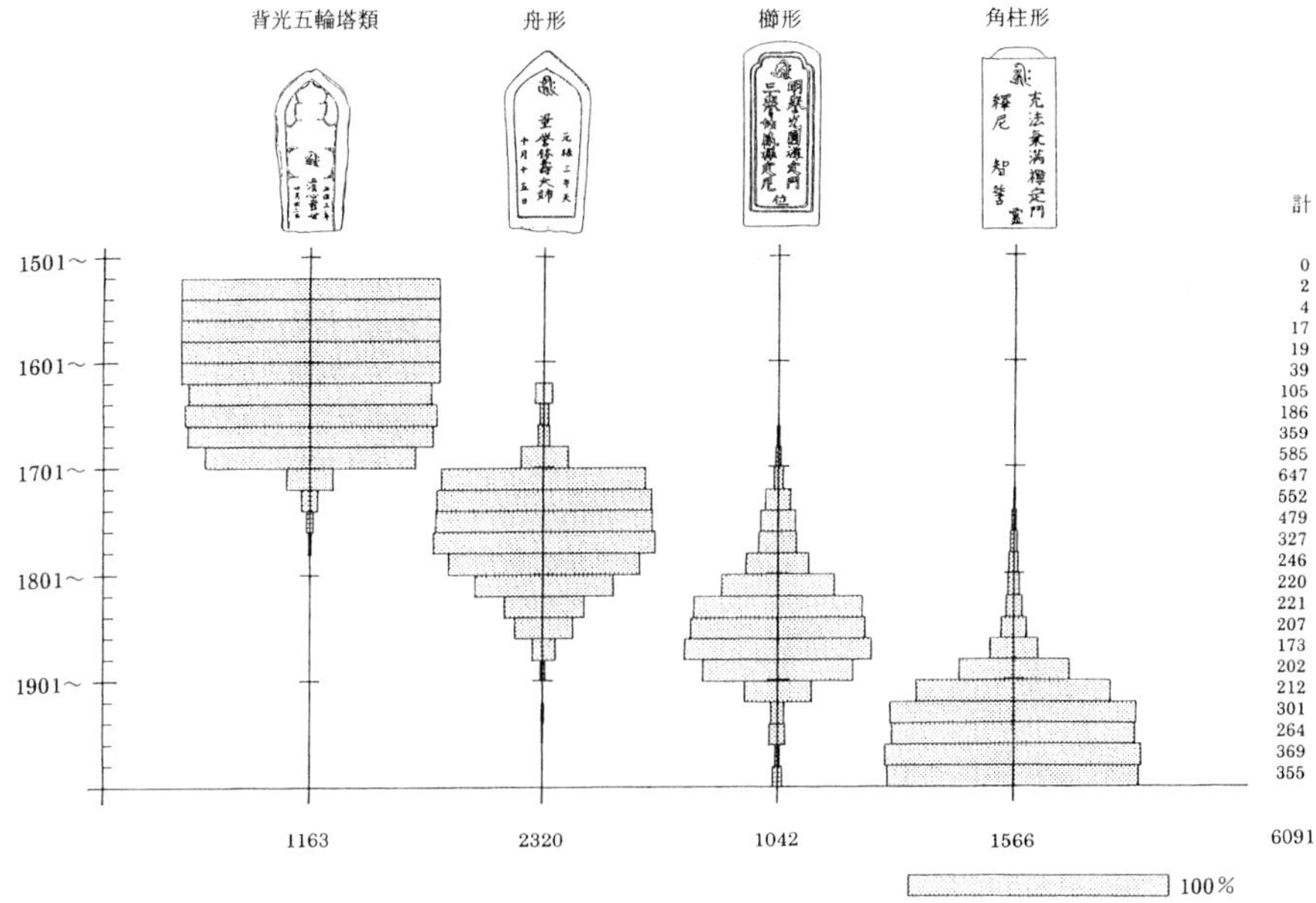

図１　墓標形式のセリエーショングラフ

奈良県天理市中山念仏寺墓地所在の紀年銘をもつ墓標について，主要な４形式にわけて20年ごとの存在比率で示したグラフ（吉沢2004, 105ページ）．セリエーション（比率の重ね合わせ）グラフによって，実数表示では見えにくい墓標形式の変遷が明瞭に視覚化された．セリエーショングラフの意義については，朽木（2001），ディーツ（1994），横山（1985）が論じている．

考古学的墓標研究の研究水準を示すものとして、奈良盆地の二つの郷墓《ごうばか》についての中間報告書『近畿地方における中・近世墓地の基礎的研究』（白石ほか二〇〇一）をあげることができる。この報告書には、さまざまな指標を用いて作成された図表と解説論文のほかに、墓標の一覧表と配置図が掲載されている。この墓標一覧は、統計処理に先立つ基礎データを、いかにして共有しうる形で確保するかという課題（関口二〇〇〇・六八ページ）に対応するものとなっている。なお、このプロジェクトに参加した考古学者を中心に墓標研究会が組織され、研究例会と会報発行をおこない、墓標研究の検討をすすめている。

このたび筆者に与えられた課題は、墓標をとおして近世人の祖先祭祀の実相に迫ること、右の考古学的墓標研究の動向を前提としつつ、民俗学の貢献を示すことである。趣意書が述べるように、近世人の心性は近代的価値観で測れない、いわば異文化として見るべきものなのかどうか、認識論と方法にかかわる側面が検討されなければならないだろう。

二　考古学と聞きとり調査の協同のために
——遺跡／現用の墓／実例／慣習——

すでに江戸遺跡研究会は、第九回大会で「江戸時代の墓と葬制」を主題に掲げている（江戸遺跡研究会編一九九六）。この主題は、近世墓の発掘研究を通して、近世人の心性に接近しようと目されたものである。このさいの基調報告で古泉弘は、つぎの五分類のもとに近世墓研究の課題をあげている。①埋葬様式、②埋納副葬品、③埋葬人骨、④墓地、⑤墓標。この五つのアプローチのうち、①②③は発掘調査が前提となる事項である。④⑤についても、利用が廃絶し遺跡化した墓の発掘調査が考古学の本領であり、発掘調査で検討される墓標は石製に限定されない（谷川一九九六）。第九回大会の報告者のほとんどが、遺跡から埋葬行為を論じている。

墓についての近世考古学の成果は、『図説江戸考古学研究事典』（江戸遺跡研究会編二〇〇一）の第Ⅳ章「江戸の墓と葬制」に要約されている。墓に反映する身分制・階層性の検証が、研究課題とされる。墓標をはじめ墓の上部施設の研究成果にふれてはいるが、『事典』では墓の下部施設の解説を主軸としている。これに対して、関口慶久による『事典』Ⅳ章の書評（関口二〇〇一）は、上部の墓標と下部の埋葬施設の同時調査を提案し、具体例をあげて可能性を模索している。

近世墓研究の重要トピックである鍋被り葬に関連して、長佐古真也は、つぎのような疑問を投げかけている。盆の期間中に亡くなった死者に鍋や鉢を被せて葬るという慣習が現在に言い伝えられているにもかかわらず、その発掘事例は二〇〇年以上をさかのぼるものしかないのはなぜか（長佐古二〇〇一、桜井二〇〇一・四三ページ）。考古学と民俗学との連携を求める積極的な提言であろう。民俗学は、慣習の研究を標榜しながら、実体が失われて口承される慣習の追究に偏った面がある。遺物の実例から歴史的意味を探る考古学的探究との協業の模索は、遺物資料・文字資料・口頭伝承・現行習俗など、何がどのような史料となりえるかという、史学の基本問題に帰するのではないだろうか。長佐古のとりあげる発掘調査と聞きとり調査の不整合という問題を受ければ、ふつう現用の墓が発掘調査される機会はないことを考慮すべきである（春成一九九二）。墓地移転にともなう改葬時に、盆の死者の鍋被り葬事例が出土することもあるが（葬送文化研究会一九九三・一五九〜一六〇ページ）、発掘調査は祭祀が途絶した墓地遺構が前提となる。このため、鍋被り葬にかぎらず、発掘される墓に被葬者の記録や口承が併存することは少ない。祭祀が継承されている現用される墓についての研究は、墓標や慣習の実例調査からの接近が不可欠となろう。

墓制の民俗学の重要論文は、『葬送墓制研究集成』全五巻（土井ほか編一九七九）と『祖霊信仰』（赤田編一九九一）に再録されており、『祖先祭祀と墳墓』（藤井編一九八八）が仏教民俗学の論点をまとめている。また、一九六二〜六四年に全国一三六六カ所でおこなわれた聞きとり調査の集成『日本民俗地図Ⅶ』（文化庁編一九八〇）があり、『日本の葬送・墓制』シリーズ全一〇巻（明玄書房一九七八〜七九）は県別に墓の慣習を整理している。森謙二『墓と葬送の社会史』（一九九三）は、以上の先行研究をふまえたうえで近代史に位置づける、最も明快な解説である。民俗学は村落生活の均質性を想定し、地名以外にインデックスをもたない慣習の報告が、ながく一般的だった。階層性などの個別条件や、時代性は度外視される傾向にあった。民俗学があらたな形で歴史研究に参画することを求められているいま、慣習に歴史的時間が明示されなかった状態から脱して、現在と過去の葬送・墓の儀礼過程を実例で示すことが、今後の議論のために必須となるだろう。そのような試みとして『死・葬送・墓制資料集成』（国立歴史民俗博物館一九九九〜二〇〇〇）をあげておきたい。

三　墓地・埋葬・村／墓標・祭祀・家
――信仰と社会規制――

古泉が示した五つのアプローチのうち、筆者があつかってきた資料は、発掘調査を必要としない上部施設、墓地と墓標に限られる。墓は埋葬施設であると同時に祭祀の施設であり、墓標は死者の供養と記念の機能をもつ。一七世紀末の石製墓標の一般化以降、墓標は供養塔から記念碑の性格を派生した（土井一九九七）。近世中期には、小農民が中世的大農民の支配下から経営体として独立し、村の運営をになう主体となった。墓標や位牌を用いて祖先を祭祀する家が、近世村落に一般的に成立した（大藤一九九六）。

いっぽう民俗学では、墓標以外の多様な墓上装置、菰《こも》覆い・屋根がけ・ハジキ竹・サギッチョ・モンドリ・イガキ・四十九屋《しじゅうくや》・霊屋《たまや》などについて報告され、象徴性や古代葬制からの心性の残存・連続性が議論されてきた（新谷一九九一、五来一九九二）。だが視点を転じれば、これらに村ごとの多様性がながく維持されたのは、そうした装置の多くが村の互助組織によって葬送儀礼の一環で作成され、規範の拘束性が強いからである。ひるがえって墓標については、頭部弧状方柱形（櫛形）墓標の一八世紀の登場に、全国的な斉一性の高さが指摘されており（谷川一九八八・二九ページ、図1参照）、墓の慣習にかかわる村と家との対応の相違を予想させる。この点を墓標研究でも考慮すれば、墓標形式や材質の変遷について、村落間の差異や地方差の比較研究が期待される（朽木一九九六）。

墓地に関する課題として、古泉は都市の墓地政策とともに、両墓制に言及している。両墓制は、埋葬施設と祭祀施設との機能分離が可視化される事例である。民俗学は、両墓制研究に精力を傾けてきた。埋葬地と別に祭祀する場を設ける両墓制は、死者は死の穢れを徐々に浄化されて祖霊《それい》に昇華するという、日本人の信仰、根源的な心性を示すものと目された。この前提には、日本人が古代から一貫して死穢《しえ》の観念をもつという仮説があったが、文献史料を用いる仏教民俗学の成果によって反証された。民俗学における墓標の実例研究は、ほとんどが両墓制墓地を検討してきた（新谷一九九一、竹田一九九三・一九九五、長沢一九七八、前田一九九六）。民俗学は、両墓制に精力を傾けすぎてきた感がある。両墓制への過度の注視は、たとえば竹田聴洲による近代の両墓制解体過程の分析があるにもかかわらず、近世初頭の両墓制成立に議論を収斂《しゅうれん》させ、近世・近代村落における墓制の展開への関心を妨げる傾向につながった（政岡二〇〇〇、岩野二〇〇一、前田二〇〇一）。

ともあれ両墓制研究の知見は、埋葬と祭祀を分担する二つの墓地が、別の発生を経たことをあきらかにした（新谷一九九一）。石製墓標の普及時に、どのような墓地管理が営まれていたかが、その後の単墓制、種々の両墓制の分岐理由となった。さらに白石太一郎（二〇〇〇）は、中世在地武士層の単墓制墓地の発掘を傍証とすることで、近世農民の両墓制墓地の成立を説明した。これによって、両墓制の本質は、村落規制による埋葬地の入会《いりあい》管理であることが明白になった。両墓制は、かつて想定された死穢忌避や祖霊化の象徴など信仰面ではなく、社会システムの問題に起因することが解明されたのである。

両墓制を解消した村もあるが、現在まで維持する村もある。両墓制でなくても、村落社会における墓地は村組織の管理下にある例が多い。両墓制の慣習によって、遺体や遺骨が唯一の祭祀対象ではないことが確認でき、家単位の区画占有を否定する埋葬地の共同体規制は、夫婦・家族の合葬という今日一般的なイメージを裏切る。家族が同一の墓に葬られ、同一の墓に記録・祭祀されるという常識は、近代の火葬技術と分譲墓地区画の使用条件によって不動のものとなった。近代の家族範囲の明確化が、これと重なる（田中二〇〇三）。この前提をとおして見るかぎり、村の墓は今日でも、じゅうぶんに異文化である。

この大会テーマの論点に、研究対象としての近世人の精神文化を、近代人である私たちが自文化と見るか異文化と見るか、という方法・認識論上の問題がある。しかし、近代と近世の区分は自明ではない。国家体制は封建制から国民国家へと移行したとはいえ、葬送は村落規制のもとに管理・運営され、村の共同性は再編されつつも持続した。農民の家は、近世村落の共同性と不可分に生成したものだが、墓標を建立して自家の祖先を供養・記念することにおいて、埋葬を管理する村との位相差をもつ。両墓制の成立条件として白石（二〇〇〇・八〇〜八一ページ）が指摘した、埋葬地を共同利用する村の共同性と独自に墓標を建立しようとする家の自律性との対立が、近世社会から今日までつづいている。墓標をはじめ、家によって管理されてきた祖先を表象する祭具の歴史的展開に、近世と近代の断絶が存在するかどうかは、実例に即して考察すべきであろう。

現在もつづく墓標の祭祀慣習という研究対象を、自文化と見るか異文化と見るかは、二者択一の問題ではないように思われる。たとえば石塔碑文の解釈から、近世中期以降の墓標は死者の記念碑でしかないと断じることや、逆に、墓標の存在じたいを「祖先の祭り」と同一視することは、それ以上の接近を不可能にする。墓標をつくることの意味は、私たちと同じか、私と異なる別の信仰か、ひとつに規定するべきでない。近世社会に特有の心性を求める前に、祭祀者と祭具とのかかわり方を見る必要がある。個々の墓標の建立と祭祀の事情について、彼らの話を聞くことからはじめたい。彼らの話は、近世人の話ではないが、村落社会において墓標を作成する行為に接近することになる。信仰生活だけをとりあげるのではなく、生活全体の文脈のなかで考えることで、墓標の祭祀に接近することが可能になるだろう。無歴史的な慣習の採集ではなく、個別事情を前提とした聞きとり作業が要請される。

四　農民の家の一般的成立と墓標に反映する階層性

近世中期の小農自立によって、死者・祖先を祭祀する主体である家がひろく一般的に成立した、という仮説は、寺《てら》請《うけ》制度成立とも同調する。一定の政治体制や経済条件のもとに、祖先祭祀の慣習が生まれたとされる。また逆に、この小農民の家組織・意識の発生を論じる根拠として、墓標の存在が指摘されてきた（大藤一九九六・二二二〜二二七ページ）。たしかに、谷川章雄（一九八九）の墓標分析は、複数人の戒名を記録する頭部弧状方柱形墓標が一八世紀に、従来の地方色の濃い板碑《いたび》形墓標や背光五輪塔などにかわって、ひろく全国的に普及することを実証している。

だが、冒頭で紹介した奈良盆地の郷墓の墓標調査結果から、吉沢悟は、近世期の墓標建立が庶民全体の規範ではなかったことを指摘している（白石ほか二〇〇一・一九ページ）。近世農民は葬送をおこなっても、石製墓標を建立するにいたらない例が多かった。流動性の高い江戸庶民の「墓標なき墓地の光景」（西木一九九九）は、「家・寺・墓」の組みあわせでイメージされる近世社会像に対して重要な反証となった。しかし同様に、農村の墓地に墓標が林立する光景が現れるのも、近代以降と見てさしつかえないのである。

墓標の実例研究は、近世農民社会像を、細部から修正する知見をもたらすだろう。ただし、墓標研究が遺跡の考古学と慣習の民俗学を架橋し、さらに文献史学とも協業しながら総合的に近世・近代庶民生活史を復元していくために、共有したい認識がある。とくに考古学的墓標研究における「客観性」指向（関口二〇〇〇・五一〜五二ページなど）を問題にしたい。考古学的墓標研究の客観分析は、印象論や初出主義、審美主義的な墓標の評価手法に対する実証的批判であったが、これに拘泥して分析を一面的なものにすべきでない。

これまでの筆者の調査経験からいえば、吉沢の指摘するとおり、現存する個々の墓標に残された情報は、ひとの死亡時の葬送の全体像を示すものではない。考古学的墓標研究が墓標データを構造化するさいに、つぎの五点が問題として考えられる。①ひとが死んでも石製墓標を作成しないことがある。②ひとつの墓標にひとつの祭祀意図が表現されるのでなく、複数の墓標によって表現されることがある。③祭祀が継承されず途絶する無縁化以外にも、墓標が廃棄処分され遺物として残らないことがある。④死亡と墓標建立とのあいだには時間差があり、墓標は一定の時代の一貫した慣習の反映でない可能性がある。⑤墓地・墓標が時代に即して連続的に展開するのではなく、後年に再編されることがある。

以下では、筆者の調査事例（一九九三年調査）をもとに議論したい（田中二〇〇二）。東京近郊に位置する調査村落は、一七世紀末に開拓された新田開発村である。道路に面して屋敷地が並び、その背後に帯状に各家所有の畑地と雑木林を配している。近世後期以降、広い農地で雇用労働力を用いて大規模な商品作物栽培をおこない、江戸・東京市場に出荷してきた。各地から入植した名請人は八〇人だったが、当初から家々の入れ替わりは激しかった。開拓時に入植したと伝えられる家は、約一〇軒が現住する。近世期を通じて、租税納入者である名請人の二倍近い村落構成戸があった。五軒以上の規模をもつ本分家集団イッケ（一家）が五氏あるが、おのおの分家群は分出時機を近世近代に確定でき、中世同族団の出自をもつ集団ではない。現在、おおよそ農家八〇軒、非農家八〇軒、うち二〇軒あまりが近世期から存続しており、屋敷地もしくは畑地内に私有墓地をもっている。近代に分出・転入した家は、数例が本家の墓地を共用するほか、地区内の檀那寺《だんなでら》境内の墓地を使用している。この寺は村落全戸のほか周辺地区にも檀家をもち、寺院墓地は古くから存在していたが戦後に大規模に分譲された。私有墓地を利用する家も、一九八〇年ごろから火葬

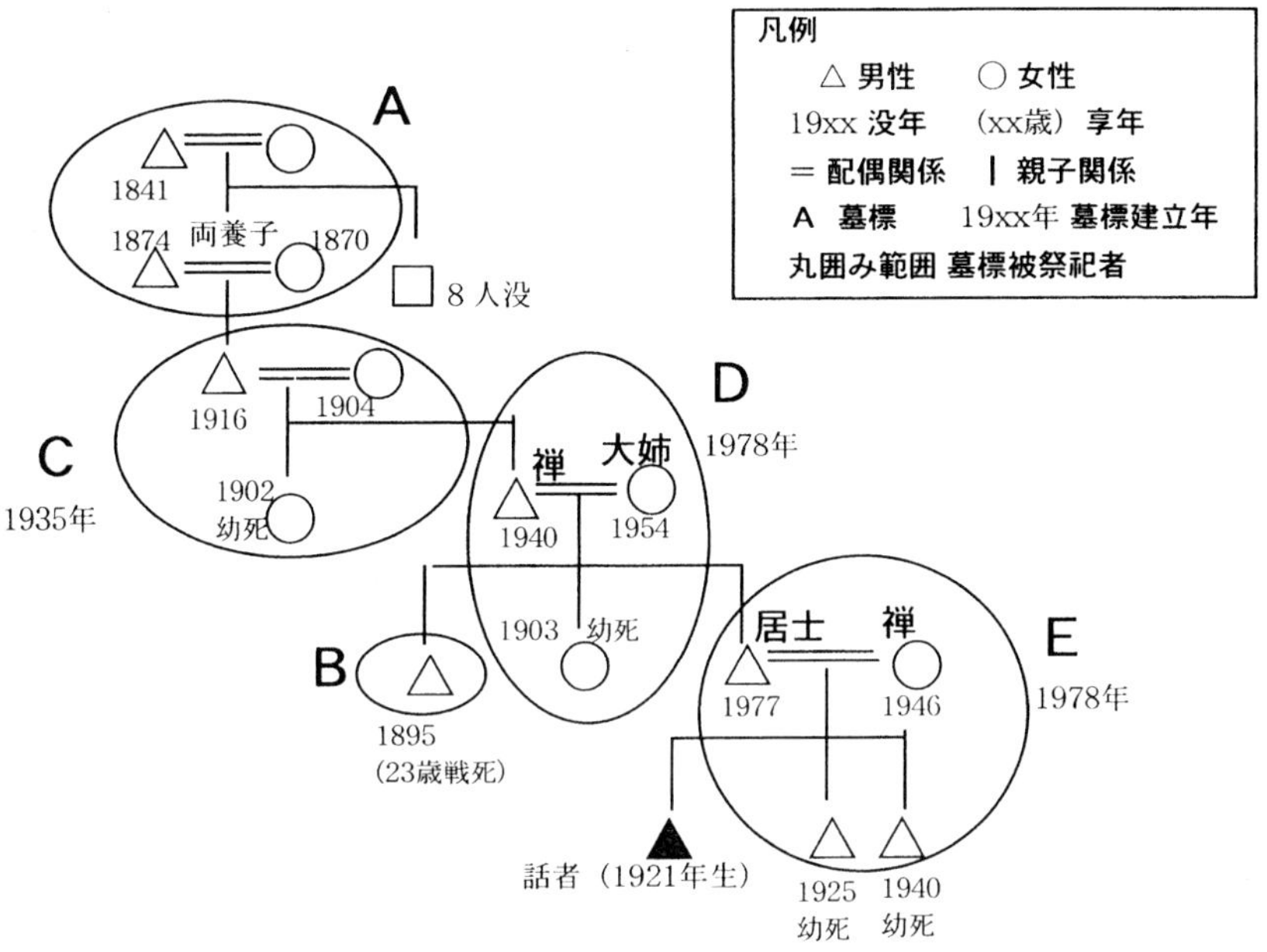

図2　事例1（凡例は図2〜図5，図7共通）

するようになった。

〔事例1〕 図2参照。初代が享保年間（一七一六〜三五年）に没し、話者で一〇代になることが、繰《く》り位牌でわかるという。五代めの子八人が夭折したので、六代め夫婦を両養子で迎えたと口承されている。話者が知るかぎりでも、この家は徐々に農地を拡大してきた。現在の経営規模につながる契機としては、戦後の農地改革が大きい。

屋敷地に隣接する墓地には、九基の墓標があり、A〜Eの五基の被祭祀者が確認できる。墓標Aは頭部四角錐状の角柱形、B〜Eは頭部円形台状の角柱形で家紋の刻印がある。Bの側面には戦没地などが記されている。のこり四基の墓標は倒壊・摩滅しており、確認できるかぎりでは、奥行の小さい方柱形三基のうち、一基は男性戒名一名分のみを刻んでいる。倒壊した一基は如意輪観音像をレリーフしてあったというもので、被祭祀者が確認できない四基と一〜四代め夫婦との対応関係は不明である。

話者の父は、祖父母の墓標を建てるといいつつ果たさないまま没した。話者は、翌一九七八年に同規模・同規格の二基の墓標D・Eを建立した。先々代の墓標Cをまねて、正面に夫婦の戒名、右側面にその夫婦の幼死した子を記す形式を採用した。左側面に建立年と施主名を記し、墓標Dの施主名には、自分ではなく亡父の名を刻んでいる。

他の多くの家と同様に檀那寺の寄付の求めに応じて、一九五一年に「永代居士《こじ》」となったので、本来は過去の死者もさかのぼって戒名位戒が変更される。ところが、墓標建立時に檀那寺住職との間に行き違いがあり、位戒変更を知らされないまま、位牌に記された通り葬儀時の戒名を転記したので、一九四〇年死亡の祖父と一九四六年の母は禅定門・禅定尼として墓標に刻印された。また幼死者は、いずれも生後すぐ死亡して葬儀をおこなわなかったので、戒名・位牌はなく、戸籍謄本の記載から三人の俗名を転記した。その後、住職が非を認めて謝罪したさい、幼死者三人分を無償で授戒したので繰り位牌には、この戒名が記録された。

死者に墓標を建てることは、近世中期の富農からはじまり、近代にいたって大衆化する規範である。この話者がおこなったように、死者の名を残さず記録しようとする理念、いわば記録主義が近代に支配的な規範である。これに対して、一～四代の墓標が不在である事実から、近世期の墓標建立に反映した階層性を確認できる。石製墓標の建立が近世期には絶対的なものではなかったことが、家ごとの分析によってあきらかになる。現存する個々の墓標単位に客観化する、現在の考古学的墓標研究の分析は、この視点に結びつかない。

五　複数の墓標で表現された祭祀の秩序

家ごとの分析は、もうひとつの側面を浮かびあがらせる。自家の先例からの「かたちの継承」である（関口二〇〇〇・六七ページ）。個々の墓標を個別に等価値に資料化するのではなく、現在の祭祀者が見るように、複数の墓標どうしの関係を見ることで、発見される事象である。

夫婦は同一の墓標に連記され、累代夫婦の墓標が順に並べて置かれていることが、村内の私有墓地では一般的である。代々の夫婦対の連続が、墓標で家の継続性を表現する基軸となっている。複数の墓標を同時に建立する例は多い。事例1の墓標Aのように二代分四人を連記する方法も可能だが、話者は、この家の墓標は家の隆盛に連動して徐々に大きくなってきたと理解しており、踏襲すべきモデルとして最新の墓標Cの形式を選択した。事実に反して墓標Dの施主名を故人である父にした手続きは、死者は次代継承者に祭られるべきだという、墓標Cから引きだされた理念に沿った操作である。

側面の幼死者名の記載も同様に、両親の墓標に幼死者を併記するという理念を忠実にたどることによって、位牌や寺の過去帳に記録のない名を記すという、常識的な墓標の作成経路から逸脱した転記作業が混入したものである。未婚死者・幼死者など傍系家族員は、事例1の墓標C〜Eのように両親の墓標に併記したり、複数の傍系死者どうしを合祀する墓標（後述、事例3―B、事例4―E）が多い。死亡時に成人していた場合は、つぎの事例2のように単独で墓標に記録することもある。戦没者については、とくに単独で建墓される傾向が顕著である（事例1―B、事例4―F）。

〔**事例2**〕　図3参照。話者の父は、一九四〇年に祖父母（祖父一九三九年没）とその兄夫婦（一九三五・一三年没）の二代分四人を連記した角柱形の墓標Aを建立した。祖母は一九四五年に死亡し、没年月日・享年を追記した。

初代（一八四一・四六年没、額縁つき頭部弧状方柱形）と二代夫婦（一八五六・五九年没、方柱形）の墓標二基には、戒

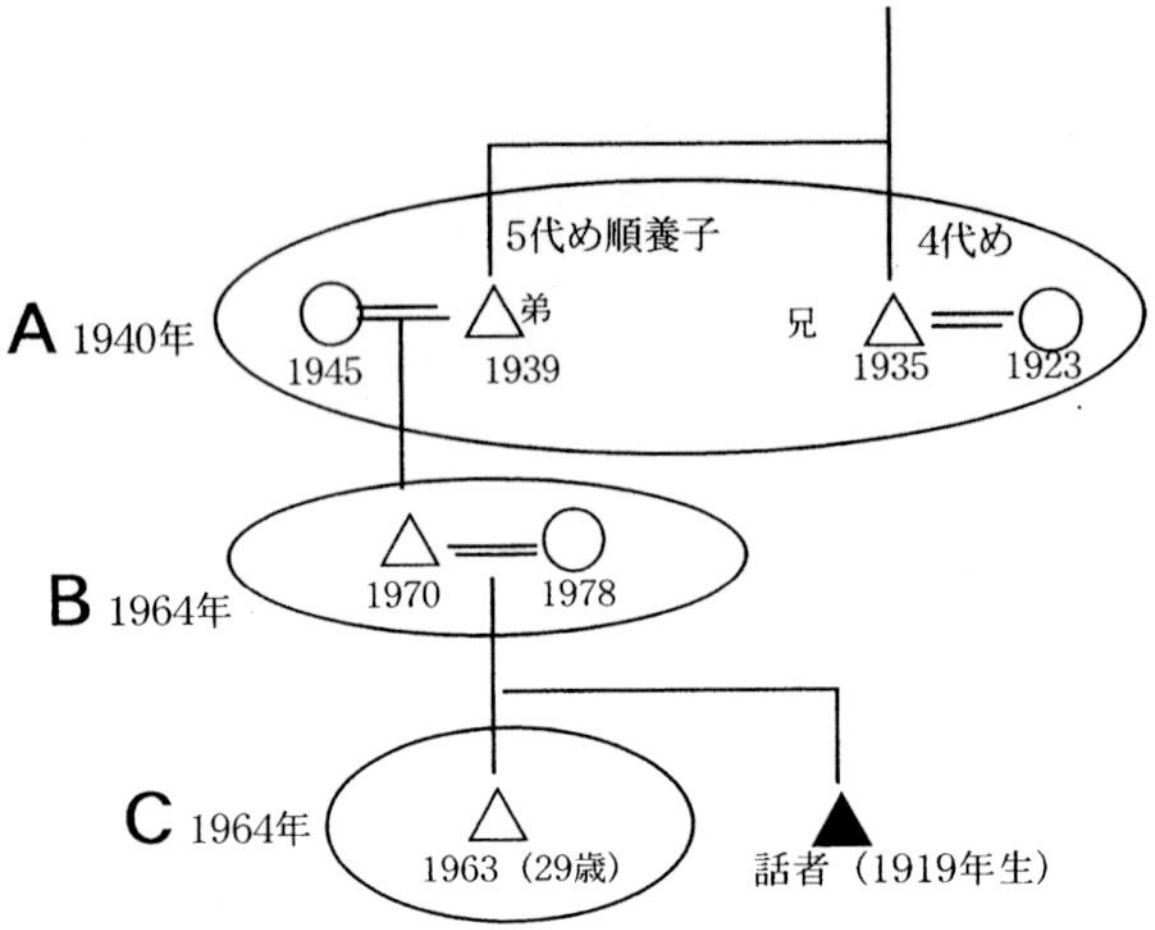

図3　事　例　2

名・没年月日・施主名が記されている。このほかに、墓標Aには俗名、建立年、俗名・施主名の代数が記されている。三代め夫婦（一九一四・一八八六年没）の墓標（頭部台形状角柱形）については未確認である。

一九六三年に、話者の弟（三男）が交通事故により二九歳で死亡した。その翌年に父は、この三男の墓標Cと同時に、自分たち夫婦の墓標Bを同規模・同規格で建立した。墓標B・CはAと同じ角柱形で、ひとまわり小さく、Cの側面には事故死の経緯、Bには父の自作の俳句を刻んだ。父は一九七〇年、母は一九七八年に死亡した。

墓地には、以上のほかに未婚死者・幼死者の墓標、いずれも頭部弧状方柱形四基がある。L字形の短辺に、それぞれ複数の幼死者を合祀する墓標（額縁なし頭部弧状方柱形）三基が並び、長辺の端から、初代より六代（墓標B）までの累代夫婦の墓標、墓標C、初代次男の墓標（一八二四年没、額縁つき頭部弧状方柱形）の順に、七基が並んでいる。

この事例では、話者の両親と弟の墓標は二基に分かれるが、未婚死者を両親の墓標に併記する例と共通した意図がうかがえる。別に墓標を設けたのは、成人死者と幼死者の相違の表現ともいえるが、だれと一緒に記念するかという意図を考慮する必要がある。二基の墓標を同時に建立しながら別の施主名を記した事例1の操作と意図において対照的であるが、複数の墓標を用いた表現は、個別の墓標ごとに考察することでは適切に評価できない例であろう。問うべきは、祭祀者が、どのような秩序を、どんな装置によって表現しようとするかであり、複数の墓標の配置や先例など、祭祀者が参照する全体像との関連で考える必要がある。

六　無縁墓標と廃棄される墓標

石製墓標は必ず建立するものではなかったが、墓標を建立する場合も死亡時点とのあいだには時間差があり（金丸ほか一九八四・二〇～二三ページ）、一〇〇年をこえて後代に遡及的に作成される例も少なくない。関口慶久（二〇〇〇）が江戸市中八カ寺の墓標分析にさいして添付した墓標一覧表によると、明治期までの紀年銘の確認できる墓標四五五基のうち三二基について、記録された複数の被祭祀者の没年の開きが一〇〇年をこえる。「先祖代々」に類する記載の併刻が四例ある。連記された人数は二人から二二人で、最頻値は六人と八人が五例ずつある。最新没年を指標に考えると、一八一三年の初出から一九世紀中を通じて一定数が作成されており、一九世紀後葉にやや増加する。そのような多数人を連記する墓標は、都市に特徴的ではないかと思われ、墓標建立スペースの制限との関連が予想される。現存する墓標の作成以前に、記録された被祭祀者の墓標は存在しなかったのだろうか。転記と更新・廃棄がおこなわれた可能性はないだろうか。

墓域の制限は、農村でも寺院墓地などで現象しよう。この点について、小松清（一九八二・七～一一ページ）が実例をあげて報告する、大田区内の私有墓地と寺院墓地での墓標の処分方法が注目される。古い墓標の棹石《さおいし》だけを詰めて並べる、土中に埋める、碑面の刻字を削りとって供え物の台に転用する、などの対処方法が、とくに昭和初期の墓地改修・移転時に見られた。また、昭和初年に約四〇基の墓標があった某家では、埋葬時に、埋葬場所の古い墓標をどけて棹石を盛り土の上に寝かせ、手前に台石を置いて供え物の台として使った。一周忌に地面をならして、寝かしてあった墓標を立てるさいに、その側面か裏面に新しい被葬者の戒名を刻んだ。現象面では追記であるが、意味のうえでは墓標の再利用に相当しよう。

一定期間の経過後に墓標を廃棄する慣習は一般的ではないものの、最終年忌に墓標を建てる例と、最終年忌に墓標を倒して墓での祭祀をやめる例の両方がある（井之口二〇〇二・二一五ページ）。祖先祭祀の実践において、墓標の位置づけは単一のものでない。いったん作成された墓標が、後代に伝存するかどうかは、慣習に加えて個別の事情に注目しなければならない。

何が遺物として残るかを知るために、墓標の無縁化メカニズムを考える必要があろう。今日の都市霊園の無縁墳墓は墓地区画使用権の継承問題であるが（竹内一九九三）、一般に無縁や無縁仏は、子孫を残さないで死んだ者、未婚死者、幼死者、絶家した家の祖先、行き倒れ死者など、祭祀する子孫のない死者を意味し、ひろく「家の先祖」と対立する残余カテゴリーである。墓標では、祭祀者をえることができなくなったパターンが問題になる。江戸市中で墓標の無縁化が早かったという指摘は、祭祀を継続しておこなう主体であるはずの家の存続が難しかった事実と連動する。無縁化した墓標は、削り直しによる再利用や（西木一九九九・九四ページ、野尻一九九九・三五九ページ）、土木用材に転用されることもあった（西木一九九九・一〇一ページ）。

今日各地の墓地で造成される無縁塔や無縁塚に集められた無縁墓標には、こうした祭祀者の絶えた無縁化とは、別の経路をたどった墓標も多く含まれているのではないかと考えられる。つぎの事例は、別の記録媒体に転記されることで、祭祀用途を終えた墓標を廃棄処分するものである。

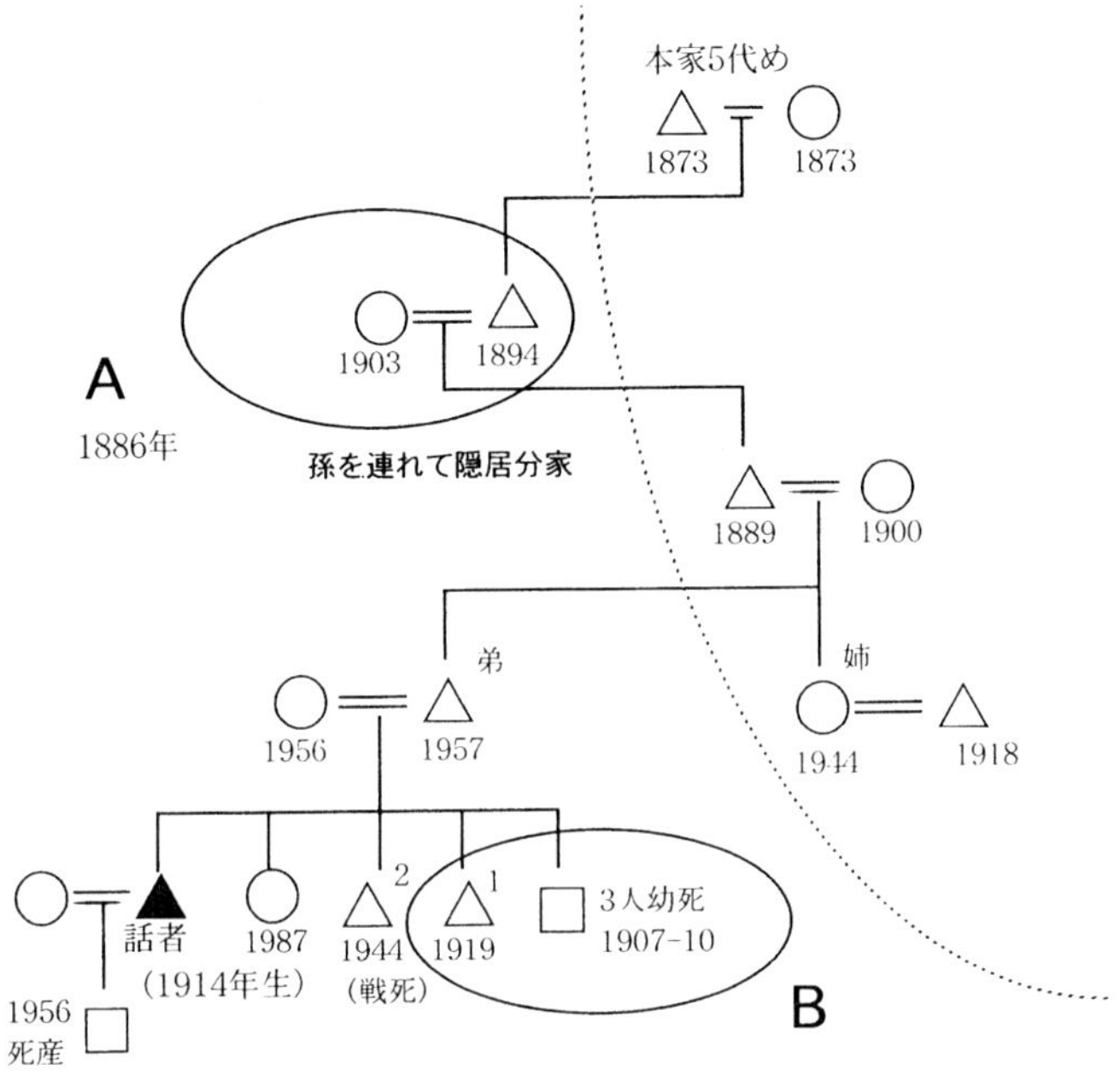

図4　事　例　3

〔事例3〕　図4参照。話者の父母は一九五七・五六年に死亡し、初代夫婦（父の祖父母、一八九四・一九〇三年没）や未婚死した兄弟たちと同じく、本家の屋敷墓地に埋葬された。このとき、この家の墓標は、初代が生前にみずから建立した笠つき角柱形の墓標Aと、話者の長兄（一九一九年没）の墓標Bの二基あった。

一九七八年に、話者は檀那寺の分譲墓地を購入し、カロート（納骨式墓基）と墓誌を作成した。カロートには、墓地の土を一握り入れた。カロートの脇に兄の墓標Bを移動し、初代の墓標Aは本家の墓地に残した。墓誌には、初代夫婦と、それまで墓標のなかった両親と次兄（一九四四年没）、話者夫婦の死産した子（一九五六年没）の六人分の戒名を記した。

婚出後に子なく夫に先立たれ、晩年に話者宅の敷地にプレハブを建てて生活していた姉が、一九八七年に死亡した。姉の遺骨は、この家のカロートに納めた。一九九〇年に、姉の遺産を使って墓地の改修をおこなったが、いちど婚出した姉は「直系じゃないから（墓誌に）書くことができない」として、石灯籠を建てて姉の戒名を刻んだ。話者の妹が子なく夫没後に独居しており、「最後どうなるかわからないから」「名前が残らないといけないから」石灯籠の下部に施主名のようにして彼女の名を本人の承諾なしに記した。このとき同時に、話者の妻が施主となって地蔵像を建てている。

一九九三年に、本家が屋敷墓地にカロートを造成するのにあわせて墓地全体の改修をおこなうことになり、墓標Aを移動するよう要請された。寺院墓地の敷地は狭いので、「あまりいい石でなかった」墓標Bは石材業者に処分してもらい、その場所へ笠の部分を修理して墓標Aを置いた。墓標Bを処分するさい、側面に幼死した兄弟三人の戒名があることに気づき、墓誌に四人分の戒名を転記した。

私有墓地でも、一九八〇年代以降に建立される墓基はカロートである。カロートに付設する墓誌への記録には、二つのパターンがある。累代夫婦に限定する場合と、家の死者すべてを記す場合で、いずれも墓標の有無にかかわらず遡及的に記録される。後者は、墓誌作成時に「調べてみたら墓標のない幼死者の位牌をひとつ見つけた」という例など、自家の全死者の記録をもらさず転記しようとする行為をともない、あらゆる記録を参照する積極的な記録の意志がうかがえる。墓誌の記録は、家の境界を再確定する契機となっている。分出・婚出後の死亡者を生家で位牌や墓に祭る例は、実際には少なくないにもかかわらず、事例3でとられた姉の記録方法は、被祭祀者の範囲を明確化しようとする今日の祭祀の性格を示している。

事例3のように寺院墓地など墓地区画が限定される場合をのぞいて、カロート作成以前の墓標が処分される例はない。別に埼玉県吉川市で聴取した事例では、一九八三年に道路用地に接収された私有墓地から村の共同墓地に墓標を移動したさいに、一部の「立派な」墓標を残して他を割りあてられた墓地区画の地下に埋納している。この例では、元の私有墓地が廃止されたため、残っていた埋葬骨数人分を掘りだし、火葬場で焼いたあと新墓地のカロートに納めている。事例3の本家など屋敷墓地の改修時に、過去に土葬された死者の骨を取りだすことは積極的におこなわれていない。

無縁墓標や廃棄される墓標が、形式や材質などの属性に対して独立に生じるのかどうかについても検討が必要に思われる。「いい石」とか「立派な」墓標という判断は、墓地管理者が無縁墓基の集合した無縁塔を作成するさいにも機能するようだ。考古学的墓標研究の先駆的業績、坪井良平による山城木津惣墓《そうばか》の墓標調査の結末は、この意味で象徴的である。坪井の調査した昭和初年には、この墓地は廃止後二〇年を経過しており、坪井の調査途中で墓地の処分が断行された。残された無縁墓標を集めて造成する無縁塔のために、坪井は木津町長の依頼によって「代表的な墓標」を選択する立場に立った（坪井一九八四・五ページ）。

なお坪井は、没後一〇〇年をこえると無縁墓標となりやすいのではないかと示唆して、論文を結んでいる（一九八四・四〇〜四一ページ）。祭祀する家が絶えたのか、当該の墓標での祭祀を終えたのか、坪井の記述では判然としない。坪井のいうように一〇〇年後の忘却が一般的なのだとしたら、さきに見た一九世紀江戸市中での没後一〇〇年の建墓事例や、後述する没後八〇年の建墓事例は理解しがたい。墓地条件や慣習の差異が問われなければならない。

両墓制の民俗学の軌跡に対して、個性を喪失する「祖霊化」にとって墓標の記録の存在は不都合ではないかと、歴史研究者なら疑問をもつだろう。ところが、石に刻まれて恒久的に記録する装置が存在することについて、祭祀者は無頓着でさえある。墓標の存在じたいは、祖先祭祀の本質ではない。だから民俗学は、墓標の有無ではなく、祭祀の実践から意味を考えようとしてきた。また事例3に見られるような、近代の記録主義にとっては、記録媒体の恒久性よりも記録が転記されることの方が重要であるように思えるが、初代墓標Aを修理する意図は、保存したい内容が被祭祀者の情報だけではないことを教えている。

七　近代墓地政策・近代火葬行政への対応

近代国家の土地政策は、所有地に応じて徴税することをねらう地租改正にはじまる。明治十七年（一八八四）の墓地及埋葬取締規則は、墓地を確定することで、耕地への課税を明確化するものであった。墓地の所有形態には、村や村の下位組織である地縁集団の共有地、寺院の所有のほか、私有墓地（屋敷墓）がある。墓地及埋葬取締規則の施行以来、私有墓地は新設・拡張が禁止された。府県によっては、旧来の私有墓地を廃止することを通達し、村で共有の墓地を新設した例、さらに墓標を新墓地に移動した例も少なくない（前田二〇〇一）。これらは、埋葬を管理する村が主体となっておこなった対応で、明治末から大正期の変革が多い（新谷一九九三・二九七～三〇三ページ）。

〔事例4〕　図5参照。カロートのほかに七基の墓標がある。笠つき角柱形の墓標Aに建立年の記載はないが、明治初年の分家後に初代夫婦が生前みずから建立したと言い伝えられている。墓地及埋葬取締規則施行以前に、自家の畑地内に私有墓地を確保する方策だったと見られる。別の家でも生前に建墓して「最後にとった墓」と伝える屋敷墓があり、明治期に私有墓地の新規設置が禁止されたことはよく知られている。

ともに頭部弧状方柱形の墓標BとEは、傍系死者を祭る。墓標Eの建立年は未確認だが、二代め夫の姉は婚出後に生家に戻った者、三代め夫の妹は未婚者で、種子「サ」を刻印している。

頭部台形状の角柱形で同形・同規格の墓標CとDには側面に施主名（四代め）と建立年（一九二九年）の記載がある。二代めよりも三代め夫婦が先に死亡しており、二代め夫の死後に同時に作成されたものである。Dには、後妻

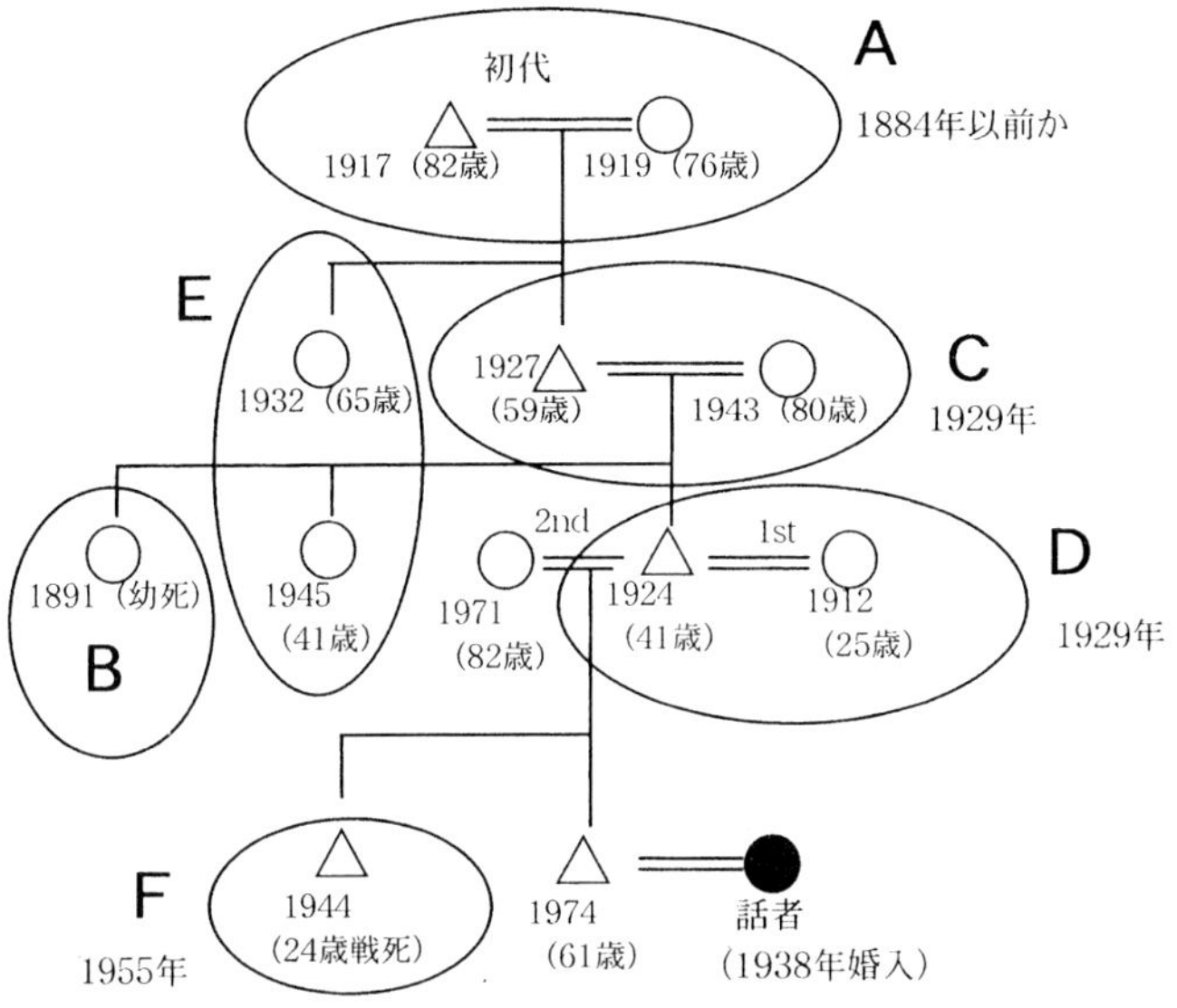

図5　事　例　4

の分に予定された空欄が残されたままになっている。三代め後妻は、位牌・墓標ともに戦死した四男と一緒に祭ってくれるよう、生前に希望を述べていて、墓標Dに記録されることを嫌っていた。

四男ひとりを記録する墓標Fは、白色の細長い角柱形で、側面に戦没地などが記されている。一九五五年に石材業者が戦没者墓標建立の営業に巡回してきたおりに作成した。村内には、このとき建立した同形の戦没者の墓標が多い。位牌も戦死者ひとりが、塗りの位牌に祭られている。三代め後妻が「まだ人にならなかったから繰り位牌にいれない」と作成したものである。このほかに、この家の全死者が記録された繰り位牌で、他の累代夫婦は夫婦ごとに札一枚に、傍系死者はひとりずつ一枚に記録されているところ、この母子が札一枚に記録されている。三代め後妻の三回忌に転記されたものである。

墓標の処置については、カロート造成の事情が関与している。三代め後妻を墓標に記録しないまま、三年後に四代め夫が死亡した。四代め夫の一周忌にカロートを建立し、併設の墓誌に、死亡順ではなく夫婦と子（傍系死者）のセットを累代順に列記する形式を用いて、三代め後妻と四代め夫を含めた家の死者全員の名が記録された。そのため、三代め後妻と四代め夫の墓標は存在しない。四代め夫の位牌は、一周忌後に繰り位牌に転記し、札には存命の妻（話者）の分の余白を残してある。生前に用意された初代の墓標Aは、のちに没年の追刻を必要とするだけでなく、子孫が祭祀に利用する墓地空間を確保するという点において、未来の秩序に向けたものであったといえる。

墓標Dの空欄も同様に、未来の追記を予定するものであった。これに対して予定どおりでない結果は、故人の希望が聞き入れられたというより、火葬の一般化にともなうカロートと墓誌の導入によってもたらされた。位牌と墓標の記録は、技術革新や使用法の変化にともなって、時代の制約を受ける歴史的存在である。死亡順やカロートの導入時機などの事情が作用し、既存の規範化された祭祀の理念にそぐわない実践が混入する。時代の要請に迫られた墓誌作成は、それまでの規範には定められていなかった作業であり、長期にわたる過去の記録事項にかかわる遡及的操作をともなうことで、規範じたいを組み換えることになる。今後の死者は、墓誌に追記されていくことになった。

八　家の展開における一九世紀

事例1で見たように、戦後の永代居士による位戒向上は、村中の家々がおこなったことであった。一九五〇年代から新たな死者は居士・大姉《だいし》となり、一九八〇年代以降に作成されるようになった墓誌では、過去にさかのぼって家の成人死者すべてが居士・大姉に変更されて記録される。これに対して、永代居士・永代信士《しんじ》のシステムは調査村落では一九世紀前葉から存在したことが確認でき、当時の実行は一部の家に限定される。

〔事例5〕 一八世紀後半より代々が村役人を勤めている家に、つぎのような一八一三年付の永代信士許容の記録が伝存している。受取人は、当家の四代めである。

「一札の事　一、此度為冥加金《みようがきん》奉納被致、依之已後其家内主夫婦の儀は、代々信士信女号許容の契約ニ御座候、右の定相違無之候、為念一札仍て如件　文化十癸酉《きゆう》年正月　××寺　現住××　××村　×××殿」

このあと間もなく、四代めは没している。さらに、この家で数年後に作成された繰り位牌を見ると、五代めが永代居士をえたことがわかる。

墓標についても、累代夫婦はすべて居士・大姉位戒である。後年の建立または改刻が推測される。初代の両親（一六八一・九九年没）の墓標が額縁つき頭部弧状方柱形、初代（一七〇四・六五年没、後夫＝二代め一七三一年没）は頭部四角錐状角柱形で、側面に夫の俗名があり「元祖」と添え書きされている。つぎの三代め（一七八三・八七年没）から八代め（一九二八・二九年没）までは、笠つき角柱形である。一九六〇年に建立された九代め夫婦（一九五三・五九年没）の墓標は、角柱形である。

〔事例6〕 一八三〇年から維新まで二代がつづけて、組頭を勤めており、屋号はオカシラである。組頭を勤めたのは四代め（一八五四年没）と五代め（一八八一年没）で、話者は一〇代めになる。

この家の繰り位牌では、札の位戒部分、禅定門・禅定尼を削り取って信士・信女に書き換えている。書き換えられた札とその後の作成と思われる札との照合によって、信士位戒の追位は一八五五年におこなわれたことが判明する。

この家では、一六九八・一七〇〇年の没年紀年銘をもつ板碑形の墓標に信士位戒が刻まれており、のちの改刻と推定できる。この墓標の被祭祀者は先祖（初代）の両親で、初代入植時に一緒に来村したとも、初代が親の墓標を持ってきたとも口承されている。

一九世紀前中葉における、特定の家での位戒向上の背景を考えてみたい。この事例は、村役人を勤めた家に多く見られ、繰り位牌や盆棚の掛け軸（図6）、墓標など祖先を記録する祭具の作成・更新と同調することが多い。

近世村落は、一定の自治機構をそなえ、土地と納税に関わる業務を自前で遂行する必要から、文書の作成と管理が村役人に求められた文書主義社会であった。調査村落では、一八世紀中葉に組頭・百姓代が常置されたあと、

図6　盆棚の掛け軸と位牌
中央の掛け軸は累代祖先を列記している．

名主役は互選となった。世襲であれ互選であれ村役人の役割をになった家は、一定の経営手腕を要求され、子弟に相当程度の書記能力（リテラシー）を育成する必然をともなう。一八世紀後半から複数の大農家が経営規模の拡大と分家創設をおこないつつ、代々が村役人に就任している。同じ人物または子弟が明治期の大区小区制下では戸長や副戸長、村制施行・議会設置後には村長や村議会議員などを勤めている。同時に、新しい作物を導入したり、相場を勘案する必要がある商品作物の栽培を大規模におこなってきた。この大農家経営の発展的持続と資本蓄積が、特定の家による地方名望家政治を可能にした。こうした家は、事例4の墓地をめぐる土地政策への対応のように、法令の運用にも長けていた。戸長役場文書が個人宅の蔵に整理された形で伝存する例を代表として、そのような家々の多くが、文書管

理の主体として近世から近代へと存続している。文字記録の作成と管理という、村と家とに要請された近世村役人のリテラシーは、近代地方自治制度を運営した名望家のリテラシーに連続している。

これらの家々では、祖先についての記録もまた、同様のリテラシーを前提にして記録される性格をもつものと思われる。羽賀祥二（一八九八）は、史蹟と地誌を事例にして、一九世紀の農村に「宗教から歴史へ」という世界観の転換があったと論じ、この仮説において、墓標を宗教に、記念碑・顕彰碑を歴史考証に比定している。しかし、羽賀は「墓標＝宗教」という図式にとらわれて、分析精度を減じているのではないか。近世後期の大農家における墓標もまた、羽賀の論じる一九世紀の特質を体現するような、リテラシーの産物だといえる。

〈**事例7**〉図7参照。初代墓標の紀年銘は没年（一七七〇・九〇年）のみであるが、三代め墓標と対照することで建立時機が推定できる。初代墓標と三代め墓標は、同規格同規模の笠つき角柱形である。三代め妻の没年記載の書体だけが他と異なるので、追刻と判断される。三代め夫の死亡（一八五〇年）から妻の死亡（一八五七年）までの間に、三代め妻の分も戒名をえて初代と三代夫婦の墓標を同時に建立したものと推測できる。二代め夫婦（一八〇五・二四年没）の墓標（奥行の小さい額縁つき方柱形）とくらべると、初代と三代の墓標は極端に立派な石である。二代め墓標には代数表示がないのに対し、初代・三代め墓標の俗名と施主名には、代数が表示されている。

墓地には「先祖代々一切精霊」と記された石がある。頭部がとがっていない舟形のような形で、裏面には中央下方だけを調整して施主名が刻まれている。この家では代々が同じ名前を襲名しているので、施主名から作成時機特定は困難であるが、四代めはみずから代数表示しているので、この代数表示のない供養碑は三代め以前の建立と見られる。この家の本家では、一八一三〜三七年の作成と推定できる繰り位牌のなかに、当家の二代め夫婦を記す札があり、当時には信士位であったことが確認されるので、居士位戒を記す二代め墓標も、のちに永代居士をえてか

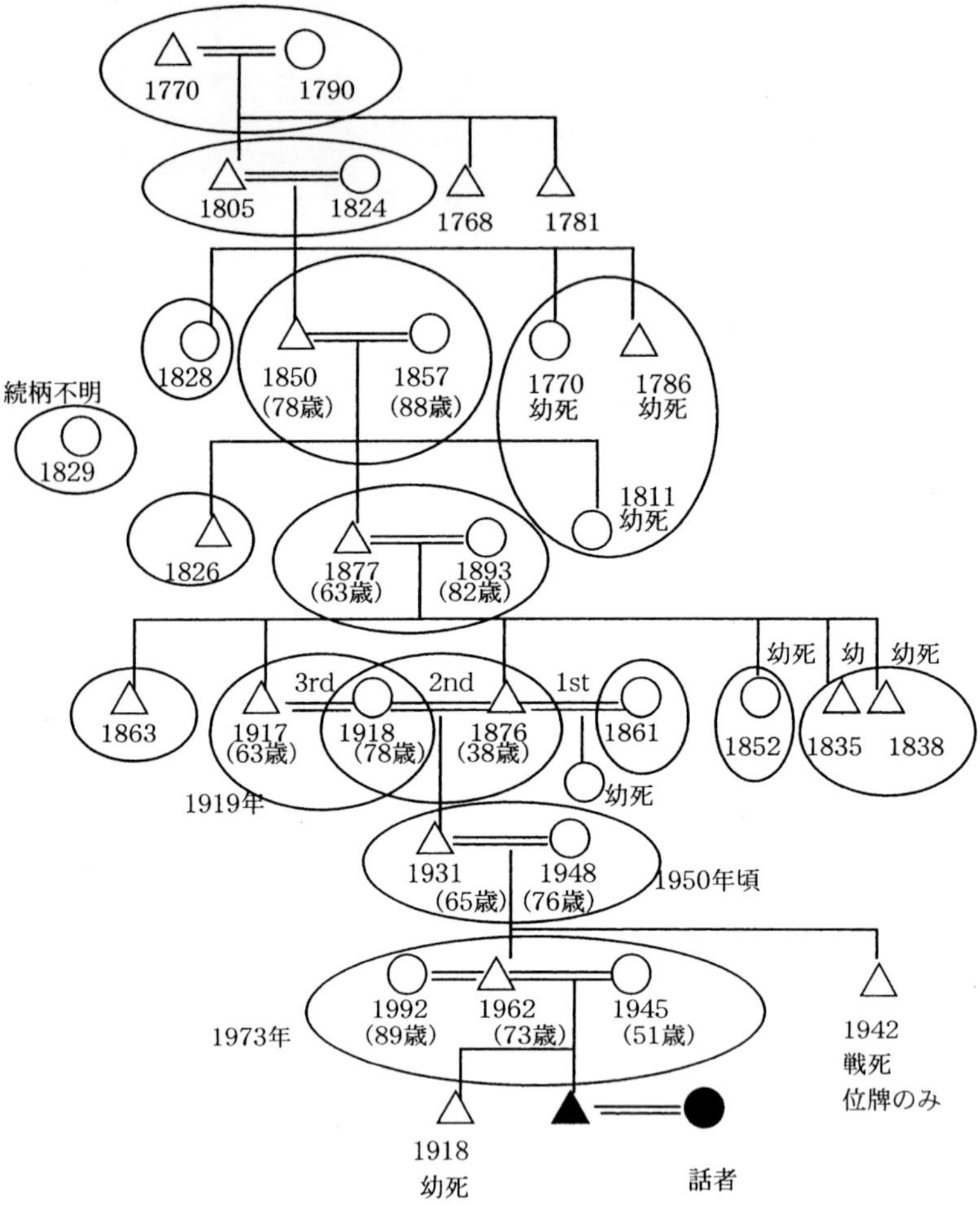
1770
1790
1805
1824
1768
1781
1828
1850
(78歳)
1857
(88歳)
1770
幼死
1786
幼死
続柄不明
1829
1811
幼死
1826
1877
(63歳)
1893
(82歳)
幼死
幼
幼死
3rd
2nd
1st
1863
1917
(63歳)
1918
(78歳)
1876
(38歳)
1861
1852
1835
1838
幼死
1919年
1931
(65歳)
1948
(76歳)
1950年頃
1992
(89歳)
1962
(73歳)
1945
(51歳)
1973年
1942
戦死
位牌のみ
1918
幼死
話者

図7　事　例　7

らの建立または改刻だと判断できる。

一九世紀中葉には、家業の商品作物栽培・加工の経営がきわめて隆盛しており、一八五一年に現在も使用されている母屋の建築をおこなっている。三代めは一八一七年に組頭に就任し、一八三〇年から名主を勤めた。一八三八年に四代めが和算を学んだ記録があり、こうした訓練は将来の村役人就任に備えたものである。三代め没後は、四代めが名主を勤め、以降の子弟も代々が近代村政で重要なポストを占めた。

村内の墓標を概観すると、一八世紀中の墓標には、戒名・没年月日・施主名、やや遅れて施主との続柄が表示されたにすぎず、死者の俗名も記載されない。代数表示された俗名を記す事例7の初代と三代め墓標の建立は、このような従来の規範に沿うものではなかった。まず、死者の墓標を建立するという理念が生まれた後に、過去にさかのぼって適用される経緯を想定できる。初代から累代夫婦ごとの墓標が順に並ぶ墓地の配置は、一定の秩序を表現する装置となる。同時期に作成された、祖先の戒名を一覧する盆棚用の掛け軸でも、代数表示された累代夫婦が順に記載されている。

横並び式に家の秩序が形成されたのではなく、この家で系譜の整備がおこなわれた一九世紀中葉は、位戒の向上など祖先の祭祀における家ごとの階層に応じた格差演出が進行していた。近世後期に、このような祖先の記録の整備作業を実行した家は、いずれも卓越したリテラシーをもっていたことを確認した。この時期の遡及的な墓標作成に特徴的な、累代に整序し代数表示をつけた作業の革新性を強調しておきたい。代数表示の記載は、のちの継承者に自分は何代めであるか知らせることで、家の系譜の連続性を強く意識させることになる。これによって、以降の死者の属性は代々の戸主との続柄で理解され、そのように表示されることになった。

九　まとめ

考古学的墓標研究における墓標の個別認識手法の絶対視を批判するために、複数の墓標を同時に建立する事情を紹介してきた。墓標個別の資料化による客観分析に並行して、さまざまな試みがなされてよい。たとえば筆者が見ようとした、墓標を利用する側の事情も、ひとつの着眼として有効であることが示せたのではないかと思う。墓標は、限定された情報源であるが、記録・作成され、管理・再編・更新されてきた経緯を体現している。そうした経緯の全体のなかから、分析すべき情報を読みとっていくことが要求される。

近世墓標は、死者を墓標に記録するという、今日の常識的な墓の観念が形成される途中の存在である。その常識は、家・家族と墓標の記録との一致をめざす理念である。そのような理念的な家と墓の関係は、近世期から形成されはじめており、この点で近代と近世を分断して理解すべきではない。事例5～7においては、一九世紀前中葉が家と祭祀の画期と読みとることができ、全国で地誌や顕彰碑を産んだ農村リテラシーの転換期とも一致した。しかし、墓標や位牌など祖先の記録に、家の永続性を表現する作業の開始を明治期以降まで待たねばならない事例も多く、地方差は小さくない（矢野一九九三）。墓標における記録／信仰は、近代／近世、都市／農村、家／近世村落、近代家族／近代村落の対立と関連して、二者択一ではない。

〔付　記〕

本稿は、報告要旨集掲載原稿を字句訂正・改題した。大会後に刊行された関連論文六点、報告書一点を参考文献に追加した。朽木、谷川、時津は、新視点の提示にさいして、本稿が遺漏した数多くの先行業績を紹介している。池尻は、墓標を建立しなかった下層農民を想定して分析をすすめ、隣接する複数墓地の性格を加味して、墓標に示される階層性を析出した。市川は、「先祖代々」銘の墓標が一般化する一九世紀を焦点にし、階層性にも言及している。吉田は、墓標と埋葬施設発掘の同時調査が試みられている大分県内の研究動向をまとめた。沼津市報告書は、基礎データ公開の点で指標となる業績であろう。

校正時に、セリエーショングラフについて注記を加えた（図1）。そのほかに本文で言及した事項にかかわるものに限り、以下の文献四点を追加した。奈良盆地郷墓の研究プロジェクト（白石ほか二〇〇一）は最終報告書が刊行された（白石・村木編二〇〇四ａ・ｂ）。江戸遺跡研究会「江戸時代の墓と葬制」研究大会（一九九六）の論集が刊行された（江戸遺跡研究会編二〇〇四）。市川秀之（二〇〇二ｂ）は、在村の国学知識人が近世後期に「古代的」な墓上装置を創出した事例を論じている。墓をめぐる慣習の時代性と行為主体を考えるうえで、きわめて重要な業績である。筆者は、墓標ほか家系記録の近世後期における再編集について事例報告した（田中二〇〇四）。

〔参考文献〕

赤田光男編　一九九一　『祖霊信仰』雄山閣出版
池尻　篤　二〇〇二　「近世墓標の形式と階層性」『駒沢考古』二八
市川秀之　二〇〇二ａ　「先祖代々之墓の成立」『日本民俗学』二三〇
市川秀之　二〇〇二ｂ　「『古代的』葬送儀礼の創出」森隆男編『民俗儀礼の世界』清文堂
井之口章次　二〇〇二　『日本の葬式』ちくま学芸文庫　筑摩書房
岩野邦康　二〇〇一　「民俗学は死をどのように対象としてきたか」『国立歴史民俗博物館研究報告』九一
江戸遺跡研究会編　一九九六　『江戸時代の墓と葬制』第九回大会発表要旨
江戸遺跡研究会編　二〇〇一　『図説江戸考古学研究事典』柏書房
江戸遺跡研究会編　二〇〇四　『墓と埋葬と江戸時代』吉川弘文館
大藤　修　一九九六　『近世農民と家・村・国家』吉川弘文館

金丸義一・橋口定志　一九八四「東淵寺墓地の調査」『立教大学博物館学研究室調査報告』二五
朽木　量　一九九四「近世墓標の形態変化と石材流通」『民族考古』二
朽木　量　一九九六「近世墓標とその地域的・社会的背景」『史学』六六―一
朽木　量　二〇〇一「近世墓標の統計学的分析による墓地空間の利用順序の復元」『民族考古』五
朽木　量　二〇〇二「近世墓標からみた京都府南山城地域の社会的繫がり」『帝京大学山梨文化財研究所報告』一〇
国立歴史民俗博物館　一九九九～二〇〇〇『死・葬送・墓制資料集成』全四冊、国立歴史民俗博物館資料調査報告書
小松　清　一九八二「続・光明寺の墓地における墓制について」『常民文化』五
五来　重　一九九二『葬と供養』東方出版
桜井準也　二〇〇一「近世の鍋被り葬と村境」『民族考古』五
白石太一郎　二〇〇〇「もう一つの世界」ものがたり日本列島に生きた人たち『民具と民俗』下　岩波書店
白石太一郎ほか　二〇〇一『近畿地方における中・近世墓地の基礎的研究』国立歴史民俗博物館
白石太一郎・村木二郎編　二〇〇四a『大和における中・近世墓地の調査』国立歴史民俗博物館研究報告一一一
白石太一郎・村木二郎編　二〇〇四b『地域社会と基層信仰』国立歴史民俗博物館研究報告一一二
新谷尚紀　一九九一『両墓制と他界観』吉川弘文館
新谷尚紀　一九九三「両墓制の分布についての覚書」『国立歴史民俗博物館研究報告』四九
関口慶久　二〇〇〇「御府内における近世墓標の一様相」『立正考古』三八・三九
関口慶久　二〇〇一「書評　江戸遺跡研究会編『図説江戸考古学研究事典』」『墓標研究会会報』四
葬送文化研究会　一九九三『葬送文化論』古今書院
大護八郎　一九八八「墓石の変遷」坂戸市調査資料『坂戸風土記』一三
竹内康博　一九九三「祭祀承継における墓と法律問題」シリーズ比較家族『家族と墓』早稲田大学出版部
竹田聴洲　一九九三『民俗仏教と祖先信仰』下　竹田聴洲著作集二　国書刊行会
竹田聴洲　一九九五『民俗仏教と祖先信仰』補遺　竹田聴洲著作集三　国書刊行会

田中藤司　二〇〇一「東京近郊大農家における近世末の墓石再編」『墓標研究会会報』四
田中藤司　二〇〇三「墓」新谷ほか編『暮らしの中の民俗学3　一生』吉川弘文館
田中藤司　二〇〇四「家譜・墓標の作成と再編―熊本県天草・庄屋家の事例」上田信編『東アジア家系記録（宗譜・族譜・家譜）の総合的比較研究』科研費報告書（立教大学）
谷川章雄　一九八八「近世墓標の類型」『考古学ジャーナル』二八八
谷川章雄　一九八九「近世墓標の変遷と家意識」『史観』一二一
谷川章雄　一九九六「仏教考古学の世界」日本の仏教『ハンドブック仏教研究』法蔵館
谷川章雄　二〇〇二「近世墓標の普及をめぐって」『墓標研究会会報』七
坪井良平　一九八四『歴史考古学の研究』ビジネス教育出版社
ディーツ、ジェイムズ　一九九四『考古学への招待』第二版　関俊彦訳　雄山閣出版
土井卓治　一九九七『葬送と墓の民俗』岩田書院
土井卓治ほか編　一九七九『葬送墓制研究集成』全五巻　名著出版
時津裕子　二〇〇二「近世墓標研究の射程」『帝京大学山梨文化財研究所報告』一〇
長佐古真也　二〇〇一「『鍋被り葬研究の現状と課題』発表によせて」『墓標研究会会報』五
長沢利明　一九七八「近世石造墓塔の歴史的変化」『日本民俗学』一一六
西木浩一　一九九九『江戸の葬送墓制』都史紀要三七　東京都
沼津市教育委員会文化振興課編　二〇〇二『上香貫霊山寺の近世墓』沼津市史編さん調査報告書一四
野尻かおる　一九九九「荒川区登録文化財の法界寺近世墓塔群調査について」『荒川（旧三河島）の民俗』荒川区教育委員会
羽賀祥二　一九九八『史蹟論』名古屋大学出版会
春成秀爾　一九九二「近世墓地を掘る」『歴博』五四
藤井正雄編　一九八八『祖先祭祀と墳墓』仏教民俗学大系四　名著出版
文化庁編　一九八〇『日本民俗地図Ⅶ』国土地理協会

前田俊一郎　一九九六「両墓制の誕生とその後」『常民文化』一九
前田俊一郎　二〇〇一「両墓制の再検討」『日本民俗学』二二五
政岡伸洋　二〇〇〇「墓のかたちと民俗」八木透編『フィールドから学ぶ民俗学』昭和堂
増沢　直　一九九四「福生の特徴ある近世墓」福生市史研究『みずくらいど』一七
武蔵野美術大学生活文化研究会　一九八三『東やまとの生活と文化』東大和市教育委員会
明玄書房　一九七八〜七九『日本の葬送・墓制』全一〇巻　明玄書房
森　謙二　一九九三『墓と葬送の社会史』講談社現代新書　講談社
矢野敬一　一九九三「死者の記憶装置」『社会民俗研究』三
横山浩一　一九八五「型式論」岩波講座日本考古学『研究の方法』岩波書店
吉沢　悟　二〇〇四「奈良県天理市中山念仏寺墓地の調査／石塔の構成と分析」白石ほか編『大和における中・近世墓地の調査』国立歴史民俗博物館研究報告一一一
吉田　寛　二〇〇二「大分県下における近世墓地発掘調査の成果と課題」『大分県地方史』一八四

解き放たれた大名屋敷内鎮守と地域住民

——江戸から東京への変遷と流行神太郎稲荷の地域鎮守化——

……吉田正高

はじめに

大都市における地域鎮守とはどのような存在であったのだろうか。そもそも鎮守とは特定地域において人々の信仰を受け止め、神格、施設（社殿、鳥居など）、境内（社域）、管理者、信仰圏（氏子、帰依者、氏子町など）、参詣圏（参詣者など）などの要素の複合体として認識され、維持されてきた。都市部においては町村および武家屋敷、商家、寺院など、鎮守が置かれる空間は無数に存在した。中でも当時世界有数の人口を誇った江戸では、町数、家数、寺院数なども多く、まさに鎮守がひしめきあうような状態であった。

本稿では江戸で顕著な大名屋敷内鎮守と、それとは一見対照的である町村内鎮守を、土地名目の変遷という視点から同時に考察し、江戸および初期東京における人々の鎮守に対する認識とその変化に迫りたい。

一　近世における大名屋敷の移動と邸内鎮守の地域内産土神化

①浅草福井町銀杏八幡宮社の町内鎮守化への過程

銀杏《いちょう》八幡を鎮守とする福井町（現台東区浅草橋）一帯は、(1)かつて越前福井藩の屋敷であったが、享保十年（一七二五）に屋敷地が上地《あげち》となり、翌十一年（一七二六）三月に町屋となった。除々に借地を願う者もでてきたため、同年六月よりは、請負人が幕府から土地を拝借し上納銀を差し出す、という「請負人上納地町屋」となった。ところが、請負人による上納銀不納などの問題が持ち上がり、同十五年（一七三〇）九月二十七日に請負人制を停止し、借地の者から地代を直接町名主が受け取る一般的な町の形式に落ち着いた。この時点ではまだ町名がなく、便宜上地域ごとに中場所・北場所・西場所と称していた。そののち、同年十一月には町年寄奈良屋市右衛門と相談の上、丸岡町・銀杏町・福井町などの候補の中から福井町と命名することとなった。(2)

福井町ではその成立に際して、かつて福井藩邸内で屋敷神となっていた銀杏八幡宮社を町内鎮守として認めて欲しい旨を幕府へ願い出ている。「浅草寺社書上乙壱」(3)の社地に関する記述は以下の通りである。

社地之儀者、公儀御除地と申ニも無之、又ハ町内拝領之除地ニも無御座候、其由者当社者当社幷ニ神木銀杏之大木古昔より有之候所、国初之時より越前福井君之御邸宅ニ有之、其後享保之初公儀御上地ニ相成候節、往古より有来候八幡社幷ニ銀杏之神木共ニ残シ被差置候、然所《しかるところ》当所町屋ニ被仰付節、住居之町人共より願候ニ依而、右銀杏樹之葉打七間三尺四方之所社地ニ被仰付候得者、為冥加《みょうが》惣地守共より年々少々宛之上納銀差上来申候（此年享保中右町人共より差上候願書留扣《ひかえ》ニ記有之候趣ニ而《て》候）、然者公儀御地面之内ニ而古来来候所、御差置之社地ニ御座候銀杏八幡宮社は江戸開府以前より同地域に鎮座しており、江戸開府とほぼ同時に福井藩の屋敷に囲い込まれたが、その移転により、同地域は町場となった。この際に町側が、銀杏八幡宮社を町内鎮守として認めてほしいと要求した。この福井藩屋敷の移転と町場化の様子は「御府内沿革図書」の図上でも確認できる。社地については、冒頭に銀杏八幡の土地は除地として登録されていない、との記述もあり、地守《ちもり》（地主に雇用された管理人、地代の徴収などを主な職務とした）たちが冥加銀を納める「御差置之社地」であったことが分る。

幕府公認に向けての願書提出については、「氏子町之事」の項に記述がある。

福井町地守幷惣住居之者共より八幡宮鎮守に仕度段願上候所、享保十六年亥《い》四月十八日願之通当社を以福井町鎮守に被仰付候、氏子町之図列ニ添差上申候

享保十六年（一七三一）四月に町内鎮守と認められたとあることから、福井町の成立直後から公認出願の動きがあったことがわかる。また「本社拝殿」の項から、この認可を機に社殿の改修が行われたことが判明する。認可から三年後の享保十九年（一七三四）には、鎮守社改修の気運が高まって、社殿の普請に至ったのであろう。これは、鎮守が幕府に認可される事が、氏子や地域住民の鎮守に対する意識を一気に向上させる契機となっていることを示している。

続いて、祭礼執行の認可を求める記事が「祭礼」の項にみえる。享保十九年の社殿普請から六年後の元文五年（一七四〇）には、祭礼執行の許可が下り、日時・形態なども確定している。町内鎮守の公認による意識の向上は、以上のような鎮守の信仰施設としての体裁を整え、祭礼など地域における住民の活動の場として活用されてゆくまでに発展していった。

②下駒込村富士浅間社の成立

大名屋敷の拡張などにより屋敷内に囲い込まれた鎮守が、地域住民の願いによって外部に移転し、独立した社となる場合もあった。下駒込村富士浅間《せんげん》社は、もとは寛永年間に本郷の加賀藩前田家上屋敷（現東京大学）の近在に設置された小祠であった。この小祠は当時本郷にいた桔梗屋《ききょうや》源右衛門、水野兵九郎など三人のものによって世話がなされ、毎年六月朔日《ついたち》に祭礼が行われていた。その後この社が藩邸拡張によって邸内に囲い込まれ、参詣のものが邸内に出入するという状況が生じた。これは「いかゞしき」こととして、一時本郷真光寺へ引き取られ、夢告を得た享保二年（一七一七）六月一日に駒込に移転した。(4)『新編武蔵風土記稿』では、『慶長見聞集』を引用し別説を唱えているが、(5)もとは本郷に社があり、今も加賀藩邸に旧跡が残る、と述べている点は共通している。鎮守が地域住民らによって維持管理されてきた場合には、その後土地名目の変化などで大名屋敷に取り込まれても、藩側では邸内の鎮守を自らの氏神や屋敷神として管理することが困難となった。そこで藩側が屋敷内の鎮守を、元来縁故のあった地域の世話人らに引き取らせたのである。

③大名屋敷に囲い込まれた穏田村熊野社と地域住民

穏田村鎮守熊野社も、(6)前述の下駒込村浅間社と同様に、社地が寛文年間に浅野家抱屋敷に取り込まれたため、地域住民が自らの手で管理できない状態となった。穏田村の熊野社は万治二年（一六五九）に奉納された法華経が現存するところから、それ以前の勧請《かんじょう》と思われるが、詳しいことは分らない。(7)『新編武蔵風土記稿』には「村の鎮守」「村持」の社であると記載されている。(8)熊野社の来歴を記した「地子古跡寺社帳」によると、熊野社の境内は寛文十年（一六七〇）に広島藩主である浅野家の抱屋敷に囲い込まれている。そのため熊野社は村の鎮守ではあるが、「其後同人（浅野安芸守）方ニ而社地并拝殿其外営造有之、神事祭社等茂安芸守方ニ而仕来」ことになった。このような状態が長く続いた後、天保九年（一八三八）十二月十二日には、この抱屋敷が正式に下賜されて浅野家下屋敷となっている。この下賜の背景には、浅野斉粛《なりたか》に嫁いだ一一代将軍家斉の二四女末姫の懇望があり、その背後には当時家斉の寵愛を得て隆盛を極めていた下総中山八幡別当守玄院（もとは下総中山法華経寺地内の智泉院）の住職日啓の進言があったという。この際、邸内の熊野社の扱いについて、当時の寺社奉行稲葉正守から浅野家に対して、管理者を置く場合には寺社奉行に届け出て許可を得ること、さらに管理者が決定した後は、作事などはその者が窓口となって申立てを行うこと、など管理者に関する通達があった。これに対して浅野家では、その社地のうちに新たな本尊を安置する社を建て、日啓に差配を命じ、新たな管理者として代僧勧理院を別当としたが、天保十二年（一八四一）十月に取払いを命ぜられている。『天保雑記』によると、「今般思召有之候ニ付」、熊野社についてはそのままにし、「新規取立候社頭幷別当所ハ早々取払」、その他の地所は「勝手次第」であったという(9)。「今般思召」の文言については、日啓がからんだ感応寺取壊しの件(10)でも廃寺の理由として用いられた表現であり、両者の関連が推測される。

その翌年天保十三年（一八四二）二月二十五日に、この浅野家下屋敷は上地となっている。この抱屋敷の上地は、いわゆる「天保の改革」の一貫として、大名が江戸に所持する抱屋敷の数を制限する政策によるものである。この件による熊野社の処置について、「地子古跡寺社帳」ではさらに次のように記述している。浅野家下屋敷の総坪数は二二二三坪で、その内熊野社地は二二四坪である。熊野社地は「古跡除地」で問題はないが、以前より社地境内が浅野家抱屋敷内に囲い込まれていたため、浅野家の屋敷拝領以前の社地との境界が判別できなくなった。その判別不明分三三八坪余の土地の処遇を幕府に届け出たところ、これも社地と認定され、計五六二坪余が穏田村役人に引き渡された。ここに至ってようやく熊野社は「村持除地」という旧来の状態に戻ったのである。土地の権利を持ち、所有する屋敷内にある社を自己の氏神と考える浅野家と、旧来からの鎮守として熊野社の所有権を主張する穏田村氏子中という関係は、幕府による土地名目の変更まで続いたということである。また幕府が、大名家の邸内にある鎮守に対して(新規無許可建設部分の)取払いを命じている事実から、浅野家にとっての熊野社は、社の管理維持以上の権利を認められていなかった存在であったといえるだろう。

二　流行神となる大名屋敷内鎮守

外観の威容から閉鎖空間と思われがちな江戸大名屋敷であるが、江戸という都市有機体に取り込まれている以上、いやおうなしにさまざまな点で外部との接触、交流を生み出していた。もっとも奇異に映るのは、邸内に勧請された鎮守が、江戸市民に公開されていたことであろう。

①参詣対象となった大名屋敷内鎮守

公開されていた大名屋敷内鎮守を表1にまとめてみた。参詣が流行する大名屋敷内の鎮守は、大名家の持つ領地(国元)の大社や大名家氏神との関連が強調されるものが多い。例えば、湯《ゆ》尾峠《おとうげ》孫嫡子《まごちゃくし》社、瑜伽山《ゆかさん》権現、豊川稲荷、金毘羅、箭弓《やきゅう》稲荷、有馬水天宮などは、国元の著名な大社を勧請したものである。これは大名家の領国において隆盛である神仏の性質が、江戸屋敷の邸内鎮守にも反映しているということである。江戸の住民が大名屋敷内鎮守への参詣を望む背景には、他国から勧請された神仏を拝することで遊山的欲求を満たすという意識があった。先章であげた例では、大名屋敷内に存在する邸内鎮守であっても、地域鎮守という要素を払拭しきれなかった、つまり土地との結びつき=地縁という規定性が、屋敷を所有する大名家との「氏神」=血縁的関係を深めることを阻害していた。これに対して、都市民が参詣群参するような鎮守は、大名家との強固な関わりを持っていた。つまり、大名家との縁故を示

表1　大名屋敷内鎮守『東都歳時記』より作成

№.	参詣許可日	神仏名	藩名	大名家	石高	屋敷種別	屋敷所在地（現地名）
1	毎月一日	箭弓稲荷	武蔵川越	松平大和	一七〇〇〇〇	上	赤坂溜池（港区赤坂葵町）
2	毎月一日	一目連社	武蔵忍	松平下総	一〇〇〇〇〇	中	三味線堀（台東区小島町）
3	毎月寅日	毘沙門	上野館林	秋元	六〇〇〇〇	中	浜町（中央区日本橋浜町）
4	毎月午日・三日	太郎稲荷	筑後柳川	立花	一一九六〇〇	下	浅草新堀（台東区入谷二丁目）
5	毎月午日・二十二日	豊川稲荷	三河西大平	大岡	一〇〇〇〇	下	赤坂表伝馬町（港区赤坂表町）
6	毎月三日	朏不動	近江水口	加藤	二五〇〇〇	上	愛宕下（港区虎ノ門一丁目）
7	毎月五日	水天宮（尼御前）	筑後久留米	有馬	二一〇〇〇〇	上	赤羽（港区三田一丁目）
8	毎月七日	湯尾峠孫嫡子社	越前福井	松平越前	三二〇〇〇〇	中	霊岸島（中央区新川二丁目）
9	毎月十日	金毘羅	讃岐丸亀	京極	五一五一二	上	虎御門外（港区虎ノ門一丁目）
10	毎月十三日	淡島	箱崎紀州家カ			蔵	
11	毎月十六日	聖天宮	肥後人吉	相良	二二一〇〇	中	赤坂（港区赤坂二丁目）
12	毎月十七日	八天宮	肥前佐賀	鍋島	三五七〇〇〇	中	葵坂上（港区虎ノ門二丁目）
13	毎月十八日	観音		清水家	一〇〇〇〇〇	下	芝浦
14	毎月二十二・二十三日	瑜伽山権現	備前新田	池田	二五〇〇〇		浅草御蔵前（台東区浅草橋二丁）
15	毎月二十三・二十四日	瑜伽山権現		池田			
16	毎月二十六日	愛染	下野烏山	大久保	三〇〇〇〇	上	三味線堀（台東区小島二丁目）

『東都歳時記』より作成
注1　藩、大名家、屋敷種別など特定できない場合は空欄とした。
注2　現在地との照合については『復元江戸情報地図』（朝日新聞社、一九九四年）を参考にした。

す「氏神」的要素が深い鎮守が参詣の対象となったといえよう。

②流行神となる柳河藩下屋敷内鎮守太郎稲荷

参詣を許可された大名屋敷内鎮守の中には、参詣熱が高じて流行神《はやりがみ》となるものも現れた。特に有名なのは、江戸最大の流行神と称された、柳川藩下屋敷内の太郎稲荷であろう。

柳川藩は、元和六年藩主田中氏の無子により筑後藩が改易となり、そこへ大名再取立によって棚倉藩三万石を領有していた立花宗茂が再入部して成立した。石高は一一万九六〇〇石であったが、藩政初期から財政窮乏に悩まされた[11]。柳川藩の江戸屋敷は、上・中・下の三カ所あり、幕末においては上屋敷は下谷《したや》一万六二四九坪三合、中屋敷は鳥越三〇四五坪二合であり、太郎稲荷のあった下屋敷は浅草一万二九七〇坪二合であった[12]。下屋敷は寛文元年(一六六一)十二月十五日に拝領している[13]。その後、切坪相対替などはみられず、その屋敷坪数は近世を通じて大きな変化はなかった[14]。また柳川藩国元における太郎稲荷は、近世には柳川城内に鎮座していたが、維新後柳川城本丸が民有地となったため、有志らによって本丸内に太郎稲荷が勧請され、明治四十四年(一九一一)に日吉社に合併している[15]。

太郎稲荷流行の背景には、享和年間の江戸における麻疹《はしか》の流行があった。太郎稲荷流行の直接の契機は、立花家の嫡子(後の九代藩主鑑賢)が麻疹にかかった際、太郎稲荷の御利益で軽く済んだという噂が流布した事にあった。ただし、「翌年文化元年に至り彌《いよいよ》繁盛し[16]」等の記述から、享和三年(一八〇三)四月〜六月の麻疹流行の時期をきっかけとしながらも、麻疹の流行終息後も太郎稲荷の流行が維持され、文化元年(一八〇四)に至って大流行したことがわかる。

凡《およそ》江戸中縁日に参詣の多きは浅草観音、上野大師ほと群集する所はなし(中略)その大師の縁日よりも太郎稲荷の午《うま》ノ日毎の参詣夥《おびただ》し、凡物事は見ては聞しに及ばぬ者也、此稲荷の参詣ばかりは言語にも筆紙にも尽しがた

き様子は人々まのあたり見たる所也（中略）時花神多しといへ共、凡太郎稲荷の参詣群集程の事は承及ばぬ事也[17]

このように爆発的流行が伝えられる太郎稲荷だが、流行以前はごく一般の屋敷神であった。

（享和三年）二月頃墓参のついでに行きてみるに、いまだ淋しく、屋敷門前に山伏やうのものもらひ居て、念じ奉る太郎稲荷大明神とやら唱へたる。（中略）社頭はさせる事なき小ほこらにて、いづこの背戸の稲荷にも、かばかりなるはあまり寂莫たる有様なりしが、其の後いよいよはやるにつけて、もとの祀を隠居様とし太郎稲荷は別に社を立つ。もとの祀も建直せしが、いとよく荘ごんにしたり[18]。

流行の初期段階における民間宗教者の徘徊も流行を助長する役割を果たしている[19]。また「小ほこら」であった太郎稲荷社の様子が紹介されていることから、流行以前からすでに屋敷内への立ち入りが許可される場合があった事が推察される。その後、前述した麻疹の流行とともに参詣熱も高まり、参詣者や祈願人による寄進が増加してゆく。『武江年表』には「門の内より稲荷の社迄諸人の納たる幟《のぼり》にて垣をなし、道には石を敷詰、井戸椽は石にて出来、石の鳥居も何方よりか納たり」とあり、社の増改築、鳥居・井戸椽・幟・神輿など参詣者などによる寄進が行われていことが分かり、信仰対象としての太郎稲荷に対するイニシアチブが、徐々に参詣者側に傾いてゆく様子がわかる。

③藩邸の対応

このような太郎稲荷の流行に対する柳川藩下屋敷側の対応は次のような変遷を経た。

人に人重り合て、跡へも先へも行難く、押倒され踏殺され死人怪我人多かりし故、無縁の者は制禁して入るなし、所縁ある者のみ切手を与へて出入る事を許しぬ、然ども参詣は彌増して無縁の者共日々に来り門前より逢拝してむなしく帰る者共のあまりに歎き悲むにより、せめては其輩の為にとて五節句三日と毎月午の日ばかりは切手の沙汰ニ不及、門の出入を許せり[20]。

鑑札（＝「切手」）による入場規制から参拝許可日の設定へ、という藩邸の対応策は、結果的に流行を助長している。このような藩邸側の対応は、表向きは参詣に訪れる都市民へのやむをえない処置という名目によるものであるが、実際には参詣者増加による経済効果を見込んだものであったとも推測される。また、鑑札の配付を始めたのは当時の柳川藩江戸留守居役の西原新左衛門であった。彼は雅号を松蘿館《しょうらかん》といい、山崎美成らとともに上野不忍池畔の淡々亭において、珍品・奇物の品評会である耽奇会《たんきかい》を開催した中心人物であり、会の名付親でもあった。文政八年（一八二五）二月一日の第一一回耽奇会では松蘿館自らが、太郎稲荷の鑑札を出品している。(21)

このような事態のなかでさまざまな問題が持ち上がり、藩邸側でも対応に苦心した。まず鑑札や守札の偽造がある。鑑札偽造については、川口林右衛門による享和三年（一八〇三）十一月十八日付の柳川藩邸宛の詫状がみられる。また石田修理（修験カ）という者が新堀端において三二銅で守札を売り出したため、藩側では看過できないということで、留守居から触頭に対して抗議をしている。また、享和三年十月には太宝一元が太郎稲荷を浅草寺の子院長寿院内に勧請したいとの願書を提出したが、藩側に断られている。(22)

熱狂的な流行が続く太郎稲荷に対して、幕府も享和四年（一八〇四）二月七日付の触をもって規制に乗り出した。

浅草立花左近将監下屋敷之稲荷、近頃参詣之者多有之候由、右ニ付而は右辺之町方新規之儀を企およひ、或は町々之者、奉納物等不相当之儀可致も難計間、是又心を付、不埒之儀無之様可致候。尤《もっとも》組之者茂相廻り候事ニ付、若如何之筋も有之候ハヽ、召捕、急度《きっと》可申付間、心得違無之様、能々《よくよく》町方之者共江可申含候。(23)

ただし、この触は町方に対しての訓告という範囲に止まっており、太郎稲荷を保持する藩邸側に効力があったとは考え難い。実際にこの後も流行が続くことから、大名屋敷が保持する自治的性格ゆえに、幕府権力の介入が難しく、政治的圧力がかかりにくい、という大名屋敷の空間的特質が流行維持に果たした役割の大きさは明らかである。

④流行終焉と江戸―東京

熱狂的流行をみせた太郎稲荷も、文化初年にはすたれた。しかし、その後太郎稲荷参詣の流行は何度か復活している。[24]

（慶応三年〈一八六七〉九月）同月の頃より、浅草田圃立花侯下屋敷鎮守、太郎稲荷へ参詣群集する事始まれり、（中略）此の辺新堀と唱へし溝の両側へ茶店食舗等建てつらね、桜の稚木を栽へ並ぶる事一町程なり。石の鳥居、石灯籠、挑灯、幟幕等、夥しく奉納し、日々参詣して神符を乞受け、霊験を仰ぐ人多かりしが、翌年四月の頃よりして次第に絶えたり。（中略）

（明治元年〈一八六八〉）去年より俄《にわか》に諸人群をなして、春は殊に賑ひけるが、世上の忽肩によりてか、四月の頃よりして、謁祠の輩次第に減じければ、いまだ造作なかばなりし商店も、皆空しく廃家となれり。[25]

慶応～明治期の流行の原因は定かではない。おそらく幕末の混乱した社会状況に対する漠然とした不安が根底にあると思われる。

三　近代における大名屋敷の消滅と屋敷内鎮守の変遷

――太郎稲荷を例に――

明治四十一年（一九〇八）当時、太郎稲荷の様子は以下のようなものであった。

太郎稲荷神社。光月町にあり。幾多の鳥居をくぐり、社殿はその奥に鎮座す。老樹鬱然しかも昼尚暗し。惜しむかな今は廃せり。当社は昔時大に繁栄せしことあり。[26]

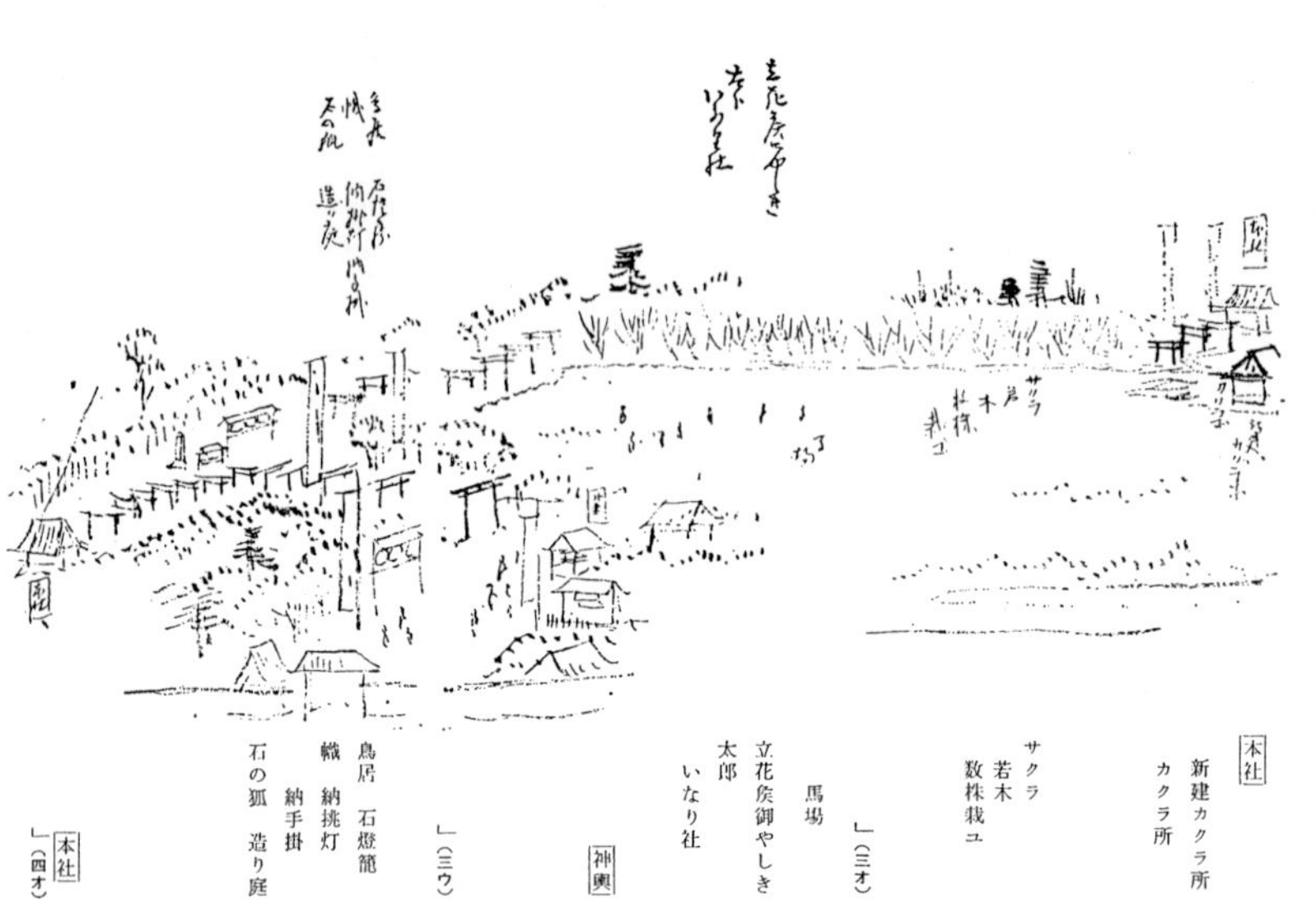

図1　斎藤月岑『明治元年翟巣日記』に描かれた明治初年の太郎稲荷（『早稲田大学図書館紀要』第17号，1976年）

大名屋敷内鎮守、流行神とは無縁の存在となった東京の太郎稲荷であったが、その変遷の過程には、都市内地域の近代化に関わる特有の問題をはらんでいた。ここではその解明に向けた現時点での収集資料の紹介と、それを基にした仮説を述べさせていただく。

①太郎稲荷を取り巻く明治初年の社会状況
――大名屋敷の削減と邸内社への参詣禁止――

明治になって江戸は東京となった。そのなかで都市江戸の持っていた空間の質的転換をうながしたのは、広大な面積を占有していた大名屋敷の削減、消滅ではなかっただろうか。明治初年、藩主・藩士の国元帰郷を含めた大規模な人口の移動などもあって、江戸はその様相を大きく変えてゆくことになる。それに伴って大名屋敷の荒廃がすすんだ。治安の悪化をおそれた新政府は明治二年（一八六九）に武家屋敷の茶桑畑化を奨励して、失業者の授産を行い、さらに大名屋敷も上屋敷（藩公邸）、下屋敷（藩主私邸）以外は上地とする政策を打ち出した。

さらに明治九年（一八七六）には帰属や由緒等の不明瞭な

図２　明治の光月町太郎稲荷（『新撰東京名所図会』より）

小祠に関して廃併合を推進する達が出され、続いて武家屋敷内に存在する鎮守への市民の参詣を禁ずる旨の布達がなされた。このような達を受けて太郎稲荷では明治十一年（一八七八）三月五日に「衆議参拝ノ儀出願」を行い、許可を受けている。(27)

②明治初年における旧柳河藩上下屋敷の規模と邸内施設

ここで幕末〜明治初年における柳河藩旧藩邸内の実際の施設に関して概観しておきたい。明治五年（一八七二）の地券交付に際しての書上に当時の屋敷内施設の様子が記述されている。(28)

旧上屋敷は明治四年（一八七一）の大区小区制の導入によって第五大区小六区下谷西町という新番地が与えられている。屋敷の総坪数は約一万五四一〇坪であり、近世における約一万六二四九坪から若干の減少をみせているが、土地の区画には大きな変化はみられない。地券の交付は当主立花鑑寛に下されている。上屋敷に関して、「御殿」と記述される藩主の居住施設が、明治六〜七年（一八七三〜七四）において大規模な修復を行っている事実からも当主の居宅として利用されている事を示している。(29)また邸内には藩士の居住施設も多数残存しており、藩庁（東京出張所）としての役目も果たしていたと考えられる。(30)また

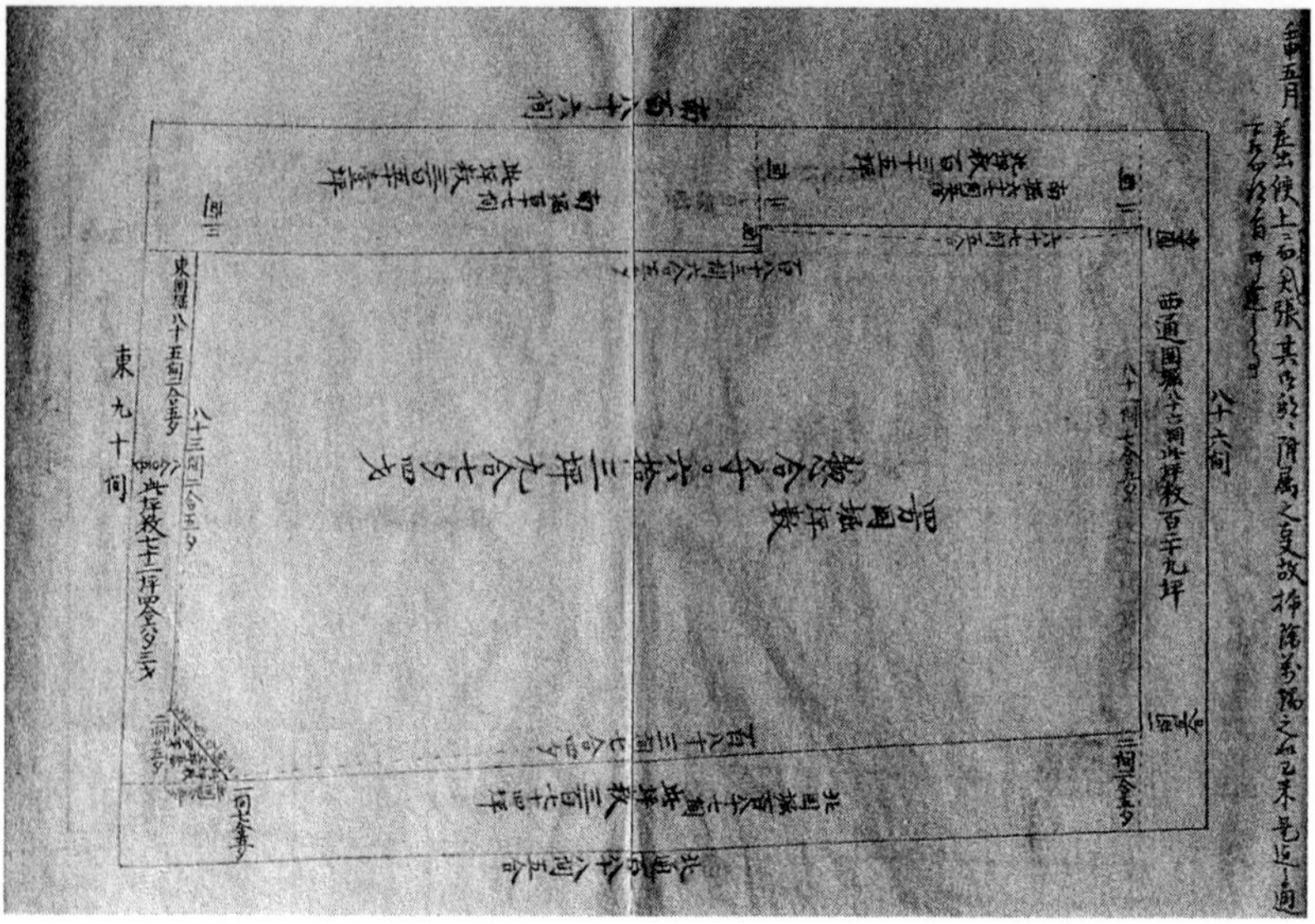

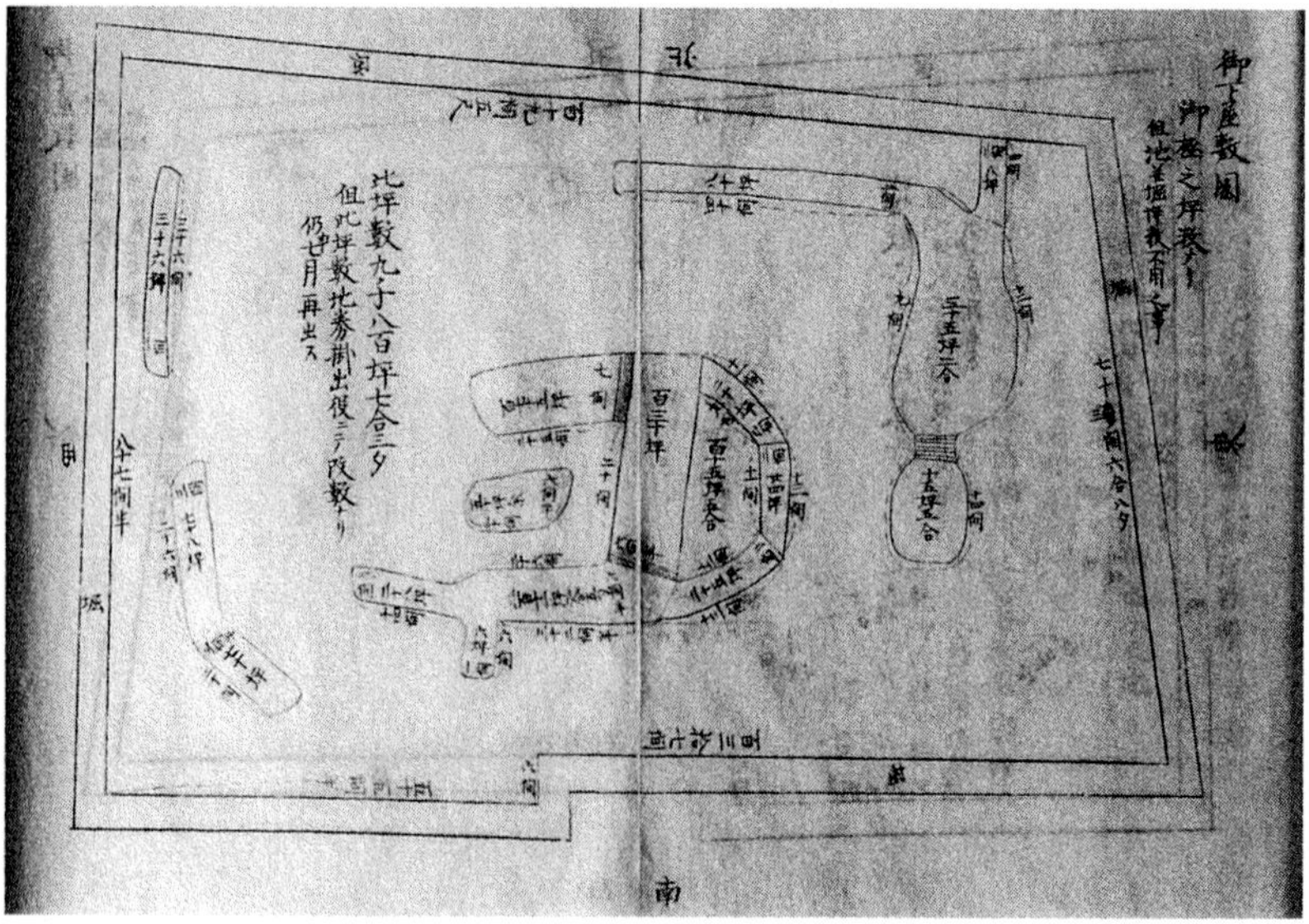

図３　明治５年の柳川藩上・下屋敷（「明治五年両御邸絵図坪数諸控」
柳川藩立花家文書 4328，柳川古文書館収蔵）

邸内鎮守として、「東稲荷社　八坪弐歩五厘」「西同　弐坪七歩」の二社が書き上げられている(31)。

これに対して、下屋敷の様子はどうであろうか。下屋敷は大区小区制では第五大区九小区に属し、明治五年（一八七二）六月より光月町に包摂された。また近世以来の近在の里俗名である「浅草反甫《たんぼ》」の文字も見える。屋敷の総坪数は約九八〇〇坪であり、近世下屋敷時期の一万二九七〇坪から三〇〇〇坪弱減少している。敷地内の詳細な施設の書き上げはないが、全体図における池山の占める面積をみても、近世当時よりその利用状況は典型的な下屋敷、つまり藩主やその一族の休息施設としての側面を持っていたことがわかる。地券申請者は元柳河県士族（当時は東京府大属）の綿貫敬太郎である。また太郎稲荷に関する記載は、残念ながら文中にも図上にも示されていない。

③地図で見る太郎稲荷所在地の変遷

そこで、明治初年から戦前までの太郎稲荷周辺の地図から、その位置や境内、参道の変遷を追ってみたい（図4）。明治四年（一八七一）の「東京絵図」には「立花ヒタ」屋敷内の南西部に「太良イナリ」と記されている。しかし明治九年（一八七六）の「東京全図」では太郎稲荷は旧藩邸地域の中央やや西よりの北側に記されている（図4A）。社の西側に出た参道は直角に南に折れて延び、道路に到っている。若干時代は下るが明治二十九年（一八九六）に提出された太郎稲荷合祀願書(32)に添付された図を見ると、明治九年図とほぼ同様の位置に稲荷社、社務所が描かれ、周囲には手洗水、神楽殿も見える。さらに延びた参道の先に「奥社」が存在することは興味深い。明治三十九年（一九〇六）の「下谷及浅草区之図」では、太郎稲荷は、参道が面していた南側道路に近い場所、前述の「奥社」の位置に描かれている（図4B）。つづく明治四十一年（一九〇八）の「東京市浅草区全図」でも同じ位置に、今度は明確に社境内が描かれている（図4C）。ここでは、町全体の区画割が細かくなっており、旧社境内と思われる位置が波線で表示されている。特に注目したいのは、太郎稲荷の存在する西側の区画が「崖及草生地」と示されていることである。いまだ太

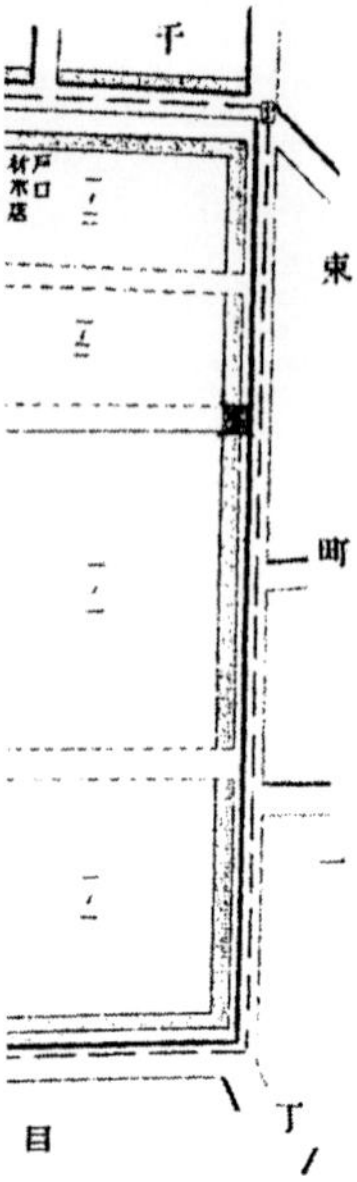

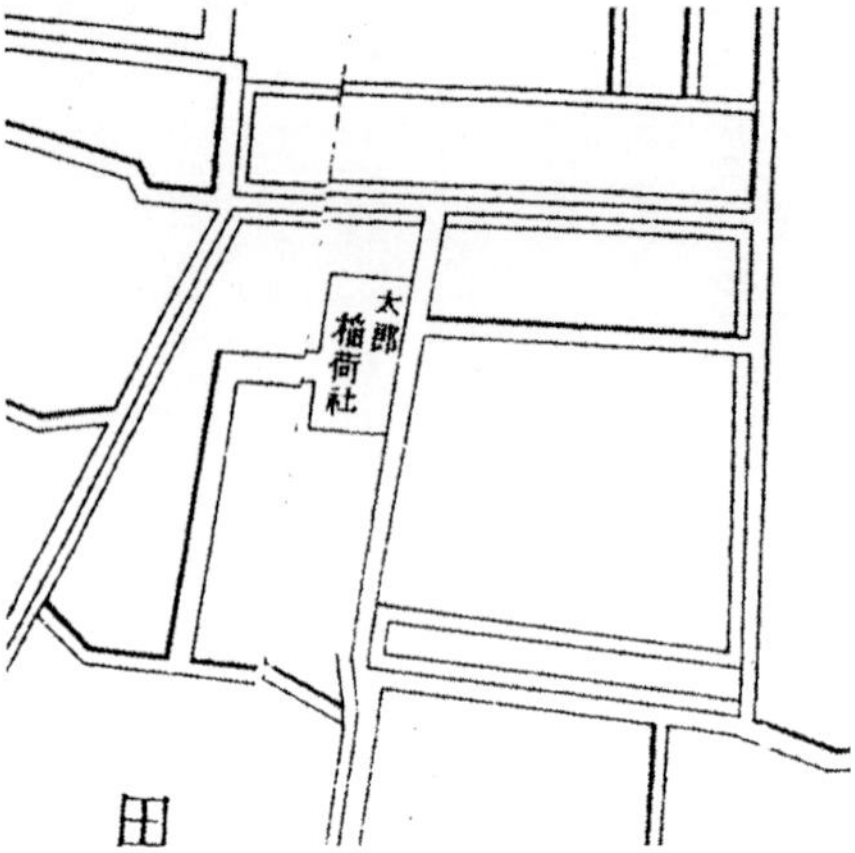

A 【東京全図】
(明治 9 年)

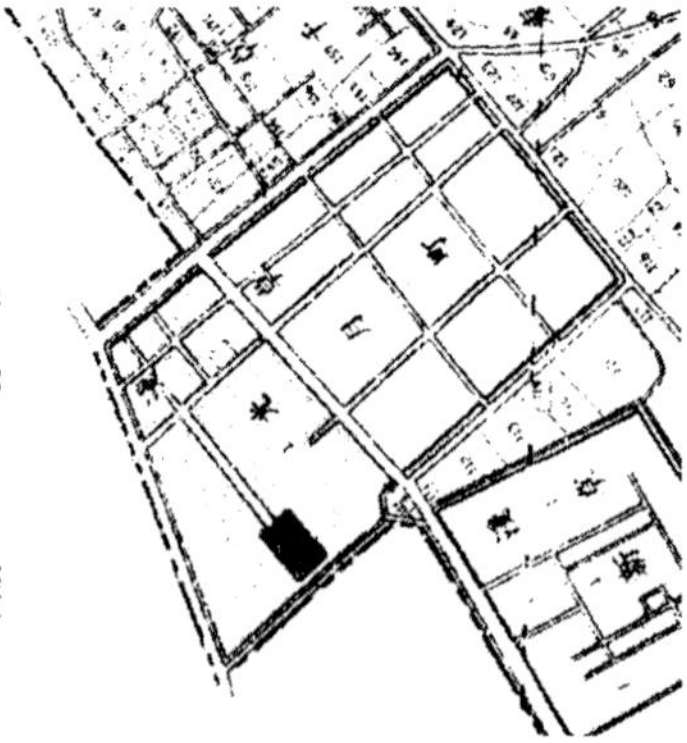

B 【下谷及浅草区之図】
(明治 39 年)

C 【東京市浅草区全図】
(明治 41 年)

図 4 太郎稲荷周辺の近代地図

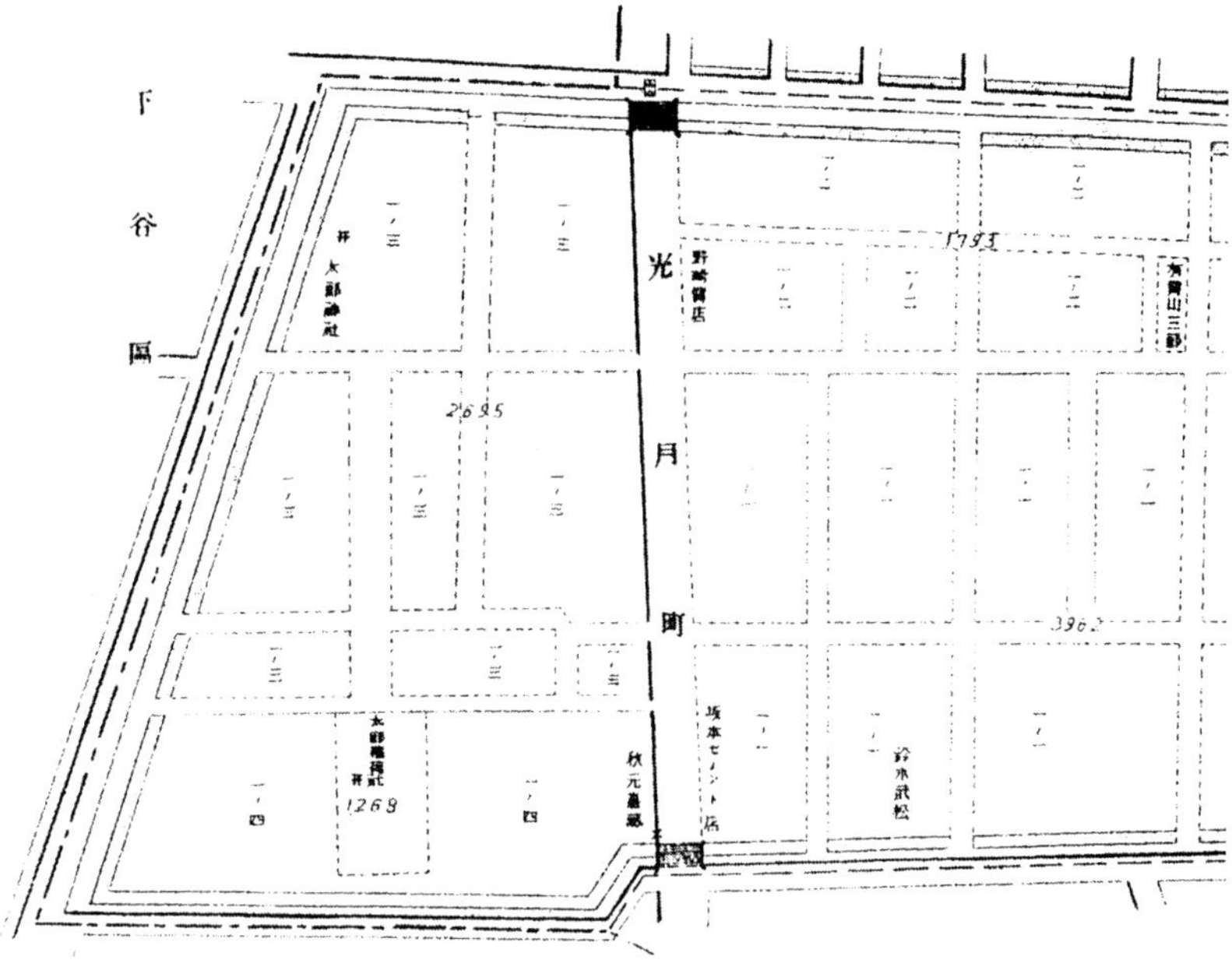

D 【地籍図】（大正元年）

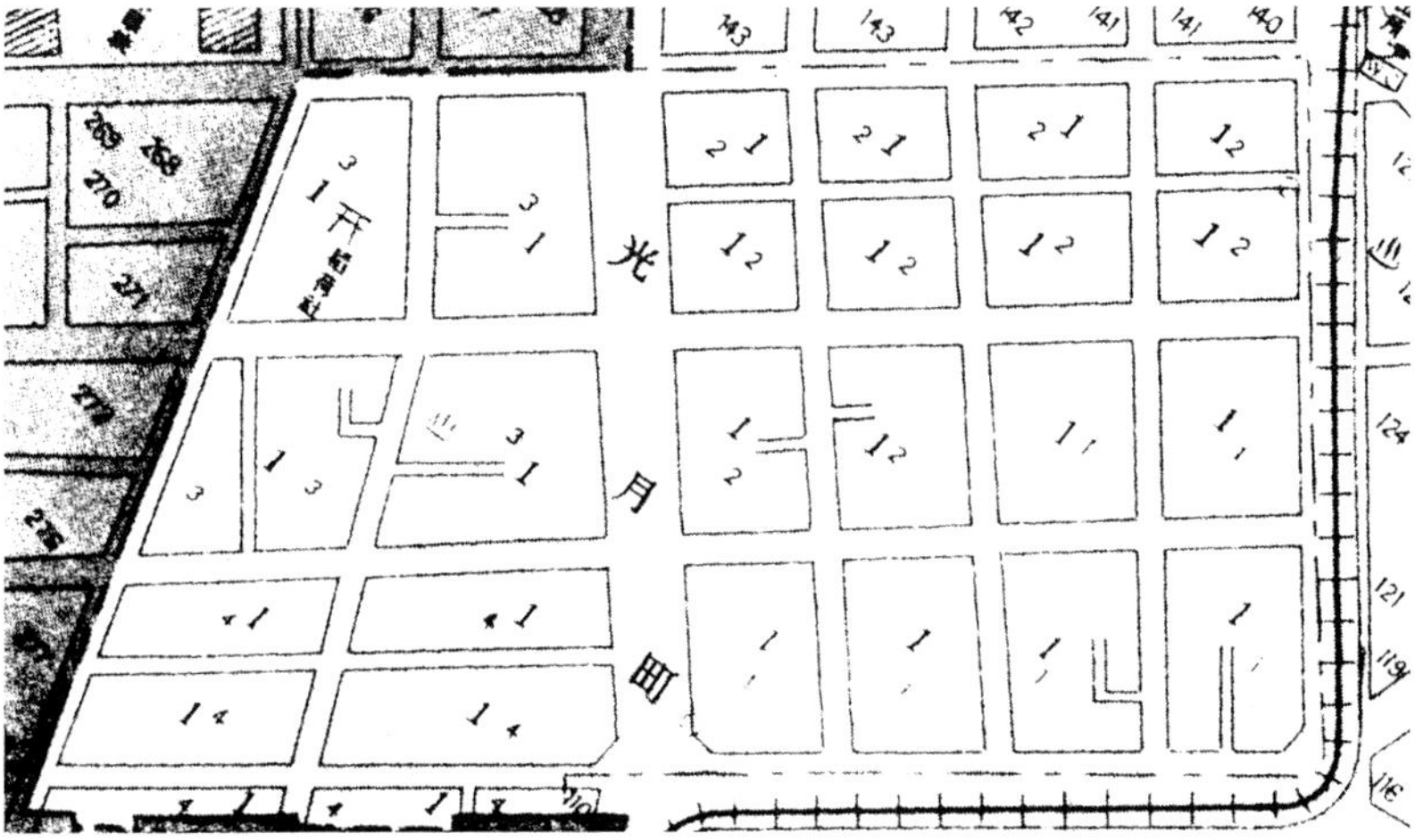

E 【最新浅草下谷大地図】（昭和 11 年）

郎稲荷周辺の地域が生活空間として十全に機能していない様子がうかがわれる。これは同時期の写真からも明らかである。それからわずか五年後の大正元年（一九一二）の地籍図では新境内地が「太郎稲荷社」と記され、さらに参道を南下した行き当たりにもうひとつ「太郎神社」が記載されている（図4D）。これが昭和十一年（一九三六）の「最新浅草下谷大地図」になると、新社境内も消滅し、もうひとつの太郎稲荷のみが示されている（図4E）。(33)

以上の情報をまとめると、元来太郎稲荷の「社」は参道に沿って二カ所に存在していたことが判明する。前掲した近世の随筆にも、流行につれてもとの社を隠居とし、別の社が建てられた、という記述がみえ（二二一ページ傍線部参照）この事実を裏付けている。時々の情勢によって、一方が使用不能になる場合があり、地図にもそれが反映されたのであろう。

近代における頻繁な社の移動にはどのような理由が考えられるだろうか。移動の経緯を示す文献が現時点で見つからないため、推測の域を出ないが、旧大名屋敷が民間に払い下げられ分割が進み、区画が確定し、居住者が増え、町が成立してゆく過程で、太郎稲荷の境内域が地域開発のネックとなって移動を余儀なくされたのではないだろうか。とはいえ、その存在は消滅することなく、社の位置は流動的であるものの、地域に根ざして継続的に維持されていた。また太郎稲荷が移動する範囲が旧藩邸内領域、さらにいえば境内と参道を持っていた西側の区画に限定されていることからも、鎮守の地縁的影響力が近代においても存続していることは明らかである。

地域信仰の対象として安泰に思われる太郎稲荷であるが、実は明治二十〜三十年代に大きな転期を迎えていた。

④下屋敷の売却と太郎稲荷の移動——太郎稲荷の大嶋村稲荷社への合祀問題——

柳川藩下屋敷は、明治二十二年（一八八九）十一月に小林伝次郎に売却された。旧柳河藩下屋敷地域の売却理由は不明であるが、この時点で、この土地と柳川藩との繋がりは絶たれたと考えられる。この土地購入に際して、小林は太郎稲荷の移転を望んだが、「信徒」の懇望によって従来の場所に留め置かれたという。[34] このように私有地内に置かれた太郎稲荷に信徒たちが参詣するという状況が数年続いた後、太郎稲荷の他地域の神社への合祀移転という案が浮上する。この経緯に関して、東京市に宛てた願書および許可証[35]を基に、考えてみたい。

「神社合祭願」は明治二十九年（一八九六）十月二十一日付で提出された。連署者は太郎稲荷の信徒総代三人、地主、太郎稲荷の管理者（下谷神社社司）、大嶋村稲荷社の氏子総代二人、大嶋稲荷の管理者（西森下町天祖神社社司）の八名である。ここでは太郎稲荷のこれまでの経緯を述べた上で、収入が減少し、社殿の破損が著しく、修繕が行き届かないこと、将来的に社を維持してゆくめども立たないことなどを理由に大嶋村稲荷社への合祭を願い出ている。この願いは同年同月三十日には早くも聞き届けられている。実際の合祭に関してはかなり手間取ったようで、市から都合二度、合祭完了に関する届書の提出催促状が出されている。合祭が完了するのは翌明治三十年（一八九七）六月一日であった。

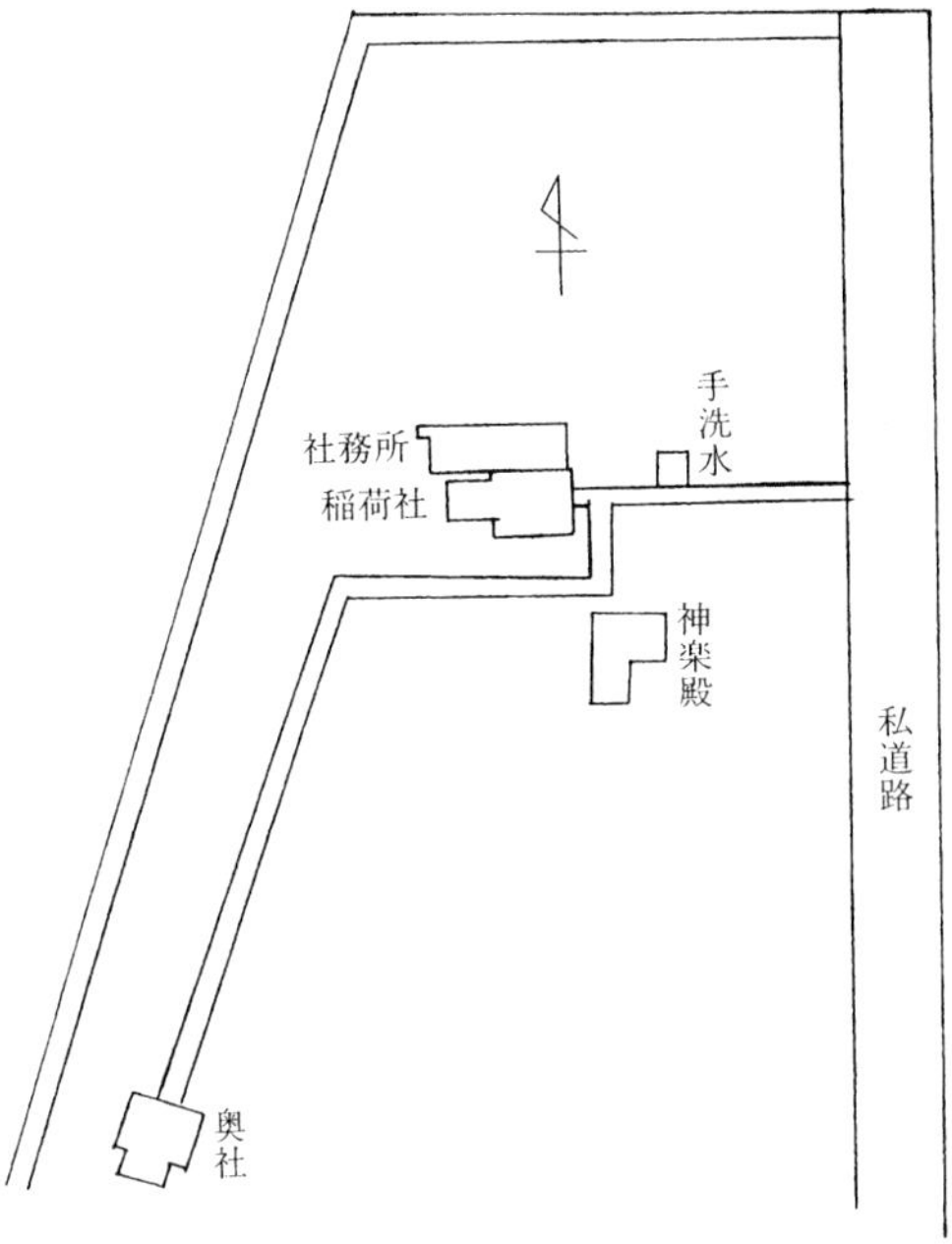

図5　明治29年の太郎稲荷境内図

　土地を購入した新規所有者にとって、自らの意志に関わらず旧来の伝統の中で存在し続ける鎮守とは、いわば「どかせない厄介者」として認識されるのだろうか。近世においても、大名屋敷内にとりこまれた鎮守に対して、藩邸側ではその扱いに苦慮していた。土地の私有意識が成熟する近代においては、自らの土地に存在する旧来よりの信仰施設を忌避する態度がより顕現してきていると考えられる。その結果が、他地域への鎮守合祀という行動を選択させた。

ただし、ここでの合祀移転が、地域内における太郎稲荷の存在意義を消滅させ得たかは疑問である。現在ではこの合祀は、分祠ということで認識されていること、さらに近代地図上では太郎稲荷が常に示されているという事実を重ねあわせた時、その答は自ずと見えてくる。近代における太郎稲荷に関しては、現在も史料調査、聞き取り調査を続行中であり、今後さらに事実関係を確認して考察を深めてゆきたいと考えている。

⑤現在の太郎稲荷

変遷をみせた太郎稲荷は、今も同地において信仰をあつめている。現在は地元有志や帰依者らによって維持管理が続けられているが、町内鎮守とはまた異質の存在となっている。つまり地域鎮守的要素に祈願社の形態が複雑に混在しているのだ。これは大名屋敷内鎮守として流行神となったのち、地域信仰の対象となったという、太郎稲荷の来歴がもたらした二面性付加価値の表出であると推測されよう。

今後の課題――むすびにかえて――

江戸では、都市政策の展開によって、地域鎮守が大名屋敷内に取り込まれる状況を生みだし、さらに大名屋敷の上地や相対替えが行われることで、屋敷領域内に存在する鎮守の性格が大きく変化する場合があった。その過程において大名屋敷では邸内鎮守を巡って地域住民との交渉や争議を余儀なくされた。また大名家との関わりの中で氏神的要素をまとう鎮守も現れた。このような大名屋敷内鎮守は江戸市民の好奇心を大いに刺激し、参詣対象として認識され、時に流行神となっていった。

明治初年の東京においては、大名屋敷という存在自体が意味をなくし、藩の公邸や旧藩主の私邸となり、あるいは払い下げられ、その規模は加速度的に縮小―消滅していった。これに伴い旧大名屋敷内鎮守は、土地所有者、地域住民、帰依者などとの関係の中で、改めてその存在が問われることになった。

近世江戸、近代東京において共通する、「諸事情から大名屋敷が移動、消滅した結果、屋敷内の鎮守が地域に取り残される」という現象に直面した周辺地域の住民たちは、各地域内の諸事情や社会状況に左右されながらも事態に対応していった。

今後は地域住民の対応における近世・近代の特徴的な差異を抽出するために、引き続き明治初年の旧大名屋敷内鎮守に関する資料の調査を行い、事例を積み重ねてゆきたい。

注

（1）銀杏八幡宮社は銀杏岡八幡神社として現在台東区浅草橋一丁目にある。なお、社名の由来となった大銀杏は延享二年（一七四五）に台風で中程から折れたのちも、六メートルぐらいを残して繁茂していたが、文化三年（一八〇六）に焼失した。また祭礼の日時は、明治中ごろになって六月十五日となり、現在は原則として六月第一土曜日、日曜日に執行されている（「銀杏岡八幡神社略由緒」〈境内の掲示〉より）。

（2）「浅草町方書上　壱の下」（国会図書館蔵）。『旧幕引継書　江戸町方書上【一】浅草〈上〉』（新人物往来社、一九八七）八一～八五ページ所収。なお文政八年（一八二五）の時点で、町の総家数は、一丁目が四二九軒、二丁目が五五軒、三丁目が一八七軒であり、町の規模は東西約六八間、南北約一四九間であった。

（3）国会図書館蔵。以下銀杏八幡に関する記述は同史料に拠った。

（4）「江戸拾葉」（『未刊随筆百種』第一巻、中央公論社、一九七六）二七五ページ。

(5)『新編武蔵風土記稿　第壱巻』(雄山閣出版、一九五七)三六〇ページ。
(6)現在の渋谷区神宮前付近。
(7)『渋谷区史』(一九六六)。穏田村熊野社の動向について、特に注のない場合は同書の記述を参考引用した。
(8)『新編武蔵風土記稿　第一巻』(雄山閣出版、一九六三)二二七ページ。
(9)『東京市史稿　市街篇第三九』(一九五二)五五八〜五五九ページ。
(10)谷中感応寺は、かつて不受布施派の拠点として弾圧を加えられ廃寺同然であったが、日啓が実子であり当時の将軍家斉の愛妾であった美代とともに家斉に訴えて、天保四年に壮麗な伽藍を持つ寺院として再興された。家斉の死後、日啓は失脚し、感応寺も天保十二年に寺社奉行阿部正弘の差配によって破却されている。
(11)藤野保『新訂幕藩体制史の研究』(吉川弘文館、一九七五)。
(12)『諸向地面取調書』(『内閣文庫史籍叢刊』14〜16、汲古書院、一九八二)。
(13)『東京市史稿　市街篇第四九』(一九六〇)七三四〜七三五ページ。上屋敷および中屋敷は近世初期には元誓寺門前にあったが、慶安四年(一六五一)四月十一日の白銀町よりの火災で類焼し、下谷、鳥越にそれぞれ移転した。
(14)『御府内沿革図書』(『江戸城下変遷絵図』原書房)と『東京市史稿　市街篇』との照合による。
(15)『旧柳川藩志　中巻』(柳川・山門・三池教育会、一九五七)一五ページ。なお柳河の太郎稲荷は現在も旧柳河城跡地の公園内に鎮座している。
(16)『増訂武江年表2』二四ページ。
(17)『享和雑記』六七ページ。
(18)『増訂武江年表2』二五ページ。
(19)民間の宗教者としては、願人坊主(神仏祈願の代行を本業としながらも、門付や大道芸も行うようになった)などが知られている。例えば、半田稲荷は、願人坊主が、赤一色の衣裳に幟を持ち、「葛西金町半田の稲荷、疱瘡も軽いな、ハシカも軽いな、運授安産守りの守よ……」と歌い、市中をチラシをまきながら歩き回ったことが宣伝となって、文化年間に流行した(入本英太郎『葛飾区の歴史』〈名著出版、一九七九〉二二三〜二二四ページ)。

(20)『増訂武江年表2』二一五ページ。
(21)『耽奇漫録　下』(日本随筆大成・第一期別巻、吉川弘文館、一九九四)一三四～一三六ページ。なお耽奇会については、同書巻頭の小出昌洋氏による解題を参照した。
(22)岡茂政『柳川史話【全】』(柳川郷土研究会、一九八四)三一三～三一四頁。「柳川史話」は一九三〇～四一年(昭和五～十六)に「柳河新報」紙上で連載された。
(23)「類集撰要」(国会図書館蔵)、「撰要永久録」(『東京市史稿』市街篇第三三、一九三八)。
(24)「忘れ残り」安政年間(『続燕石十種』第一、広谷国書刊行会、一九二七)四四〇ページ。最初の復活は天保年間であったが、この時の流行は享和期ほどではなかったようだ。再び大流行するのは慶応末～明治元年にかけてである。
(25)『増訂武江年表2』二一五～二一七ページ。
(26)『新撰東京名所図会』(朝倉治彦・槌田満文編『明治東京名所図会　下巻』、一九九二)。
(27)「神社祠宇寺院仏堂ニ関スル書類」明治三十年(東京都公文書館所蔵、六二二―D八―一二)。
(28)「両御邸絵図坪数諸控」明治五年(柳河古文書館所蔵、立花家文書四三二八)。
(29)柳河古文書館所蔵、柳河藩立花文書四四〇九―一～一七。なおその際に増改築された屋敷図もある(立花寛正殿新宅之図〈柳河藩立花文書四三二八〉)。
(30)旧藩邸の明治初年の実態について、筆者は丹後宮津藩の江戸屋敷を例に、藩庁史料を用いて考察を加えたことがある(「明治初年における旧藩邸の実態――宮津藩、広瀬藩の藩政史料を中心に――」〈新宿区河田町遺跡調査団『河田町遺跡』、二〇〇〇〉)。宮津藩の場合も、上屋敷は藩主私邸および藩の東京出張所として利用されているものの、下屋敷は荒廃の一途を辿っていた。
(31)現在では旧上屋敷所在地である東上野でも、太郎稲荷が現存し(西町太郎稲荷)、維持管理が続けられている。これが本図上の稲荷社に該当するかはいまだ不明であり、鋭意調査中。
(32)「神社祠宇寺院仏堂ニ関スル書類」
(33)太郎稲荷の存在する入谷一帯は、第二次大戦の際に戦火にあっており、現在の太郎稲荷は、戦後になって改めて現在地に移転されている。

(34) 滝島功氏は、土地との一体性が高く移動を嫌う稲荷の場合は、武家地が売却された後も、新たな土地の所有者によって当面存続したと指摘する（「明治初年の寺社地処分と神祠仏堂」〈『地方史研究』二八四号、二〇〇〇〉）。

(35) 「神社祠宇寺院仏堂ニ関スル書類」

〔付記〕

※ 本稿の「一　近世における大名屋敷の移動と鎮守の町村内産土神化」「二　流行神となる大名屋敷内鎮守」については、以下の拙稿をもとに新たに執筆した。

「江戸の鎮守公認運動と地域における鎮守認識」（『民衆史研究』第五五号、一九九八）

「江戸都市民の大名屋敷内鎮守への参詣行動——太郎稲荷の流行を中心に——」（『地方史研究』第二八四号、二〇〇〇）

「江戸隣接村における鎮守の成立と寺院——別当寺と地域住民の鎮守認識——」（『時と文化』二〇〇〇、総合出版社歴研）

※ 「三　近代における大名屋敷の消滅と屋敷内鎮守の変遷——太郎稲荷を例に——」に関しては、現在も調査・研究を継続しており、近日中にその成果をまとめ、あらためて発表したいと考えている。

※ 本報告はさまざまな人々のご協力によって成立している。福岡県柳河古文書館、福岡県甘木歴史資料館副館長吉田東明氏（当時）、細田武氏、手塚幸雄氏、葛島進氏、岡田幸雄氏、東京大学大学院情報学環馬場章助教授には、この場をお借りして謝意を申し上げる。

史料1（柳河藩立花家文書四三二八）

（表紙ウハ書）
「明治五年
両御邸絵図坪数諸控
　壬申四月ヨリ　」

第五大区小六ノ区下谷西町
表間口　八拾壱間七合五勺
奥行　南百八十三間六合五勺
　　　北百八十三間七合四勺
裏間口　八拾三間弐合五勺
東北角欠　三間壱合六勺五才
　此坪数壱万五千四百拾坪八合弐勺四五才
右之通賜邸券状御渡奉願候以上

但外賜邸拝借邸受領地無御座候也

壬申　　第五大区小六ノ区
四月　　　従四位立花鑑寛

第五大区小六ノ区
　下谷西町
　表間口　八拾一間七合五勺
　奥行　　南百八十三間六合五勺
　　　　　北百八十三間七合四勺　図面之通
　裏間口　八十三間二合五勺
　東北角欠　三間壱合六勺五才
　　此坪数壱万五千四百拾坪八合弐勺五才四
　壱ヶ月地代
　　銀四百八拾壱匁五分九厘
　　　但壱坪ニ付三厘壱毛二絲五忽
　此金八円〇弐銭六分五厘
　　但住居路地其他空地相除不申高ニ御座候
右之通相違無御座候也
　壬申　　第五大区小六ノ区
　六月　　従四位立花鑑寛　御印
（朱筆）「間小間御改正ニ付御調前書之通相極候事
　六月十二日」

御屋敷ニテ改メ坪数筋々江者不差出
一御殿　　弐百九拾四坪弐歩五厘
一新御部屋　弐拾坪
一東稲荷社　八坪弐歩五厘
一西同　　弐坪七歩
一表御門　拾五坪七歩五厘
一奥同　　三拾九坪
一中御長屋　九拾六坪弐歩五厘
一北同東一棟　四拾五坪弐歩五厘
一同中一棟　九拾三坪五歩
一北西一棟　八拾六坪弐歩五厘
一御厩　　五拾八坪五歩
一南西御長屋　三拾四坪
一不明御心番　拾弐坪弐歩五厘
一物見　　弐坪
一御土蔵　元御納戸　拾六坪弐歩五厘
一同　　新抱　　拾五坪
一同　　元御武具　拾五坪
一同　　元御腰物　七坪五歩
一同　　元御右筆　七坪
一同　　元御台所御□頭　弐拾弐坪五歩

坪数
合八百九拾壱坪弐歩
内
御殿　三百拾四坪弐歩五厘
御長屋　五百七拾六坪九歩五厘
壬申　六月改之
（地券、地価表示あり。略す）
第五大区九小区浅草反甫元柳河県邸
向表間口　百三拾七間
北裏間口　百拾九間五尺
東奥行　七拾三間六合八勺
西奥行　八拾七間半
此坪数九千八百坪七合三勺
右之通拝借地御払下ヶ之上券状奉願候以上
但受領地無御座候
第五大区役所住居
元柳河県士族
壬申　東京府大属
五月　綿貫敬太郎

史料2（東京都公文書館所蔵六二二―D八―一二）

（表紙ウハ書）
「明治三十年第一種共二冊ノ一
第三課文書類別社寺
神社祠宇寺院仏堂ニ関スル書類　完」
○合社　一一同（合社願）浅草区　稲荷神社

（A）
明治三十年六月八日内務部第三課主任属関誠㊞
知事
内務部長　㊞（代理）　戸主課長社寺掛
五乙九七三五号浅草区光月町壱番地無格社稲荷神社奉祀人阿部止
之ヨリ神社合併済届之件

（B①）
明治廿九年十月三十日内務部第三課主任属関誠㊞
知事
第五課長㊞　社寺掛
内五乙九七三五号ノ二
神社合併願ニ付令按
浅草区光月町壱番地
無格社稲荷神社奉祀
下谷神社々司
㊞　阿部止之

明治廿九年十月廿二日付願神社合併ノ件聞届ク

　但合併済届出ナシ

年月日　　知事

（B②）

神社合祭願

東京市浅草区光月町壱番地

無格社　稲荷神社

右神社ノ儀ハ、華族立花寛次郎邸内ニ旧来祭祀有之候処、去ル明治九年甲第一五六号御布達ニ基キ、更ニ明治十一年三月五日衆議参拝ノ儀出願御許可相成候、然ルニ該家都合有之、明治廿二年十一月右地悉皆小林伝次郎へ譲渡相成候ニ付、其際他へ遷座可致之処、信徒ノ輩従来通り安置致置度旨申出候ニ付、先例ニ倣ヘ信徒ノ申儘ニ仕来り、是迄守護罷在候、就テハ該社収穫モ目下減少シ、該社殿モ頽破ニ相成、何分修繕行届キ難ク、且将来維持方法ノ目度無之候ニ付、今般双方熟議ノ上、東京府南葛飾郡大嶋村甲百五十三番地無各社稲荷神社内ヘ合祭仕度候間、何卒特別ノ御詮議ヲ以テ、願意御許容被成下度、此段図面相添以連署奉出願候也

明治九年十月廿一日

東京市京橋区八官町九番地

信徒惣代　小林忠三郎㊞

東京市本所区若宮町十一番地

信徒惣代　小林要蔵㊞

東京市浅草区左エ門町一番地

信徒惣代　大谷朝吉㊞

東京市京橋区八官町九番地

地主　小林伝次郎㊞

下谷神社々司兼

岩清水八幡宮社司

神勤人　阿部止之㊞

東京府南葛飾郡大島村

甲百八十九番地

氏子惣代　鈴木八十八㊞

同甲五拾番地

氏子惣代　芦田常治郎㊞

東京市深川区西森下町天祖神社々司兼

同府南葛飾郡大島村稲荷神社

神勤人　林　精一㊞

東京府知事侯爵久我通久（花押）

前書出願ニ付奥印候也

明治廿九年十月廿一日

東京市浅草区長杉本嘉兵衛㊞（区長㊞）

南葛飾郡大島村長内藤三蔵㊞（村長㊞）

大嶋村稲荷神社境内ノ図

右之通りニ御座候

十月一日

（B③）

御届

東京市浅草区光月町壱番地無格社稲荷神社、旧地名御尋問ニ付、取調候処、該社ハ元北豊島郡坂本村ノ内ニ有之候間、此段及御答申候也

明治三十年七月六日

下谷神社々司
阿部止之㊞

東京府知事久我通久殿

（C）

明治卅年三月五日内務部第五課主任属関誠㊞

知事

内務部長㊞　第五課長㊞　社寺掛

五乙第九七三五号ノ三

神社合併之件照会案

其区光月町壱番地無格社稲荷神社、奉祀人下谷神社々司阿部止之ヨリ神社合併之件出願ニ付、客年十一月二日聴許相成候処、于今合併済届無之候間、至急届出候様御取計相成度、此段及照会候也

年月日　内務部長

浅草区長宛

（D①）

明治卅年五月廿八日内務部第三課主任属関誠㊞

知事

内務部長(代理)㊞　第三課長㊞　社寺掛

五乙九七三五ノ四

神社合併之件照会案

去ル三月十一日五乙第九七三五号ノ三ヲ以テ、其区光月町壱番地無格社稲荷神社奉祀人下谷神社々司阿部止之ヨリ出願ニ係ル神社合併済届之件、及照会候処、于今御回報無之、整理上差支候間、至急御回答相成度、此段再応及照会候也

年月日　内務部長

浅草区長宛

（D②）

神社合祭御届

東京市浅草区光月町壱番地
無格社　稲荷神社

右社、去ル明治廿九年十月廿二日附ヲ以テ、東京府南葛飾郡大嶋村無格社稲荷神社へ合併之儀出願候処、同年十一月二日御許可相成、速ニ合併可相運之処、都合有之本日一日ヲ以テ該社へ合祭相済候間、此段以連署及御届候也

明治三十年六月七日

下谷神社々司
稲荷神社奉祀人

阿部止之㊞
稲荷神社信徒惣代
小林忠三郎㊞
同　小林要蔵㊞
同　大谷朝吉㊞
稲荷神社前地主
小林伝次郎㊞
東京府知事侯爵久我通久殿
前書届出ニ付奥印候也
明治卅年六月七日
東京市浅草区長杉本嘉兵衛㊞（区長㊞）

（E）

庶甲第二七二〇号
本年三月十一日五乙第九七三五号付及客月廿一日付ヲ以テ再応被照会相成候、光月町壱番地無格社稲荷社合併済届出ニ付、奥印ノ上右相済、此段及御回答候也
明治卅年六月七日
東京市浅草区長杉本嘉兵衛㊞（区長㊞）
内務部長
東京市主任官寺田格兵衛殿

富士講の成立と展開

……植松章八

はじめに

富士山西麓は、日本有数の酪農地帯として知られる。その酪農地域の南半部の西端に人穴《ひとあな》がある。現在は、県道に沿う南北三・五キロメートルほどの集落を形成している。

人穴の地名由来は、集落の北端部にある人穴浅間神社境内の溶岩洞穴人穴によるとされる。その溶岩洞穴人穴の位置は、新富士火山旧期溶岩流（一万一〇〇〇年前〜八〇〇〇年前）に属する犬涼み（人穴）溶岩流の末端にある。この溶岩流には一九カ所の溶岩洞穴が認められているが、溶岩洞穴人穴はそのうちの西端部で最も低い位置を占める。その溶岩流末端に沿って人穴集落が発達し、その北端に人穴浅間神社と溶岩洞穴人穴があることになる。

人穴の初出は、『吾妻鏡』の建仁三年（一二〇三）六月三日条に「彼山麓、又有大谷、号之人穴、為令究見其所、被入仁田四郎忠常主従六人」とある。探険に入った忠常は「爰《ここに》当火光河向、見奇特之間、郎従四人忽《たちまち》死亡」とあり、「古老云、是浅間大菩薩御在所」とあるから、『吾妻鏡』成立とされる一三世紀末から一四世紀初頭には人穴は霊験の

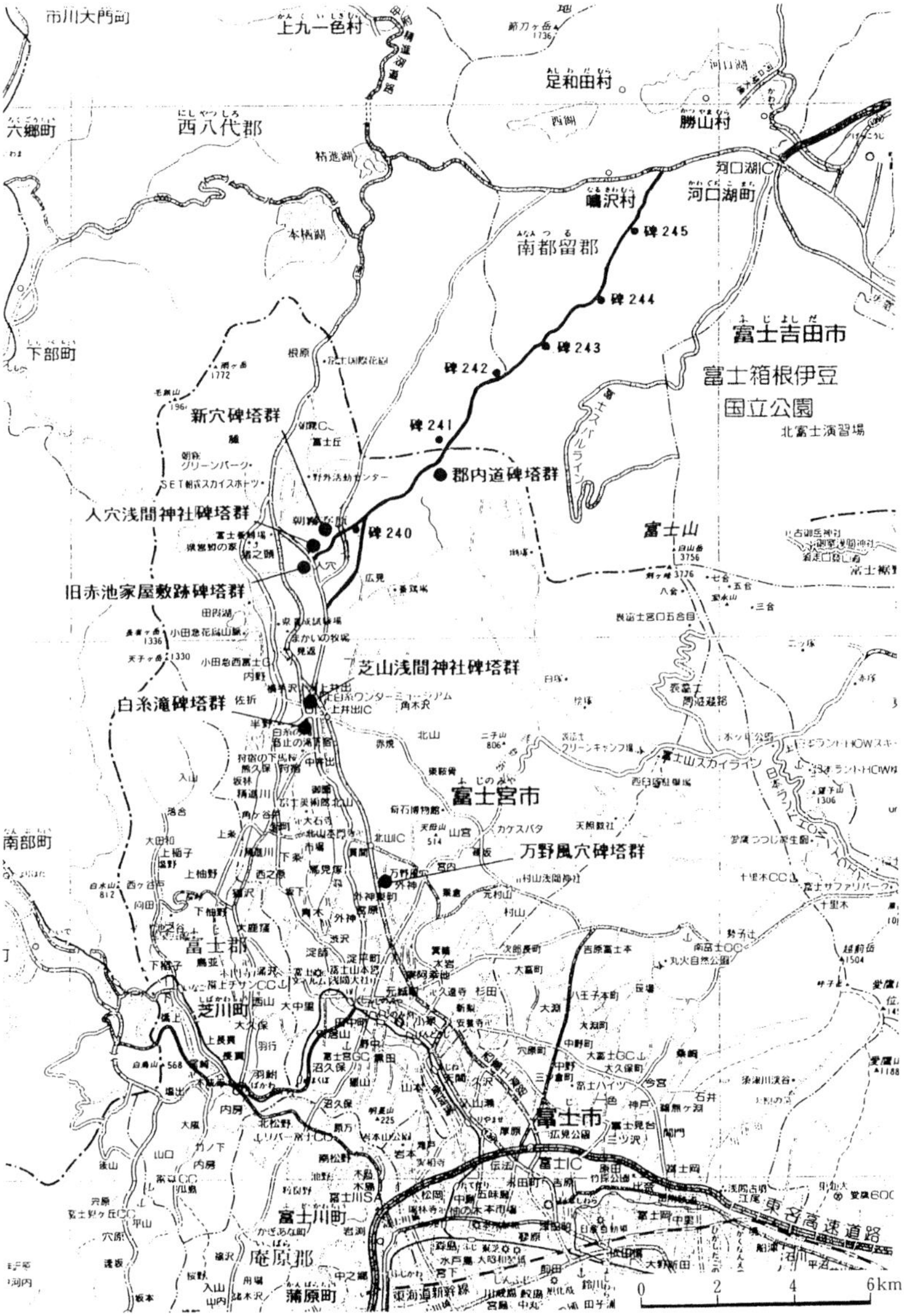

図１　人穴碑塔群の位置

郡内道碑塔群　新穴碑塔群　人穴浅間神社碑塔群　旧赤池家屋敷跡碑塔群
芝山浅間神社碑塔群　白糸滝碑塔群　万野風穴碑塔群

所であったということになる。

天正十年（一五八二）四月、織田信長は、本栖《もとす》から富士根方の人穴を見物し、大宮（『信長公記』）に至っている。同十一年七月十三日付けの徳川家康朱印状には人穴宿中とある。天正年間ころには、「人穴」村、「人穴宿」とも成立していたとできる。

文久元年（一八六一）に成立する『駿河志料』には、「此地は富士西麓にて、人家の四辺雑木林二三十町許あり、産業農事の際、炭薪を負ひ大宮町に鬻《ひさ》ぐ、家数凡二十八戸」と人穴の様相を述べる。

以上により、人穴と人穴村は古くから開かれ、溶岩洞穴人穴も当時から霊験所として認められるところであった。また、当地は、駿河から甲斐に至る中道往還（左右口路《うばぐち》）の経過宿であるとともに、郡内に通ずる若彦路（郡内道）の起点であり、交通の要所として大きな役割を果した。

富士宮市教育委員会は、一九九五年度（平成七）・九六年度において人穴碑塔群、人穴文書、赤池家文書などを調査し、一九九八年三月に『史蹟人穴』(1)として刊行、その成果にもとづいて一九九九年に「人穴富士講遺跡」の名称で市指定史跡とした。

一方、富士市立博物館は一九九六年度（平成八）から九八年度まで、人穴浅間神社境内碑塔群の採拓事業を行ない、一九九九年三月に『人穴浅間神社の碑塔と拓影』(2)を刊行した。

また、富士宮市教育委員会は、二〇〇一年度（平成十三）に人穴浅間神社境内において、碑塔群東側地区で範囲確認のための発掘調査を実施し、建物跡、参道跡、道跡などを確認した。その成果は、二〇〇二年三月に『史蹟人穴II』(3)の報告書としてまとめられている。

一　角行と人穴

長谷川角行は、江戸中期以降に成立したとされる角行伝承によれば、肥前国長崎の人、天文十年（一五四一）正月に出生、十八歳にして「願行」に入り、日光や大峯山で修業の上、役《えんの》行者の「御告げ」によって人穴を行場としたという。おそらく廻国の修験系の一行者であり、やがて人穴と富士山を修業の場として選び、中世以来の浅間大菩薩信仰を発展させて仙元大日（仙元大菩薩）信仰を開いたと解してよいことになる。また、「御身抜《おみぬき》」「御文句《ごもんく》」「御風先侎《おふせぎ》」などによって人々の現世利益願望にこたえるとともに、「天下泰平国土安穏・衆生済度」の側面を併せもつことにより、富士講信仰の普遍性をも創り出した。

角行の人穴における修業は、永禄元年戊午《つちのえうま》年（一五五八）四月初申《はつさる》の日から「角を立、其上に立て、日に三度、夜に三度、昼夜六度のこり《垢離》をとり」という一千日行であった。永禄三年庚申《かのえさる》年（一五六〇）四月初申の日に満願を迎えて角行の名を与えられた（以上『御大行《ごたいぎょう》の巻』の異本である『角行藤仏佝記《かくぎょうとうぶつくうき》　全―角行藤仏佝大行《たいぎょう》　幷《ならびに》　御出生《ごしゅっしょう》の事』〈伊藤堅吉・安丸良夫校注「富士講」『民衆宗教の思想』日本思想体系六七、一九六六年所収〉。なお、赤池善右衛門家文書に『角行藤仏佝御大行幷御出生之事』『伝行躰の巻』があり、若林淳之ほか『史蹟人穴』富士宮市教育委員会、一九九八年に所収）とされる。

「庚申」「申」は富士山が六代孝安天皇九十二年庚申年に出現したとする所伝に従うものであり、以来角行は人穴で修業に励み、一〇六歳で入定したとある。人穴が富士講の聖地とされるゆえんである。角行は、伝説的な事跡による人物とみられる。後述するが、人穴洞穴には角行の名を記した石仏が二基あり、系譜が記されている。

二　光清と身禄

一般に、村上光清《こうせい》と食行身禄《じきぎょうみろく》の活躍によって江戸を中心に隆盛する富士山信仰を富士講という。角行の系譜は、直系五世月心《げっしん》から直系六世村上光清に伝えられる村上派と三世旺心《がんしん》の弟子月行劊仲《そうじゅう》の弟子食行身禄によって創立される身禄派に分かれる。

光清は、五世月心の実子であり、日本橋小伝馬町で葛籠《つづら》問屋を手広く営む裕福な町人であったという。熱心な修行者であり、毎年の登山や人穴修業を重ね、多くの大名等の代参も頼まれたとされるが、最大の功績は北口本宮富士浅間神社の改築であった。もちろん、地元からの懇願によるものであるが、享保十九年（一七三四）から元文四年（一七三九）までをかけて幣殿、拝殿、神楽殿、随神門、護摩堂、鐘楼、仁王門、水屋、額殿、斎神門、社務所、富士登山門、神楽門、末社二二社、金灯籠八対および石灯籠八三対のすべてを自らの旦那と信徒の協力を求めるだけで完成させたのである。そうした経済力もあって、初めは村上派が優勢であり、北口では「乞食身禄に大名光清」といわれたという。以降、村上派は分派を認めずに法灯を守った。また、光清の墓碑が碑塔〈一五三〉（以下、碑塔番号を示す）にある。

身禄は、伊勢出身で江戸に出て一七歳で三世旺心の弟子月行に入信した。油行商を生業とし、毎日朝夕には水垢離《こり》をとるなど修業熱心であり、登山四五度、御中道三度という。身禄の偉大さは、富士講の呪術的性格を排し、信仰を民衆の主体的な生き方への問いかけにまで高めて、平易な日常道徳の真摯《しんし》な実践を説き、より普遍的な天下万民の救済の観念を体系づけたことにある。断食入定にさいして身禄が語りきかせた教え『三十一日の御巻』では女性蔑視や抑圧の政治にきびしく反対し、男女は「同じ人間なり」といい、士農工商は「其身に業を懈怠《けたい》なく勤る時は、今日より明日、富貴自在の身に生れ増の利」分明なりとする。人間は人をうらやんだり、見栄を張ったりせず、懸命に家職に励めば身分も生活も向上するし、来世において良き身分境遇に〝生まれ増〟ことができると教える。身分と貧困に苦しむ民衆に、明日と来世を説いて生きがいを持つよう教えたのである。

そうした身禄の思想は、享保十年（一七二五）代に幕府政治がもたらした飢饉、物価高騰、一揆、打ちこわし等を迎えて激烈な展開をすることになる。享保十八年（一七三三）正月の江戸で最初の打ちこわし（江戸市民が米問屋高間伝兵衛らを襲撃する）を契機に、身禄は済民救世のための入定を宣言する。六月十日江戸を出立、六月十三日烏帽子《えぼし》岩にて断食に入り、七月十三日（七月十七日説もある）に入滅するのである。その六月十日から七月十三日までの間、毎日講話をして弟子の田辺十郎右衛門に口述し、さきにふれた富士講最高の経典である『三十一日の御巻』が成立した。

身禄の入定は、江戸では瓦版で知らされ、身禄は江戸の庶民から〝世直し〟人として熱烈な支持を受けたという。当時の世相が、江戸の庶民にとっては救世主の出現を待つほか、救いのない状況にあったことが分かる。その後、次第に身禄派が優勢となるのであるが、それは身禄の弟子たちと三人の娘、特に二女満んと三女花の努力が大きかったことによる。彼らは、それぞれ自立して講をおこし、競いながら教勢をひろめたのである。また、身禄の妻お銀の墓碑供養碑が〈一一二〉碑塔であり、娘三人の名が記されている。

三　人穴碑塔群の位置と在り方

人穴碑塔群は、人穴浅間神社境内を中心に、北は若彦路（郡内道）が河口湖と西湖を結ぶ八海修業の道に合流する山梨県鳴沢村大田和まで、南は中道往還の白糸滝と万野風穴までとした。要するに、南北から人穴へむかう道で、富士講信者が利用し、それぞれに碑塔を残した範囲ということになる。

調査によって確認された人穴碑塔群は、七群、二五七基を数えた。

①人穴浅間神社碑塔群　富士宮市人穴　二三三基（図1・2・3）

開祖角行の修業地であり、「西の浄土」とされる。溶岩洞穴人穴の開口部の手前、南北約三〇メートル、東西五一メートルの範囲に群集する一七グループ二一六基を中核とし、付近に散在する碑塔群、洞穴内の碑塔群および便宜のため、神社の東方二二〇メートル地点に残る一基を加えて二三三基（ここでいう碑塔とは、いわゆる墓石、墓塔、石灯籠、石仏、石祠、門柱、鳥居等を含む）とした。

②新穴碑塔群　富士宮市人穴　四基（図1）

人穴浅間神社から東北方五〇〇メートルほどに溶岩洞穴新穴がある。洞穴入口に碑塔一基、洞穴内に石仏三基がある。近隣で角行の修行場に類するものといえよう。

③旧赤池家屋敷跡碑塔群　富士宮市人穴　二基（図1）

富士講信者の宿泊所であった〝御法家〟赤池家の屋敷跡にある碑塔群である。

④郡内道碑塔群　富士宮市人穴～鳴沢村大田和　六基（図1）

富士吉田方面から人穴への道路にみられる碑塔群である。

⑤芝山浅間神社碑塔群　富士宮市上井出　三基（図1）

一九四二年（昭和十七）、人穴地区は陸軍の少年戦車学校用地内に編入されることになり、人穴浅間神社は約四キロメートル南下した富士宮市上井出字芝山に移転した。ここには現状で三基の碑塔があり、その際に運ばれたもの

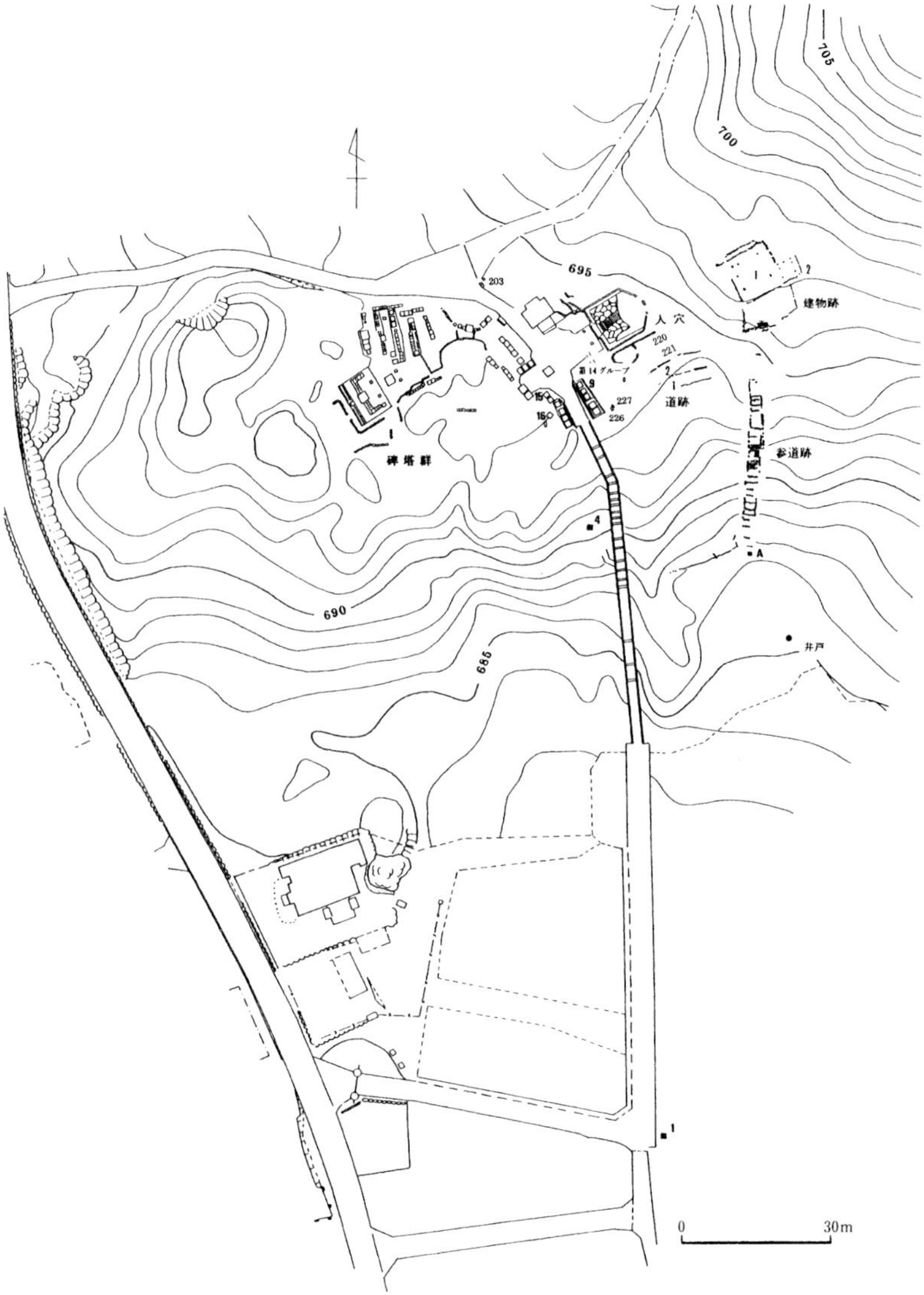

1：人穴浄土門碑，4：馬頭観音碑，15：文政8年(1825)銘碑，16：文化11年(1814)銘碑，203：享保15年(1730)銘石灯籠，220：寛文13年(1673)銘石仏，221：寛文4年(1664)銘石仏，226：石祠，227：元禄3年(1690)銘碑，A：宝永4年(1707)銘碑

図2　人穴浅間神社と遺跡の全体

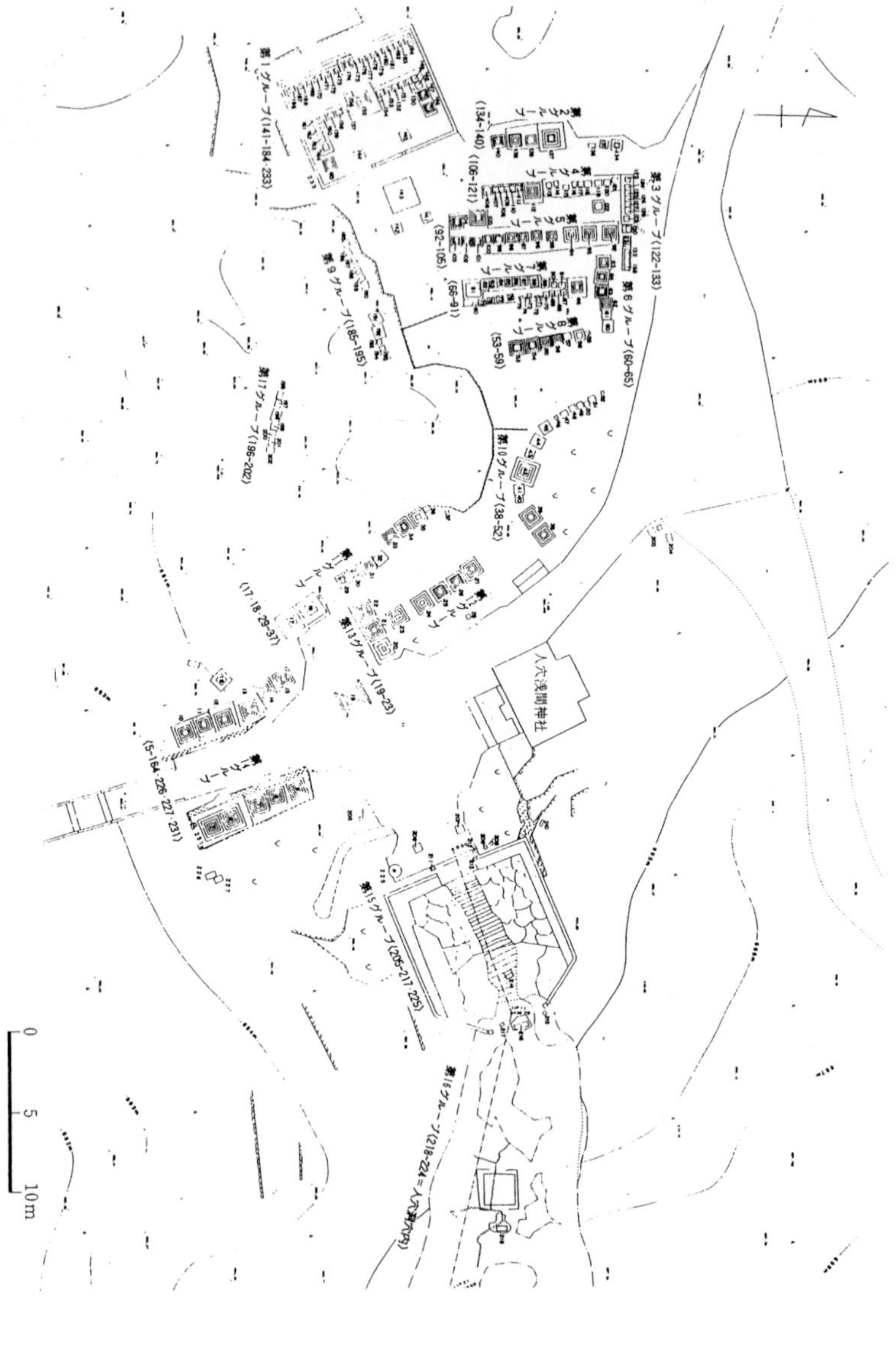

図3　人穴浅間神社遺跡　洞穴と碑塔群

表1　人穴碑塔群　時代別・分類別・紀年銘別碑塔数

時代	分類 種別 区分	A 舟形碑塔	B 自然石形碑塔	C1 塔身頂部四角錘状方柱形碑	C2 塔身頂部円錘台状方柱形碑	C3 塔身頂部蒲鉾《かまぼこ》状長方柱形碑	D1 平笠付塔身頂部方頭状方柱形碑	D2 平笠付塔身頂部有段方頭状方柱形碑	D3 唐破風笠付塔身頂部方頭状方柱形碑塔	D4 唐破風笠付塔身頂部有段方頭状方柱形碑塔	E 板石形碑塔	F 石灯籠	G 類宝篋印塔	H 石仏	I 石祠	J 手洗石	K 門柱	L 玉垣	M 鳥居	不明	合計
江戸期	建立年銘		3	16	7	1	3		3	8	1	9	1	3	2	1					58
	没年銘	3	19	15	3	7	25	4	3	14				1						1	95
	無紀年銘		4	2	2	2	1			1				2		1				2	17
	小計	3	26	33	12	10	29	4	6	23	1	9	1	6	2	2				3	170
	パーセント	1.8	15.3	19.4	7.1	5.9	17.1	2.4	3.5	13.5	0.6	5.3	0.6	3.5	1.2	1.2				1.8	(100)
明治期以降	建立年銘		1	3	2			2		6	10	2		1			2	1	1		31
	没年銘		1	5		3	1			5											16
	無紀年銘		1		2		1														4
	小計		3	8	4	5	1	2		11	10	2		1			2	1	1		51
	パーセント		5.9	15.7	7.8	9.8	2.0	3.9		21.6	19.6	3.9		2.0			3.9	2.0	2.0		(100)
全体	建立年銘		4	19	9	1	3	2	3	14	11	11	1	4	2	1	2	1	1		89
	没年銘	3	20	20	3	12	25	4	3	19				1						1	111
	無紀年銘		22	3	5	3	9			1				5	2	1	2	1		3	57
	合計	3	46	42	17	16	37	6	6	34	11	11	1	10	4	2	4	2	1	4	257
	パーセント	1.2	17.9	16.3	6.6	6.2	14.4	2.3	2.3	14.4	4.3	4.3	0.4	3.9	1.6	108	1.6	0.8	0.4	1.6	(100)

（注）全体欄の無紀年銘五七基には時代決定のできない三六基を含む。

と思われる。

⑥白糸滝碑塔群　富士宮市上井出・原　四基（図1）

角行の水行場であり、ここに二基の碑塔がある。ここから中道往還に連絡する道路に二基の碑塔があり、これも含める。

⑦万野風穴碑塔群　富士宮市山宮・宮原　五基（図1）

人穴から約一二キロメートル南に国指定天然記念物の万野風穴がある。この入口部付近に三基、その東方三〇〇メートルにある窓穴の入口付近に一基、同様に西方八〇〇メートルで中道往還との合流点に一基がある。

四　碑塔の分類と編年

分類では、A～E類が狭義の碑塔、すなわち、墓標型碑塔である。一般的には、A類舟形碑塔が先行し、次にC・D類方柱形碑塔が現われる。このとき、方柱形碑塔は、塔身の薄い長方柱形碑塔（C3類）から厚く正方形またはそれにちかい方柱形碑塔（C1～2類・D類）に変化し、現代

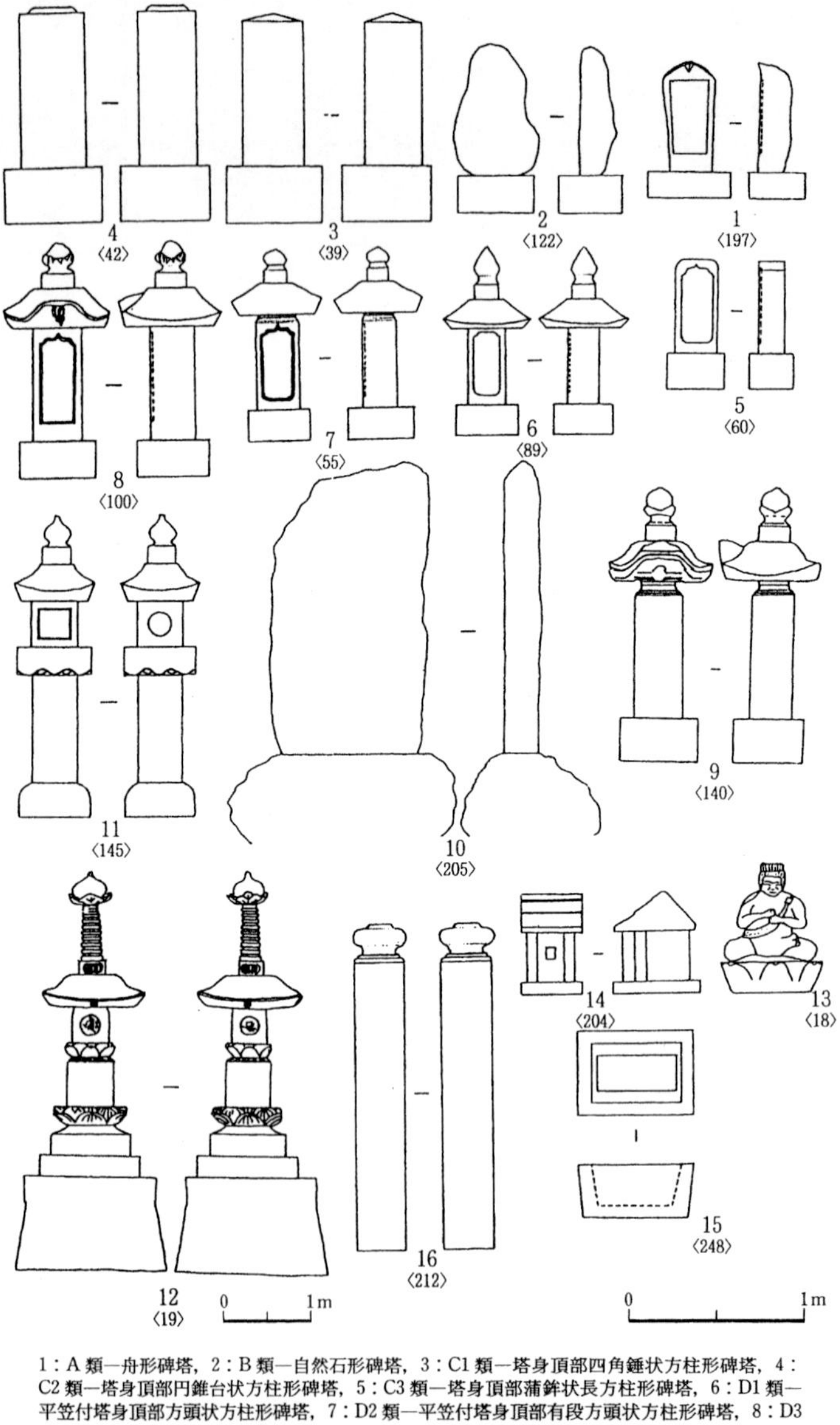

1：A 類—舟形碑塔，2：B 類—自然石形碑塔，3：C1 類—塔身頂部四角錘状方柱形碑塔，4：C2 類—塔身頂部円錐台状方柱形碑塔，5：C3 類—塔身頂部蒲鉾状長方柱形碑塔，6：D1 類—平笠付塔身頂部方頭状方柱形碑塔，7：D2 類—平笠付塔身頂部有段方頭状方柱形碑塔，8：D3 類—唐破風笠付塔身頂部方頭状方柱形碑塔，9：D4 類—唐破風笠付塔身頂部有段方頭状方柱形碑塔，10：E 類—板石形碑塔，11：F 類—石灯籠，12：G 類—類宝篋印塔形碑塔，13：H 類—石仏，14：I 類—石祠，15：J 類—手洗石，16：K 類—門柱，

※ L 類—玉垣，M 類—鳥居の図は省略，〈 〉は碑塔番号

図 4　人穴碑塔群　碑塔の分類

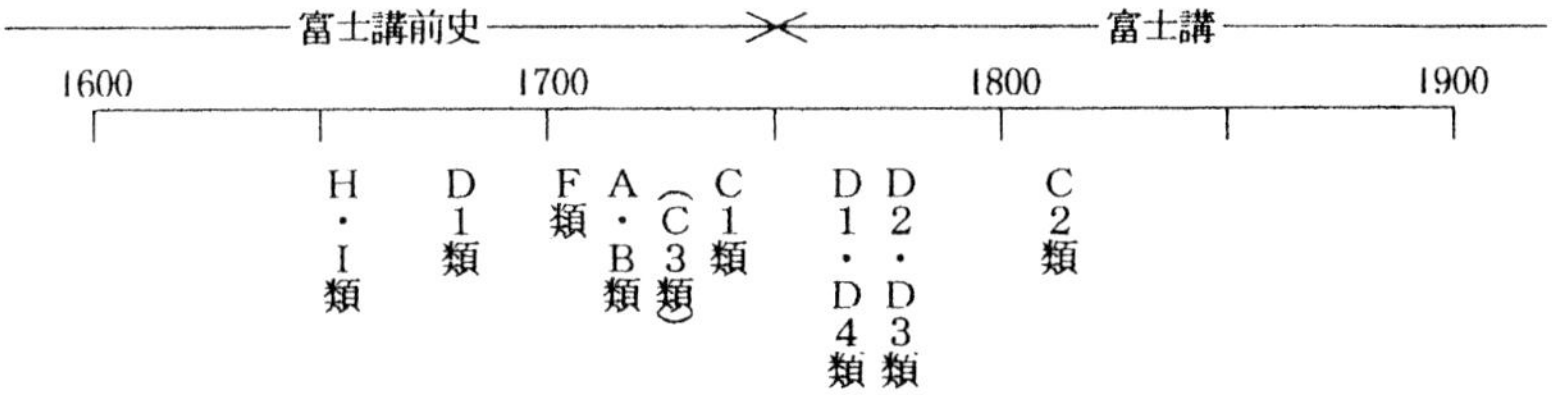

A類—舟形碑塔，B類—自然石形碑塔，C1類—塔身頂部四角錘状方柱形碑塔，C2類—塔身頂部円錐台状方柱形碑塔，C3類—塔身頂部蒲鉾状長方柱形碑塔，D1類—平笠付塔身頂部方頭状方柱形碑塔，D2類—平笠付塔身頂部有段方頭状方柱形碑塔，D3類—唐破風笠付塔身頂部方頭状方柱形碑塔，D4類—唐破風笠付塔身頂部有段方頭状方柱形碑塔，F類—石灯籠，H類—石仏，I類—石祠

※E類—板石形碑塔，G類—類宝篋印塔形碑塔，J類—手洗石，K類—門柱，L類—玉垣，M類—鳥居は省略

図5　人穴碑塔群　碑塔導入の年代

墓標に連なる系譜をつくるようである。そうした墓標型に、石灯籠（F類）・類宝篋印塔（G類）・石仏（H類）・石祠（I類）などが加わって全体を構成する。

本遺跡における碑塔編年の意味は、各類碑塔の本碑塔群への導入と展開の状況が富士講の成立とその消長を反映するものといえることにある。

一七世紀後半に、本碑塔群は始まる。石仏（H類）・石祠（I類）が建立されて富士講前史が出発する。一七世紀末には平笠付塔身頂部方頭状方柱形碑塔（D1類）、一八世紀前半には舟形碑塔（A類）、自然石形碑塔（B類）および塔身頂部四角錐状方柱形碑塔（C1類）が現われるが、それらも富士講以前である。

確実に富士講碑の初例といえるものは〈九七・九八〉唐破風笠付塔身頂部有段方頭状方柱形碑塔（D4類）であり、明和二年（一七六五）銘をもつ。ここでは、平笠または唐破風付き笠をもつ方柱形碑塔（D1〜D4類）がみられ、塔身頂部円錐台状方柱形碑塔（C2類）が続いている。塔身頂部蒲鉾状長方形碑塔（C3類）は笠を有しない方柱形碑塔（C類）のなかでは先行するタイプであり、本碑塔群でも没年銘碑塔によってそうした傾向は認めてもよいと思う。要するに、本碑塔群における方柱形碑塔（C・D類）の導入と増大が、江戸富士講の成立と拡張の時期を物語るものと理解しておきたい。

また、墓標型式でいえば、特にC3類塔身頂部蒲鉾状長方形碑塔としたものは、谷川章雄によると、多少前後するとはいえ、多くは一八世紀中葉に全国的な斉一性をもって出現した。「D類　頭部がかまぼこ状を呈するもの」とされる。(4) 県内でも、大須賀町撰要寺墓塔群（角柱碑弧頭・角柱碑陽丸方頭）では一七〇〇年代、(5) 富士宮市村山墓標群（E2・F類）では一七五〇年代、沼津市霊山寺近世墓群（E3・4類）では一七一〇年代、(6) 三島市宗閑寺墓標群（E―1・2類）では一七一〇年代に、本碑塔群では一七五〇年代に始まることが確認され、全国的傾向との整合性をみせる。多面体となる近世的墓標の成立と評価することができる。

五　建立年銘碑塔・没年銘碑塔とその性格

本碑塔群二五七基のうち、紀年をもつ碑塔（紀年銘碑塔とよぶ）は二〇〇基である。紀年銘には碑塔の建立年銘と没年銘とがあり、前者は八九基、後者は一一一基を数えた。

建立年銘碑塔は、「建之」「建」「再建之」「建立」銘のほか、「吉日」「吉祥日」銘、銘文内容から建立年とできるものなどがある。没年銘碑塔は、戒名と命日を収めるものが基本となる。建立年銘碑塔の多い点に、本碑塔群の特徴が認められる。

また、碑塔建立の目的からみると、祈願奉納碑四二基（たとえば「富士仙元」「南無仙元大菩薩　富士山」など）、顕彰記念碑一二基（たとえば「三拾三度直願成就」「惣同行」など）のほか、墓碑供養碑が一九四基で圧倒的に多い。注目しておきたいのが道標で、特に最古例となる郡内道の宝暦八年（一七五八）銘には人穴参詣の隆盛時期を物語る意味を認めることができる。

表2　人穴碑塔群　建立年銘碑塔の年代別一覧

類分 種別 / 年代	A 舟形碑塔	B 自然石形碑塔	C1 塔身頂部四角錘状方柱形碑塔	C2 塔身頂部円錘台状方柱形碑塔	C3 塔身頂部蒲鉾状長方柱形碑塔	D1 平笠付塔身頂部方頭状方柱形碑塔	D2 平笠付塔身頂部有段方頭状方柱形碑塔	D3 唐破風笠付塔身頂部方頭状方柱形碑塔	D4 唐破風笠付塔身頂部有段方頭状方柱形碑塔	E 板石形碑塔	F 石灯籠	G 類宝篋印塔	H 石仏	I 石祠	J 手洗石	K 門柱	L 玉垣	M 鳥居	合計
寛永18～慶安3（1641～1650）																			
慶安4～万治3（1651～1660）																			
寛文1～寛文10（1661～1670）													1						1
寛文11～延宝8（1671～1680）													1						1
天和1～元禄3（1681～1690）						1								1					2
元禄4～元禄13（1691～1700）													1						1
元禄14～宝永7（1701～1710）																			
正徳1～享保5（1711～1720）																			
享保6～享保15（1721～1730）											3								3
享保16～元文5（1731～1740）																			
寛保1～寛延3（1741～1750）			1																1
宝暦1～宝暦10（1751～1760）			1																1
宝暦11～明和7（1761～1770）			1			1			2										4
明和8～安永9（1771～1780）																			
天明1～寛政2（1781～1790）			1						1										2
寛政3～寛政12（1791～1800）								1	1		2			1					5
享和1～文化7（1801～1810）			2			1		1			1								5
文化8～文政3（1811～1820）		1	4	1	1			1	2										10
文政4～天保1（1821～1830）		1	3	1					2		1								8
天保2～天保11（1831～1840）		1	2							1									5
天保12～嘉永3（1841～1850）			1	4								1							6
嘉永4～万延1（1851～1860）											2								2
文久1～明治3（1861～1870）				1															1
明治4～明治13（1871～1880）																			
明治14～明治23（1881～1890）				2			2									2			6
明治24～明治33（1891～1900）											2								2
明治34～明治43（1901～1910）										3									3
明治44～大正9（1911～1920）		1								3			1						5
大正10～昭和5（1921～1930）			2						1	2									5
昭和6～昭和15（1931～1940）									4	2							1	1	8
昭和16～昭和25（1941～1950）																			
昭和26～昭和35（1951～1960）																			
昭和36～昭和45（1961～1970）									1										1
昭和46～昭和55（1971～1980）																			
昭和56～平成2（1981～1990）			1																1
合計		4	19	9	1	3	2	3	14	11	11	1	4	2	1	2	1	1	89

表3　人穴碑塔群　没年銘碑塔の年代別一覧

類分　種別／年代	A 舟形碑塔	B 自然石形碑塔	C1 塔身頂部四角錘状方柱形碑塔	C2 塔身頂部円錘台状方柱形碑塔	C3 塔身頂部蒲鉾状長方柱形碑塔	D1 平笠付塔身頂部方頭状方柱形碑塔	D2 平笠付塔身頂部有段方頭状方柱形碑塔	D3 唐破風笠付塔身頂部方頭状方柱形碑塔	D4 唐破風笠付塔身頂部有段方頭状方柱形碑塔	E 板石形碑塔	F 石灯籠	G 類宝篋印塔	H 石仏	I 石祠	J 手洗石	K 門柱	L 玉垣	M 鳥居	合計
寛永18～慶安3(1641～1650)						1													1
慶安4～万治3(1651～1660)						1													1
寛文1～寛文10(1661～1670)																			
寛文11～延宝8(1671～1680)						1													1
天和1～元禄3(1681～1690)	1	1					1												3
元禄4～元禄13(1691～1700)	1	1																	2
元禄14～宝永7(1701～1710)		2				3													5
正徳1～享保5(1711～1720)		1	1		1	4													7
享保6～享保15(1721～1730)						2													2
享保16～元文5(1731～1740)																			
寛保1～寛延3(1741～1750)		1																	1
宝暦1～宝暦10(1751～1760)		1			1	4	1												7
宝暦11～明和7(1761～1770)					1	1													2
明和8～安永9(1771～1780																			
天明1～寛政2(1781～1790)					1				3										4
寛政3～寛政12(1791～1800)		4	3			1	1		1										10
享和1～文化7(1801～1810)		4	2		1	3			4										14
文化8～文政3(1811～1820)			2		1			2	1										6
文政4～天保1(1821～1830)		1	3		1	3	1		2				1						12
天保2～天保11(1831～1840)		1	2	2				1	1										7
天保12～嘉永3(1841～1850)	1		1			1			1										4
嘉永4～万延1(1851～1860)		1	1	1															3
文久1～明治3(1861～1870)		1			1				1										3
明治4～明治13(1871～1880)			2		2				3										7
明治14～明治23(1881～1890)			2		2				1										5
明治24～明治33(1891～1900)		1																	1
明治34～明治43(1901～1910)			1						1										2
明治44～大正9(1911～1920)																			
大正10～昭和5(1921～1930)																			
昭和6～昭和15(1931～1940)																			
昭和16～昭和25(1941～1950)																			
昭和26～昭和35(1951～1960)																			
昭和36～昭和45(1961～1970)																			
昭和46～昭和55(1971～1980)																			
昭和56～平成2(1981～1990)																			
合計	3	20	20	3	12	25	4	3	19				1						110

（網掛け）初出建立年銘碑塔

六　碑塔にみる富士講

1　角行系と富士行人系（富士講前史）

角行系の碑塔は、次の三基からみる。

〈二二一〉石仏　人穴洞穴内　寛文四年（一六六四）　三世「旺心」〔本論末資料銘文①〕

〈二二〇〉石仏　人穴洞穴内　寛文十三年（一六七三）　四世「月玨《げつがん》」

〈二三五〉石仏　新穴洞穴内　元禄五年（一六九二）「速旺」

元祖角行——二世日玨《にちがん》——三世旺（旺）心——四世月玨——五世月心の系譜をいう。さらに、

〈四七〉笠付方柱形碑塔　人穴浅間神社碑塔群　年紀なし「日行藤仲」「長目作兵衛」

〈二四六〉石灯籠一基　芝山浅間神社碑塔群　享保十五年（一七三〇）「奉寄進人穴廟前」「江戸柳原同朋町長目作兵衛」〔〈二四六〉銘文③〕

〈二四八〉手洗石　芝山浅間神社碑塔群　「奉納御宝前……江戸柳原丁　長目□」「享保二十年卯六月吉□」

がある。日行藤仲（長目作兵衛）については、岩科小一郎が紹介する月行派系図(8)によると、初代月行劊仲居士（享保二年　一七一七　九月二十六日　白銀町二丁目　煙草屋喜太郎）の継承者二代日行藤仲居士（享保二十年　一七三五　八月八日　横山同朋町　小刀屋長日作兵衛）(9)に当たる人物と思われるが、身禄によって次のように批判されている。

南無仙元大菩薩様の是よりしては　たとへ食行身禄俯の御直《じき》御書物御巻物を持ち候者にても　此度仙元大菩薩様

の御世御広め被成候　てきたい《(敵対)》心を致し候者は　月行劊仲悴惣兵衛はじめ小刀屋作兵衛　其外御師共　末の世迄も助け不申　しん斗《ばかり》にて沼のよし原へさし置可申との御伝へ也　右の者ども是迄仙元大菩薩様をかたり《(騙)》餓鬼畜生を頼みいろいろの事をこしらへ　ばち利生を見せさせ銭取にいたし候（身禄書簡）

要するに、日行藤仲は、岩科小一郎によって角行系三代旺心の弟子とされる月行劊仲の後継者であり、角行系の加持祈禱者ということになる。身禄も月行劊仲の弟子であるが、加持祈禱を排して新しい富士信仰を打ちたてるため、師劊仲から離れてその後継者「月行劊仲悴惣兵衛はじめ小刀屋作兵衛　其外御師共」の「家業のものの如くつとめ（信仰）をいたすやから」とはきびしく対立するのである。[10] そうした系譜にある加持祈禱者をここでは角形系とよぶことにする。

なお、現状では未確定としかいえないが、後述する〈四六〉の「武州江戸　森惣兵衛同行」の森惣兵衛が、身禄のいう「月行劊仲悴惣兵衛」と同一人物であれば、碑塔〈四六〉も角行系として検討されることになる。

これら六基のほか、二〇〇一年度の発掘調査の成果にかかわり、角行系の碑塔とできるものとして次の二基を加えておく。

〈四〉平笠付塔身頂部方頭状方柱形碑塔　元禄二年（一六八九）「馬頭観音」（銘文④）

〈二二七〉石祠　元禄三年（一六九〇）

〈四〉は発掘によって確認された洞穴上部の建物跡1に伴う旧参道跡に建立され、それがおそらく文政六年（一八二三）の〝改修〟によって付けかえられる現参道側に移動されたもの、〈二二七〉は建物跡1の手前で旧参道跡から広場と碑塔群にむかう道跡1に伴うものである可能性がある。

以上の八基（あるいは、〈二二七〉と並置される石祠〈二二八〉も加えられるかもしれない）を角行系の碑塔として扱う。

富士行人系の碑塔は、次の二基と思われる。

〈二〇三・二四七〉石灯籠一対　人穴浅間神社碑塔群・芝山浅間神社碑塔群　享保十五年（一七三〇）「奉寄進人穴廟前　願主　和州十市郡十市村　今沢九右ヱ門　長英」（和州十市郡十市村は、現奈良県橿原市である）〔〈二〇三〉銘文②〕

富士行人系とは、聖護院本山派に属した村山三坊の修験者に従った富士信仰をいい、鎌倉時代末の僧頼尊の富士行の系譜ということになる。多く関西方面に勢力をひろげたとされるが、問題は人穴創立に関係したと認め得るかどうかである。二〇〇一年度の発掘調査で確認された溶岩洞穴人穴上の「建物1（後述する）」が村山浅間神社遺跡の方位に一致することをもって富士行人系との関連とみるか、石灯籠一対〈二〇三・二四七〉がさきの長目作兵衛の石灯籠〈二四六〉と建立場所（目的）、建立年月、形状等において類似する状況といえることをもって「和州十市郡十市村」の「今沢九右ヱ門長英」も角行系とみるかである。ここでは、積極的に角行系人物と認め得る根拠が乏しいことから、富士行人系と扱っておくことにする。

現状では、人穴は角行系の修験者によって開かれ、その行場として発展した可能性が認められてよいかもしれない。そして、江戸における角行系、村上派および身禄派の激しい競い合いが人穴碑塔群として残されたといえるようである。富士行人系との関係は今後の課題としておく。

2　講名と講印

講を復原する手がかりは、まず建立年銘碑塔に認められる講印および講社・教団名である。表4では、角行系・富士行人系を含めて江戸期四二基、明治期以降二七基、計六九基を示した。具体的な講名・講数の確定作業はかなり難

表4　人穴碑塔群　建立年銘碑塔にみる講名と講印

主な講名（江戸期）／主な講名（明治期以後）／年代	武州江戸森惣兵衛同行	鳥居講中	武州渋谷住吉田平左衛門講中／御水講社・東京澁谷元講・御水總講	十一世政徳同行中・村上同行／村上講・富士教・大日本富士教関東関西東京本部支部講社・御法教	牛込市ヶ谷十七夜講中・惣講中	杉部道栄江戸同行	遠江国敷知郡浜名西海別講中	武州八王子講中	同行・十三夜同行	江戸深川身禄偂同行	品川講中	武州豊島郡椎名町講中	深川高橋同行	元祖食行身禄偂菩薩内北行鏡月眞同行・東　江戸同行	江戸青山好行	江戸本西店・神田		江戸市谷舟河原惣同行中	永代太々講・江戸神田佐久間町同行	甲州郡内成沢邑講中	岩右衛門芝金杉同行／東京総講社・総講社・元講社	伊藤／伊藤四谷講社・四谷	道　桜田久保学武州田無同州川越・赤坂	惣同行	惣同行	大我講同行	高瀬惣同行／高瀬	惣同行・上野下野武州甲斐相模	／武蔵国北埼玉郡屈巣村監督武藤作行孝月惣講社中	／東京（吉田浅間神社東京分社）	／大念仏講	／(元)両國	／北行偂十三代幸行暉山眞	／東京・東京十七夜本宮講中	／神道扶桑教元一心結社	合計
寛永18～慶安3（1641～1650）																																				
慶安4～万治3（1651～1660）																																				
寛文1～寛文10（1661～1670）																																				
寛文11～延宝8（1671～1680）																																				
天和1～元禄3（1681～1690）																																				
元禄4～元禄13（1691～1700）																																				
元禄14～宝永7（1701～1710）																																				
正徳1～享保5（1711～1720）																																				
享保6～享保15（1721～1730）																																				
享保16～元文5（1731～1740）																																				
寛保1～寛延3（1741～1750）	1																																			1
宝暦1～宝暦10（1751～1760）																																				
宝暦11～明和7（1761～1770）		1	2																																	3
明和8～安永9（1771～1780																																				
天明1～寛政2（1781～1790）			1	1																																2
寛政3～寛政12（1791～1800）				2	1	1	1																													5
享和1～文化7（1801～1810）			1	1				1																												3
文化8～文政3（1811～1820）			1		1				1	1	1	1	1	1	1																					9
文政4～天保1（1821～1830）									1							1	1	1	1	1	1	1														8
天保2～天保11（1831～1840）																							1	1			2									4
天保12～嘉永3（1841～1850）				1																			1		1	1										4
嘉永4～万延1（1851～1860）				2																								1								3
文久1～明治3（1861～1870）																																				
明治4～明治13（1871～1880）																																				
明治14～明治23（1881～1890）				1																	2								1	1	1					6
明治24～明治33（1891～1900）																					2															2
明治34～明治43（1901～1910）			1																													1	1			3
明治44～大正9（1911～1920）																																		3	1	4
大正10～昭和5（1921～1930）			1																			2					1									4
昭和6～昭和15（1931～1940）			1	4																	2															7
昭和16～昭和25（1941～1950）																																				
昭和26～昭和35（1951～1960）																																				
昭和36～昭和45（1961～1970）				1																																1
昭和46～昭和55（1971～1980）																																				
昭和56～平成2（1981～1990）																																				
江戸期小計	1	1	5	7	2	1	1	1	2	1	1	1	1	1	1	1	1	1	1	1	1	1	2	1	1	1	2	1								42
明治期以降小計			3	6																	6	2					1		1	1	1	1	1	3	1	27
合計	1	1	8	13	2	1	1	1	2	1	1	1	1	1	1	1	1	1	1	1	7	3	2	1	1	1	3	1	1	1	1	1	1	3	1	69

しいようで、同一講印においても種々の講名がみられる。ここでは、〝狭義〟の富士講（角行系、富士行人系を除く）は三五講としておく。ちなみに、建立年銘碑塔以外の一六八基にも講印をもたない講社・教団名がみられるが、その確定はきわめて困難である。

次に、講の確定に最も有効な情報は講印である。本碑塔群二五七基のうち、講印を有するものは一七四基・五二講ということになる。八位までをあげると次のとおりである。

① 村上講　四六基　②丸嘉講　一七基　③山三講　一二基　④山吉講　一一基
⑤ 丸宝講　一〇基　⑥丸藤講　五基　⑦山万講　四基　⑧丸瀧講　四基

このうち、丸宝講・丸瀧講は表4にみられないもので注目される。なお、九位以下は四四講となり、そのうちの二三講が表に含まれている。

3　講の成立と江戸期の発展

講名の初出例は〈四六〉（銘文⑤）で、「武州江戸　森惣兵衛同行　板屋弥兵衛」とある。講名は「武州江戸森惣兵衛同行」で、森惣兵衛が先達、板尾弥兵衛が世話人ということであろう。建立年銘は延享四年（一七四七）である。左右側面に二〇人の名前が認められ、講員と思われる。それが角行系である可能性については、すでに述べたとおりである。

講印の初出例は、〈九七・九八〉（銘文⑥⑦）で、共に「〈吉」印が碑塔の露盤正面にある。講名は「武州渋谷住吉田平左衛門講中」で、食行身禄三三回忌に当たる明和二年（一七六五）銘をもつ。

ちなみに、身禄入定（享保十八年　一七三三）から三年目の元文元年（一七三六）に、身禄の弟子高田藤四郎（日行青山）

表5　人穴碑塔群　∧吉山吉講の元講と枝講

碑塔番号	建立年	元講名	枝講名
〈九七〉	明和二（一七六五）	∧吉　武州渋谷住 吉田平左衛門講中	赤坂表傳馬丁二丁目 い勢屋弥市講中 市谷薬王寺前 三川や忠七講中 目黒講中 糸や太右ヱ門講中 大嶋氏藤野講中 谷町簓三良講中 芝神明前　いせや嘉助講中 京橋鈴木丁萬や吉兵衛講中 弥左ヱ門町渡辺平兵衛講中 須田久甫霖月町 箔屋庄五良講中 □田丁□藤兵ヱ講中 三田吉兵衛講中 芝□小駒長兵衛講中
〈九八〉	明和二（一七六五）	∧吉　武州渋谷住 吉田平左衛門講中	桜田町講中
〈九九〉	天明六（一七八六）	∧吉　武州渋谷住 吉田平左ヱ門講中	伊皿子壹町講中 芝同明町 田屋義兵□ 山本屋久兵衛 近江屋喜兵衛 亀屋文四郎 石井常右衛門 右五ヶ所惣講中
〈一〇〇〉	享和元（一八〇一）	江戸渋谷住 吉田平左ヱ門講中	麻布同行中 新橋同行中 赤羽根同行中 渋谷同行中 品川同行中 扇橋同行中 本所四ツ同行中 神奈川同行中 伊皿子同行中
〈一〇一〉	文化九（一八一二）	∧吉 江戸渋谷住 吉田平左ヱ門 五代目先達	渋谷同行 代田村同行 三軒茶屋同行 目黒同行 碑文谷同行 麻布同行 西久保同行 芝赤羽根同行 品川同行 神奈川同行 川越同行 本所同行

が「身禄同行」を興し、それが講の初めで後の丸藤講とされる。(12) これに係るものとして〈九五〉〔銘文⑧〕があり、没年銘碑塔で、正面に「冨元院青山日行」、左面に「天明二壬寅《みずのえとら》歳四月十七日　江戸高田住藤四郎」、右面に「麴町弎丁目三丁目世話人　身禄講中」とある。また、〈八七〉〔銘文⑨〕の建立年銘碑塔（文化九年　一八一二）にも「江戸深川身禄侑同行」がみられる。身禄講中の存在は、人穴碑塔群でも確認できることになる。

講元（資金担当と代表者）、先達（信仰・登山指導）および世話人（講員の勧誘と講金集め）を講三役という。本碑塔群における講三役の出現数をみると、所属講と建立年が明確になった碑塔のうち、江戸期のものは四七基となる。そのうち、講三役を有する碑塔は二〇基となった。内訳は、「先達」一二基、「先立」二基、「大先達」五基、「小先達」一基、「世話人」

小計	三役
一三	
一	
六	
九	世話人 品川 大坂屋又兵衛
一二	舎 四代目 大先達 五代目先達

一三基、「講元」なしである。年代順では世話人→先達→大先達→先立→小先達となった。

講が拡大すると、その一部が分離・独立して別講をつくる。両者は講印を共有し、密接な協力関係を保ちながら活動する。従来のものを元講、新しいものを枝講という。元講と枝講には二種の別があるようである。表5に示した〈一〇一〉の山吉講〔銘文⑩〕では元講が各地に枝講をつくるタイプで、表6に示した〈九四〉の丸藤講〔銘文⑪〕、〈二五三〉の北行鏡月真同行〔銘文⑫〕の例は元講――枝講――孫講のタイプとみられる。なお、本碑塔群においてその所在地を認定し得る著名な江戸の元講は、次のとおりである。

山吉講……渋谷　　月三講……椎名町　　丸参伊藤講……飛鳥山
大我講……甲州西島村　　丸嘉講……赤坂　　丸藤講……高田

講の分布と波及についてみる。表6によると、講が江戸の下町を中心に発達していることは、その数値からも認めてよいようである。講には江戸御《ご》朱引内《しゅびきうち》にある〝江戸同行〟と朱引外にある〝田舎同行〟があるという[13]。講の分布と波及といえば、そうした江戸同行と田舎同行の関係をみようということになる。

江戸同行は、一八世紀末の天明・寛政年間以降に形成期を迎える。ついで、一九世紀に入ると「江戸八百八講、講中八万人」といわれる文化・文政期の隆盛となるが、その時期は併せて表7・8に示した江戸周辺の北武蔵、房総、南武蔵地方などへの進出が目立つ。田舎同行となるが、それには江戸から波及した講とともに、強い在地性を誇る講の活躍も目立つのである。前者の例としては、山吉講〔〈一〇一〉銘文⑩〕が享和・文化年間に南武蔵や相模へ、丸参

表6　人穴碑塔群　建立年銘碑塔にみる講社・教団の分布

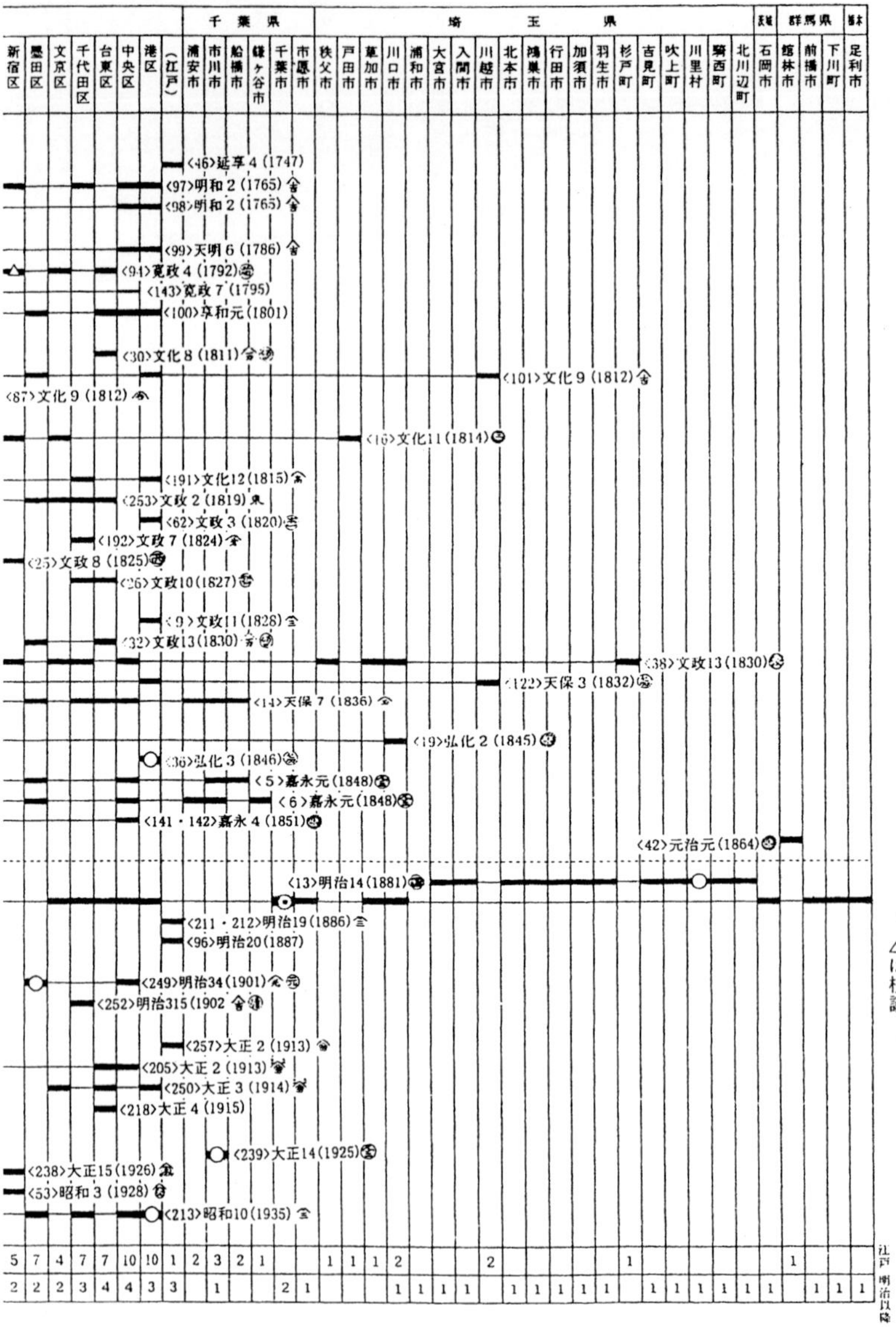

注　○は元講所在地
△は枝講

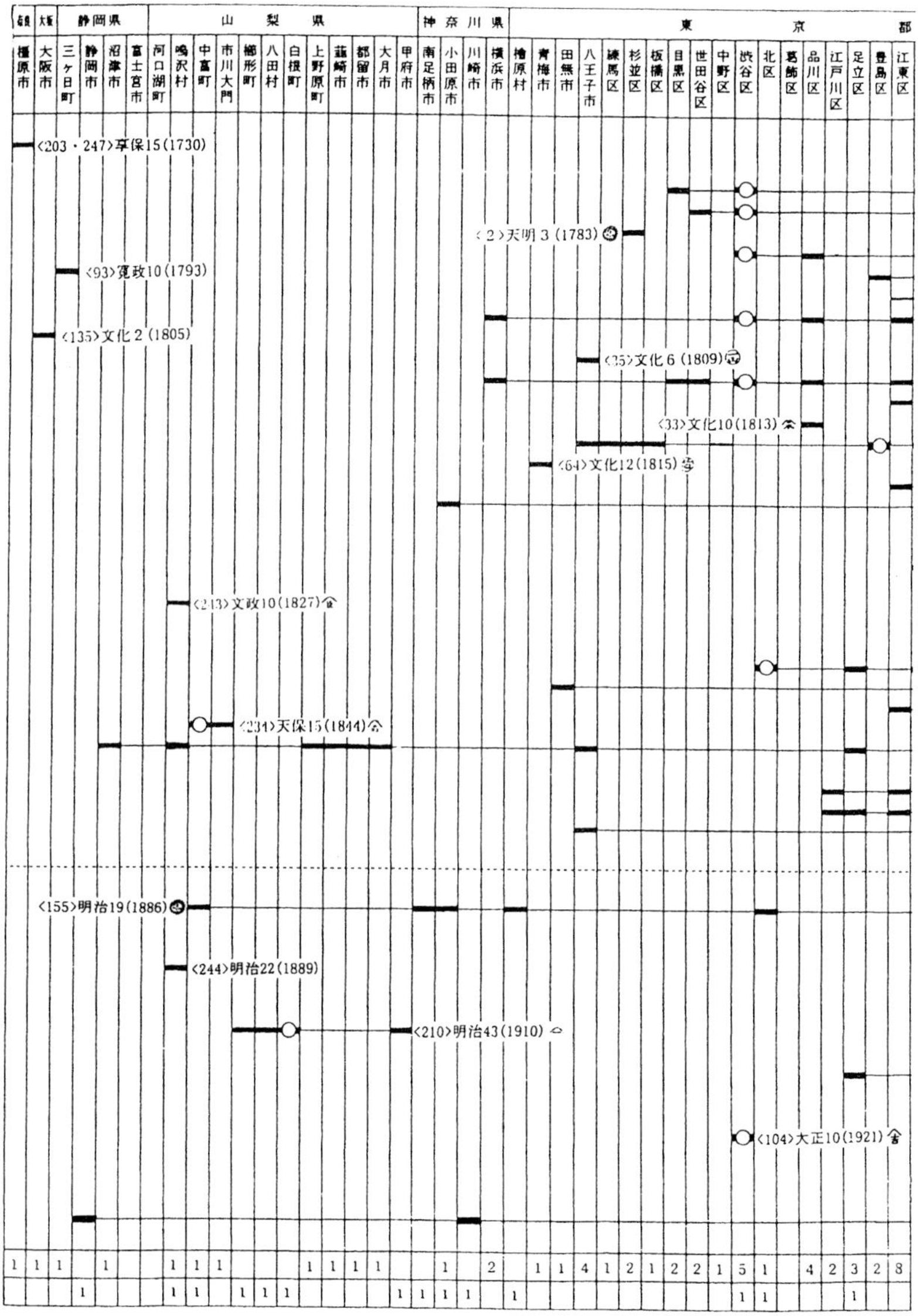
奈良
大阪
静岡県
山梨県
神奈川県
東京都
橿原市
大阪市
三ヶ日町
静岡市
沼津市
富士宮市
河口湖町
鳴沢村
中富町
市川大門
櫛形町
八田村
白根町
上野原町
韮崎市
都留市
大月市
甲府市
南足柄市
小田原市
川崎市
横浜市
檜原村
青梅市
田無市
八王子市
練馬区
杉並区
板橋区
目黒区
世田谷区
中野区
渋谷区
北区
葛飾区
品川区
江戸川区
足立区
豊島区
江東区
〈203・247〉享保15（1730）
〈2〉天明3（1783）
〈93〉寛政10（1793）
〈135〉文化2（1805）
〈35〉文化6（1809）
〈33〉文化10（1813）
〈64〉文化12（1815）
〈213〉文政10（1827）
〈234〉天保15（1844）
〈155〉明治19（1886）
〈244〉明治22（1889）
〈210〉明治43（1910）
〈104〉大正10（1921）
1 1 1 1 1 1 1 1 1 1 1 1 2 1 1 4 1 2 1 2 2 1 5 1 4 2 3 2 8
1 1 1 1 1 1 1 1 1 1 1 1 1 1 1

表7　人穴碑塔群　江戸期を中心とする周辺地域への伝播〔その1〕

地域		碑塔番号	講名	紀年銘	掲載地名	現地名	備考
栃木県		六八		没　寛政七（一七九五）	足利町	足利市	
群馬県		四二	丸参講	建　元治元（一八六四）	邑楽郡館林	館林市	在地性強い
		一七〇		江戸	新田郡	太田市 新田郡	
茨城県		四九		没　宝暦四（一七五四）	真壁郡横根町	下妻市	
		七八	丸宝講	没　明治十五（一八八二）	ヒタチ平方 花島	下妻市 水海道市	在地性強い
埼玉県	戸田市 越ヶ谷市 川口市付近 （秩父市を含む）	三七	丸小講	没　寛政元年（一七八九）	岩附大道村 大竹村	越谷市 川口市	
		九〇		没　文化元（一八〇四）	鳩ヶ谷宿	鳩ヶ谷市	
		八九	丸鳩講	没　文化五（一八〇八）	足立郡草加駅	草加市	在地性強い
		一〇一	山吉講	建　文化九（一八一二）	川越	川越市	江戸と結合
		一六	月三講	建　文化十一（一八一四）	新曽村	戸田市	江戸と結合
		一三四	丸半講	没　文政六（一八二六）	川越	川越市	在地性強い
		三八	丸参伊藤講	建　文政十三（一八三〇）	木曾呂 高ノ村 大田 花栗	川口市 杉戸町 秩父市 草加市	江戸と結合
		一二一	丸嘉講	建　天保三（一八三二）	川越	川越市	江戸と結合
		一九	村上講	建　弘化二（一八四五）	日光街道川口宿	川口市	江戸と結合
		一三	赤丸止講	建　明治十四（一八八一）	中野村	大宮市	在地性強い
		六七・六九・七三～七八	丸宝講	没　天保七（一八三六）～明治十五（一八八二）	宝珠花町 上吉羽村 東魚沼町 川藤村 木ノ川 大谷	庄和町 幸手町 松伏町 吉川町 杉戸町 岩槻市・大宮市	在地性強い
	行田市 加須市付近	五八		没　享和二（一八〇二）	埼玉郡忍領小針村	行田市	
		五四	赤卍講	没　文政十一（一八二八）	長野村 大越村 堤村	行田市 加須市 羽生市	在地性強い
		一三	赤丸正講	建　明治十四（一八八一）	北埼玉郡屈巣村 佐間村 行田町 三浦町 箕田村 前谷村 三ッ木村 八幡田村 明用村 糠田村・川面村 廣田村 下岩瀬村 中手子林村 平木村 上種足村 前砂村・袋村 吹上村 横見郡中荒井村 笠原村 野村・幸谷村 小谷村 荒井村 埼玉村 三丁免村 大串村・江網村	川里村 行田市 行田市 行田市 鴻巣市 北川辺町 入間市 鴻巣市 吹上町 鴻巣市 騎西町 羽生市 羽生市 加須市 騎西町 吹上町 吹上町 吉見町 鴻巣市 行田市 吹上町 北本市 行田市 吹上町 吉見町	在地性強い
千葉県	浦安市 市川市 船橋市付近	一四	山玉講	建　天保七（一八三六）	猫実 市川村 船橋	浦安市 市川市 船橋市	江戸と結合
		五・六	高瀬丸不二講	建　嘉永元（一八四八）	本行徳宿 相ノ川村 中ノ木村 飯山満村 大穴村 猫実村 鎌ヶ谷宿	市川市 市川市 船橋市 船橋市 船橋市 浦安市 鎌ヶ谷市	江戸と結合

表8　人穴碑塔群　江戸期を中心とする周辺地域への伝播（その2）

地	域	碑塔番号	講名	紀年銘	掲載地名	現地名	備考
千葉県		四〇	山包講	没　明治八（一八七五）	玉崎新田村	市原市	
	千葉市・市原市付近	八一	一山講	没　天明八（一七八八）	青柳村	市原市	江戸と結合
		七八	丸宝講	没　明治十五（一八八二）	辺田	千葉市	在地性強い
	館山市付近	四一	山三講	没　明治五（一八七二）	国平郡那古村 瀬戸村	館山市 千倉町	
	野田市柏市付近	九一	丸鳩講	没　文化四（一八〇七）	野田町	野田市	在地性強い
		七〇〜七八	丸宝講	没　文化十一（一八一四）〜明治十五（一八八二）	葛飾郡木間ヶ瀬 同岡田 船形村 山嵜村 東宝珠花村 大青田村 今上村 柏寺 三ツ堀	関宿町 関宿町 野田市 野田市 関宿町 柏市 野田市 関宿町 野田市	在地性強い
神奈川県		一〇〇	山吉講	建　享和元（一八〇一）	神奈川	横浜市神奈川区	江戸と結合
		二九	山万講	没　安永二（一七七三） 没　享和二（一八〇二）	鶴見橋 東海道川嵜宿	横浜市鶴見区 川崎市	江戸と結合
		六五	山三講	没　享和三（一八〇三）	川崎六□	川崎市	江戸と結合
		一〇一	山吉講	建　文化九（一八一二）	神奈川	横浜市神奈川	江戸と結合
		三九	元一講	文化十一（一八一四）	東海道藤澤宿 影取・俣野・深谷・品野 大磯宿	藤沢市 横浜市戸塚区 中郡大磯町	在地性強い
山梨県		二五三	東　講	建　文政二（一八一九）	小田原	小田原市	江戸と結合
		二四三	山臣講	建　文政十（一八二七）	郡内成沢邑	南都留郡鳴沢村	在地性強い
		二三四	大我講	建　天保十五（一八四四）	市川宿 西島村	市川大門町	在地性強い
		一九	村上講	建　弘化二（一八四五）	大月村 上谷村 上ノ原 郡内川口村 神山	大月市 都留市 上野原村 河口湖町 韮崎市	江戸と結合
静岡県		九三	西海別講	建　寛政十（一七九八）	南脇村 三ヶ日村 上尾奈村 下尾奈村 駒場村 日比澤村 平山村	引佐郡三ヶ日町	在地性強い

伊藤講が文政年間に南武蔵へ、丸嘉講〈一二二〉銘文⑬が天保年間に南武蔵へ、高瀬丸不二講〈五〉銘文⑭〈六〉銘文⑮が嘉永年間に房総へなどをみることができる。後者の例としては、丸宝講〈七八〉銘文⑯が南・北武蔵から房総に、丸鳩講〈九一〉銘文⑰が南武蔵から房総に、元一講〈三九〉銘文⑱が相模に、大我講〈二三四〉銘文⑲が甲州に、赤卍講〈五四〉銘文⑳や赤丸正講〈一三〉銘文㉑が南武蔵に勢力を誇ったのである。

七　神仏分離運動と明治以降の変質

1　神仏分離運動と富士講の分裂

維新政府は、慶応四年（一八六八）三月以降、神仏分離を展開する。「浅間大菩薩」の名称は禁止され、上吉田浅間神社は「富士嶽神社」と改称された。明治六年（一八七三）三月には、本宮浅間神社の宮司として教部省出仕宍野半が着任し、明治八年の初めごろまでに、富士山中の徹底的な廃仏毀釈をすすめる。そうしたなかで、人穴においても、時期は特定できないが、大日堂は浅間神社と改められ、種々の仏教的要素は除去されたのであろう。

岩科小一郎によると、富士講に決定的影響を与えた禁令は、明治五年（一八七二）十月十五日の太政官布告と同六年一月の教部省禁令であるという。前者は、修験道の廃止であり、後者は民間呪術師の活動を禁じて加持祈禱は教導職の資格を有するものに限ったのである。(14)いうまでもなく、加持祈禱こそ江戸庶民の富士講支持の基盤であり、各講は大きな転機を迎えることとなった。各講と上吉田の御師たちは、非合法をまぬがれるため、公認の教団に組織がえする方策を求めることになる。

上吉田の御師たちは宍野半に教団設立を要請し、明治六年（一八七三）八月付けで教部省に「富士一山講社」の設立を出願し、九月に許可を受ける。ここに、御師たちは富士講信者を迎え入れるための公認の場をつくり、講社長には宍野が就いた。講社は、明治八年「富士一山教会」、同年「扶桑教会」と改称し、明治十八年（一八八五）八月には「神道扶桑教」として教派神道になった。教義は「天御中主神《あめのみなかぬしのかみ》」を主祭神とするものにかわり、角行や身禄の教えからは大きく離れていくことになる。

ところが、そうした扶桑教の活動が富士講の中に新しい動きを起こしてくると、これに批判的なグループが生まれることになる。上吉田の御師一七人は、上吉田の富士嶽神社（北口本宮富士浅間神社）祠官少講義秦隆栄の名をもって、明治九年（一八七六）十一月九日付けで「富士北口講社」設立を出願し、同十二月十九日付けで許可を得る。これを〝北講〟と呼ぶが、扶桑教側との勢力争いは上吉田の御師町を二分するもので、長く影響を残すという。明治十八年（一八八五）北口浅間神社の東京分院が浅草千束町の浅間神社（馬道のお富士さん）に仮寓し、ここに北口教会分院も置かれた。以後「富士分教会」の名で活躍し、昭和初年ごろには「今東京の重なる富士講社によりて組織させられたる北口教会」といわれるまでの隆盛を誇った北口教会は、各講の伝統と独自性を尊重し、「角行や身禄の御名を大声で唱え、掛け念仏で練って歩くことも勝手な、富士講本来の姿で行動できる」組織に成長する。(16)

2　碑塔にみる人穴の対応

明治期以降の碑塔は四四基であり、江戸期一五五基の三分の一に及ばない。特に没年銘碑塔は一七基であり、江戸期九三基に比して極端に少ない。建立年銘碑塔でみると、明治期における最初の碑塔は、身禄一五〇回忌に当たる明治十四年（一八八一）の赤丸正講〈一三〉銘文㉑である。元治元年（一八六四）以来一七年ぶりの碑塔であり、維新前後の富士講は長い停滞をもったとみられる。

赤丸正講は、寛文年間以来の伝統をもち、北武蔵最大を誇る丸正講の枝講であり、正面銘文にある「武蔵国北埼玉郡屈巣村」(埼玉県北埼玉郡川西村)を拠点とした。本碑塔は、指導者「武藤作行孝月」の登山「四十三度大願成就」「御中道御内外八修業」の顕彰を目的とするものであり、講印をはじめ、各面の構成やその基本理念も江戸期のものと区別される要素はみられない。ただし、詳細に検討すると、「惣講社中」「富士嶽神社教会」「北口講社定宿」などがあり、役職名としても監督(一人)、大先達(二一人)、権大先達(一人)、中先達(九人)、先達(四二人)が認められる。いずれも結社化に伴う新しい用語であり、新時代を迎えた対応を物語るものといえる。赤丸正講は早い段階で北口教会を選んだのであろう。

ここで注目したいのは「駿河国富士郡人穴村　富士嶽神社教会　北口講社定宿　笠井佐十郎」であり、人穴に北口教会の定宿がおかれていたことである。江戸期の富士講宿舎は赤池善左衛門家だけとされるが、明治にはいると北口教会は別に定宿を求めたということになる。明治三十三年(一九〇〇)の『富士登山案内』によると、人穴には「旅館笠井佐十郎、同赤池兼次郎」とある。扶桑教と北口教会は、人穴でも宿舎を別に定めたのである。

村上派の対応は、明治十九年(一八八六)の〈一五五〉(銘文㉒)碑塔にみられる。「富士開祖藤原角行霊神」とあり、「富士教」「〇〇講社」「惣講社」などに新教団名と結社化・公認化の努力を、「村上講」に伝統との調和を示しているとみてよい。

大正四年(一九一五)の〈二一八〉(銘文㉓)碑塔にも注目したい。明治十五年(一八八二)十二月に発足した「神道扶桑教」に加わった「元」の「一心」講の碑塔である。「元祖角行霊神」「教祖食行身禄霊神」とあり、「東京浅草蔵前一心教会世話人」とする。一心講の教えと団結を守りながら、新時代に生き延びる努力をみることができる。おそらく明治初年の神仏分離運動を経過すると、富士講への圧力はやや弱まったのであろう。

そうした各講各教団の新時代を迎えての努力と競合が、富士講の昭和戦前までの隆盛をもたらしたのである。

八　発掘調査で分かったこと

1　遺跡保護のための調査

二〇〇一年六月四日から九月七日まで、市教育委員会は、範囲確認のための調査を実施した。すなわち、将来の保護対応のため、人穴浅間神社遺跡における遺跡範囲を確認しようというのである。調査は一〇本の試掘溝を主体とする調査で、主な成果は次のとおりである。

建物跡1　人穴洞穴の直上の平場に建てられていた三間四方（五・四メートル四方）の建物跡で、北側を主体に礎石の一部が残されている。建物の周囲には、区画のための基壇様の石組みがみられる。また、建物の後列（北側）には、おそらく山側からの土砂流出を防ぐための石組みも築かれている。

建物跡2　建物跡1の廃絶後に、その東側に九尺四方（二・七メートル四方）の建物跡が確認された。七個の礎石があって、前よりが奥行き六尺、後よりが奥行き三尺となる建物跡であった。奥側は物入れ・棚または祭（仏）壇様の施設となる構造を認めることができる。建物の周囲には基壇様の石組みがある。

参道跡　建物跡1に伴う平場（前庭部か）の南側から連続するといえる位置に、長さ三四・三メートル、幅約二～二・七メートルの石段が認められた。参道跡とし、高低差は八メートル、石段二一段を数えた。参道跡は、天保六

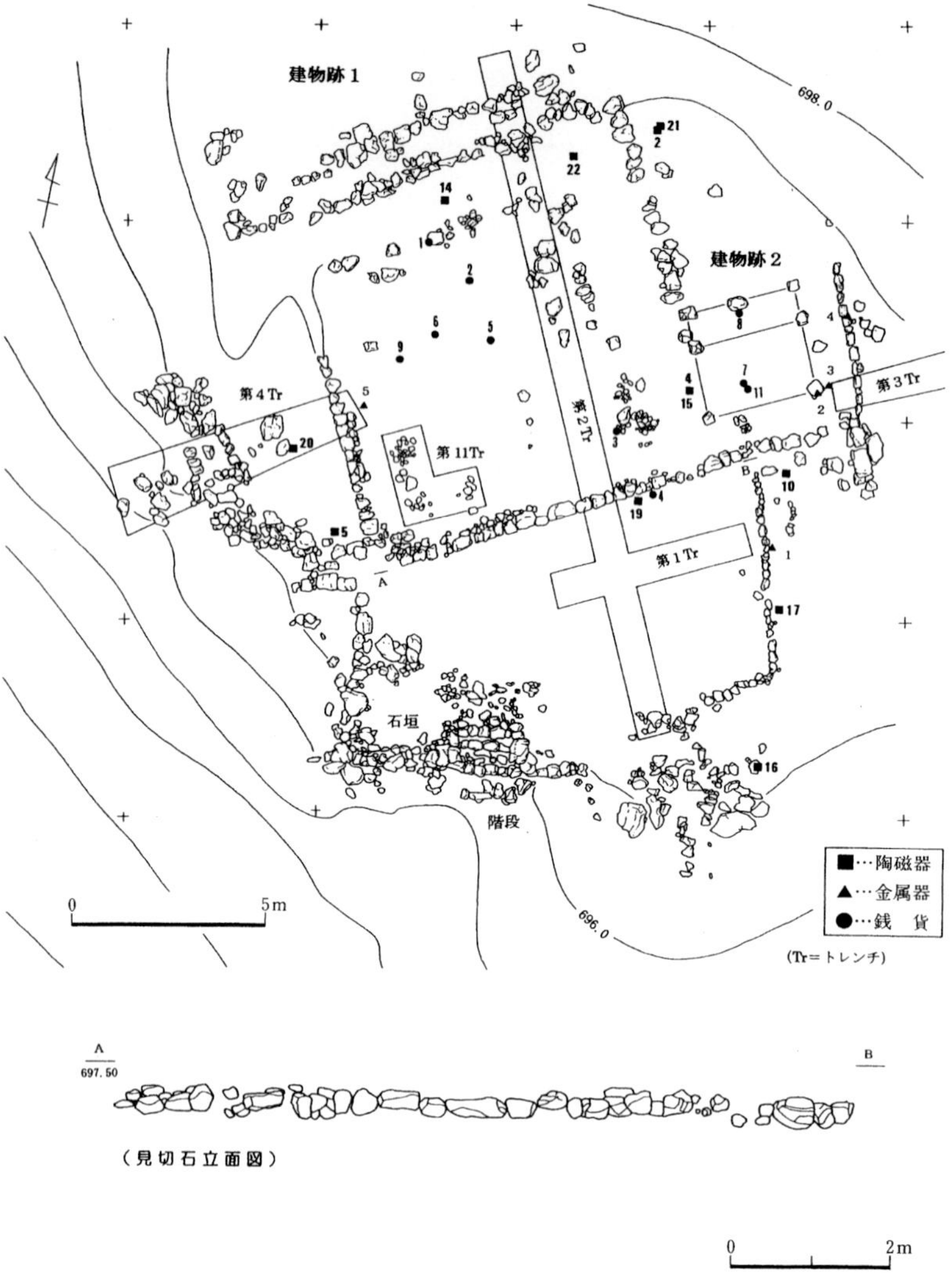

図6　人穴浅間神社遺跡　建物跡の詳細

年（一八三五）の紀年銘をもつ碑塔「浄土門」――中道往還から人穴に入る入口にある――から建物跡1を直線状に結ぶ位置にあった。

道跡1・2　建物跡、洞穴入口、洞穴前広場および碑塔群はほぼ東西方向に並ぶことになり、その建物跡から南方向に参道跡が延びる状況となるが、その建物跡・参道跡と洞穴前広場を結ぶ施設として洞穴入口の南側に道跡1・2がある。道跡1が南よりで古く、道跡2が北よりで新しく、それぞれ長さ九～一一メートル、幅二～二・九メートルほどを測る。なお、注目したいのが元禄三年（一六九〇）の紀年銘をもつ石祠〈二一七〉で、確認された道跡の西端からさらに一〇メートルちかく西側にあるが、かつては道跡1の側に設置されたと思われる。

遺　物　各遺構からは、瀬戸・美濃系と肥前系の染付類、寛永通宝ほかが出土した。年代観は、瀬戸・美濃系が明治初頭、肥前系が一八世紀後半であり、特に後者は建物1・2付近に集中して出土した。信仰活動の盛期を反映する遺物群といえよう。

2　建物跡、参道跡、道跡および碑塔群の変遷

以上の調査成果によって明らかになった遺構群の変遷は次のとおりである。

第一期　建物跡1、参道跡、道跡1および碑塔群

これらの遺構群は、石祠〈二一七〉の紀年銘元禄三年（一六九〇）をもって、年代指標とする。すると、元禄二年（一六八九）銘をもつ馬頭観音碑塔〈四〉、享保十五年（一七三〇）銘の石灯籠〈二〇三・二四六・二四七〉三基などは角行系の活動によるもので、寛文四年（一六六四）に始まる石仏〈二二〇・二二一・二三五〉三基もそれに伴うものとみることができよう。人穴は、角行系の人々により、一七世紀後半ごろまでに開かれ、享保年間を中心とする一八

図7　富士郡人穴邑浄土山（「富士山真景之図」より）

世紀前半ごろまでは、村上派・身禄派と勢力を競ったものといえるようであり、それに富士行人系のかかわりが検討課題となる。

第二期　建物跡2、参道跡（現参道）、道跡2および碑塔群

「大日堂修覆勧化帳ノ写」ほかによると、僧空観（胎が文政六年（一八二三）に〝零落した〟人穴大日堂の〝修覆〟をしたとある。問題は修復の内訳であるが、それを今回発掘された建物跡2が、弘化四年（一八四七）の「富士山真景之図」（図7）に描かれた洞穴上の建物とみれば、大日堂は洞穴前の広場に移築（建物跡1）され、洞穴上には小堂が残され（建物跡2）たことになる。おそらく、参道跡も浄土門から直接大日堂に登るため、現参道付近に移され、道跡2は大日堂から建物跡2に連なる機能をもつことになるのであろうと思われる。現参道が急斜面の石段を登り、洞穴入口前の広場に入るとその両側に〈五〉〜〈一五〉の一一基の碑塔（14グループ）が並ぶが、そのすべてが文政六年より新しく、文政八年

（一八二五）以降の建立〈八一五〉が文政八年、ちなみに後列の〈一六〉は文化十一年でより古い）である点もそうした傍証といえる可能性がある。

第三期　（現）浅間神社、現参道および碑塔群

明治初年の神仏分離・廃仏毀釈は、富士講と人穴に大きな影響を与えた。洞穴入口付近の大日堂は、取り壊しと焼き払いにあい、浅間神社に変えられる。この段階には建物跡2や道跡2もみられないようで、人穴はほぼ現況にちかい景観になったものと思われる。その後、一九四二年（昭和十七）には陸軍少年戦車学校の開校に伴う人穴浅間神社と人穴集落の移転もあるが、終戦後おおかたは復元されたのである。

九　富士講の消長（まとめ）

人穴碑塔群の出現は、一七世紀後葉の寛文から元禄年間ごろであり、それは主として角行系の人々によって開かれたものとみられる。元禄年間ごろには、発掘された建物跡1、参道跡、道跡1に洞穴前広場、碑塔群が加わって構成されていたといえる。

人穴碑塔群で講の初例といえるのは〈四七〉碑塔で、「武州江戸森惣兵衛同行」の講名と延享四年（一七四七）銘を有する。

それが前述のように角行系であれば、明和二年（一七六五）銘の山吉講講印と「吉田平左ヱ門溝中」には身禄派の隆盛がうかがえる。一八世紀の明和年間以降、山吉講、村上講をはじめとする各講の造碑活動が活発化する。一九世紀に入ると、文化文政期から天保期にかけての隆盛がみられる。元講と枝講、講三役、江戸周辺への伝播などの具体

相が明らかになった。

幕末維新期には一定の停滞期があるようで、碑塔建立の空白がみられる。維新後最初の碑塔は、明治十四年（一八八一）の北関東の赤丸正講である。江戸同行ではなく、田舎同行が最初に人穴に戻る点に注目したい。没年銘であるが、十数基を数える丸宝講も同様の意味をもつ可能性がある。

慶応四年（一八六八）三月に始まる神仏分離運動は、富士講にとって幕府禁令以上の深刻な試練を与え、大きな転換を迫った。明治六年（一八七三）九月の宍野半による富士一山講社（後の扶桑教）は神道的色彩を強める方向で、明治九年（一八七六）十二月の富士北口講社（北口教会）は伝統的色彩を残す方向で大いに競合し、勢力拡大に成功した。この間にあって、各講はそれぞれの位置付けを求め、そうした各講の動きが昭和戦前までの富士講の盛期を築くのである。

富士講は、江戸の新興宗教である。江戸の庶民に、現世での生きがいと来世での浄土を指し示し、日々の生き方を導くものであった。人々は、自らの生をかけて富士山と人穴への参詣を願った。民衆の心をとらえた宗教で、歴史上新興宗教でなかったものはない。だが、新興宗教もやがてそのかがやきを失うときがくる。現在は、またそうした時代を迎えているのであろうか。富士講の歴史から学ぶことは多いと思う。

注

（1）若林淳之・植松章八ほか　一九九八『史蹟人穴』富士宮市教育委員会

（2）植松章八ほか　一九九九『人穴浅間神社の碑塔と拓影』富士市立博物館

（3）渡井英誉・小野田晶ほか　二〇〇一『史蹟人穴Ⅱ――埋蔵文化財にかかわる範囲確認調査報告書』富士宮市教育委員会

（4）谷川章雄　一九八八「近世墓標の類型」『考古学ジャーナル』二八八

（5）斎藤忠　一九八二「撰要寺墓塔群」『静岡県文化財調査報告書第二四集』静岡県教育委員会

（6）滝沢誠・千葉佳奈子　二〇〇二「上香貫霊山寺の近世墓」『沼津市史編さん調査報告書第一四集』沼津市教育委員会
（7）永浜真理子　一九九五「宗閑寺古墓碑群の年代と類型」『山中城跡三ノ丸第Ⅰ地点　山中公民館建設に伴う埋蔵文化財発掘調査報告書』三島市教育委員会
（8）岩科小一郎　一九八三『富士講の歴史』名著出版
（9）注（8）文献によると、「長日」とある。碑塔群にみる三基はいずれも「長目」とある。
（10）注（8）文献
（11）井野辺茂雄　一九二八『富士の信仰』富士の研究Ⅲ　官幣大社浅間神社社務所
（12）注（8）文献
（13）注（8）文献
（14）注（8）文献
（15）注（11）文献
（16）注（8）文献

人穴碑塔群銘文

銘文①〈三三一〉
（背面）寛文四年
甲
明藤開山畫行藤佛㑨内
辰　　日珅内懇
十月廿三日

銘文②〈二〇三〉
（正面）奉寄進人穴廟前
（左面）享保十五庚戌八月日
（右面）□主
和州十市郡十市村
今沢久右エ門
長英

銘文③〈二四六〉
（正面）享保十五庚戌八月日
奉寄進人穴廟前
（左面）□□年八十歳
（右面）江戸柳原同朋町
長目作兵衛
（背面）富士山五十六年□□

銘文④〈四〉
（正面）馬頭観音
（左面）元禄二年
（右面）二月十八日

銘文⑤〈四六〉
（正面）武州
森物兵衛同行
江戸
板屋弥兵衛
（左面）
延享四丁卯
六月　日

深山市良兵衛　村田八左衛門
同　妻　同　妻
伊勢屋佐兵衛　小嶋平重良
□□屋九兵衛　ゆり
□竹五兵衛　同　平□良

（右面）
伊勢屋平兵衛　三河屋平左衛門
いせや源兵衛　同　妻
中村猿蔵　大工安兵衛
同　妻　□屋喜左衛門
同助右衛門　同　妻

銘文⑥〈九七〉
（露盤）㑨

（正面）癸享保十八年
食行身禄㑨
丑六月十七日

（左面）
酉年男
一尾氏祈祷
子ノ年女

赤坂表傳馬丁二丁目
土屋利右エ門　常般津　須田儀右エ門
い勢屋弥市　文字松　鏑木新右エ門
講中　土や金蔵
万や吉兵衛　市谷薬王寺前　神田八名川町
近江や七兵衛　三川や忠七　糸や太右エ門
菊屋長兵衛　講中　講中
目黒講中

（右面）
大嶋氏藤野　山田屋三四良　芝神明前　いせや長三郎
講中　源屋新助　いせや甚助　干物や長兵衛
谷町善三良　い□や勘左衛門　講中　花屋金四郎
講中　□乃　林十良兵衛　阿波や六兵衛
山田や宇兵衛　波江　三嶋や伊右衛門　花ノ露や喜蔵
大坂や与兵衛　八□衛　柳や清右エ門　同　母
萬や清吉

（背面）明和二乙酉年六月十七日
三十三回忌建之者也
武州渋谷住
吉田平左衛門
講中

（台正面）京橋鈴木丁
萬や吉兵衛
講中
弥左ヱ門町
渡辺平兵衛
講中
須田久甫
露月丁
箔や庄五良
講中
刀屋与市
荒物や忠七

（台左面）□田丁
□藤兵ヱ
講中
三田四郎兵ヱ
吉兵衛
講中
芝嘉兵衛
大和や忠七
禅譽諦定信士
芝口小駒長兵衛
講中

（台右面）畳や喜太郎
長門屋庄兵衛
森谷市郎右衛門
箔や安兵衛
同住兵衛
吉岡傳次郎
樽井原左衛門
同妻
山田佐兵衛

銘文⑦〈九八〉

（露盤）

（正面）甲
宝暦四年
三行貞山身禄
戌
三月三日

（左面）桜田町
富士見舟□
清水友八
徳田孫兵衛

大倉村
安藤源蔵
吉のや為三郎
竹や七兵衛
竹や一兵衛

八百や吉右衛門
翁や次郎兵ヱ
浄惣信士
宗霊信士
青山思の庄介講中
渡辺仁右ヱ門

西久保
神谷七左衛門
新橋鎗や
富士□
千人供養

（右面）櫻田町講中
いせや佐右衛門
大工吉右衛門
栗や次郎兵衛
正□七郎兵衛

桜屋長右衛門
的屋八郎兵衛
高嶋や久兵衛
三河や平右ヱ門
木具や又兵衛

山口や嘉兵衛
超誉真月信女
いせや小□
七与浄念信士
山口や平兵衛
山口□兵衛

（背面）明和二乙酉年六月十七日
三十三回忌建之者也
武州渋谷住
吉田平左衛門
講中

銘文⑧〈九五〉

（正面）冨元院青山日行

（左面）天明二壬寅歳四月十七日
江戸高田住
藤四郎

（右面）麹町貮丁目
三丁目
世話人
身禄講中

銘文⑨〈八七〉

（正面）

安永三年ヨリ
文化九年迄 三十九年大願成就
先達登久行墓
江戸深川
身禄㑹同行
俗名神谷礒右衛門

（右面）壬
申
文化九年
四月初申

銘文⑩〈一〇一〉

（露盤）𠆢吉

（正面）文化七庚午　年
宜行成功
十一月廿二日

（右面）文化八未八月六日
念誉専称居士
文化二丑九月六日
善證慈本信士
正誉定心

品川
大坂屋又兵衛
戸越
施主岩松
芝赤羽瓢草
吉兵衛

（台正面）四代目
𠆢吉
大先達

（左面）渋谷同行
代田村同行
三軒茶屋同行
目黒同行
碑文谷同行

麻布同行
西久保同行
芝赤羽根同行
品川同行
神奈川同行

川越同行
本所同行
本所扇橋
本所四十丁
本所四ッ目

松原村
川越茂兵衛
會津屋
三十郎

（背面）文化九壬申年
六月廿二日
建立
江戸渋谷住
五代目

文化八辛未五月廿四日
徹山浄心信士霊
武州荏原郡目黒小山村
施主俗名　金左ヱ門
先達
吉田平左ヱ門

銘文⑪〈九四〉

（笠）◎

（正面）寛政七乙卯年
本義院覚山實行
六月十九日

（左面）了空禅定門
清誉浄山信士
一山金行信士
真實道山信士
諦岳浄観信士
諦応妙善信女

寛政七乙卯年
一峯道翁信士
正月廿日

（右面）峯の雪
浄土すずしき
法の道

江戸牛込住
高藤儀右衛門

（台正面）肴町八日講中
赤城下講中
三日講中
高田講中
牛込
十七夜講中
市ヶ谷
田町講中
柳丁
廿三夜講中
四ツ谷
上十三夜講中
同
下十七夜講中

（台左面）浅草
木具屋治郎兵衛
同講中
駒込講中
巣鴨講中
小石川講中
青柳町講中
音羽町講中
小
日向講中
関口講中
世話人
儀右ヱ門
同行中
房州屋□右ヱ門
美濃屋林右ヱ門
三河屋久兵衛
信濃屋伊兵衛

（台右面）那波屋惣兵衛
奥澤清九郎
市川弥兵衛
大和屋三十郎
川越屋長右ヱ門
三河屋庄兵衛
相模屋長兵衛
万屋太右ヱ門
摂津国屋利右ヱ門
小泉屋善八
伊勢屋藤□
伊勢屋惣□
左官太吉
通寺町
講中
横寺町

（背面）寛政四壬子年
六月建之
牛込石工長右ヱ門

銘文⑫〈二五三〉

（正面）不二山御麓一心山窟

（左面）文政二己卯年六月吉日
□建

（右面）不二山□多□　知鳥帽子岩御鏡
元祖食行身禄侑菩薩内北行鏡月眞
同行

（台正面）江戸
同　行

（台左面）神田　同行
本所徳右衛門町同行
浅草福井町同行
本郷元町同行
相州小田原同行
新吉原同行

（台右面）下谷金杉町同行
同龍泉寺町同行
同箕輪町同行
同根岸同行
同新田同行
同大塚同行

（台背面）宮原村
世話人中
下谷坂本
同行

銘文⑬〈一三〉

（正面）元祖食行身禄倂　天保三壬辰年　一百回忌　六月十七日

（台正面）
道
桜田久保甼武州田無同州川越

銘文⑭〈五〉

（正面）三代心行清山

（左面）世話人

中橋
家根や万吉
鳶岩右ヱ門
相模や新吉
魚や安五良
京ハシ
川口や正蔵
霍や清二良
鳶惣八
深川二代
駿河や清兵ヱ

深川
船大工金二良
青木や藤兵ヱ
相模や伝兵ヱ
魚や熊吉
中村重兵ヱ
越后や岩二良
伊セや又八
鍛冶や鉄五良
明石や銀二良
水野兼松

張物や勘兵ヱ
萬や勝五良
塩や八右ヱ門
川寄や辰五良
小川や吉兵ヱ
源田や長吉
林屋正蝶
駿河や伊助
三人組鳶佐太良
同猿江
植木や徳兵ヱ

金具や銀蔵
同六万坪
丑右ヱ門
喜兵ヱ
源左ヱ門
□卯□□
与左□□
長右ヱ門
竪川四ツ目二代
蛭子や勘兵ヱ
菱や重蔵

美ノや藤八
橋本喜助
大黒や源二良
梅沢万吉
左官源助
中野ヤ忠兵ヱ
□ヤ市兵ヱ
同五ツ目
万屋万蔵
同富蔵
伊勢や嘉助

武藤や甚兵ヱ
上総や甚助
扇ヤ長左ヱ門
小松川玉二良
下野や末吉
大野や彦五良
万や勘五良
葉入や吉五良
吉村や常吉

（右面）上一色村
兼五良改 二代秋元源兵ヱ
同茂左ヱ門
同儀兵ヱ
同伝右ヱ門
二代高山徳左ヱ門
砂村治平新田
淡路や清五良
紺屋半蔵
高輪大文字や

東小松川村
五兵ヱ
弥左ヱ門
勘助
弥五兵ヱ
御番所畀
八右ヱ門
金右ヱ門
二代竹松
市太良

鹿骨村
弥平治
与平治
又左ヱ門
金左ヱ門
治兵ヱ
金右ヱ門
弥兵ヱ
要蔵
傳五良
徳左ヱ門

新堀村
文右ヱ門
藤兵ヱ
弥左ヱ門
本行徳宿
松治良
清五良
吉五良
惣右ヱ門
粂蔵

相ノ川村
甚左ヱ門
清八
清蔵
當代□
權□
□
源□
二代嘉□
政六

中ノ木村
嘉兵ヱ
五右ヱ門
嘉左ヱ門
□村
□
□
□
□
野瀬忠蔵

同新田村
石井五平治
石橋吉兵ヱ
飯山満村
武左ヱ門
大穴村市良右ヱ門
□新田村
□左ヱ門
藤右ヱ門
六右ヱ門
栄吉

（背面）嘉永元戊申六月吉日
大先達三代高瀬長左ヱ門
三十三度大願成就之砌建之

（台上正面）高
瀬

（台下正面）惣
同
行

銘文⑮〈六〉

（正面）先代　高瀬快楽院
二代　快行北山

（右面）嘉永元戊申年六月吉祥日
大先達高瀬長左衛門

小
先
達
中橋銅古ヤ市五良
同所家根ヤ亀五郎
京橋舞浪ヤ清治郎
久右衛門新田長之助
深川木場駿河ヤ吉兵ヱ
竪川四ツ目蛭子ヤ勘兵ヱ
同所橋本平吉

（左面）
小
先
達
上一色村秋元源兵ヱ
同村高山徳左ヱ門
深川木場武蔵ヤ仙蔵
御番所町角屋竹松
猫実村伊兵衛
鎌ヶ谷宿佐島ヤ嘉兵ヱ

相ノ川村飴ヤ佐治良
三代高瀬長左衛ヱ門母
本所四ツ目中ノヤ忠兵ヱ娘紋女
同五ツ目万ヤ勘五良娘銀女
同所扇屋長左ヱ門娘琴女

（台上正面）高
瀬

（台下正面）惣
同
行

銘文⑯〈七八〉

（正面）
嘉永五年九月十三日
寿明院観月妙照大姉
慶応三年十二月五日
智照院法雪妙融大姉
明治十四年四月十二日
貞真院花嚴妙盛大姉

志主ヒタチ平方
城礼二郎
同
同

宝永七年十一月十七日
妙本信女
文政七年九月二十日
顕悟直證信士
明治十一年一月□
幼霊童女

(宝)
元禄八年八月二十三日
清山浄慶大徳
明治十五年十月廿七日
蓮□修善信士
□□十六年四月六日
道田清信士
（左面）
文政五年七月九日
迎鐘童女
天保元年七月七日同
善入法士
安政三年三月十八日
鳴道信士
（右面）
文化八年五月十日
田説信士
同年中不詳
元右衛門霊
明治六年五月十二日
妙憧信女

同花島
草間五三郎
同宝珠花
中島甚兵衛
仝柏寺
細井滝三
志主武州ヒロシマ
関根太市
下内川
岡田政吉
同三堀
海老原孫七
志主清水孫右衛門
仝
仝勝五郎

嘉永三年三月□
道臨清信士
安永二年十一月二日
散岳禅定門
仝三年七月廿四日
観光妙寂信女
文久元年十一月日
道喜信士
文政十二年十月八日
自証清信士
文化二年七月十六日
浄田沙弥
元文四年九月九日
釋□蓮
同五年七月廿九日
釋穐慶

仝
仝大谷
深谷六郎左衛門
志主□□
□
仝
□
仝
深澤宗右衛門
志主辺田
野□□
仝
下総常陸武蔵□□建之

銘文⑰〈九一〉
（正面）
文化四卯年
真行普山信士
十月十三日
（右面）(草)(嶋)(の)
下総国野田町
俗名亀屋平三郎

銘文⑱〈三九〉
（正面）(元)　食行身禄㑨
（左面）東海道藤澤宿
先達照行同行
（右面）
文化十一甲戌年
梅僊院遍譽照行豊参居士
九月十日
（背面）
銘曰
深随順食行訓傳龥登渉神秀霊
嶺先達後進導同縁我照行居士
有鳥嗚呼遺愛之綿二片石可以
記永年　孝子川上九左衛門方斛建
阿部石半撰書
（台上正面）(山)
（台下左面）影取
山口善兵衛
渡邉九八
野島五兵衛
（台下右面）角屋重右衛門
油屋清助
大阪屋長四郎
尾崎七兵衛
（台下背面）浦賀屋清兵衛
品野大山久五郎
新甲屋喜兵衛

銘文⑲〈二三四〉

（正面）

宇田川源吾
高橋良助
佐藤倉之助
川戸仁左衛門
朝日千次郎
俣野 川邊利左衛門
深谷 川邊伊八

北行鏡月眞
食行身禄㑨
仙行伸月眞

（左面）

伊賀屋長右衛門
伏見屋長八
石井與市
常磐屋萬助
中野屋太郎吉
伊勢屋清兵衛
渡邊五郎兵衛

講師市川宿
朝𧦅孝
天下泰平

（右面）

米糠屋儀右衛門
亀屋四兵衛
正月屋仁兵衛
豊元九兵衛
三留屋新次郎
萬屋八十八
大磯宿
三留屋吉右衛門

天保十五甲辰年
四月　日

（台正面）

大我講同行
甲州西島村
行司
江行書助
先達
明行高四良
徳右衛門
又四良
利兵衛
儀兵治
金右衛門
為五郎

銘文⑳〈五四〉

（正面）卍　遠應徳行勇山居士

（左面）文政十一戊子年六月三日

（台上正面）

武州　門井針行
山田藤行
岡田真行
野州　山田才行
福地□行
大田清行
福地嶋行
上州　道木秋行
野州　嶋屋久□
米沢□蔵
鈴木□重門
田中茂蔵
坂原茂兵ヱ
奥沢宇平
同村同行
北□　□半七
上州□村

（台上左面）

渋沢栄蔵
小針村同行
三嶋栄助
岡田惣右ヱ門
増田清治郎
嶌田良兵ヱ
藤間幸八
山田半七
新井斧ヱ門
新井清蔵
藤間竹ヱ門
同定吉

（台上右面）

北上州　田□
□
須藤栄吉
武州　吉永喜平
長野村同行
大□村同行
大越村　同安右衛門
同村同行
堤村同行
同晋右ヱ門
時田真右ヱ門
落合吉蔵
外村々惣同行

銘文㉑〈一三〉
（正面）
四十三度大願成就
武藤作行孝月
御中道御内外八湖修行
（左面）天下泰平
講中安全
（台上正面）佐間村
大先達根岸高行春山
先達根岸孝行櫻山
寺田幸兵衛
根岸半七
井桁和吉
田中仁右ヱ門
玉国桂次郎
井桁吉右ヱ門
横須賀常吉
田嶋久吉
横須賀宗兵衛
惣講社中
行田町
大先達壽山長行
先達大久保勝行青山
金山徳行
三浦通
武藤忠行
小菅藤行
小松屋豊太郎
藤間和四郎
藤野忠蔵
柿谷加津
（台上右面）先達山崎吉行
仝平賀米行
金井要助
平賀次助
金井休之助

（右面）明治十四年巳八月
武蔵国北崎玉郡屈巣村
監督武藤作行孝月
惣講社中
丸屋み□
庘屋はな
萬屋三次郎
小川屋仁三郎
中嶋兼吉
中野峯吉
小池文善
植田善助
福田濱吉
宮田木兵衛
須藤茂八
斉藤周次郎
鈴木忠蔵
早川岡右ヱ門
坂部芳兵衛
竹村源七
根岸長太郎
今村茂吉
今泉先行
大戸米行
金子全行
根岸青行
箕田村ヤ□道永
平賀定行
先達武藤祐行
嶋崎政吉
高嵜庄九郎
武藤勇吉
田中春行

（背面）辞世
日月の照しハ心移り行く
わが魂は　西の浄土へ
作行花押
（台上左面）金子源之丞
川辺米蔵
竹井幸太郎
外総社中
前谷村
大先達細谷前行四月
先達細谷源兵衛
細谷傳吉
島田勝右衛門
□木亀之助
高橋市右ヱ門
嶋田寿四郎
□崎直次郎
細谷守吉
細谷勘五郎
三ツ木村
中先達三ツ木三行
仝白井国行
吉川藤右ヱ門
若林武兵衛
篠崎覚太郎
羽島米八
三□幸四郎
（台下正面）前砂村
先達三ツ木熊五郎
福島治佐ヱ門
箕田村
先達木村穐行
仝嶋村代行

駿河国富士郡人穴村
富士嶽神社教会
北口講社定宿
笠井佐十郎
仝上条村
石工幡野惣吉
三ツ木宗右衛門
八幡田村
権大先達小谷野相行信月
先達関福行
岡安□郎
金子□□
□也□□郎
外総社中
□谷村□□
松村勢行
松村経行
小谷野文造
明用村
中先達平賀寛行
仝亀井熊行
仝鶴間明行
仝小林新行
平賀吉之丞
篠原国一郎
小林金之丞
小林清五郎
外総社中
大先達石井藤兵衛
吹上村
先達関口空行
関根壽行
総社中
中野村

（台下左面）

吉田彦七
平賀清五郎
山崎鉄五郎
平賀佐吉
平賀惣次郎
屈巣村
大先達二代武藤開行心月
大先達藤村久行松山
仝　瀧沢教行全山
先達　秋山松行
仝　生川星行
仝　大熊源行
仝　羽島林行
仝　水口藤行
仝　川邉榮行
仝　鳥哥安行
仝　竹井朝行
仝　竹井忠行
荒井市行
仝　荒井康行
総講社中
野村
中先達　松崎秋行
田嶋新行
田嶋元行
古山原木
総講社中
小谷村
先達　□□□行
仝　中嶋長太郎
総講社中
寺谷村
先達　吉田金行
総講社中
荒井村
大先達

羽鳥愛助
山本良智
小島代吉
田中弥平次
櫻井勇八
小峯市太郎
福島徳右ヱ門
山崎熊太郎
若林榮吉
藤村丑太郎
岡崎惣蔵
岡嵜吉蔵
藤村市之丞
藤村久八
岩上粂蔵
竹内惣助
藤村和三郎
朝島直次郎
渡辺耕行
総講社中
埼玉村
大先達　五十嵐□右ヱ門
三丁免村
大先達　小林庄行
大串村
先達　関根浪吉
江網村
先達　□高□□
□□村
先達　小野沢芳行
仝　吉田将行
総講社中
下谷厚村
中嶋兵蔵
糠田村
先達

（台下右面）

矢嶋安五郎
川嶋留五郎
嶋村新助
嶋村啓助
関根新蔵
嶋村清七
佐藤豊次郎
小熊留八
関口金七郎
佐藤源十郎
増坪若部
高田米吉
袋村
先達　禎田泰行
先達　橋本栄行
岩井實助
斉藤常吉
橋本七蔵
利根川治平
総講社中
川面村
中先達　茂手木信行
先達　松村孝右衛門
総講社中
廣田村
先達　荒間重行
石渡數馬
袋村
先達　岡野福行
下岩瀬村
先達　福田金行
中手子林村
先達　山崎寅松
仝　角田喜蔵

大先達　深谷典行
細田喜蔵
飯野常吉
横見郡中　荒井村
総社中
先達　小久保市五郎
総社二拾名
笠原村
先達　中嶋道行
春山永行
伊藤新吉
絡井富五郎
平嶋昌吉
江嶌文吉
大塚和□
春山豊吉
平吉
総講社中
下岩瀬村
先達　福田全行
仝　関根榮七
仝　高山喜代三郎
平木村
鎌田定治郎
阿部孝治郎
総講社中
上種足村
清水庄吉
瀬示祢造

銘文㉒〈一五五〉

（笠）

（正面）冨士開祖藤原角行霊神

（左面）尊師者従三位藤原久光朝臣之御子肥前長崎之
産長谷川左近藤原武邦御歳従十八才拾大行御勤
正保三丙戌年六月三日百有六才而此於人穴没
仰　冨士教開祖也

（右面）維時明治十九年六月三日其元祖霊神之
古碑再建之又祖積代々之碑碣高低故今
囲加壹石礫石濫砕併平低之
第十四世之嗣氏藤原肝清建之
東京神田鍛冶町三番地俗名小林萬吉歳六十七
吉野龍興書㊞㊞南巨摩郡八日市場村
石彫工桶川國蔵

（台正面）村
上
講

（台左面）東京
古袋講社
大袋講社
岩渕講社
下村講社
浅草講社
神徳講社
芝講社
日本橋講社
本郷講社
神田講社
通塩町
二文字屋久兵衛

（台右面）山梨縣郡内
惣講社
茨城懸新治郡
三村福田参行
栃木縣足利郡
梯坊村講社
仝縣同郡
大月村講社
上總國市原郡
講社
仝國夷隅郡
仝國埴生郡
講社
相模國足柄上郡
講社
群馬縣東群馬郡
横手村講社
埼玉縣
浦和講社
樋ノ爪講社
武蔵國北多摩郡
檜ノ原講社

銘文㉓〈二一八〉

（正面）神道扶桑教元一心結社
元祖角行霊神
天地一心行者
北口　御内院開闢
扶桑一心武行狗
登山　教祖食行身禄霊神

（台正面）大正四年九月十七日建之
東京浅草蔵前一心教會世話人
小澤花子
和田茂吉
仝鎌太郎
倉橋才次郎
古川孝七
仝次郎兵衛
安田善四郎
仝楠雄
田中芳兵ヱ
菅原福蔵
相良敬一郎
竹内喜二郎
若林市太郎

（台左面）野口福太郎
西村金次郎
竹村忠蔵
鈴木新太郎
亀田次郎吉
小沢元子
松本はる子
仝仁三
宇佐美さい子
加藤八重子

（台右面）大濱ふき子
仝忠
仝富子
仝孝子

和田利世子
仝ゑ美子
仝卯之助
仝清子
仝八重子
仝喜三郎
峰岸千代子
仝福壽
仝浩子
仝保子
渡辺ひさ子
仝戈兵ヱ
仝やす子
仝重三郎
柴崎てる子
仝吉太良
仝せ以子

峰岸福三
塩崎金太郎
若柳吉三郎
安岡秀次郎
仝樫雄
仝良樹

『江戸の祈り』の成果と課題

……橋口定志

一　大会討論の中から

『江戸の祈り』大会当日の討論において、筆者にとっては興味深いいくつかの発言があった。本書にはこの討論を収録できなかったので、まずその中から一、二の点を簡単に紹介しておきたい。(1)

大会報告には、考古学から五報告、民俗学から二報告、文献史学から二報告の計九報告を準備することができた。また、当日の発表要旨には考古学から六報告、文献史学から一報告の支援報告を併せて掲載した。(2) この組み合わせは、大会当日の基調報告で触れたように「より豊かに当該時代の歴史像を描き出していくうえで、関連諸分野の学際的協労が不可欠である」という認識に基づいている。それは、大会の閉会挨拶の中で古泉弘氏が、「江戸遺跡研究会として新たなテーマに取り組む際の常套手段で、文献史学・民俗学など色々な分野の方にまずそれぞれの到達点を伺うということと、考古の側からはどういうことが言えるのかを確認しようとした」という主旨のことを話しているのとある意味で重なるものである。この点については、討論の最後に谷川章雄氏が「歴史学と民俗学と考古学がこういう異種格闘技をやると、お互いのバックグラウンドを強く主張して全然かみあわないような話になる場合が多いのですが、今回は非常に柔軟な方々が発表されたので大変面白く発表を聞かせていただきました」と講評したように、江戸遺跡研究会としてのある面での狙いはおおむね達せられたのではないかと考えている。

さて、田中藤司氏は、氏の報告の位置付けについて「私の調査・研究というのは物質文化研究としては非常に乱暴なものでしかないのですけれども、インタビューデータあるいは別の資料と組み合わせるという形で一つの議論を展開した一例というように捉えていただいて、考古学的な研究がもっと多様な方向に拡がっていったらいいかなというような提案のように受け取っていただけると幸いです」と括った。これを関口慶久氏は「葬送儀礼の面から見ると、田中氏の発表が刺激的であった。(墓標研究は)今まではセリエーションであるとか大量の墓標を集めて定量分析をしていた側面があります。そこについて田中さんは、必ずしもそのような実証的な研究に拘泥して分析を一面的なものにするべきではないという指摘をしたわけです。これからは全体的な面から捉える墓標研究と、田中氏が取り組まれたような一つ一つの細かなデータを持ってきて、家族とか精神的な背景を考察する研究の二つの方法が求められるのではないかと思う」と受けている。また、谷川章雄氏は「田中さんのお話は、社会人類学的な親族構造の研究と墓標研究をかみ合わせたものというようなイメージを私は持ったんですが、私自身が十数年前にやった時期に較べれば資料が墓標の場合には非常に増えてきていますので、かつて私が大雑把にやったのが槍玉に挙がるというのは当然であろうと思います」と言及している。定量分析・定性分析といった資料分析の方法をめぐる方法論的な課題が、このやりとりの中に集約されているといえよう。方法論に関わる発言としては、吉田正高氏が「生活者の文化認識とか文化意識というところにいくための素材としての方法論というのがあるとするならば、その先に何か明確な答えというものを出していかなければならないのか……。真実のまわりをグルグル廻っていてもしょうがない」のであり、今大会のような学際的な取り組みを繰り返していく中で活路を見いだす必要があるのではないかとしたのが印象的であった。それは、言い換えると、有富由紀子氏が「考古学とか民俗学とか、私の知らないような分野からお話しを聞けていろいろ刺激になりました。今後、それぞれ自分以外の分野に対しては敬意を持って、自分の分野に対しては謙虚に競合していかなければならないということを痛感しています」と発言したことに繋がるのであろう。どういう方法で何を明らかにするのか、何が明らかにできるのか、相互の方法論を互いに認識し吸収しあう中から、新たな地平が見えてくるのではないかと思われる。

近世・近代の認識についても意見が出された。

高橋典子氏は「江戸時代というふうに一括りにしましても非常に長いスパンです。そして、どういったところから社会が近代に変わっていったのか、あるいはどこらへんまで近世というのを引きずってきたのかというような、そういう、元号とか政治体制が変わったというところでスパッとは切れないのではないかということは何となく感じておりました。実際に展覧会をやった時も、(3)現代に生きている私たち自身を見て、その心情はどこら辺まで遡っていくかというように見ていった時、江戸の資料がいろいろ繋がってきて、それを展示したわけです。そういった時代性をちょっと今日も考えさせられました」と指摘した。土井義夫氏は、これを受けて「地域博物館の中でいろんな企画を立てたり考えていく中で、やはり高橋さんと同じような考え方に立つことが多いですね。特に下部構造というか、庶民の暮らしとか精神状態だとかは、そんな簡単にポンと替わっていくような代物ではないので、そういうものが、いろんなことを追究していく中で多分出てきているんだろうという気がします」と述べ、さらにわれわれ自身が見知っているごく最近までの日常生活の実相が近世以来連綿と繋がってきているものでありながら、近年における生活環境の激変の中でそれが忘れられているのではないかという指摘をしている。また、田中藤司氏も報告の中でほぼ同主旨の発言をされている。一方、吉田正高氏は「東京とか江戸とかをやっていると原風景が変わってしまっているので幻惑されるということがあるんですね。現代の太郎稲荷は非常に不気味な所になっていますけれども、かつてはあの辺は野っぱらだったんで全然見える風景が違っていた筈なんですね。……（中略）……昔の人は（現在とは異なる）風景を見ながら生活していたわけなんで、なかなかそういったところに遡及して精神の処理というところに向かうには非常に難しいハードルがいくつもある」と述べて、近世と繋がっていると思われることでも、実は必ずしもそのまま鵜呑みにはできないという含みを持った整理をしている。また、谷川章雄氏もこの点に触れて「近世から近代へとどう代わるかという問題については……（中略）……何が変わって何が繋がるのかということを考えていかないとまずいのではないか」と指摘している。

この近世から近代へという問題については、各報告者から具体的内容を踏まえた発言があった。

時枝務氏は、「近世の中においてまた一つ動きがあるということが確認されました。例えば立山の室堂で大規模な今風の山荘のようになってくるのは前川要氏によると一八世紀ということです。そして最後の方の御岳講・富士講が出てくるのも、これもまた一八世紀後半以降の話です。こういうふうに考えてきますと、近世というものを一把からげて論じるだけでは駄目で、やはりそこできちんと考古学的な方法による年代観を確定しながら、……（中略）……一つ一つ事実関係に基づいて大きな歴史の中でどう変わったのかということを捉え直さなければいけない」のではないかと指摘した。また、植松章八氏は「江戸時代の中で、とにかく一八世紀中ごろというか後半というか、享保の後というのはかなり大きい変化だなということを改めて感じました。特に富士講の人の動きを細かく見ていきますと、一八世紀後半にああいうふうに富士講が爆発的に拡大していくのは社会の反映なんだ、社会の反映は富士講の数の多さに現われたんだというふうに簡単な形でものごとを考えがちになるわけなんですが、どうもそうではなさそうで、根はもっと深い。単に、身禄が入定したことがきっかけであいうことが起きて、社会はそれだけ大変だったんだというような理解がいままであったのですが、もう一度そのへんを他の状況を見ながら考え直してみなければいけない」のではないかと述べている。

この二人が指摘した一八世紀の中での変化、とりわけ一八世紀後半以降に大きな変化が認められるのではないかという認識については、深田芳行氏が「武甲山山頂の調査でも一八世紀中葉以降の陶磁器製品が多く出てくる」事実を指摘したのをはじめ、栩木真氏は、江戸遺跡出土六道銭の集成を行なった結果を踏まえて「一八世紀の中ごろ以降、これはすでに指摘されている事なんですが、江戸での墓制の確立期をちょっと過ぎると銭の副葬が減ってくるんじゃないかなという感触を受けました」と述べている。さらに、船場昌子氏も中世から近世にかけての南関東における礫石経の出土事例を集成した結果を含めて「近世に関しては、経典を単体として埋経を行なって、石造物を造立するという事例が一八世紀以降きわめて増加している」ことを指摘するとともに、中世から近世への変化について「中世の小人数による書写供養から、近世に入ると多人数が結縁することを意識した書写供養が中心となって多く行なわれるようになった」ことがあると指摘している。

これに対して谷川章雄氏は、「今日の議論を聞いていて非常に危険なんじゃないかと思ったのは、江戸中期、一八世紀代というのは確かに文化史的・社会史的なエポックになりうると思いますし、私も近世の墓標の論文を書いた時にそういうようなことを書いたわけですが、実はそれには一つは地域差がある、もう一つは階層差があるということを念頭に置いておかないと、全部が例えば一八世紀が非常に大きな画期だということに吸収されていくと、せっかくひとつひとつの事実のありようみたいなところから考えていこうとしている部分がそぎ落とされてしまう危険性があるのではないか。実際私の墓標の仕事はそうやって今批判を受けているのであって、批判されている側がそういうことを申し上げるのはおかしいのかも知れませんが、そういうふうに思います」と痛烈な警鐘を鳴らした。また、土井氏、田中氏もこの谷川氏の発言と同様の認識を示している。

二　心性の認識と時の区分をめぐって

筆者がこのところ最も気にかかっているのは、冒頭の基調報告でも述べたように、従前の前近代史研究の潮流が近代（合理）主義的な価値観の範疇で前近代社会のあり方を考えようとする傾向を持ってきてはいないだろうか、ということであった。その典型的な例の一つとして、埋納銭をめぐる認識がある。ここで詳論はしないが、中世から近世にかけて数多く埋納されてきた一括銭の性格を、近代に至り貨幣が付与された役割の範囲で理解しようとしたのが、旧来の「備蓄銭論」である。しかしそこからは、取り分け中世人が銭貨に付託した期待と、それゆえに担わされた役割を読み解くことはできなかった(4)。

こうした誤りを、私たちは無自覚なまま繰り返してはいないだろうか、という危惧を抱いているのは筆者だけではないだろう。そして、前節で紹介した高橋典子氏らの指摘は、それに通じるものと考える。政治・経済史的な時代区分が、とりわけ民衆の社会・文化の変化・変容の過程を捉えていこうとする時にいかに無力であったか、私たちは多くの場面で遭遇してきた筈である。とするならば、それを踏まえた新たな時の結節点を捉え直す必要があるとも考えるのである。

田中藤司氏は、民俗学の立場から「この大会テーマの論点に、研究対象としての近世人の精神文化を、近代人である私たちが自文化と見るか異文化と見るか、という方法・認識論上の問題がある。しかし、近代と近世の区分は自明ではない」として、[5]近世から近代へと連続性の見られる部分の存在することを指摘し、両者を相対化できるか否かという形での大会テーマに掲げた論点に対する批判を展開された。確かに、田中氏の指摘には首肯される点が存在する。だが、「自文化」と「異文化」という捉えかたは、大会の課題設定に際して両者の連続性・発展性[6]も踏まえていたつもりであった筆者には違和感がある。もしかすると、並列する二つの「文化」と、時系列上で連続し展開していった「文化」の捉えかたに関わる認識が、田中氏らと筆者では異なっているのではないかとも感じた。いみじくも高橋典子氏が述べているように、現代（近代）社会から遡及的に見ていくと、確かに近世社会は連続性を持ってその姿を現してくる。裏返して言うならば、近世的社会の姿はつい最近まで残っていたということになろう。しかし、そこに見えてくる近世とはいつごろのことなのかも、考える必要があるのではないか。

仮に中世社会と近・現代社会を直接的に対比した時でも、両者の間には精神文化を含めある意味での文化史的な系譜の連続性を見いだすことは可能であろう。近・現代社会が、歴史的な営みの重層するその表層部に位置付けられるものである以上、それは必然的なものであると考える。おそらく、近年はやりの縄文文化論等のある部分に見られる超歴史的な認識は、見事にそこを衝いているともいえるのである。だが、そうした文化の重層性とともに、一方ではその変化をも見据えておく必要はないだろうか。土井義夫氏が指摘しているように「下部構造というか、庶民の暮らしとか精神状態だとかは、そんな簡単にポンと替わっていくような代物ではない」だろう。筆者も同感である。そしてその底意には、ただしそれは不変ということなのではなく、漸移的なものではあっても着実に変化をしていっているという含みを持っていると理解する。したがって、その変化の質的な転換点をどこに見いだすのかが時の区分を考える際の焦点になるだろうと考える。

時枝氏・植松氏らが見いだした一八世紀代とりわけ一八世紀中葉における変化は、その意味で重要であると考える。

それが個別的・部分的な変化ではなく、精神文化をめぐるさまざまな側面に現れてきている変化ではないかと思われるからである。言うまでもなく、谷川氏が批判したように、地域性・階層性を捨象するような議論は基本的に慎まねばなるまい。(7)だが、少なくとも今大会で取り上げた江戸の都市民をめぐる精神文化の諸側面においては、このあたりに歴史的な転換点を見いだすことができると理解しておきたい。ただし、個々の部分については、それぞれの歴史的展開過程が異なる以上、それらは必ずしも同一の契機に根ざした統一的な変化と言うことはできない。かつて筆者は、一七世紀を中世の残滓が払拭される時期と捉え、一六世紀後半から一七世紀にかけて中世から近世への質的な転換を遂げていくと考えたことがある。(8)そこでの検討結果も踏まえるならば、一六世紀から一七世紀代に萌芽した近世的社会への胎動が一定程度結実していく時期として、大きく一八世紀を捉えておきたいと思う。そしてむしろ、江戸の都市民の一八世紀がこのような展開をしているとした時に、他地域（都市と農村といった対比だけではなく）ではどのような動きが見られるのか、またそれは周辺地域の動向とどのように関連しているのかを明らかにしていく必要があると考える。階層差をめぐる検討も同様であり、各階層における状況の把握とともに、階層間の情報交通のあり方を俎上に乗せていくことが今後の課題となろう。

ところで宮田登氏は、富士講中興の祖とされ一七三三年（享保十八）に富士山七合五勺目で入定した食行身禄の教義を、商職人層の経済行為を積極的に肯定するとともに両性平等を説いている点等に注目しつつ「富士講に結集する民衆の生活意識自体が投影した姿以外の何ものでもない」と評価する。(9)要するに身禄は、その教義に江戸町人の生活に根ざした通俗道徳を取り入れたのであるが、そこに近代的思惟の萌芽を認めることができる点は注目されよう。そして筆者は、この一八世紀中葉以降における富士講の動向だけから全体的な議論を進めるのは危険ではあろうが、おそらく近・現代から遡及的に近世を見た時に一定の連続性を見いだすことができるのは、心性の部分で今日的にも共感を持てる側面が現れてくるこのころあたりからのことではないかと愚考するのである。

三　考古学的研究のあり方をめぐって

先の討論の中で谷川章雄氏は「地鎮・鎮壇・胞衣納めだけが江戸の祈りなのかということになると、これはそうではないんじゃないかということも一つ考えておくべき」であると指摘した。これは大切な指摘であり、これまでの江戸遺跡における考古学的調査の中で捉えられ蓄積されてきている事例のほとんどが、この「地鎮・鎮壇・胞衣納め」に収斂されてしまうという現状への危惧がここに現れている。そしてこの三者が、「モノ」の存在から考古学的にその存在を捉えることができる代表的な宗教的行為なのである。密教法具・銭・墨書カワラケ・呪符木簡等の出土は、その存在を明確に主張していると言えよう。しかし、時にはそれさえも危うい事がある。筆者の奉職する豊島区内の事例からそれを見てみよう。

①染井遺跡（仮称吉岡環境開発分譲住宅地区）では、屋敷境の溝覆土中から小かわらけ・銭貨・平瓦などがまとまって出土した。そのため、これらは区画溝の埋没過程で行なわれた祭祀儀礼の痕跡と判断した。②雑司が谷遺跡（岩井家地区）では、生垣遺構の下から桶に納めた八七枚の銭貨が出土した。出土状況から見てこれは、境界に埋められた埋納銭と判断した。③巣鴨遺跡（仮称大河原マンション地区）では、鍛冶工房の貼床下から四センチメートルに満たない小型の青銅製聖観音立像が出土した。この観音像以外に遺物（廃棄された）が認められないことから、これは意図的に埋納されたと判断した。④巣鴨遺跡（仮称山田マンション地区）では、数枚に及ぶ盛土中の特定の土層の上面に貼り付く形で数枚の銭貨が出土している。これは、その出土状況から撒銭が行なわれたものと理解された。そしてこれらは、①

例が武家地のものである以外は、全て町人地の事例であった。

このうちの④例を除き、他は関口慶久氏が集成し本書で紹介しているので参照されたい。ここで着目したいのは、いずれの事例も出土状態の観察を怠った場合には気づかない可能性があるということである。②例は、他遺構との関係がこの銭貨の性格を評価する上で重要な判断要素となり、③例は他の遺物との共伴関係が問題となる。そして①④例については、前者は遺構覆土内における遺物群の展開状況が、後者は重層する盛土層自体の面的な把握が欠かせない観察要件となる。したがってこれらは「モノ」の存在だけではそれが宗教的な行為か否かを判断できない事例といえよう。その中でも撒銭については、銭貨が担う二面での役割（呪具としての銭、媒介財としての銭）を考えた時、その性格の把握は遺跡（調査地点）の評価にも大きな影響を及ぼす可能性があるのである。[10]実は、以上のような私たちの経験に照らして、おそらくこうした事例はさらに多く存在していたのではないかと思われる。これまで、周縁部を含む江戸遺跡の調査では、こうした遺物の出土状況を念頭に置いた調査への取り組みが不充分であったと言わざるを得ないのである。

以上のように、谷川氏の指摘を踏まえた上でも、いまだに「地鎮・鎮壇・胞衣納め」の諸相さえもが考古学的に充分捉えきれていないという現状を認識する必要がある。その上に立ってさらに、考古学的に認知することが可能な当該期の人間の心性の反映としての宗教的な行為にはどのようなものがあるのかを考えなければならないのである。しかし残念ながら筆者は、奈辺にその可能性があるのかを挙げられる状況にない。むしろ、高橋氏が取り組んでこられた「マジナイ」をめぐる民俗学の蓄積に学ぶことは多いのではないだろうか。

おわりに

さて、大会テーマであった『江戸の祈り』の〝祈り〟について、高橋典子氏は「〝祈り〟というよりも〝まじない〟をその当時の人々の生活知識というか必要とされた民俗知識・民間知識というふうに捉えて考えたい」と指摘した。そして、土井・田中の両氏も同様の認識を示している。実はその点は、筆者らも大会テーマのタイトルを決めるに際して、大いに迷った点であった。その中で、当初は〝精神文化〟としていたものを、〝祈り〟と改めたのは、人間の願い・願望といったものを包括できる的確な言葉を見いだすことができなかったからであった。この点で、高橋氏らの指摘には教えられることが多かったが、それでもまだ迷いはある。前近代社会に生きた人々の心性の部分に迫ろうとする時、それを包括する私たち（江戸遺跡研究会？）の表現力の貧しさを痛感しているのである。

それにもかかわらず、この大会を通して私たちが学んだことは多い。〝祈り〟をめぐる研究が、とりわけ考古学・民俗学・文献史学の横断的な協労の中で初めてその姿を見せてくる典型的な分野であることを、今回の取り組みが私たちに再認識させたことはその最たるものであった。

本書にまとめられた『江戸の祈り』にかかる研究は、ようやくその端緒に付いたばかりであり、私たちにも見えていない部分があまりにも大きい。その意味で、本書に収めることができた各論考は、今後の出発点になるものとなろう。

注

（1）ここで引用している報告者諸氏の発言の内容は、筆者の手控えによるものであり、事後に各氏の点検を受けているわけではない。

したがって内容的に不備ないし誤りがある場合、その責任は筆者に帰するものであることを、お断りしておく。

（2）大会時の報告・支援報告は、以下のようなものであった。

《大会報告》

① 基調報告『江戸の祈り』によせて　橋口　定志
② 近世修験の考古学　時枝　務（考古学）
③ 武甲山山頂遺跡の調査　小林茂・深田芳行（考古学）
④ 江戸の地鎮と埋納遺構　関口　慶久（考古学）
⑤ 礫石経埋納からみた地鎮・鎮壇　有富由紀子（文献史学）
⑥ 江戸のマジナイ　高橋　典子（民俗学）
⑦ 「胞衣納め」をめぐって　土井　義夫（考古学）
⑧ 江戸近郊農村の墓標建立　田中　藤司（民俗学）
⑨ 解き放たれた大名屋敷内鎮守と地域住民　吉田　正高（文献史学）
⑩ 富士講の成立と展開　植松　章八（考古学）

《支援報告》

⑪ 丸の内三丁目遺跡にみる江戸の普請・作事に関する祈りなど　岩下　哲典（文献史学）
⑫ 南関東における礫石経の様相　船場　昌子（考古学）
⑬ 墓地から胞衣墓へ　櫛原　功一（考古学）
⑭ 江戸城外堀跡四谷御門外町屋跡の第27号遺構について　池田　悦夫（考古学）
⑮ 江戸遺跡出土の胞衣埋納遺構　追川　吉生（考古学）
⑯ 江戸の六道銭　栩木　真（考古学）
⑰ 英彦山大河辺山伏墓地の調査　岩本　教之（考古学）

各報告は、報告者が考古学・民俗学・文献史学といった立場にあるというだけであって、内容的には複数の分野を縦断する形で準備されているものもあり、現時点での方法論的潮流がそこに反映されているように思われる。

（3）高橋典子氏は、川崎市市民ミュージアムにおいて二〇〇一年春に『呪いと占い』と題する企画展を担当されており、大会での報告もこの展示の成果を踏まえたものであった。

（4）埋納銭についてはすでにいくつかの場所で私見を述べているのでそれに拠られたい。主なものとして、「埋納銭の呪力」（『新視点日本の歴史四』新人物往来社、一九九三）、「銭を埋めること」（『越境する貨幣』青木書店、一九九九）、「埋納銭をめぐる諸問題」（『戦国時代の考古学』高志書院、二〇〇三）がある。

（5）田中藤司「江戸近郊農村の墓標建立」（『江戸遺跡研究会第一五回大会　江戸の祈り　発表要旨』所載、一四〇ページ）。

（6）「発展性」という用語が、果たしてここで使うにふさわしいものか否かについては問題を残している。この点について今の時点で言えるのは、ここでいう「発展性」は、敗戦後の発展史観に観念されるような形に収斂されるものではないということである。

（7）だが筆者は、谷川氏が批判したように時枝氏らの認識を全面的に危険なものとは考えていない。個別分野における歴史的な変化の結節点を実証的に捉えようとする議論と、全体状況を把握していこうとする議論は両輪の輪であり、相互補完の関係にあると考えているからである。もちろん、谷川氏の発言はそれを念頭に置いた上でのものであり、意味深長であろう。

（8）「考古学から見た中世から近世へ」（『帝京大学山梨文化財研究所研究報告八』一九九七）。

（9）宮田登　一九七五『ミロク信仰の研究　新訂版』未来社

（10）この点については、別稿で若干の検討を試みているので参照されたい。豊島区教育委員会　二〇〇三『雑司が谷Ⅰ』。

あとがき

江戸遺跡研究会第九回大会は「江戸時代の墓と葬制」と題して行われた（江戸遺跡研究会編『墓と埋葬と江戸時代』吉川弘文館）。その折の大会テーマについて世話人の間で話し合った時、「墓と信仰」といった、物質文化から探る近世の精神文化のようなものを取り上げてはどうかという提案があった。しかし、当時墓の研究は盛んになりつつあったのに対し、「信仰」そのものを取り上げるには、資料的にも研究の段階にしても十分でなく、時期尚早であろうという意見が多かった。そこで第九回大会は「墓と葬制」に絞り、「信仰」については資料の蓄積と研究の進展を待って、後日改めて取り上げようということになった。

本書の原像となった「江戸の祈り」は、この時の宿題を果たすべく第一五回大会として開催された。最初に話題に上ってから七年目、まさに「満を持して」行われた、といいたいところだが、はたして大会が成立し得るほどの研究が、考古学の側に蓄積されているのかという危惧があったことも事実である。しかし、実は当会にとっては、これはそれほど重要なことではない。なぜなら、江戸研の大会の多くは、初めてのテーマを取り上げる時は関連分野の先行研究に導かれながら実行し、今後の研究の見通しを得ることに主眼が置かれるからである。

周知のとおり、この分野は中世研究が数歩も先んじている。もともと文献史学の視点を変えてみたところから始まり、ものを言わない民衆史の立場から考古学の参入が促されたといってよいだろう。そういった経緯もあることから、今回は必然的にこの分野でも発言している橋口定志さんが中心となって構想が進められることになった。そのため、考古・文献・民俗の各分野にわたって、予想以上に充実した成果を引き出すことができた。しかし、タイトルについては最後まで難航した。皆、イメージとしては共通の認識をもっているものの、いざ、それを端的に表現しようとするとなかなか良案が得られず、半ば時間切れ決定のような形で採択されたのが「江戸の祈り」である。したがって、このタイトルについては誰もが百パーセント満足しているわけではないことも書き添えておこう。

大会をとおしての印象は、近世社会の底流というか影というか、そういった部分が具体的に浮かび上がってきたように思う。しかし、私自身はそれらがどこまで日常性とかかわっているのか、という点になお引っ掛かりのようなものをもっている。「信仰、迷信、まじない」といった面だけを日常性から切り離して取り出すことによって、近世社会の特質がみえてくるのかといった疑問が離れない。何となれば、近現代においても類似した側面を抽出することが可能と思えるからである。近世人は、一方でそれらを理性的に判断しながら、生活の幅を広げるために利用していたのではないか。解釈を間違えると、私たちは彼らにしてやられることにもなるのではないかとの危惧を捨て切ることができないのである。

こうしたことをあれこれと考えつつも、本書が物質を素材として近世人の精神構造を捉えていく上での出発点となることに期待している。末筆ながら、お忙しい中にもかかわらず、貴重な時間を割いていただいた執筆者の方々に厚くお礼申し上げたい。

二〇〇四年九月

江戸遺跡研究会
世話人　古泉　弘

執筆者紹介（生年・現職／論文掲載順）

橋口定志（はしぐち　さだし）　一九四八年生まれ　豊島区教育委員会学芸員

時枝　務（ときえだ　つとむ）　一九五八年生まれ　東京国立博物館研究員

小林　茂（こばやし　しげる）　一九三一年生まれ　埼玉民俗の会会長

深田芳行（ふかた　よしゆき）　一九五二年生まれ　埼玉県横瀬町歴史民俗資料館学芸員

関口慶久（せきぐち　のりひさ）　一九七三年生まれ　豊島区遺跡調査会調査員

有富由紀子（ありとみ　ゆきこ）　一九六三年生まれ　東京女子大学博物館学研究室勤務

高橋典子（たかはし　のりこ）　一九六四年生まれ　川崎市市民ミュージアム学芸員

土井義夫（どい　よしお）　一九四七年生まれ　八王子市郷土資料館学芸員

田中藤司（たなか　とうじ）　一九六七年生まれ　成城大学民俗学研究所研究員

吉田正高（よしだ　まさたか）　一九六九年生まれ　東京大学大学院情報学環コンテンツ創造科学産学連携教育プログラム特任教員

植松章八（うえまつ　しょうはち）　一九三七年生まれ　富士宮市文化財審議委員

江戸の祈り 信仰と願望

二〇〇四年（平成十六）十一月十日 第一刷発行

編 者 江戸遺跡研究会

発行者 林 英男

発行所 株式会社 吉川弘文館
郵便番号一一三—〇〇三三
東京都文京区本郷七丁目二番八号
電話〇三—三八一三—九一五一（代）
振替口座〇〇一〇〇—五—二四四番
http://www.yoshikawa-k.co.jp/

印刷＝株式会社 三秀舎
製本＝誠製本株式会社

江戸の祈り—信仰と願望—(オンデマンド版)

Digital Publishing

2017年10月1日　発行

編　者　江戸遺跡研究会
発行者　吉川道郎
発行所　株式会社 吉川弘文館
〒113-0033　東京都文京区本郷7丁目2番8号
TEL　03(3813)9151(代表)
URL　http://www.yoshikawa-k.co.jp/

印刷・製本　株式会社　デジタルパブリッシングサービス
URL　http://www.d-pub.co.jp/

江戸遺跡研究会
ISBN978-4-642-73394-6